李晓峰 魏文斌 杨传明 朱天一 编著

企业战略管理教程

QIYE
ZHANLUE
GUANLI
JIAOCHENG

苏州大学出版社
Soochow University Press

图书在版编目(CIP)数据

企业战略管理教程/李晓峰等编著. —苏州:苏州大学出版社,2021.7
ISBN 978-7-5672-3612-7

Ⅰ.①企… Ⅱ.①李… Ⅲ.①企业战略-战略管理-高等学校-教材 Ⅳ.①F272

中国版本图书馆 CIP 数据核字(2021)第 139983 号

企业战略管理教程

李晓峰　魏文斌　杨传明　朱天一　编著

责任编辑　薛华强

苏州大学出版社出版发行
(地址:苏州市十梓街1号　邮编:215006)
苏州市深广印刷有限公司印装
(地址:苏州市高新区浒关工业园青花路6号2号楼　邮编:215151)

开本 787 mm×1 092 mm　1/16　印张 18.75　字数 410 千
2021 年 7 月第 1 版　2021 年 7 月第 1 次印刷
ISBN 978-7-5672-3612-7　定价:52.00 元

图书若有印装错误,本社负责调换
苏州大学出版社营销部　电话:0512-67481020
苏州大学出版社网址　http://www.sudapress.com
苏州大学出版社邮箱　sdcbs@suda.edu.cn

前　言

在变革的时代，企业面临着种种挑战，这势必会导致管理思想的变迁。目前，管理学对这一变化比较一致的看法体现在四个方面：由过程管理向战略管理转变；由内向管理向外向管理转变；由产品市场管理向价值管理转变；由行为管理向文化管理转变。毫无疑问，企业战略管理将会是这场变革的中心，它将出现许多新动向，对这一趋势能前瞻性地把握的企业将会在竞争中处于有利地位。为更好地把握战略管理的发展趋势，必须首先对战略管理理论的发展历程进行梳理，以便把握其演进的脉络和规律。

随着经济全球化、市场国际化的步伐不断加快，世界范围内大规模经济结构调整正在兴起，经济资源跨国流动的势头更加强劲。伴随着中国改革开放的历史浪潮，年轻的中国企业在机遇与挑战并存、优胜劣汰的激烈竞争环境下迅速成长。在经历了40年改革开放的快速发展之后，世界看到了中国企业实力的增长，看到中国企业正以前所未有的速度崛起于世界的东方。但我们还要看到，中国的市场环境已经今非昔比，企业要永续发展并非易事。很多企业由于缺乏正确战略的指导，常常像无舵之船，随风飘摇，难以驾驭外部世界的风雨而随之潮起潮落。

一、企业战略管理的基本理论

由于时代的发展变化，传统的战略管理理论与新时代企业的发展需求不再相符，想要更好地解决企业发展中的困境，就必须以企业生态合作演化理论和超越竞争理论为依据。传统理论以将竞争对手推向困境为关注点，以为如此就能够使其失去竞争能力。由此可见，企业传统战略的利益独占性就是构建起强硬的壁垒，以实现独享集体资本利益为目的。这种战略思想在企业战略管理理论发展的过程中已经被证明是不明智的。企业战略管理理论的发展过程非常曲折，从20世纪60年代到70年代这段时间，企业战略管理理论一直处在发展之中，到80年代进入冷落期，90年代重新受到重视。其发展初期往往与市场营销理论一起被研究，主要是研究企业怎样才能占领市场之类的问题，很多战略思想在这个过程中形成，但是并没有形成比较完整的理论体系。

德鲁克的《管理：任务、责任与实践》一书出版于20世纪70年代，这本著作使战略管理理论中的错误思想得到纠正，它摒弃了企业以往在实践过程中产生的错误观念，并对战略的本质进行了深入剖析。波特的《国家竞争优势》一书出版于20世纪80年代,他在书中提出了五力模型等战略理论,同时战略管理理论在这个时期也得到进一步升华。20世纪90年代的《企业的核心竞争力》等著作使战略管理理论得到进一步发展。21世纪的到来使企业战略管理理论进入一个新的时代,很多学者将实践与战略管理理论结合在一起,使战略管理理论变得越来越成熟,更加适应新时代企业发展特点。

战略转折点理论是企业战略管理理论发展过程中的重要理论之一。对企业竞争力造成影响的原因,就是形成企业战略转折点的重要原因。企业竞争对手的能力和实力是影响企业竞争力的一个原因,客户的能力也会影响企业的竞争力,另外供应企业的能力和实力也会对企业的竞争力产生影响。只要这些因素中有一个发生变化就会影响企业发展,使其或以10倍的速度衰落或以10倍的速度繁荣,这就是企业的战略转折点。战略转折点管理需要经历三个时期,第一个时期需要做的是设立监控指标,按照管理理论将企业中比较容易发生,以及有可能对企业造成极大影响的因素列为重点控制对象;第二个时期就是对监控指标进行实地监测,从企业战略决策人的角度进行战略假设,一旦控制因素的测量值与临界值非常相近,企业就应该采取一定的措施,通过不同的测量值实施不同的方案;第三个时期就是制定并实施新的战略。

除此之外,企业需要通过组建学习型组织的方法来管理战略转折点。通过扁平型的组织结构实现组织信息渠道的畅通,而工作人员的头脑风暴思维则会使其心智模式得到锻炼。因为只有企业中的工作人员具有新奇的思想,企业组织内部能够进行各种信息的畅通传递,企业才能随时做好进行战略转移的准备。新的战略转折点思想可以使企业明确在变动的市场环境中如何进行战略变革,并且为企业找到战略转折的具体影响因素,同时也将明确告诉企业怎样构建学习型组织。

企业生态系统合作演化理论也是企业战略管理的重要理论之一。企业在相互作用情况下形成的经济群体,就是我们所说的企业生态系统,不仅包括销售商,还包括竞争者和生产商。企业生态系统的生命特征与生物生态系统的生命特征基本上是一样的,企业战略能不能成功与企业的生态系统有着直接关系。企业的生态系统就是企业竞争力量的来源,也就是说企业未来所要面临的竞争,是一个企业的生态系统与另一个企业的生态系统之间的竞争,企业只有在这个生态系统中进行明确的定位,才能使企业获得更强的竞争力。企业战略在相应的生态系统中必须与追求可持续的领导地位的特征相符,企业在其生态环境系统中想要实现系统价值最大化,就必须具备相应的领导地位。企业生态系统的生命周期具有其独特性,在这个过程中,企业想要取得领导地位就必须具备自己组建生态系统的能力,或者通过自身的努力成为生态系统的领导者。

已经处于领导地位的企业想要在生态系统中持续发展,就必须做到以下几点:第一,打造一个投资高且收益高的平台,这是非常关键的一步,企业的发展、衰落与其有非常紧密的关系;第二,企业在其生态系统中要和与其类似的企业通过合作竞争的方式进行竞争;第三,企业领导需要分享自身的价值,从而将更多厂商纳入自己的生态系统。

企业生态系统的合作与演化理论,是以自然生态系统的规律和理论为依据的,而企业传统战略的利益独占性则是构建出强硬的壁垒,实现独享集体资本利益的目的。

二、企业战略管理理论的基本研究范式

"三安"范式是企业战略管理中常用的范式。"三安"范式的特点就是对资源进行合理配置,企业内部资源与外部资源的合理匹配是其研究的主要内容,SWOT 分析和安索夫矩阵等是其进行研究的主要工具。SWOT 分析能够分析企业的外部环境和内部环境,并且对企业内部的优势与劣势进行识别,帮助企业对其资源进行合理配置。安索夫矩阵将产品和市场组合在一起,总结出四种不同的组合方式,从而提出多角化四种对应战略。

"三安"范式是企业在研究其战略过程中充分考虑其内部条件与外部环境匹配问题的研究范式,但"三安"范式也有一些不足。例如,在研究过程中,"三安"范式只强调环境的可预测性,但是实际环境是非常复杂多变的;在"三安"范式中企业的战略目标应该是非常明确的,但是事实上很多企业并没有非常明确的战略目标。

环境适应范式是以企业所处环境为战略研究重点的范式。适应环境变化,是这一研究范式的基本点。这一范式的缺点也是很明显的。环境适应范式的第一个缺点就是其生态类比的色彩非常浓,在这种情况下企业成为生存在某种环境下的"动物"。第二个缺点是虽然人们对于环境适应范式的战略思想比较容易接受,但是由于没有相应的管理分析工具,其操作性非常差。环境适应范式的第三个缺点就是其组织有很高的环境适应性要求,但是忽视了企业怎样获得竞争优势。

产业组织范式是一种侧重研究行业竞争结构的研究范式。全球经济形势在 20 世纪 70 年代发生了很大改变,市场结构越来越集中,产业组织力量比政治环境力量大得多,行业中出现一些大型企业开始垄断整个行业。正是由于这些改变使很多学者开始研究竞争问题。产业组织范式认为,行业结构与企业的竞争结构有着非常紧密的联系,因此企业的获利水平也与其有着非常紧密的联系,企业只有具备行业内的竞争优势,才能得到这个行业内的地位和能力。产业组织范式存在以下局限:首先,产业组织范式认为高市场集中度给企业带来的利润非常高,但是很多学者认为这个观点是错误的,并且一些学者认为只有高竞争的行业才能带来企业更好的绩效;再有,产业组织范式的重点是对产业进行战略分析,因此对行业的研究非常重视,却忽视了企业内部因素的重要性。

资源能力范式是以企业所拥有的资源及企业自身能力为战略出发点的研究范式。资源能力范式对企业绩效受企业内部因素影响非常重视,认为企业的独特资源能够使企业具备重要的竞争优势,从而使企业获得更好的发展。

三、企业战略管理理论的新趋势

经过多年的发展,企业战略管理理论更加成熟、更加完善。但是,随着经济全球化的

到来,企业外部环境发生了很大变化,企业战略管理理论所面临的趋势也发生了新的变化。首先,企业战略管理理论将变得更加全面,未来国内的竞争和全球的竞争都是企业需要面对的,不只是行业内的竞争,企业还需要与其他行业相互竞争,所以全球观是企业在制定其战略过程中非常重要的因素。其次,企业战略管理理论会变得动态化,全球经济一体化使市场出现激烈的竞争,因此战略管理理论的视角必须是动态的,只有这样才能对企业的内部因素和外部环境变化进行全方位的关注,并且还要注重将两者结合起来。最后,战略管理理论在未来需要整合过去各种具有代表性的战略理论观点,形成一个新的完整的战略管理理论系统。

四、本教程的特点

哈佛商学院终身教授迈克尔·波特曾经说过:"战略是一个企业成败的关键。"他认为:一个企业如果没有战略,那么它就像一个流浪汉一样无家可归。管理大师彼得·德鲁克也曾经指出:当我们沉迷于寻找使企业发展、壮大的方法的时候,一定不要忘记回过头来,看一看我们是否已经在战略上迷失了方向。企业战略的概念来源于军事学。从军事的角度看,战略是对战争全局的策划和指挥,即依据敌对双方的军事、政治、经济、地理等因素,遵从战争规律,照顾战争全局的各方面,所制定和采取的有关战争的方针、政策和方法。企业战略目前有很多种定义。"设计学派"认为战略是一个经过深思熟虑形成的、逻辑性很强的完整计划过程;"定位学派"将战略制定过程视为理性的分析过程,认为战略就是确定组织在市场上的位置。亨利·明茨伯格在总结分析了一些战略概念后,提出"战略的5P概念",从不同角度分析了战略的基本含义。根据他的归纳,可以从计划、模式、定位、观念、计谋五个角度来理解战略。

重视对经营环境的研究,将环境变化视作自变量,将企业战略视作因变量,是本教材论述企业战略的基本思想。由于战略管理将企业的成长和发展纳入了变化的环境之中,管理工作要以未来的环境变化趋势作为决策的基础,这就使企业管理者必须十分重视对经营环境的研究,在充分把握市场机会和风险的基础上,正确地确定公司的发展方向,选择公司合适的经营领域或产品—市场领域,从而能更好地把握外部环境所提供的机会,增强企业经营活动对外部环境的适应性,进而使二者达成最佳的结合。

重视战略的实施是本教材论述企业战略管理的又一个基本点。由于战略管理不只是停留在战略分析及战略制定上,而是将战略实施作为其管理的一部分,这就使企业在日常生产经营活动中根据环境的变化对战略不断地评价和修改,使企业战略得到不断完善,也使战略管理本身得到不断完善。这种循环往复的过程,更加突出了战略在管理实践中的指导作用。战略管理必须把日常的经营与计划控制、近期目标与长远目标结合在一起,因为战略管理最终是要把规划出的战略付诸实施,而战略的实施又同日常的经营与计划控制密不可分,这就把近期目标(或作业性目标)与长远目标(战略性目标)结合起来,把总体战略目标同局部的战术目标统一起来,从而调动各级管理人员参与战略管理的积极性,有利于充分利用企业的各种资源并提高协同效果。

重视战略的评价与更新是本教材的又一特色。由于战略管理不只是计划"我们正走向何处",而且也计划如何淘汰陈旧过时的东西,以"计划是否继续有效"为指导,重视战略的评价与更新,这就使企业管理者能不断地在新的起点上对外界环境和企业战略进行连续性探索,增强创新意识。

企业战略管理以战略的概念和本质为基础,如果说战略是关于企业总体发展目标和对实现这一目标的途径的整体规划,则战略管理就是对确定战略和实现战略目标过程的管理,其过程主要是"战略分析"、"战略选择"和"战略实施与控制"。企业战略管理不仅追求企业经营利润最大化,而且追求企业竞争安全性;它主要不是技术性的产物,而是思想性、创新性的产物。战略规划没有最好,只有更好,因此在研究制定发展战略时不应以熟悉本企业主要技术为依据,而是以包括军事思想在内的战略思想为主要依据。

战略管理不应是在企业危机时、重组后的工作,而是企业发展中的经常性工作;不应是用来宣传表彰的材料,而是事关企业生存安全的绝密资源。战略管理是一种以思想性创新为特征的管理,是不能按教科书来实施和规范的,更不能程式化、数字化,通过提取和整理若干数据输入计算机,出一大堆打印件,再加上结论来完成。对于战略管理与其他管理的区别缺少正确认识,导致采用不适合的方法,是严重妨害和局限企业进行战略管理的重要原因。有鉴于此,我们希望本教材能为企业战略管理理论在我国的传播和发展,为提高我国企业管理者的战略管理水平有所贡献。企业战略管理是一门正在发展中的学科,在其发展过程中,形成了很多不同的学派和观点。为了博采众长,客观地反映这些不同学派的理论和观点,我们在编著本教材的过程中参阅了国内外很多著名学者的研究成果,引用了其中一些重要观点和见解,这些研究成果已在书后的参考文献中列出,在此向这些学者表示衷心的感谢。

本书由苏州城市学院工商系主任、博士生导师李晓峰教授拟定写作大纲,负责全书的总体设计、谋篇布局,并撰写了第一章、第二章、第三章、第十一章、第十二章;苏州大学商学院魏文斌教授撰写了第四章、第五章、第六章、第七章、第十四章、第十五章;苏州科技大学杨传明教授撰写了第八章、第九章;苏州科技大学朱天一老师撰写了第十章、第十三章。由于编写者水平有限,书中难免存在各种疏漏和错误,恳请读者不吝指教。

本教材是苏州城市学院的重点建设教材。

目 录

第一章 总 论 (1)
- 第一节 企业战略的内涵 (1)
- 第二节 企业战略的基本内容 (4)
- 第三节 不同层次的企业战略 (6)
- 第四节 企业战略管理 (10)
- 第五节 企业战略管理理论的形成和发展 (12)
- 本章内容小结 (15)
- 本章案例:家电生产企业的重要战略窗口 (16)

第二章 企业战略环境 (19)
- 第一节 企业战略的宏观环境 (19)
- 第二节 企业战略的行业环境 (23)
- 第三节 行业内主要竞争对手 (34)
- 本章内容小结 (38)
- 本章案例:适者生存是市场经济的重要法则 (39)

第三章 企业资源与能力 (41)
- 第一节 企业制定战略的基础 (41)
- 第二节 SWOT 分析 (47)
- 第三节 价值链分析 (52)
- 第四节 企业战略竞争能力 (57)
- 本章内容小结 (61)
- 本章案例:IBM 公司如何面对自身的优势和劣势 (61)

第四章 企业使命与战略目标 (63)
- 第一节 企业使命和愿景 (63)

第二节　企业社会责任 …………………………………………… (69)
  第三节　企业战略目标及其制定 ………………………………… (72)
  本章内容小结 ……………………………………………………… (77)
  本章案例：亨通集团的社会责任 ………………………………… (78)

第五章　企业层战略 …………………………………………………… (81)
  第一节　企业战略态势 …………………………………………… (81)
  第二节　一体化战略 ……………………………………………… (91)
  第三节　多元化战略 ……………………………………………… (96)
  本章内容小结 ……………………………………………………… (101)
  本章案例：格力电器的专业化与多元化之路 …………………… (102)

第六章　竞争战略 ……………………………………………………… (105)
  第一节　成本领先战略 …………………………………………… (105)
  第二节　差异化战略 ……………………………………………… (108)
  第三节　集中化战略 ……………………………………………… (111)
  第四节　动态竞争战略 …………………………………………… (114)
  本章内容小结 ……………………………………………………… (116)
  本章案例：京东商城的竞争战略 ………………………………… (116)

第七章　兼并收购战略 ………………………………………………… (119)
  第一节　并购战略的含义和类型 ………………………………… (119)
  第二节　企业并购的动因 ………………………………………… (121)
  第三节　并购战略的实施 ………………………………………… (123)
  第四节　并购战略的风险及其防范 ……………………………… (127)
  本章内容小结 ……………………………………………………… (131)
  本章案例：阿里巴巴并购饿了么 ………………………………… (132)

第八章　战略联盟 ……………………………………………………… (135)
  第一节　企业战略联盟概述 ……………………………………… (135)
  第二节　企业战略联盟主要类型 ………………………………… (142)
  第三节　企业战略联盟运作与管理 ……………………………… (148)
  本章内容小结 ……………………………………………………… (154)
  本章案例：百联集团与阿里巴巴的战略联盟 …………………… (154)

第九章　品牌战略 …………………………………………………（158）
　　第一节　品牌基本概念 …………………………………………（158）
　　第二节　品牌战略的内涵 ………………………………………（161）
　　第三节　企业品牌战略的构建 …………………………………（164）
　　本章内容小结 ……………………………………………………（173）
　　本章案例：苹果公司非同凡响的品牌策略 ……………………（174）

第十章　企业全球化战略 ………………………………………（177）
　　第一节　全球产业环境和企业全球化动因 ……………………（177）
　　第二节　全球化经营的两种压力 ………………………………（181）
　　第三节　全球化战略决策 ………………………………………（183）
　　本章内容小结 ……………………………………………………（187）
　　本章案例：福特汽车公司的全球战略 …………………………（188）

第十一章　行业演化与企业战略 ………………………………（190）
　　第一节　行业演化的周期性 ……………………………………（190）
　　第二节　新兴行业中的企业战略 ………………………………（193）
　　第三节　成熟行业中的企业战略 ………………………………（196）
　　第四节　衰退行业中的企业战略 ………………………………（202）
　　本章内容小结 ……………………………………………………（206）
　　本章案例：我国中小型企业的困境 ……………………………（206）

第十二章　企业战略的评估与选择 ……………………………（210）
　　第一节　企业战略的评估标准 …………………………………（210）
　　第二节　企业战略的评估方法 …………………………………（212）
　　第三节　企业战略的选择 ………………………………………（227）
　　本章内容小结 ……………………………………………………（235）
　　本章案例：战略选择的失误葬送了柯达公司 …………………（235）

第十三章　企业战略的实施 ……………………………………（237）
　　第一节　战略实施概述 …………………………………………（237）
　　第二节　战略实施与组织结构 …………………………………（243）
　　第三节　战略实施与企业文化 …………………………………（245）
　　第四节　战略实施与领导 ………………………………………（248）

本章内容小结 ·· (250)
　　本章案例:通用电气公司的组织革命 ······················· (251)

第十四章　企业战略控制 ·· (254)
　　第一节　战略控制及其类型 ································· (254)
　　第二节　战略控制的过程 ···································· (259)
　　第三节　战略控制的方式与方法 ··························· (261)
　　第四节　战略类型与战略控制 ······························ (264)
　　本章内容小结 ·· (267)
　　本章案例:恒力石化的战略控制 ···························· (267)

第十五章　企业战略变革 ·· (271)
　　第一节　企业战略惯性的内涵和动因 ···················· (271)
　　第二节　企业战略变革的类型和方式 ···················· (273)
　　第三节　企业战略变革的过程 ······························ (277)
　　本章内容小结 ·· (282)
　　本章案例:海尔集团的六个战略阶段 ······················ (283)

参考文献 ·· (287)

第一章 总 论

我们正在逐步进入一个战略竞争的时代。竞争是市场经济的灵魂。当前市场竞争的一个重要特点是,企业外部环境变化的速度和幅度比以前任何一个时期都更加迅猛和广泛。在政治、经济、军事、自然、社会、法律、文化、技术诸多因素中,每一因素的变化节奏都明显加快,而且多因素的综合影响也大大超过任何一个单因素的作用,市场机会和市场风险就蕴藏在这些变化之中。其中任何一方面的变化,都可能导致一批企业的崛起,也可能导致另一批企业的衰亡。生生死死,起起落落,其中最重要的因素就是企业对自身发展战略的把握。正确的战略能够使企业及时抓住市场机会,因势利导,借风行船,驶入发展的快车道;而错误的战略,则往往把企业引入市场经济的急流险滩,使企业落入市场的陷阱和旋涡而不能自拔。企业家柳传志对此深有体会,他认为,在当今这个复杂多变的世界上,一个企业如果不能正确制定和及时调整自己的发展战略,那必将面临巨大的风险。

第一节 企业战略的内涵

战略,英语为 strategy,源于希腊语 stratagia,原为军事用语,指的是作战谋略。《简明不列颠百科全书》认为:战略是"在战争中利用军事手段达到战争目的的科学和艺术"。《辞海》中对"战略"一词的定义是:"军事名词,指对战争全局的筹划和指挥。它依据敌对双方的军事、政治、经济、地理等因素,照顾战争全局的各方面,规定军事力量的准备和运用。"《中国大百科全书·军事卷》诠释"战略"一词时说:"战略是指导战争全局的方略。即战争指导者为达成战争的政治目的,依据战争规律所制定和采取的准备和实施战争的方针、政策和方法。"

近代史上的军事家们对"战略"也有过精辟论述。德国著名军事战略家冯·克劳塞维茨说:"战略是为了达到战争目的而对战术的运用。战略必须为整个军事行动规定一个适应战争目的的目标。"与他同时代的另一位德国军事战略家毛奇也曾经说过:"战略是一位统帅为达到赋予他的预定目的而对自己手中掌握的工具所进行的实际运用。"政治家、军事家毛泽东也曾经指出:"战略问题是研究战争全局的规律性的东西。"他还进一步指出:"凡属带有要照顾各方面和各阶段性质的,都是战争的全局。研究带全局性的战争指导规律,是战略学的任务。"

随着生产力水平的不断提高和社会实践内涵的不断丰富,"战略"一词后来又被人们广泛地用于军事之外的其他领域,从而给"战略"一词增添了许多新的含义。当我们将战略思想运用于企业经营管理活动时,就逐渐产生了企业战略这一概念。

一、企业战略的概念

管理学大师彼得·德鲁克有一句名言:"对企业来言,未来至关重要。经营战略使企业为明天而战。"在他看来,企业战略是企业着眼长远、适应内外形势而做的总括性发展规划,它指明了在竞争环境中企业的生存态势和发展方向,进而决定了最重要的工作内容和竞争方式。

进入新世纪以来,世界市场更加风云变幻,企业组织也反复经历着重整组合。置身于如此动荡的生存环境,企业若想取得持续稳定的发展,就必须在事关企业发展方向的综合决策方面做出相对稳定的、基本正确的战略规划。也正因为如此,企业战略管理已经成为欧美企业界竞相尊奉的制胜法宝。全美500家最大的工商企业无一例外地都制定了自己的发展竞争战略,在哈佛商学院(HBS),与企业战略相关的课程被列在工商管理教学内容之首。

企业要在复杂多变的环境中求得生存和发展,必须对自己的行动进行通盘谋划。20世纪60年代以前,在某些企业中虽然也存在着类似于这种谋划的活动,但所使用的概念不是企业战略,而是长期计划、企业计划、企业政策或企业家活动等。直到20世纪60年代,美国管理学家H. I. 安索夫的《企业战略论》一书出版后,企业战略才作为一种具有特定内涵的概念,开始在企业管理学中使用。关于企业战略的含义,安索夫认为,战略主要是关注企业内部和外部的变化,特别是关注企业生产的产品构成和销售市场,从而决定企业干什么事业,以及是否要干。美国的彼特·F.德鲁克认为企业战略必须回答两个问题:我们的企业是什么?它应该是什么?总之,企业战略关系着企业未来的发展方向、发展道路、发展行动等。

综合上述观点,我们把企业战略定义为:企业战略是在市场经济条件下,企业面对激烈变化、严峻挑战的环境,为求得长期生存和不断发展,在对内外部条件充分把握的基础上,对战略期的发展目标、前进方向等大政方针政策的总体谋划。它是企业战略思想的集中体现,是对企业经营范围的科学规定,同时又是制定各项具体策略和计划的基础。更具体地说,企业战略是在符合和保证实现企业使命的条件下,在充分利用环境中存在的各种机会和创造新机会的基础上,确定企业同环境的关系,规定企业的经营范围、成长方向和竞争对策,合理地调整企业结构和分配企业的全部资源,从而使企业获得持续、稳定的发展。从其制定要求看,战略就是用机会和威胁评价现在和未来的环境,用优势和劣势评价企业现状,进而选择和确定企业的总体、长远目标,制订和抉择实现目标的行动方案。

需要强调说明的是,企业战略又是一个以变革为实质内容的概念。现代企业生存于激烈变化、严峻挑战的环境中,要在这种环境中生存发展,必须通过不断革新来创造性地经营和管理企业。也就是必须通过制定和实施具有革新性质的战略,使企业从适应(或不适应)目前的环境,转变成适应未来的另一种环境,从而在根本上维持和发展企业的战略竞争能力。要变革企业,就要正确地回答以下四个方面的问题:①应该变革什么?②应该向什么方向变革?③应该变革到什么程度?④怎样实现这些变革?这也是企业战略所要解决的本质性问题。

总之,企业在变化激烈、挑战频生的环境中,必须探索未来的动向,寻求未来市场的机会,变革企业现有的经营结构,选择通向未来的发展途径。

二、企业战略的特点

(一) 全局性

企业战略是以企业的全局为对象,根据企业总体发展的需要而制定的。它所规定的是企业的总体行动,它所追求的是企业的总体效果。虽然它必然包括企业的局部活动,但是,这些局部活动是作为总体活动的有机组成部分在战略中出现的,这样也就使企业战略具有了综合性和系统性。

(二) 长远性

企业战略,既是企业谋取长远发展要求的反映,又是企业对未来较长时期(5年以上)内如何生存和发展的通盘筹划。虽然它的制定要以企业外部环境和内部条件的当前情况为出发点,并且对企业当前的生产经营活动有指导、限制作用,但是,这一切也都是为了更长远的发展,是长远发展的起步。凡是为适应环境条件的变化所确定的长期基本不变的行动目标和实现目标的行动方案,都具有战略的性质。而那种针对当前形势灵活地适应短期变化,解决局部问题的方法都是战术。

(三) 抗争性

企业战略是关于企业在激烈的竞争中如何与竞争对手抗衡的总体方案,同时也是针对来自各方面的冲击、压力、威胁和困难而制定的行动指针。它与那些不考虑竞争、挑战,而单纯以改善企业现状、增加经济效益、提高管理水平等为目的的行动方案不同。只有当这些工作与强化企业竞争力量和迎接挑战直接相关、具有战略意义时,才能构成企业战略的内容。应当明确,市场如战场,现代市场总是与激烈的竞争密切相关的。经营战略之所以产生和发展,就是因为企业面临着激烈的竞争、严峻的挑战,企业制定经营战略就是为了取得优势地位,战胜对手,保证自己的生存和发展。

(四) 纲领性

企业战略规定的是企业总体的长远目标、发展方向、前进道路,以及所采取的基本方针、重大措施和基本步骤,战略对这些方面做出了原则性的、概括性的规定,具有行动纲领的意义。它只有通过展开、分解和落实等过程,才能变为具体的行动计划。

企业战略的上述特点,决定了企业战略与其他具体决策、策略、计划、方案的区别。根据上述企业战略的特点,我们又可以说,企业战略是管理者对企业中那些具有长远性、全局性、竞争性和纲领性的重要问题所进行的谋划。

企业战略的上述四个特点,同时也决定了企业战略决策的特点:

（1）其决策的对象是复杂的,很难把握住它的结构,并且是没有先例的,在问题处理上也往往没有经验可循。

（2）其面对的问题常常是突发的、难以预料的,所依靠的是来自外部的关于未来如何变化的难以确定的情报。

（3）其决策的性质直接涉及企业的前途。进行这种决策不仅要有长时间的准备,而且其效果所持续的时间也长,风险也大。

（4）评价困难,难以标准化。

第二节　企业战略的基本内容

一般说来,企业战略由以下四个要素组成,这四个要素决定了企业战略管理的基本范围和内容。

一、经营范围

经营范围是指企业所从事的生产经营活动的领域。它既反映出企业目前与其外部环境相互作用的程度,又反映出企业计划对外部环境施加影响的要求。对于大多数企业来说,应该根据自己所拥有的资源、所处的行业以及市场需求的状况来确定经营范围。只有产品与市场相结合,才能真正形成企业的经营业务。企业确定经营范围的方式可以有多种。从产品角度来看,企业可以按照自己产品系列的特点来确定经营范围,如电力企业、钢铁企业等。企业还可以根据产品系列内含的技术来确定自己的经营范围,如自动化仪表企业、光导纤维企业等。一般情况下,在企业的经营范围之内,各类业务是不应该相互矛盾的。尤其在多种经营的情况下,企业不能只从某一行业的角度来定义自己的经营范围,需要多方位、多层次地研究自己的市场和顾客。例如,某生产胃药的企业,开始生产白酒,并大做广告"某某好白酒,伴君好享受"。事实上,对于既生产胃药又制造白酒的企业来说,其两种产品是不相容的,结果是很难保证经营范围的准确界定。

二、资源配置

资源配置是指企业过去和目前所有资源(人力资源、金融资源、设备资源、土地资源、技术资源、信息资源、关系资源等)组合的比例和模式。资源配置的优劣会极大地影响企业实现自己目标的程度。因此,资源配置又被视为形成企业核心竞争力的基础。资源配置是企业现实生产经营活动的支撑点。企业只有采用其他企业难以模仿的方法,取得并运用适当的资源,形成独具特色的技能,才能在市场竞争中获得主动权。如果企业资源贫乏或处于配置不力的境况,则企业的经营范围便十分狭窄,竞争优势也无从谈起。

把资源配置作为企业战略的构成要素是著名管理学者霍弗和申德尔的观点。他们认为,资源配置不仅是战略中最重要的方面,而且在确保企业获得成功上也比经营范围更为重要。霍弗曾于1973年对企业面临的战略挑战和应对问题进行了研究。他发现,当企业面临重大的战略挑战时,大多数获得成功的企业会有三种不同的反应:第一,企业的经营范围和资源配置都发生了变化;第二,仅仅是企业的经营范围发生了变化;第三,仅仅是企业的资源配置发生了变化。而那些在重大战略挑战面前没有成功的企业,则一般没有上述反应。这说明,当企业所面对的外部环境发生变化时,一般都需要对已有的资源配置模式或配置比例或多或少地加以调整,以支持企业的战略行动。

三、竞争优势

竞争优势是指企业通过对其资源配置模式与经营范围的正确决策,所形成的与其竞争对手不同的有利的市场竞争地位。

20世纪60年代以来,无论是在国际市场上还是在国内市场上,竞争日趋激烈,战略管理的学者们将注意力转向了经营领域里的竞争行为,试图寻找出获得竞争优势的途径。还有的学者认为个别产品和市场的特性可以给企业带来强有力的竞争地位。有的学者认为,企业的竞争优势来源于企业所选择的资源和技能的应用方式。实际上,竞争优势既可以来自企业在产品和市场上的地位,也可以来自企业对特殊资源的正确运用。

四、协同作用

协同作用是指企业从资源配置和经营范围的决策中所能获得的各种共同努力的综合效用。就是说,整体大于各部分简单相加之和。在企业管理中,企业总体资源的收益要大于各部分资源收益之和,即取得"1+1>2"的效果。一般来说,企业的协同作用可以分为以下四类。

(一) 投资协同

投资协同作用产生于企业内各经营单位联合利用企业的设备、共同的原材料储备、共同研究开发的新产品,以及分享企业专用的工具和专有的技术。

(二) 生产协同

生产协同作用产生于企业充分地利用已有的人员和设备,共享由经验曲线所形成的优势等。这里所指的经验曲线,是指当某一产品的累积生产量增加时,产品的单位成本趋于下降。

(三) 销售协同

销售协同作用产生于企业各事业部对企业所拥有的销售渠道、销售机构和推销手段的共同使用。老产品能引导新产品走进市场,新产品又能为老产品壮大声势;老市场能为新市场提供示范,新市场又能为老市场扩大范围。这样,企业便可以减少费用,获得较大的收益。

这三种协同作用实际上是发生在生产经营活动过程的三个阶段上,说明企业在每个阶段上都可以形成自己的协同作用。

(四) 管理协同

管理协同作用不能用简单的定量公式明确地表示出来,但它是一种相当重要的协同作用。当企业的经营领域扩大到新的行业时,如果在管理上遇到过去曾处理过的类似问题,企业管理人员就可以利用在原行业中积累起来的管理经验,有效地解决这些问题。这种不同的经营单位可以分享以往的管理经验的做法就是管理协同,这是一种无形的力量。

一般来说,衡量企业协同作用的方法有以下两种:一是在企业收入既定的条件下,评价由于企业内部各经营单位联合经营而导致的企业成本的下降;二是在企业投资既定的条件下,评价由于企业内部各经营单位联合经营而导致的企业收入的增加。

第三节　不同层次的企业战略

企业战略一般分为三个层次:企业层战略、业务层战略、职能层战略。对企业战略进行层次划分的意义在于:既保持了企业战略的统一性和整体性,使企业资源的配置最大限度地适应企业长期发展目标的要求,又满足了分权管理的要求,增加了企业活动的灵活性,使决策更切合实际,把对资源利用的责任落实到具体的部门、小组和个人。一般来讲,企业的战略层次总是力求与企业组织层次和权力层次相一致,以保证责任与权力的对等。

一、企业层战略

企业层战略又称总体战略,是企业最高管理层为整个企业确定的长期目标和发展方向。企业层战略的主要任务是确定企业的业务组合,即决定企业活动所涉及的业务范围种类,合理安排各类业务活动在企业业务总量中的比重和作用,明确各类业务之间的相互

关系,以及这些业务在战略期内的发展方向。企业层战略一般有四种类型:

(1) 维持型战略。保持原有的业务组合和资源分配原则与方式。

(2) 发展型战略。调整业务组合,鼓励某些业务迅速发展,从而实现企业整体业务组合的改变与发展速度的提高。

(3) 衰退型战略。抑制某些业务的发展,甚至在一段时间内减缓企业的发展,以实现业务组合的调整,从而避免在十分不利的外部环境下,或是在尚未发现环境变化原因和变化趋势的情况下因急于做出反应而产生的风险。

(4) 退出型战略。对业务组合进行较大规模的变革,退出某些关键业务。

企业层战略主要包括以下内容:

1. 决定企业整体的业务组合和核心业务

选择业务组合和核心业务是企业层战略的首要任务。恰当的业务组合使企业能在充分利用现有竞争优势的同时,不断淘汰那些不具有优势和没有发展前景的业务,同时培育具有发展潜力的业务。对企业来说,企业层战略的制定,必须明确企业的核心业务类型,必须避免由于增加不适当的业务而导致企业弱化或丧失核心竞争力。为此,在制定企业层战略的时候,需要明确以下问题:①企业现有业务组合是否仍旧合理,企业是否需要进入新的业务领域;②因为企业资源和能力的有限性,企业在确定新业务发展的同时是否需要退出某些旧的业务领域以及何时退出、以何种方式退出;③在保留的业务类型中,哪些业务是应该继续发展的,哪些业务是需要维持现有能力的,哪些业务是应该减少支持、及时收割的;④各类业务的管理重点在哪里,管理权力中心应放在何处,具体的政策又是什么;等等。

2. 根据业务组合和各类业务在组合中的地位与作用,决定基本战略业务单位以及对各战略业务单位的资源分配方式和分配次序

企业层战略对资源的分配一般只将资源分配给各战略业务单位(SBU)。因为核心业务关系到企业整体的生存和发展,而且占用的资源量较大,所以在一般情况下,还需要企业层战略对这部分资源的使用做进一步安排。而其他非核心业务所分配资源的具体使用,一般由业务战略确定,企业层战略只提出对资源使用效果的要求,并决定对资源使用效果的评价、考核方式和制度。各业务之间发生的活动和利益的协调也需要由企业层战略确定。

3. 建立战略变革决策机制

在战略期内,追逐环境变化,对重大、关键环境变化及时做出战略调整,是企业层战略的又一任务。各类企业由于所处环境的不确定性在程度上存在差异,因此当其面临不同的环境变化特征时,对环境变化的响应速度和反应程度也各有不同的要求。企业应根据预先设计(定期检查修正)的反应信号的强度,对达到规定强度的环境变化及时做出行动上的调整或是战略上的改变,在环境发生巨变的情况下,甚至需要对企业战略的根本方面

以及相应的组织结构和关系进行变革。

以上企业层战略的三大内容主要是从长期发展的角度着眼,力求实现企业业务结构的基本合理、相对稳定和有序转移。但从企业战略管理的实际看,环境总是在变化的,在战略期内环境保持稳定,从而使企业的战略安排得以完全实现的情况越来越少了。这样,就需要企业战略保持一定的弹性。对战略管理划分层次就是适应这一要求的一种做法:企业最高层只决定业务框架和大致的资源分配,由更了解、更接近环境的业务层具体制定业务战略,具体安排资源的使用和活动控制,承担业务成败的责任,并提出实现企业层战略对各项职能的要求。业务种类多的企业一般会存在可以由若干战略业务单位(SBU)共享的职能活动,如采购、销售、培训等。对这些共享性高的职能活动,需要决定是否由企业层战略加以调节,以获得职能活动的协同效应。

企业层战略适用于具有多项业务类型,或是进行跨国经营的企业。对只有一项业务类型的企业来说,如果其业务在跨地区经营时差别不大,就没有必要增加一个战略管理的层次,这些企业的战略管理就应从业务战略开始。如果企业虽然只有一个业务类型,但其所涉及的地区(国别)在对业务活动的要求和限制上的差别很大,使得同一类业务活动在不同地区实际上表现出完全不同的活动类型和特征,企业就需要在企业层战略中不但确定该业务的发展方向和方式,还要确定该业务在不同地区的发展战略和相应的政策(实际上企业层战略与业务层战略仍是重合的),即需要在企业层战略之下设立地区层战略。

二、业务层战略

业务层战略又称为竞争战略,即由各业务管理中心——战略业务单位根据企业层战略决定的业务组合和各业务的地位与发展方向,确定本类业务的具体竞争方式和资源使用重点。业务层战略主要包括以下内容:

(1) 决定本业务对实现企业发展应做出的贡献类别和数量,决定本业务的发展方向和发展远景,以及本业务活动与企业内其他业务活动的关系,包括需要与企业内其他业务共享的资源和职能。

(2) 决定本业务的涵盖范围,包括本业务在业务价值链上的位置和业务活动涉及的价值链长度,明确业务活动所采用的基本技术类型和技术开发潜力,研究其目标市场的类型、结构、竞争状况和变化趋势。

(3) 确定本类业务的核心活动方面、基本竞争战略种类,以及获得市场利润并控制目标市场的方式。

(4) 确定本战略业务单位内各项职能在市场竞争中的作用,既包括那些对取得业务竞争力起关键推动作用的职能,也包括那些削弱业务竞争力的职能,探索从外部获得某些资源以替换那些较弱职能的可能性。

(5) 制定实现业务发展目标的计划,对各计划期和各方面负责的人员及业务活动进程提出明确要求,并根据计划对本战略业务单位的资源进行分配,建立对业务内各项活动资源使用效果的控制和评价机制。

(6) 协调和平衡本战略业务单位中的各项职能战略。

三、职能层战略

职能层战略又称为职能支持战略。职能层战略是按照企业层战略(当职能活动由企业管理层直接领导时)或业务层战略(当职能活动由战略业务单位直接领导时)对职能活动发展方向进行的策划和对职能活动进行管理的计划,如产品研发、生产制造、储存运输、市场营销、财务会计、人事培训、公共关系等,都属于企业中重要的职能。在小企业中,这些职能大多集中在企业层,而在大企业中,这些职能则一般下放到各战略业务单位。相对于企业层战略和业务层战略而言,职能层战略的内容要详细、具体得多,其作用在于使业务层战略或企业层战略的内容通过各职能活动而具体得以落实,并实现同一战略业务单位内部各职能之间的协调。

职能层战略主要解决以下问题:

(1) 明确并满足业务战略成功实施对本职能的具体要求,包括本职能活动对实现业务战略的具体贡献、职能的优势和劣势、职能功能的"瓶颈"部位等。如果某"瓶颈"状态很难在较短的时间内改善,或是该"瓶颈"已成为企业竞争劣势的根本原因,就需要考虑对该职能活动的内容进行重新定位,或是将该职能活动转移到企业外部,或是重新进行组织设计,改变对职能活动的组合。

(2) 确定本职能活动与其他相关职能活动的关系,寻求本职能与其他职能可以共享的活动和资源。同一战略业务单位中各职能单位之间虽然在活动特征与具体技术构成和要求上有较大的差异,但它们之间又存在相互依存性,即共同构成企业业务的整个流程,形成业务的统一产出。了解职能之间的差别,有助于高效率地组织不同的职能活动;了解职能活动之间的相容程度和依赖程度,有助于高效率地组织整个业务流程;了解各职能之间的关系以及各职能对业务战略可做出的贡献,还有助于发现关系到本业务成功的重点职能和重点职能的主要活动方面,这些重点职能和重点职能的主要活动方面往往构成了企业的核心专长,成为企业核心竞争力的主要来源。

(3) 对本职能的各项具体活动进行组织安排。对与其他职能关联程度较高的职能,以及涉及业务核心专长的职能和职能活动进行重点分析,决定是否需要对这些活动(包括其他职能中的重点职能活动方面)给予重点扶持。

(4) 确定本职能的发展方向和资源分配。根据以上分析决定具体职能活动的资源分配比例和对重点活动的扶持发展政策,并根据业务战略的要求调整职能活动的结构和流程。

第四节 企业战略管理

战略是计划的一种形式,但战略管理不仅仅是制定战略。战略管理是制定和实施战略的一系列管理决策与行动。一般认为,战略管理由以下几个相互关联的阶段所组成,这些阶段有一定的逻辑顺序,包括若干必要的环节,由此而形成一个完整的过程。如图 1-1 所示。

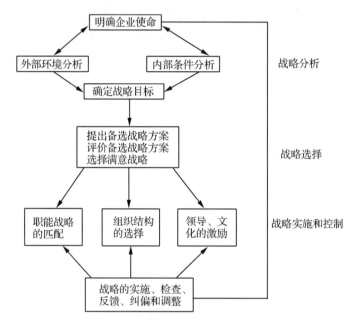

图 1-1 企业战略管理过程图

一、战略分析

企业在现在和未来能否处在良好状态,取决于很多关键性因素。战略分析的主要任务是对这些关键性影响因素进行长期的跟踪和调查,对企业目前的市场竞争态势做出客观判断,并根据企业目前在市场竞争中所处的"位置"和发展机会来确定未来应该达到的战略目标。具体包括:①明确企业的使命和宗旨。这是指导企业当前行动的纲领,也是企业管理者进行战略分析的起点。②外部环境分析。外部环境分析的目的就是要了解企业所处的战略环境,掌握各环境因素的变化规律和发展趋势,发现环境变化将可能给企业发展带来的机会和威胁,为制定战略提供必不可少的依据。③内部条件分析。战略分析还要了解企业自身所处的相对地位,分析企业的资源和能力,明确企业内部条件的优势和劣势;还需要了解不同的利益相关者对企业的期望,理解企业的文化,使企业战略建立在坚实的基础之上。

二、战略选择

战略选择阶段的任务是决定实现战略目标的途径,为实现战略目标确定适当的战略行动方案。企业管理者在战略选择阶段的主要工作是:①制订备选战略方案。根据外部环境和企业内部条件、企业使命和目标,拟订供选择的几种战略方案。②评价战略方案。评价战略备选方案通常使用两个标准:一是考虑选择的战略是否发挥了企业的优势、克服了劣势,是否充分利用了市场机会,并将市场威胁削弱到最低程度;二是考虑该战略能否被企业的利益相关者(如上级主管部门、股东、企业员工等)所接受。③最终选出供执行的满意战略。需要指出的是,实际上并不存在最佳的选择,往往是企业管理者和利益相关者的价值观与期望值影响下的"满意战略选择"。对战略的评估最终还要落实到战略收益、风险和可行性分析等财务指标上。

三、战略实施

战略实施与控制的过程就是把战略方案付诸行动,使企业活动朝着既定战略目标与方向不断前进的过程。这个阶段的主要工作包括计划、组织、领导和控制四种管理职能的活动。战略实施的关键在于其有效性。要保证战略的有效实施,首先就要通过计划活动,对企业的总体战略方案从空间和时间上进行分解,形成企业各层次、各子系统的具体战略或策略、政策,在企业各部门之间分配资源,制定职能战略和工作计划。制定年度计划,是为了分阶段、分步骤地贯彻和执行战略。为了实施新的战略,要设计与战略相一致的组织结构。这个组织结构应能保证战略任务、责任和决策权限在企业中的合理分配。一个新战略的实施对组织而言是一次重大的变革,变革总会有阻力,所以对变革的领导是很重要的。这包括培育支持战略实施的企业文化和激励系统、克服变革阻力等。

战略实施的成功与否取决于管理者对员工能力的激励程度和处理人际关系的技能。战略实施活动会影响到企业中的所有员工和管理者。每个部门都必须回答以下问题:为了实施企业战略中属于我们责任的部分,我们必须做什么?我们如何才能将工作做得更好?战略实施是对企业管理的一种挑战,它要求激励整个企业的管理者和员工以高昂的工作热情为实现已确定的战略目标而努力。

四、战略控制

战略控制是战略管理过程中一个不可忽视的重要环节,它伴随战略实施的整个过程。建立控制系统是为了将每一阶段、每一层次、每一方面的战略实施结果与预期目标进行比较,以便及时发现偏差,适时采取措施进行调整,以确保战略方案的顺利实施。如果在战略实施过程中,企业外部环境或内部条件发生了重大变化,则控制系统需要对原战略目标或方案做出相应的调整。

需要指出的是,在管理实践中,各阶段并非是按直线排列的。由于各项工作是互相联系的,以上阶段和步骤有时在时间与空间上相互重叠。我们之所以这样阐述,仅仅是为了使问题变得更加清晰和有条理。

第五节 企业战略管理理论的形成和发展

企业战略管理真正成为一门学科,应归功于20世纪60年代出版的三本著作。第一本是艾尔弗雷德·钱德勒的《战略与结构》(1962);第二本是H.伊戈尔·安索夫的《企业战略》(1965);第三本是哈佛商学院的教材《企业政策:课本案例》,其中的教材部分是由肯尼斯·安德鲁斯撰写的。

钱德勒1962年出版的《战略与结构》一书,被公认为奠定了战略管理作为一门学科的基础。钱德勒这本专著的副标题是"工业企业的历史篇章"。书中叙述了大型企业的成长壮大过程,论述了这些企业如何调整其行政管理结构来适应增长。钱德勒选择了美国通用汽车公司、西尔斯公司、新泽西标准石油公司(即今天的埃克森公司)和杜邦公司作为案例。他描述了这些企业的成长过程以及行政管理系统的变革。他揭示了这些企业的经理们在事关企业方向的长期决策、投资以及变革组织结构、使制定的战略生效方面的作用。这部书充满了经济理论创新、组织行为创新和管理创新的动人故事,引起了巨大轰动。钱德勒通过此书表明了这样一个观点:企业管理者只要认真做好战略管理工作,就能获得极好的绩效。钱德勒认为,企业不同的组织形式是不同类型增长方式的结果。如果把规划和实施这种增长视为战略,那么,为管理这种扩大了的活动及其资源而设计的组织,就可视作结构,一定的结构是为一定的战略服务的。在这里,战略被钱德勒定义为:确立企业的基本的长期目标,决定行动路线,并为实现这些目标而配置必要的资源。他还指出,企业组织内的行政管理变化过程应与战略方向变化相一致,而不应该仅仅为简单的效率去进行变革。他在这本书中所提出的"战略决定结构"的观点,成为企业战略管理中的一条重要原则。

安德鲁斯在为哈佛商学院撰写的企业管理教材中,接受了钱德勒的战略观念,同时还增添了塞尔尼克的"特色能力"概念,以及企业必须适应不确定环境的见解。在安德鲁斯看来,环境处于不断的变化之中,从而带来了机会与威胁。企业组织若能把自己调整到既能利用机会又能避开威胁的状态,就会产生优势,反之就处于弱势。对企业的优势与弱势进行客观评价,就会使企业找到自己的特色能力;对外界环境中存在的机会与威胁进行评价,则可使企业发现潜在的成功要素。这两种评价,是制定战略的基础,有别于战略执行的过程。安德鲁斯认为战略类似于企业的特性,他将其定义为:战略是主要目的、目标的模式,或者是为实现这些目的、目标而设计的政策与计划。它们的表达方式是:企业目前从事什么行业?将要从事什么行业?企业目前是什么样的企业?将要成为什么样的企业?

H. 伊戈尔·安索夫于1965年出版了著名的《企业战略》(*Corporate Strategy*)一书。这本书"关注的是美国社会经济环境中企业战略形成问题",是企业管理人员面临的全部决策空间的一个特别部分——战略决策,即企业应进入哪一个行业的决策。他在这部著作中,将战略制定与管理战略过程有机地结合起来,揭开了战略管理研究的序幕。安索夫给战略下的定义是:战略是"指引企业组织发展过程的新的决策规则与指南"。

此外,安索夫还区分了企业的两种既相关又不同的战略。一种叫作"战略性组合战略"(strategic portfolio strategy),另一种叫作"竞争战略"(competitive strategy)。他指出:组合战略指明了企业实现其目标的各种不同战略业务领域,而竞争战略则确定了企业为了在每一个战略业务领域取得成功而采取的具体方法。究其含义,前一个概念近似于我们今天所说的"企业战略"(corporate-level strategy),后者则近似于"经营战略"(business-level strategy)。这样,对战略的研究,便从此在"企业层面"与"竞争层面"展开了。安索夫从四个方面说明战略是指引企业组织行为的新的决策规则与指南。这四个方面是:①战略是企业现时与将来业绩的测定尺度。这些尺度的"质"叫作"目标"(objectives),而希望获得的"量"叫作"目的"(goals)。②战略是企业在一定外部环境中发展的"规则"。这一套规则被称为"产品市场经营战略"。③战略是企业建立内部管理机构与相互关系的规则,这一套规则常被称为"行政管理战略"。④战略是企业开展日常业务活动的规则,被称为"主要操作政策"(major operating policies)。

回过头来看,可以这样认为,安索夫对于我们今天所说的"企业战略"(corporate-level strategy,company-wide strategy)似乎更感兴趣,而安德鲁斯则致力于对"经营战略"进行探讨。钱德勒、安德鲁斯和安索夫共同奠定了企业战略管理的理论基础。今天我们进行战略管理研究所涉及的几乎所有观点,面临的几乎所有问题,都可以从20世纪60年代出版的这几部著作中找到源头。必须承认,这三位作者的著作固然奠定了今天的战略学与战略管理的研究基础,但他们的主要影响还局限在学术圈,对于实践的直接影响甚微。

20世纪60年代后期美国企业战略研究及战略管理的推动力主要来自管理咨询企业,其典型代表是波士顿管理咨询公司(BCG)。波士顿管理咨询公司是布鲁斯·亨德森于20世纪60年代中期创立的,对战略实践产生了极为深刻的影响。BCG公司在进行许多业务活动时,都采用了"市场细分"技术,用经济学的概念而非会计方法来对成本与利润数据进行再分析。BCG由于发明了两种分析方法而声名大振:一个是经验曲线;另一个是增长份额矩阵(四象限法)。简单地说,经验曲线理论认为,谁先拥有市场份额,谁就能拥有最多的经验,形成成本最低(假定运作管理效率最高)的局面。最低成本者拥有最高的边际利润。边际利润最高则带来资金流,使企业拥有应付竞争以及一切必需的行动的能力。在几年之内,这种理论又导致了增长份额矩阵(四象限法)的出现。这一新学说所用的词汇,诸如"金牛""瘦狗""明星""问题"等广为流传,至今仍是许多企业进行战略分析的有用工具。

与学者们的理论探讨不一样,波士顿管理咨询公司所进行的工作是指导企业如何在实践中运用战略。波士顿公司信奉的战略的基本原则是,诱使企业的竞争对手在企业最想投资的产品、市场和服务上不投资。竞争对手的投资,决定了企业的市场份额,决定了企业的产品价格,决定了企业的投资回报率。波士顿管理咨询公司认为,巨大生意的成功通常出现于在熟悉的市场上销售熟悉的产品的情况下。这是真正的战略胜利,胜利来自利用企业资源,以高人一等的实力,大大胜出竞争对手。波士顿管理咨询公司认为,成功的战略所遵循的最重要原则一般都十分简单:集中优势力量对付竞争对手的相对弱点,即以己之长,击彼之短。为此,选择出击时机与采取战略行动的次序是关键。

波士顿管理咨询公司对强化管理阶层的战略创新职责也给予了强有力的推动。管理阶层的创新职责得到了承认,他们不仅要在企业的创立阶段进行创新,还应把这种创新精神长期地坚持下去,哪怕是例行公事,进行一般的作业管理时,也要想到公司的前进方向。

20世纪80年代是战略理论得以全面构建的时代。迈克尔·波特的《竞争战略》(1980)、《竞争优势》(1985)和《国家竞争优势》(1990)这三部著作,是研究企业业绩与战略关系的里程碑。

在《竞争战略》一书中,波特将其多年来在产业经济学研究中形成的理论用于竞争战略研究。波特认为,以前战略研究的最大缺陷在于没有形成一个理论分析的基础,没有在企业战略与产业经济学所研究的产业之间架起一座桥梁。在波特以前,所谓企业要适应环境,无非是一种普通的说法,而且环境还是模糊不清的概念。波特看到,企业能否获利,取决于企业所处的产业本身是否有盈利的吸引力以及企业在这个产业中对于位势的选择。而产业盈利能力,又由"五种竞争力量"来动态地加以平衡。波特揭示的"五种竞争力量"组成了一个结构性的竞争经济环境,在这个环境里,在面对竞争对手、客户和供应商的"扩展了的竞争"的情况下,有效的讨价还价能力将决定企业的利润业绩。

波特撰写的这部著作,对于帮助企业决策者解决竞争战略问题具有极强的可操作性。波特建立的分析性框架,首先针对的是产业结构及竞争对手,接着分析了几种类型的重要产业,然后深入、系统地考察企业在某一个产业环境里开展竞争所面临的几种重要战略决策。通过分析,波特成功地归纳出了企业进行竞争所通常采用的三种基本战略,即总成本最低战略、差异化战略和目标集中战略。他认为,这三种战略可使企业成为同行中的佼佼者。这部划时代的著作有助于企业对所处的产业进行总体把握,预测产业的未来演变,弄清竞争对手及自身情况,并根据企业的具体情况把这种分析转化为竞争战略的制定与执行。

《竞争优势》这部著作可以看成是波特在《竞争战略》一书中所确定的分析框架的具体应用。波特认为，竞争优势是决定竞争性市场中企业绩效的核心问题。波特研究了企业如何才能创造和保持竞争优势的问题，认为许多企业的战略之所以失败，是因为这些企业不能将基本的竞争战略转化成获取竞争优势的具体实施方案与步骤，因此，企业在实践中如何将竞争的一般理论付诸实施，如何在战略与实施之间架设一座桥梁极为重要。在这部著作中，波特还重点分析了价值链问题，分析了多元化经营企业中各战略业务单位之间的战略关联问题，强调了战略相关性与适宜的组织结构对于确立企业竞争优势的战略意义。

波特的《国家竞争优势》一书，实际上是将其在前两部著述中所阐明的战略思想及分析方法用于分析一国的企业与产业如何在国际市场中获得竞争优势。波特分析了10个主要国家的企业与产业，深入地研究了它们的成功模式、企业战略以及导致成功的国家政策。波特的分析对象囊括了100多个产业，如美国的电脑业与软件业、德国的化工与印刷业、瑞典的采矿设备和卡车制造业、瑞士的纺织机械制造业与制药业、意大利的纤维业与家电业等。他发现，在这些国家中，凡是成功的产业与企业，实际上都形成了一个"产业族"，即相关的产业与企业构成一个系统，在世界市场上占据了领导的地位。正是这些强大的"产业族"构成了发达国家在国际经济中的强大竞争力。波特的发现对于企业与政府有着十分重要的意义，为政府制定有效政策、强化国家的竞争优势提供了蓝图。他的发现成为讨论全球竞争与国家增加财富的标准。

本章内容小结

企业战略是企业面对激烈变化、严峻挑战的环境，为求得长期生存和不断发展而进行的总体谋划。它是企业战略思想的集中体现，是对企业经营范围的科学规定，同时又是制定各项具体策略和计划的基础。企业战略具有全局性、长远性、抗争性、纲领性的特点。经营范围、资源配置、竞争优势和协同作用是企业战略的基本要素。企业战略可分为公司战略、业务战略和职能战略三个层次。企业战略管理是一个包括战略分析、战略制定、战略实施和战略控制的完整过程。

复习思考题

1. 什么是企业战略？企业战略及其决策有何特点？
2. 企业战略具有哪些要素？

3. 什么是企业战略管理过程？
4. 企业战略包括哪些层次？
5. 简述企业战略理论的形成和发展过程。

【本章案例】

家电生产企业的重要战略窗口

每当提到家电行业，多数人士想到的恐怕都是些诸如"严重供大于求""产品结构趋同""被迫集体突围"等字眼，当然，也有部分人士认为加入世贸组织是我国家电业"大发展"的良好机遇。其实，"不以物喜，不以己悲"，一个行业既然存在，就有其存在的理由，有其自身的发展规律，只要能掌握这些规律并采取相应措施，获得社会平均利润是比较正常的。

事实上，面对家电行业市场竞争激烈、利润微薄的情况，各方专家提出的建议很多，比如"开拓国际市场，扩大需求""优化产品结构，实现数字化""实现产品多元化"等。我们认为，大家提出的建议都是有道理的，但是增强家电企业的核心竞争力，提高运营效率才是关键。家电行业的子行业很多，难以一一详细阐述。但各子行业面临的情况基本相同，因此，为了说明我们的观点，我们选择家电行业中的一个典型子行业——彩电行业为例进行说明。

（1）从家电产品的性质来看，其属于生活必需品，经济实惠是客户需求的主流，产品差异性不大。

对于一个现代家庭来讲，家电产品可以说是"基本配置"。在客户对产品的差异性要求本身就不高的情况下，厂商想通过"差异化"的方法来提高竞争力显然是不太明智的。

（2）家电行业处于产业链末端，产品结构的提高取决于上游元器件技术的进步，不存在个别家电厂商领先于其他厂商推出高端产品的机会。

近些年来，纯平、背投、LCD、PDP等彩电日新月异，但不难发现，彩电产品结构的优化是由上游显示器件技术的进步决定的。在显示器件进步之前，彩电产品基本上维持原有的产品结构，而一旦显示器件出现了进步，各主要厂商往往几乎同时推出新型产品，并不存在"先发"优势。当然，我们注意到国际厂商的产品结构总是领先于国内厂商，那是因为它们的上游供应链比国内厂商"先"进。要想让国内厂商领先于国际厂商甚至使国内同行优化产品结构都是不太可能的，至多是在同一时间，各厂商对技术发展趋势的理解不同，选择的发展重点不同，如长虹选择了背投，康佳选择了液晶，而海信选择了等离子。

（3）生产技术、工艺成熟，产能扩张快。

家电产品是成熟的必需产品，行业发展时间已经很长，所以，在生产技术方面已经非常成熟，一旦上游元器件改进，家电产品的改进和相应的产能扩张会非常迅速。比如说，纯平彩管在国内实现量产以后,国内彩电厂商就迅速形成了300万台以上的纯平彩电生产能力。

(4) 国际家电巨头大规模向国内转移生产能力,直接向国内家电企业最大的成本优势发起挑战。

目前,国内彩电企业就是通过成本优势取得了国内彩电市场的绝对优势地位。但国际家电巨头并没有善罢甘休。如果说,早期国际家电巨头在我国建立自己的生产能力是为了抢占国内市场的话,现在则是为了降低其在全球市场(包括本土市场)的成本,从而不退出家电生产领域,继续对我国家电企业保持压力和威胁。国际家电巨头继续停留在家电生产领域是有其深奥道理的。

如果按照经济学家的观点,家电生产领域利润微薄,经营风险又很大,国际家电巨头完全没有必要再在这个领域逗留,可以将资源转移到其他领域。但事实上,其一,日、韩、欧的很多家电企业并没有像美国企业一样在IT领域取得绝对优势,可以放心地将家电生产交给我国企业去做;另一方面,它们也从我国台湾地区代工的例子中看到,如果完全退出,使家电生产全部掌握在我国企业手里,也会在一定程度上构成对它们不利的局面。所以国际家电巨头还是在我国国内建立起生产能力。客观上,我国原来家电生产能力散乱,很多企业在激烈的竞争中经营困难的情况也为国际家电巨头的进入创造了客观条件。国际家电巨头可以说是名副其实的"低成本",不仅收购成本低、劳动力成本低,而且得到了现成的销售渠道和税收优惠,对国内企业的成本优势威胁很大。

从目前掌握的情况看,几乎所有的国际家电企业都在我国国内具备生产能力,如大连大显(东芝)、上海日立、山东松下、苏州飞利浦、天津三星、沈阳LG、长沙伊莱克斯、南京西门子、佛山汤姆逊等,可谓"来势汹汹"。

(5) 国际市场开拓主要依靠国际大型销售商,而国际销售商最注重我国供应商的运营能力。

由于国际市场已经非常成熟,国际消费者,尤其是欧、美、日等发达国家的消费者对家电产品已经基本形成了稳定的品牌消费习惯。要想建立自己的品牌和营销网络,在时间和费用上都不经济。所以,目前国内绝大部分家电产品的出口大多数都采用通过为国际大型销售商代理的方式。由于是必需品,所以国际的主流销售渠道是综合超市或者家电连锁店。其基本特点是批量大、销售时间集中、价格实惠、产品质量要求高和售后服务简单。因此,对于供应商在供应链管理、生产组织、成本控制等方面能力的考验就非常严格。

另外,出口过程中还涉及反倾销等一系列非常复杂的贸易壁垒问题。怎样既保持国内企业传统的成本优势,又不违反国际贸易惯例,基础也是在运营能力上。

(6) 在利润微薄的总体大环境下,存货和资金的运营效率就成为提高企业业绩的关键。不管各方如何抱怨,家电企业面临的供大于求、产品结构相对单一的总体市场环境在短期内是难以改变的。显然,在这样的总体环境下,寄希望于明显提高单位产品的盈利水平是不现实的。提高业绩同时降低经营风险的唯一办法就是提高存货和资金的周转率。

我们发现,有的彩电企业的存货高达 90 亿元,而同类企业的存货仅为 10 亿元左右(同时销售收入规模相差不大),运营效率的差距非常明显,相应地,企业的盈利能力和经营风险就截然不同了。

当然,我们在这里一再强调运营效率的重要性,并不是否认优化产品结构、开拓国际市场等因素对家电企业业绩改善的积极作用。我们的意思是在上述方面已经非常努力并且很难拉开差距的情况下,能否制定正确独特的战略才是家电企业谋取竞争优势的关键所在。

案例思考题

1. 中国家电生产企业有什么优势和劣势?面临哪些机会和风险?
2. 中国家电生产企业应该有什么样的战略构想?

第二章 企业战略环境

企业是社会的经济细胞,是一个开放的系统,它在生产经营过程中必然与社会的其他系统、与它所处的外部环境的各个方面发生千丝万缕的联系,外部环境也必然对企业的生存发展发挥重要影响。这些外部环境因素对企业来说,都属于不可控因素。战略管理者的任务就是要充分考虑这些因素的影响,制定适宜的企业发展战略和竞争战略,使之与不断变化的外部环境相适应。

所谓企业战略环境,是对所有处于企业生产经营过程之外的、对企业战略的制定及其实施具有直接和间接影响的各种因素和力量的统称。任何企业都是在一定环境中从事生产经营活动的,环境的特点及其变化必然会影响企业生产经营活动的方向、内容以及方式的选择。

第一节 企业战略的宏观环境

外部环境是企业生存发展的土壤,它既为企业的生产经营活动提供各种必要的条件,同时也对其生产经营活动起着制约的作用。企业生产经营所需的各种资源都需要从属于外部环境的原料市场、能源市场、资金市场和人力资源市场去获取。离开了这些市场,企业经营就会成为无源之水、无本之木。与此同时,企业利用上述资源经过自身转换所生产出的各种产品和劳务,也需要在外部市场上进行销售。没有外部市场的存在,企业就无法进行交换,无法通过出售产品获得销售收入,从而也无法补偿生产经营中的各种消耗,并产生利润。任何企业,无论生产什么产品或提供什么服务,它们都只能根据市场的需求,根据外部环境能够提供的各种信息来决定其生产经营活动的具体内容和方向。既然企业的产品要通过外部环境中的市场才能实现,那么,在生产之前和生产过程中,企业必须考虑到这些产品能否被用户所接受,是否受市场欢迎,必须按市场的需求来组织企业的各项生产经营活动。因此,外部环境在给企业提供了经营条件的同时,也对企业的经营活动构成了一些限制。

对企业经营活动有着如此重要作用的环境,其本身又处于不断的变化之中。假如环境是静态不变的,那么问题就简单了。因为,静态的环境即使影响再大,通过多次仔细研究也可以把握它的特点,而且一旦把握了就可以一劳永逸。然而,外部环境常常处在不断的变化之中。外部环境的种种变化,可能会给企业带来两种性质不同的影响:一是为企业的生存和发展提供新的机会;二是可能会对企业生存造成威胁。这样,企业要谋求持续的生存和发展,就必须持续地研究和认识外部环境。对外部环境的研究不仅可以帮助企业决策者了解今天外部环境的特点,而且可以使其认识到外部环境是如何从昨天演变到今天的,从中发现外部环境变化的一般规律,以便估计和预测其在未来一段时间内发展变化的趋势。这样,企业就可以敏锐地发现、预见到机会和威胁,进而扬长避短、扬长补短、利用机会、避开威胁,能动地适应环境的变化。同时,在一定的条件下,企业还可以通过发挥自身的影响力,引导环境朝着对企业有利的方向发展。

对企业生产经营活动有着重要影响的因素,可能来源于不同的方向和层面。通常,按照环境因素是对所有相关企业都产生影响还是仅对特定企业具有影响而将企业的外部环境分为宏观环境、行业环境和微观环境。

宏观环境也就是企业活动所处的大环境,主要由人口环境、政治环境、经济环境、社会环境和技术环境等因素构成。宏观环境分析一般也被称为 PEST 分析。宏观环境对处在该环境中的所有相关组织都会产生影响,尽管这种影响只是间接地、潜在地作用于企业的生产经营活动,但其作用是根本的、深远的。

对企业宏观环境的分析,一般从以下几个方面展开。

一、经济环境分析

经济环境是指一个国家或地区在一定时期内国民经济发展、运行的状况。经济环境正常与否,一般使用通货膨胀率、利率、贸易差额、预算赤字、银行储蓄率、国内生产总值等指标来衡量。经济是否运转正常,不光与各个行业的发展有着直接的关系,对于单个企业业绩的影响也不可小视。因此,战略家们必须分析经济环境,摸清它的变化和变化趋势所包含的战略意义。

在对一个国家的经济运行情况进行研究时,还必须参照其他国家的经济情况。这是因为经济全球化的进程已使一个国家的经济不可能像以前那样处于相对隔离的状态,国与国之间的商品交换和资本流动在当事国的经济总量中所占的比重越来越大,因而一国经济的好坏往往会对另一国产生直接或间接的影响。在 1994 年七国经济峰会上,美国总统克林顿曾严词要求日本、德国政府采取措施刺激本国经济增长,增加进口,"以便为其他国家的人提供更多的工作机会"。此外,各国经济之间的联系还可从世界金融市场的相互关联上看出。美国的证券交易指数的涨跌,可以影响伦敦、法兰克福、香港、东京等证交所的投资者的信心,甚至波及上海与深圳证交所。目前,全球每天都有成百上千亿的,以美元、欧元、日元、英镑、港元等货币形式存在的国际游资,在各国中央银行难以控制的情况下流动。这种流动已经自动产生了某一种微妙的国际汇率平衡机制,一旦这种平衡机制被打破,就有可能对世界造成灾难性的经济危机。这种状况也从一个侧面说明了当前世界经济发展一体化趋势的特点。区域经济集团的出现,也提高了区域经济一体化的程度。例如北美自由贸易协定(AFTA)就使北美三国经济联结更紧密。

一个国家内的经济状况,也经常出现重大变化。以中国为例,20世纪90年代中央决定开发中国西部地区,这一重大战略决策导致中国经济的格局发生战略性的转变,给企业带来商机,同时也带来更加激烈的竞争。

二、政治、法律环境分析

政治、法律环境主要是指与企业生产经营活动有关的各种法律、法规以及相关政府机构和社会团体对企业的引导与制约活动。企业组织所开展的各项活动,都要自觉接受法律、法规以及政府方针政策的规范、引导和管制,接受质检、工商、卫生等相关机构的管理,接受各种社会团体的监督。各类政治、法律因素共同发挥作用,构成了规制企业各项活动,使企业兼顾企业、消费者、社会三方面利益的监管机制。

从根本上讲,政治、法律环境一方面反映了企业及其利益集团如何影响政府行为,另一方面也反映了政府如何影响企业及其利益集团的行为。因此,企业必须认真分析各级人民代表大会颁布的法律文件,认真研究各级政府出台的与企业活动有关的新的法规和管理条例。这些法律和法规,诸如反不正当竞争法、税法、企业法、劳动法、环保法等,都会不同程度地改变企业的运行方式及其盈利能力。美国2000年发生的微软公司险些被强行分拆的案例,便是法律干预企业运行的最鲜活的事例。以中国的改革开放为例,中国各级政府都出台了一系列针对外资与民营企业的优惠政策,许多行业,如城市基础设施建设等,过去是严格限制进入的,现在则鼓励外国资本和民间资本大量进入。企业不研究这些政策、法规的变化,就会丧失很多重要的投资机会,也就难以制定出有效的企业发展战略。中国现在已经同世贸组织的许多成员国签订了双边协定,中国政府对于开放不同类型的市场做出了各种相应的承诺,这也是我国企业不可忽视的政治、法律因素的重大变化。如果企业不研究与自己的行业相关的法律承诺,不对自己的战略进行相应的调整,那么势必在即将到来的重大变革中不知所措。

三、社会文化环境分析

社会文化环境主要是指一个国家、地区或民族的价值观念、伦理道德、风俗习惯、宗教信仰等。社会文化价值观构成了一个社会的人文基石,推动着这个社会的人口、经济、政治、法律与技术的变革。这个因素所涉及的问题十分复杂,我们只能选择几个问题进行讨论。从市场的角度看,文化因素与价值取向强烈地影响着消费者的消费方式与购买意愿,其至造成饮食习惯的差别。企业如果不从文化因素来分析这些市场差别，就不但不能寻找到商机，而且会遭受重大的损失。

"义利观"始终是企业制定竞争和发展战略的重要指导思想之一。从企业经营管理的角度看，文化因素与价值取向强烈地影响着企业的经营战略理念。企业的最高管理层的文化素养、价值观、道德水准，无不影响着这个企业的发展方式。一个有着高尚商业伦理道德的管理层，会率领企业以合法的手段、正常的方式来经营；而一个不顾商业伦理道德的管理层，则可能使企业通过制造假冒伪劣产品来牟取暴利，最终走上犯罪的道路。类似的例子，国际国内不胜枚举。这说明，如果不认真研究社会文化问题，企业就难以制定出正确的战略。

四、技术环境分析

技术变革从多方面深刻地改变与影响着整个社会的运行。这种改变与影响，主要通过新产品、新工艺与新材料的不断涌现来体现。技术变革，指的就是组织与个人创造新知识，并将这些新知识转变为新产出——新产品、新工艺与新材料的过程。在新技术革命步伐日益加快的情况下，企业研究并推进技术变革，对于企业的生存与发展意义重大。近些年来，电脑网络、基因工程、微电子技术、环保技术、航天科技等新科学技术的发展最为引人注目，被誉为"朝阳产业"。朝阳产业不但自身在飞速发展，而且在各个方面改造着过去的"夕阳产业"，使老产业焕发青春。与此同时，消费者的知识面也因科技的进步而进一步扩大，对产品提出了更高的要求。企业应该注重跟踪新技术进步，尽一切可能进行技术改造，生产出科技含量高、附加值高的产品，满足消费者的需要。如果抱残守缺，就会在竞争中被无情地抛弃。

当前我国技术环境的变化主要呈现出以下趋势：

（1）各种各样的新技术层出不穷、日新月异，其发展、推广、普及的速度逐步加快。

（2）科技创新的领域日益广阔，而且这些创新越来越市场化、商业化，将其导入企业目标市场的可能性也逐步加大。

（3）研究与开发的费用高速增长，在企业总投入中所占的比重也迅速增大，企业在研发方面的风险也随之增高。

以上就是对宏观环境的概略分析。总而言之，企业在其战略管理过程中之所以要进行宏观环境分析，其目的就在于通过分析这些外部因素，发现并预测可能出现的重大变革与发展趋势。分析应立足当前，前瞻未来，辨识商机，预测风险。企业还必须将宏观环境分析与行业环境分析、竞争者分析结合起来，如此才能知己知彼，对市场竞争的整体态势有一个完整、清醒的认识。

第二节 企业战略的行业环境

行业环境是企业所处外部环境的第二个层次。行业环境分析是企业从战略的高度,对本行业内的竞争结构、价值链进行详尽调查研究后所做出的总体性判断。从战略分析的角度看,它属于企业中观环境分析范畴,也是企业战略管理必不可少的内容。

一、行业结构分析

决定一个企业盈利能力的首要的和根本的因素是行业的吸引力。竞争战略只能从对决定行业吸引力的竞争规律的深刻理解中产生。竞争战略的最终目的是运用这些规律,使整个行业的竞争态势变得对企业更有利。在任何行业里,无论是在国内还是在国外,无论是生产一种产品还是提供一项服务,竞争规律都寓于以下五种竞争力量之中:新竞争者的进入、替代品的威胁、买方的讨价还价能力、供方的讨价还价能力及现有竞争者之间的竞争,如图2-1所示。

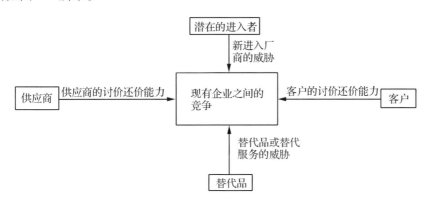

图 2-1 决定行业盈利能力的五种竞争力量

这五种竞争力量的集合力决定了企业在一个行业里最基本的盈利能力。这五种竞争力量的强度因行业而异,并可随行业的发展而变化。其结果是形成了各个行业各不相同的盈利水平和吸引力。在那些五种力量都属有利的行业中,几乎所有的企业都能赚取具有吸引力的收益,而在那些其中一种或多种力量的压力较为集中的行业里,尽管企业管理人员竭尽所能,却几乎没有几家企业能够赢得具有吸引力的收益。在一定意义上,行业盈利能力不是由产品的外观或该产品所包含的技术高低来决定的,而是由一定时期内该行业的竞争结构所决定的。如图2-2所示。

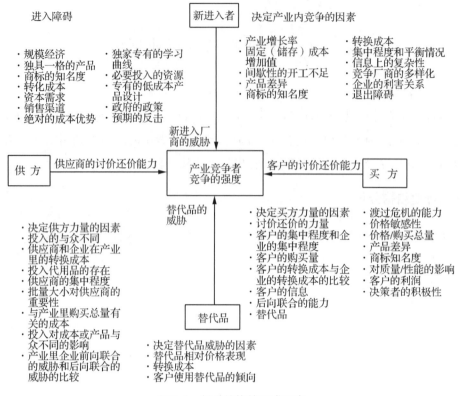

图 2-2 行业结构的组成因素

这五种力量之所以能够决定行业的盈利能力,其原因在于:它们之间的相互作用影响了行业内的价格、成本和投资,换言之,影响了该行业投资收益率的诸要素。例如,买方力量影响着企业能够索取的价格,替代品威胁的作用也是如此;买方的力量也可能影响到成本和投资,因为有力的买方需要成本高昂的服务;供方的讨价还价能力决定了原材料和其他各种投入的成本;竞争强度影响了产品价格,也影响了在诸如厂房设施、产品开发、广告宣传和推销队伍等各方面展开竞争的成本;新的竞争厂商进入市场的威胁限制了价格,并造成了防御新厂商进入所需的投资。

五种力量中每一种力量的增长,都是行业结构或作为行业基础的经济特征和技术特征的一个变量。行业结构是相对稳定的,但又随行业发展的进程而变化。结构变化改变了竞争力量总体和相对的强度,从而能够以积极或消极的方式影响行业的盈利能力。对于战略最为重要的行业趋势其实就取决于那些影响行业结构的各种因素的发展变化趋势。如果五种竞争力量及其结构的决定因素只取决于行业内在的特征,那么竞争战略的成功在很大程度上就依赖于选对行业,并在对五种力量的认识上比竞争者略胜一筹。然而,当这些力量成为对任何企业都有重要影响的因素,而在某些行业里又是竞争战略的本质所在时,企业通常并不仅仅是其行业结构的被动接受者。在某种程度上,企业通过其战略可以反作用于这五种力量,进而改造其行业结构,从根本上改善或破坏行业吸引力。很多成功的战略都证明了这种可能性。

但是,在任何特定行业里,并非五种力量都同样重要,在不同的行业结构中,竞争的重点也会有所不同。从这个意义上讲,每个行业的结构都各具特点,都是独一无二的,这说明了行业结构的个性。五种力量的分析框架能使企业冲破环境迷雾,准确地揭示出在其所属行业里对竞争至关重要的那些因素,并据以制定出最能提高行业和企业自身盈利能力的战略和策略。五种力量的理论框架并不排除企业战略管理者在所属行业里探索竞争新方式时所需要发挥的创造性。恰恰相反,它是将管理人员的创造力引向最有战略价值的、对企业长期盈利能力来说最为重要的那些方面。在此过程中,五种力量的理论框架有助于增加企业战略创新的可能性。

二、行业竞争强度的决定因素

这五种竞争势力——潜在的进入者、替代产品的威胁、买方的讨价还价能力、供应方的讨价还价能力及行业现有竞争者之间的抗衡——反映了如下事实:某行业的竞争完全超出了那些目前已在行业内立足的竞争者的范围。客户、供应方、替代产品和潜在的竞争者是某一行业内厂商的全部"竞争对手",根据不同的具体情况,它们的重要性可能不同。在这种更广泛的意义上,竞争也许可以被称作"扩展的抗衡"。所有这五种竞争势力共同确定了行业竞争的强度和获利能力,并且从战略制定的观点来看,最强大的某个或某些势力是起着支配作用的,并具有决定性意义。例如,某家企业即使在潜在的竞争者不具有什么威胁作用的行业内拥有强有力的市场地位,但如果它面临某个占优势的、成本较低的替代产品,那么它的利益也会受到严重的威胁。反之,即使不存在替代产品且能有效地阻止新竞争者的进入,现有的竞争者之间的激烈抗衡也会将它们潜在的收益限制在一定的水平之下。竞争强度的极端情况发生在经济学家所谓的"完全自由竞争"的行业内,即参加竞争是自由的,行业现有的厂商对供应者及客户没有讨价还价的能力,并且由于大批厂商和产品的情况大体相同,所以抗衡会是激烈的。

某个行业在经济上和技术上的许多重要特征,对每一种竞争势力的强度来说都是至关紧要的。下面将对这些特征依次加以讨论。

(一)潜在进入者的威胁

新进入某个行业的竞争者会带来新的生产能力,会增加行业内各企业提高市场占有率的愿望,并且往往带来大量的投资,扩大该行业的规模。但这种情况可能造成价格暴跌或行业生产成本飞涨,由此降低该行业的平均利润率。从其他市场进入该行业从事多样化经营的企业常常利用其财力造成某种剧变。因此,为了增强其实力而进入了某个行业的厂商,也可以被看作是新的竞争者,即使并未形成什么新的企业。

新厂商进入某个行业的威胁程度,取决于该行业目前进入障碍的高低,同时依赖于进入者所能预料的来自该行业现有竞争对手的反应。如果障碍是高的,或新厂商能预料到来自地位牢固的原有厂商的报复是严酷的,那么新厂商进入某行业所带来的威胁程度就较低。一个行业进入障碍的高低主要取决于七个因素。

1. 规模经济

规模经济是指某种产品的单位成本(或生产某种产品所花费的经营或职能方面的成本)随着每个时期绝对产量的增长而下降。规模经济或者迫使进入者采取大规模的进入方式并甘冒行业现有厂商会做出强烈反应的风险,或者迫使进入者采取小规模进入方式并面临成本劣势,这两种方式都是对新进入者不利的,因此都能阻止其进入。就企业本身而言,几乎每一个职能部门,包括制造、采购、研究与发展、市场营销、服务网点等,都可能存在规模经济。例如,任何一个企图进入计算机行业的投资者都会遗憾地发现,在计算机主机行业中普遍存在的生产、研究、市场营销和服务部门的规模经济,已成为它们进入该行业难以逾越的障碍。

规模经济可能形成于某个完整的职能领域,如产品销售,也可能形成于某一种职能中某一特定的生产经营活动。例如,在电视机制造中,彩色显像管生产的规模经济是十分明显的,而在其他部件的生产、整机组装等工序中,规模经济的意义就不太重要了。因此,鉴于单位成本与生产规模之间的特殊关系,分别研讨成本的各个组成部分是很重要的。

2. 产品差异

产品差异是指该行业的现有厂商已拥有的较高的知名度、美誉度,客户喜欢的商标、品牌,以及由此而产生的"忠诚"。这些均产生于以往的广告宣传、客户服务、产品多样化等情况下,或者仅由于首先进入该行业的种种活动所致。产品差异迫使新进入者必须耗费巨资去消除现有的客户忠诚度,由此造成了某种进入障碍。新进入者的这些努力通常意味着投资额的增大,而且进入、立足市场的时间也会延长。新进入者在创建某种新品牌方面的投资要冒更大的风险,因为一旦进入失败,这种投资就没有什么残余价值。在儿童保健用品、药品、化妆品、银行、投资理财咨询等领域,产品差异或许是最重要的进入障碍。在酿酒业中,产品差异往往在生产、市场营销和分配方面与规模经济结合在一起,从而产生很高的障碍。

3. 资本需求

竞争所需要消耗的巨额投资会造成某种进入障碍,尤其是该资金须用于有风险的或未必能补偿的、预支的广告宣传及研究与发展的场合。不仅生产设施需要资金,而且像客户赊账、存货或弥补投产亏损之类情况也都需要资金。例如,在复印机行业中,当施乐公司选定出租复印机而不是仅仅出售复印机时,这种做法大大增加了所需要的流动资本,因而对进入复印机行业者造成了某种较大的资本障碍。虽然今天一些大企业的财力足以进入几乎任何一个行业,但是像计算机和采矿业这类领域对巨额资本的要求,还是大大减少了进入者的数量。即使新进入者可在资本市场上获得资本,但必须承担支付利息的风险。

4. 转移成本

转移成本的存在也会造成某种进入障碍。新进入者进入后必须为其产品寻找买主。

转移成本主要指某个买主由于改变供应商或增加新供应商所形成的成本。转移成本一般包括该买主由于购买新设备、新材料而不得不重新培训员工的费用,新辅助设备的费用,测试某项新材料从而验证其是否合格及其所花时间的费用,由于依赖卖方的工程援助导致需要新的技术协助所产生的费用,产品重新设计费用,或者甚至由于切断与原供应商的协作关系而造成的心理成本等。如果这类转移成本很高,那么新的进入者必须增加费用或在产品性能方面做出较大的改进,以便买主从某行业内原有的厂商那里转移过来。例如,在医院里使用静脉注射液及其成套器具方面,不同的注射液静脉滴注的方式也是不同的,而且悬挂注射瓶的器具也不是可以互相通用的。在这种情况下,产品转换会遭到负责护理的护士们的竭力抵制,而且医院还需要在新悬挂器具方面增加投资。

5. 销售渠道

新进入者为其产品获得销售渠道的需要也会造成某种进入障碍。当情况发展到这样的地步,即已立足厂商的产品供应几乎已伸展到所有理想的销售渠道时,新厂商则必须通过价格优惠、销售津贴、承担广告费用等方法来说服这些销售渠道接受其产品,这种做法会减少利润。例如,某种新型食品的制造商必须通过推销契约、预付进场费、售后付款、提供赞助以及其他一些手段来说服某超级市场在激烈竞争的货架上给其一席之地。某产品的批发或零售渠道愈有限,现有竞争者就愈是拥堵这些渠道,这样,进入该行业将更为艰难。现有的竞争者与这些渠道的联系也许是基于长期的关系、高质量的服务,也许原来的制造商与这些销售渠道早已建立了某种独家代理销售关系。有时,对进入者来说这一障碍是如此之高,以至于某个新厂商想越过它就必须投入巨资开创一条全新的销售渠道。日本三洋企业之所以与我国海尔企业达成在各自国家与对方渠道共享的协议,其原因也在于此。

6. 与规模经济无关的成本优势(在位优势)

这是指无论潜在进入者的规模如何以及是否达到规模经济的程度,它们都无法达到已立足厂商可能拥有的那种成本优势。这种优势主要来自如下因素:

(1)专有的产品工艺。原来的生产者通过专利或保密手段来保持产品的专有的生产技能或设计特点。

(2)取得原料的有利途径。也许早在原料需求比现行需求低的时候,已立足的厂商就按当时的价格封锁了最有利的原料来源,并把可预见到的需求也冻结起来了。例如,多年前,由于弗拉希企业的采矿技术,该企业的硫黄厂商在矿藏拥有者还没有意识到其矿藏价值之前就已像得克萨斯海湾硫黄企业那样,控制了某些非常有利的大型坡面硫黄矿床。

(3)有利的地理位置。在一定的生产力布局中,某些关键的地理位置,如城市中的商业黄金地段是十分稀缺的。在市场势力还没有哄抬这些地段的价格去获取其全部价值之前,已立足的厂商也许就已经垄断了那些有利的地理位置。

(4)政府补贴。政府的特惠补贴会使已立足的厂商保持其在某些行业中的长久优势。

(5) 经验曲线。当厂商在某一产品生产中累积的生产量越大,获得的管理和生产经验越多时,可观察到一种单位成本下降的趋势。成本的下降是因为工人们通过长时间的生产实践,生产技术日益纯熟,作业方法得以改进,因此效率愈来愈高。此外,生产布局有所改善、专用设备和工序的配合更为合理、产品设计使制造更为容易、测量技术和作业控制有所改进等管理水平的提高也是经验曲线形成的重要原因。在这里,"经验"只不过是反映某些技术、管理变化的一个综合性名称而已。它也许不仅仅局限于生产,还可能形成于企业的销售、研发、后勤和其他职能。经验能够降低市场营销、分配和其他领域的成本,以及降低生产成本或生产过程中的作业成本。企业管理者应该对成本的每个组成部分加以审查,以便使经验的效能得以发挥,并竭力遏制后来者的进入。

7. 政府政策

进入障碍的最后一个主要来源是政府政策。通过对申请发放许可证的控制及对获取原材料的限制(如在煤场或煤山上建造滑雪场),政府能够限制甚至阻止某个或某些行业的进入。比较明显的例子是控制货车运输,铁路,酒类零售,水、陆、空货物转运之类的行业。更为微妙的是,政府还能借助于大气和水源污染标准以及产品安全和功效法规等控制手段对进入加以限制。例如,污染控制要求会增加进入所需的资金,甚至还需扩大最理想设施的规模。在像食品行业和其他与健康有关的产品行业中普遍流行的产品检验标准能够强行使投产准备期大大延长,这不仅提高了进入的基本投资,而且也使已立足的厂商能充分注意到即将发生的进入,从而能全面了解新的竞争对手的产品,以此来制定报复性战略。政府在这些领域内的政策必然会有直接的社会效益,但也会对本来就资金不足的新进入者形成一种阻遏。

(二) 现有竞争者之间的竞争

现有竞争者之间的竞争形式是人们所熟悉的,诸如价格竞争、广告竞争、产品竞争,以及增加客户服务项目或提供保险措施等。竞争之所以会发生是因为现有竞争者感受到了市场的压力并试图通过竞争强化它们的市场地位。在绝大多数行业内,某家厂商采取的某项竞争性行动会引起其竞争对手的注意,从而会触发竞争对手报复或抵制该项行动的努力。诸厂商之间既互相竞争,又相互依赖。现有竞争者之间的竞争,在一定程度上会提高这个行业所有参与竞争者的素质,使首先发起竞争行动的厂商以及整个行业的情况有所好转。如果行动和抵制逐步升级,进入恶性竞争的状态,那么该行业内所有的厂商都会蒙受损失,以致陷于困境而不能自拔。

从获利能力的观点来看,有些竞争形式,例如引人注目的价格竞争,是极不稳定的,并很有可能使整个行业的盈利水平每况愈下。价格削减很快又很容易被对手仿效,一旦被仿效,就会降低所有厂商的收入,除非行业的价格需求弹性相当高;另外,广告竞争会充分扩大需求或提高该行业内的产品差异水平,有利于所有的厂商,但巨额广告费支出也会对企业形成沉重的财务负担。

当出现下述情况时,现有竞争者之间的竞争就会加剧。

1. 现有的竞争者为数众多或势均力敌

当厂商为数众多时,各厂商自行其是的可能性是大的,有些厂商习以为常地认为它们能随意地采取行动而不被人察觉。甚至在厂商相对较少的场合下,如果它们在规模和可观的财源方面保持相对平衡,不稳定性就会产生,因为它们很容易互相较量,并拥有足够的财力以进行持续而又激烈的报复。反之,当该行业高度集中,由一家或几家厂商控制时,那么就不存在使人误解的相对实力,并且扮演行业领导者角色的企业会通过领先定价等手段来加强行业自律,以及在行业内通过协调各方利益的方式使竞争保持在能够忍受的范围之内。

2. 高固定成本或高储存成本

高固定成本对所有的厂商来说都会产生强大的财务压力,当出现生产能力过剩时,这一因素往往会导致价格竞争的迅速升级。像化肥和钢铁等行业就是如此。为了急于摊销高额固定成本,在竞争的压力下,企业甚至不惜把其价格制定得仅略高于其单位可变成本。某种与高固定成本有关的情况是,产品一旦生产出来,要加以储存是十分困难的,或者要花费很大资金。在这种情况下,因为不堪高储存成本的压力,诸厂商不得不低价抛售其产品。在某些行业,如捕虾业、危险化学品制造业和饮食服务行业中,这种做法使企业的利润率只能维持在一个很低的水平上。

3. 产品差异小或转移成本低

当行业内各企业生产的产品大致相似,没有明显差异时,买主的选择主要基于价格和服务,由此往往会导致激烈的价格和服务竞争。如已讨论过的那样,这类形式的竞争对企业特别具有杀伤力。反之,产品差异会形成一些针对冲突的隔离层,因为诸买主对一些特定的卖主具有偏爱和忠实性,这些隔离层在一定程度上会缓和竞争。转移成本在这方面也有着同样的作用。

4. 大量闲置的生产能力

在规模经济支配下,企业必须大幅增加其生产能力,以寻求某种成本优势。但生产能力的增加经常会破坏行业的供求平衡,尤其在行业内多数企业都追加生产能力的时候,这种风险就更为明显,行业会被迫进入生产能力过剩和价格削减的痛苦时期,就像我国目前家用电器、自行车和服装等制造行业所面临的窘迫境地那样。

5. 竞争者之间缺乏必要的协调

在战略、起源、个性以及与其母企业的关系上各不相同的竞争者会有各种不同的目标,对如何竞争有着不同的战略,并有可能在交往的过程中不断地互相残杀。它们也许要度过一段艰难的时期才能精确地理解彼此的意图,并对该行业的一系列"竞赛规则"取得一致意见。当还没有形成一定的规则之前,行业内部的竞争就表现得十分激烈而且无序。

6. 战略性风险大

现有竞争者之间是一种博弈关系。如果大量厂商在某个行业内为了取得成功而下了很高的赌注，那么该行业内的抗衡就会变得更加激烈，竞争者之间也较难以取得某种妥协。例如，某家从事多种经营的厂商会十分强调其在某个特定的行业中所取得的成功，以便促进其企业全面战略的形成。或者，某家外资企业，有一种要在中国市场上确立牢固地位的强烈需要，以便树立全球性威望或技术上的信誉。在这种情况下，这类厂商的目标也许不仅形式不同，而且还更加具有刚性和不可调解性。因为它们为这些目标已经付出了很多，甚至宁肯在一定时期内牺牲其获利机会也在所不惜。

7. 较高的退出障碍

退出障碍指在经济上、战略上和心理上使企业不能退出某一行业中与其他企业对峙并保持竞争状态的各种因素。退出障碍的主要来源如下：

（1）专门资产：高度专门用于特定生产和经营内容的资产，具有较低的清算价值或较高的转让费用或兑换成本。

（2）退出成本：这类成本中包括企业员工的协议安置费用、零部件的维修能力等。

（3）关联成本：由于本业务单位和企业内其他业务单位之间在商誉、营销、借贷、固定成本分摊等方面存在着密切的关系，本业务一旦撤销，其他业务单位有可能要承担一定损失。

（4）心理上的障碍：由于对企业某一产品的依恋、由于员工对企业的忠诚、由于管理者对自己个人职业生涯的担心以及由于企业自豪感及其他原因，企业管理者不愿意做出哪怕从经济上来说是正确的退出某行业的决定。

（5）政府和社会的限制：这类限制包括政府因担心失业问题和局部性经济影响而拒绝接受退出或劝阻退出。

当退出障碍高时，过剩的生产能力则难以顺利脱离该行业，那些在竞争较量中失败的企业只能做困兽斗。它们将坚持下去，而且由于它们的弱点，不得不采取某些极端的做法。结果，整个行业的获利能力只能继续保持较低的水平。虽然从概念上来说退出障碍与进入障碍是有区别的，但它们往往是彼此相关的，如图 2-3 所示。例如，生产中相当可观的规模经济通常是与专门资产的多少相联系的。

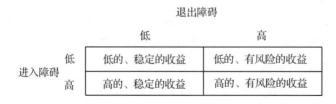

图 2-3　障碍与获利能力

从行业利润的观点出发,最佳情况是进入障碍高而退出障碍低。在这种情况下,进入将被阻止,而失败的竞争对手将退出该行业。但此时行业扩张将变得非常困难,行业内极易出现某种垄断。当进入障碍和退出障碍都处于高水平时,潜在的利润水平较高,但通常企业将伴随着巨大的风险。虽然进入者被阻止,但失败的厂商仍将留在行业内拼死一搏。

进入障碍和退出障碍两者都低的情况一般出现于对技术、资金都要求极低的行业中。最糟糕的情况则出现在进入障碍低而退出障碍高的行业中。对这种行业而言,进入者由于行业内某一时期经济状况的好转而轻易进入;然而,它们一旦进入就被锁定在那里,即使该行业日趋恶化,生产能力也很难退出该行业,由此而造成生产能力大量积压,以致获利能力长期不振。

(三)来自替代产品生产者的竞争

从广义上说,某个行业内的所有厂商都在与生产替代产品的行业进行竞争。替代产品在客观上规定着某个行业内的厂商可能获利的最高限价,从而限制着该行业的潜在收益。替代产品的价格愈是具有吸引力,则对被替代行业利润的限制愈为苛刻。正如棉花供应商曾在其许多应用领域内遭遇到来自乙炔和人造纤维等可供选择的低成本原料的激烈竞争一样,今天,传统的制糖商们正在面临高浓度果糖——玉米糖浆(一种糖的替代品)的大规模挑战。替代产品不仅在正常时期限制着被替代行业的利润率,即使在繁荣时期也会减少被替代行业所能获取的利润。

与替代产品相比,维护被替代产品的市场地位完全是一件涉及行业集体行动的事。例如,由某家厂商所进行的广告活动可能还不足以遏止某一替代产品,但由行业内所有企业进行的大量而又持久的广告活动完全有可能改善该行业的市场地位。不仅是广告促销,在诸如产品质量改进、营销努力、提供更大的产品有效性等方面也需要全行业所有企业集体做出反应。

最具杀伤力的替代产品具有两个特点:一是成本低廉,价格下降的空间大,被其替代的产品面临巨大的市场需求;二是由获得高利润的行业所生产。后者为替代品的研发和生产提供了坚强的后盾。一旦某种发展增加了对某一行业内产品的需求,替代产品马上就会迅速出现并发挥强大的替代作用。那么,对被替代行业的企业来说,是从战略上设法阻止某种替代产品,还是以此作为一种不可避免的关键因素来制定战略,这就需要对替代品的发展趋势加以分析。例如,在过去主要依靠保安人员的安全防卫行业中,电子警报系统就代表一种强有力的替代产品。由于劳动力成本逐步提高,属于劳动密集型的防卫服务行业正面临着巨大的成本压力,而电子警报系统能够既增强防卫性能又降低人力成本。在这种情况下,电子警报系统替代其他产品,包括替代人力警卫就成为一种无法阻止的趋势了。

(四)购买方的讨价还价能力

任何企业的产品都必须销售出去,购买者可以是转卖商,也可以是最终用户。无论是谁,作为购买方都可通过与生产者的讨价还价,迫使价格下跌。它们为了获得更高的产品质量或更多的服务,甚至会挑起生产者内部的争斗,使这些竞争者们彼此作对、相互压价,从而严重损害生产行业的获利能力。每个行业的主要买主集团的这种讨价还价能力取决于其市场的供求状况,取决于该产品在其总的业务活动中的相对重要性。下列因素会增强买主的谈判地位。

1. 买方集中进货,且进货批量较大

如果某个特定的买主的进货额在生产者销售总额中占的比例很大,这时就会提高该买主业务的重要性。如果行业的特征是固定成本很大,那么大批量进货的买方就成为特别强有力的势力,因为正如前面所提到的那样,这意味着生产者为使生产能力得到充分发挥已经下了较大的赌注,其除了大批量地出售产品,已别无选择。

2. 买方从行业购买到的产品,在其成本或购买活动方面,是一个十分重要的组成部分

在这种情况下,买方宁肯"货比三家",有选择地进行采购,以便购买到价格最优惠的产品。当行业出售的产品只占买方成本的一小部分时,买方通常对价格就不那么敏感。

3. 买方从行业购买的产品是标准的或无差异的

这时,买方的挑选余地非常大,且处于主动的有利地位。如果买方确信随时都能找到可供选择的供应方,那么其甚至会摆布某家企业去压另一家同类企业的价,就如我国的苏宁公司、国美公司在从家电制造行业进货时所经常使用的手法那样。

4. 买方的转移成本很低

如前所述,高额转移成本会把买主与特定的卖方紧密地连接在一起。而较低的转移成本则赋予购买方更大的选择自由,使其在与卖方谈判时处于更有利的地位。

5. 买方后向一体化的可能性较大

后向一体化,是指生产企业采用投资、购并、控股等方法控制自己的供应渠道,使供应和生产一体化,实现供产结合的一种增长战略。如果买方已部分后向一体化或者有较大的可能后向一体化,那么其就在与卖方的谈判中握有更多的谈判筹码。在20世纪90年代以前,玉溪卷烟厂经常被烟叶供应所困扰,经常受到烟农和烟叶收购商的价格敲诈。在这种情况下,企业不得不投资开办烟叶种植基地以解决原材料供应问题。这样做一方面提高了原材料供应的保证系数;另一方面减少了对原来供应者的依赖,强化了企业在原材料购进谈判中的地位。

6. 买方拥有全面的信息

如果买主拥有有关需求、市场实际价格,甚至供应厂商成本等全面信息,通常会使买主产生比在信息贫乏时更大的讨价还价力量。拥有全面的信息,买主就更能确保其得到卖方提供给其他买主的最有利的价格。

(五) 供应方的讨价还价能力

供应方可以通过提高销售价格、降低所售货物和服务的质量以及停止供货等方式显

示其讨价还价能力。由此,实力强大的供应方能够从任何一个对供应需求呈刚性的行业中榨取利润。例如,生产汽油的石油化工企业提高汽油价格的做法,能够损害运输企业的获利能力,但由于运输企业对汽油的需求呈刚性,我国汽油供应又具有垄断性,因此,石油化工企业就对其购买者具有强大的控制影响能力。使供应厂商在与生产企业的竞争中变得强有力的因素通常有:

1. 供应方由几家企业控制并且比其销售对象的行业更为集中

向更为分散的买方进行销售的供应方通常能够对价格、质量和贸易条件等方面施加相当大的影响。

2. 供应方的产品目前尚没有其他替代产品

如果供应方同替代产品竞争的话,即使强有力的供应方,其讨价还价能力也会受到牵制。例如,尽管对个别买主来说上海大众汽车公司是强大的,但众多生产摩托车的供应方仍然在广大农村激烈地为争取更多的买主而竞争,并有效地阻止了大众公司向农村市场进军的步伐。

3. 购买者不是供应商的重要客户

当供应厂商向诸多企业出售产品时,如果某个特定的行业或企业并不构成其销售的一个重要组成部分,供应方更倾向于运用其讨价还价能力。如果反之,那么供应方的命运将与购买者紧密地联系在一起,供应方将会通过合理定价以及提供各种优惠来使该行业或企业乐于与其保持长期稳定的业务联系。

4. 供应方的产品在买主的生产经营过程中具有重要的作用

购买者对某种设备、工艺、原料的购买其实是一种投资。如果这种投资对于买主在制造工艺或产品质量方面取得成功具有重要意义,那么就会提高供应厂商的讨价还价能力。当这种投资的购买物具有相当的稀缺性时,情况尤其如此,由于买主希望通过大量购买逐步扩充其库存量,供应者的地位就得到进一步强化。例如,中国已成为世界第二大石油消费国,中国巨大的石油进口需求,使中东各国、俄罗斯、哈萨克斯坦等石油生产国的谈判地位大为提升。

5. 供应厂商的产品差异明显,使购买者的转移成本很高

产品在质量、效果、使用方法等方面的明显差异,造就了使用者很高的转移成本。这就从根本上消除和降低了买方随意利用某家供应厂商去要挟另一家供应厂商降价的可能性。反之,如果供应厂商的产品没有特色,使购买者的转移成本极低,则效果适得其反。

6. 供应厂商前向一体化的可能性

当供应商有可能对其产品进一步加工销售,或自行批发销售时,其谈判能力就会增强。

我们通常把厂商看作供应方,但劳动力的所有者也必须被看作是一个供应方,而且是在许多行业内都具有极大的讨价还价能力的供应方。

当把劳动力作为一个供应方时,确定其潜在的讨价还价能力的因素类似于以上讨论过的那些因素。但还需补充一些重要因素,如劳动力的组织程度,以及所缺乏的各种劳动力的供给来源是否能够扩大等。在劳动力已被紧密组织起来或者所缺乏的劳动力的供给来源受到抑制时,劳动力的讨价还价能力可能还会更高。这一点将在我国今后市场化的进程中逐步显现出来。

第三节　行业内主要竞争对手

在完成了对宏观环境、行业环境的分析后,企业战略制定者的目光应聚焦于竞争者,即关注、分析企业在一定时期内的主要竞争对手。这一分析对企业战略的制定有着十分重要的影响。

从表面上看,分析行业环境与分析竞争对手,似乎完全相同,但实际上存在着差别。行业环境分析是从行业整体的角度观察、分析,属于中观分析;而对竞争对手的分析则是从企业自身的角度去分析竞争对手各方面的态势,属于微观分析。本节将着重对企业的竞争对手进行综合分析,如图2-4所示。

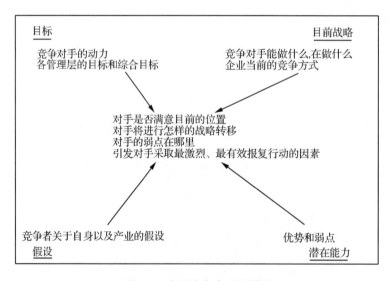

图2-4　主要竞争者分析模型

竞争者分析首先是从竞争者描述开始的,即着重研究那些对企业有着直接、重要影响的竞争者。由于市场上存在着众多的竞争者,而企业不可能对它们全部都进行分析,所以通常是选择几个能够对企业形成直接威胁的竞争对手来研究。一旦做出了选择,就应开始下列工作。

一、收集竞争者的相关信息

企业从诞生之日起就永远站在了市场竞争的前沿,而获取竞争优势的前提就是充分了解竞争者,"知己知彼,百战不殆"。特别是在市场竞争加剧的今天,能否快速、准确、有效地收集到有关竞争者的各方面信息变得更加重要。综观许多世界著名大企业,如 IBM 公司、通用电气公司、福特公司、联合碳化物公司、花旗银行等,企业内部都有高级尖端的情报系统。IBM 公司有商业分析部,德州仪器公司有"颇为正式的档案室",花旗银行有"同业管理人员资料",还有其他众多的企业都十分重视收集有关竞争对手以及它们的经营管理等方面的情报。

如何收集有关竞争者的特征及其信息呢? 著名的巴比·凯瑟咨询公司(Barbie Keiser)介绍了一种建立和实施竞争情报收集系统的普通方法,其步骤如下:

(1) 确定企业的战略竞争对手。

(2) 确定需要了解竞争对手的什么情况,何种资料和分析能最好地说明这些企业的上述情况。

(3) 确定获取这些信息的计划、渠道和方法。

(4) 将企业的情报资源组织起来实施上述计划,得到企业所需要的信息。

(5) 结合各方面得到的信息,对资料进行分析并对竞争对手的潜在实力与本企业的预测情况进行评估对比。

(6) 跟踪和监控竞争对手的行为,不断丰富和更新这些信息,并将这些信息及时提供给企业的决策层。

二、主要竞争者分析

一般而言,企业需要对竞争对手的目标、假设、目前的战略和潜在的能力四个方面进行综合分析,即采用迈克尔·波特的"主要竞争者分析模型"(图 2-4)进行分析。该模型主要包括以下内容。

(一) 主要竞争者目标及相关因素分析

了解竞争者的目标有助于推断竞争者的战略发展方向和可能采取的行动,从而在战略管理过程一开始就能针对主要竞争者的可能行动设计应对策略。竞争者目标分析的内容主要包括:

(1) 对手的财务目标——竞争对手已经公开的和真实的财务目标是什么? 它如何权衡协调各种目标?

(2) 竞争对手对风险的态度,以及在风险与发展目标之间进行权衡的标准。这一内容将影响竞争对手可能选择的战略类型和实现战略的方式。

(3) 竞争对手的行为准则和基本信条及其对战略制定工作的影响力。这一目标可以使企业判断对手不可能采取的战略类型和实现战略的方式。

（4）对手的组织结构和关键决策结构。不同组织结构一般对应于不同的业务组合，反映不同的领导方式和资源分配方式；而不同的关键决策结构反映企业内部权力的构成及对战略的影响，可以起到影响战略选择的作用。

（5）竞争者所采取的控制方式和激励制度的类型及其有效性。这一点将影响企业战略所受到的约束和鼓励条件以及战略实施成功的可能性。

（6）对手核心领导人的风格以及领导人发生变化的可能性。核心领导人的风格将影响企业对环境的认识和战略类型的选择，而领导人变化的可能性则将影响战略类型和竞争手段的改变。

（7）对手整个管理层对企业未来目标的认同程度。它将影响战略实施的效果。

通过上述对竞争对手目标及其相关因素的分析，可以获知对手竞争动力的来源、竞争动力的表现形式、竞争者的长期综合目标及其结构。

（二）主要竞争者假设分析

竞争者的目标是以其对环境和对自己的认识为前提的。这种认识前提就是假设。竞争者战略的假设包括两类：一是竞争者对自身的力量、市场地位、发展前景等方面的假设，即竞争者自我假设，它是竞争者进行内部分析的结果；二是竞争者对自己所处行业内其他企业的假设，包括对行业构成、行业竞争强度和主要行业威胁、行业发展前景、潜在获利能力等方面的认识和判断，行业假设是竞争者对外部环境分析的结果。了解对手对行业的假设，不但可以了解其对行业的认识，进而了解其可能采取的战略类型，还可以了解对手企业的认识方式，以及由此选择的具体竞争方式。

（三）主要竞争者现行战略分析

对竞争者现行战略进行分析的重点是，预计竞争对手实施现行战略的效果、其成功实施可能造成的对目前竞争地位的改变、竞争者改变现行战略的可能性，以及由此引起的对本企业的影响。其中，竞争者改变目前战略的可能性是受竞争者目标和假设支配的。通过对竞争者现行战略的分析，可以了解竞争对手正在做什么和能够做什么，并了解它们的具体竞争方式。

（四）主要竞争者潜在能力分析

这主要涉及以下五种能力的分析：

（1）竞争对手的核心潜力。核心潜力可以表现为竞争者在某项职能活动方面独特的长处，如技术开发能力、研究开发成果的商品化能力、品牌优势和对品牌的利用能力等。

（2）竞争对手的现实竞争能力。现实竞争能力主要来源于核心潜力。例如，企业在技术开发上的核心潜力可以形成企业在新产品推出上的竞争能力；企业在品牌利用上的核心潜力可以形成企业在市场占有上的竞争能力。从长期发展角度看，了解对手竞争能力变化更为重要。

（3）竞争对手的战略反应能力。它表现为企业对环境变化的警觉性和立即采取战略反应行动的能力。战略反应能力强的对手能更早地觉察出环境的变化,也能较早地采取相应的行动。但需要注意的是,战略反应能力是否转化为竞争能力将取决于战略反应的正确性程度。

（4）竞争对手的环境适应能力。它可以表现为两个方面:一是能正确认识环境变化的趋势并能采取符合环境变化趋势的行动;二是企业内部系统的构成具有足够的弹性,足以使企业能以较低的成本,在不破坏企业基本能力的情况下对环境的变化做出正确的反应。

（5）竞争对手的战略持久力。该项能力使企业在面临恶劣、多变的外部环境时能坚持较长的时间,以等待环境的改变,或是等待自己所采取的反应性行动的效果出现。

通过对竞争者能力的分析,企业可以更好地了解对手在竞争上的优势和劣势,从而确定自己的市场定位和具体的竞争战略。完成对竞争者的以上分析后,企业将会形成一些初步的结论,它将为下面的SWOT分析提供重要支持。

三、战略环境评价报告——机会和威胁分析

所谓环境评价报告是企业对所作的外部环境分析最终结果的评价,它应该能回答一系列企业战略问题:企业可利用哪些机会去获得优势？企业能生产和销售的产品是什么？哪些市场最具有潜力？企业可凭借的实力有哪些？有哪些约束条件可能影响企业？有哪些竞争对手可能影响企业？企业承担了哪些会影响未来的义务？哪些政府措施或法律、法规可能影响企业？企业目前所处的环境状况如何？企业面临的未来环境状况如何？等等。

从上述简单列举的这些问题中,我们不难发现,环境评价报告主要着眼于帮助企业识别来自外部的机会或威胁,从而使企业能对未来的战略地位做出客观评价。

发现机会、避免威胁,这是外部环境分析的出发点和落脚点。企业管理者常用SWOT分析法(即优势、劣势、机会和威胁四要素法)对企业内、外部环境进行分析。其中优、劣势(S和W)分析主要着眼于企业自身的实力及其与竞争对手的比较,而机会和威胁(O和T)分析则是将注意力放在外部环境的变化及其对企业的可能影响上,是对前面所做的企业外部战略环境分析的进一步评价。具体包括两个方面:

（一）识别和捕捉机会

所谓机会是指对企业富有吸引力的市场领域,它将有可能使企业拥有某种竞争优势。机会通常表现为两种类型:

（1）显性机会,即在当时环境或条件下,人们能够明显感觉到的显而易见的机会。它一般常与某一时期特定的经营环境变动相联系,如突发的政治、经济、文化事件,地理、人口、教育等发展的不平衡,商品、资金、价格的时空差等。

对显性机会的判断,关键在于事前能大致估计出孕育这种机会的环境或条件何时形成,以及其持续的时间、影响力和作用强度等。而这很大程度上又取决于成功的环境调查和预测,以及战略决策者对变动环境的灵敏反应。

(2)潜在机会,即仅凭当时环境和条件难以判断捕捉,但确实又存在的潜藏于市场表象之下的那一类机会。这些机会一般表现为许多似是而非的现象和模糊不清的前景。它要求企业管理者能独具慧眼,以深邃的洞察力,发掘并利用这些机会,为企业创造收益。

常见的影响潜在机会的因素有:①行业或市场结构的变化;②新技术、新发明、新工艺的出现;③政府金融、信贷政策变化及利率的波动;④商品价格变动及资源供应的不平衡;等等。

今天人们常常采用机会矩阵来进行机会的识别,即按照机会的吸引力及其成功概率进行分类,其中,企业在每一特定机会中的成功概率取决于它的业务实力是否与该行业的关键成功因素相匹配。

(二)发现与规避威胁

所谓环境威胁是指环境中某一种不利的发展趋势对企业所形成的挑战,如果不采取果断的战略行为,这种不利趋势将导致企业的竞争地位被削弱。同上述市场机会分析类似,企业同样可运用威胁矩阵来识别和规避威胁。

最后需要说明的一点是,企业仅仅能够识别环境带来的机会与威胁是不够的,还必须具备对这些机会和威胁做出迅速反应的能力,对那些持续时间短的重大机会或比较突然的威胁,企业必须做出快速的反应和果断的决策。而要做到这一点,就必须拥有极强的核心竞争力和战略反应能力。

本章内容小结

企业战略环境,是对所有处于企业生产经营过程之外,但对企业战略的制定及其实施具有直接或间接影响的各种因素和力量的统称。战略环境主要分为宏观环境和行业环境两个层面。宏观环境分析包括人口环境分析,经济环境分析,政治、法律环境分析,社会文化环境分析和技术环境分析。行业环境分析主要包括对现有竞争对手、潜在进入者、供应商、客户和替代品生产者的调查研究。

复习思考题

1. 企业的战略环境分析包括哪些层次?为什么要分析企业的战略环境?

2. 什么是宏观环境？我国当前的宏观环境有什么特点？
3. 如何对某一行业的市场竞争结构进行分析？
4. 我们一般用哪些方法分析主要竞争对手？

【本章案例】

适者生存是市场经济的重要法则

M公司是一个跨国经营的大公司，多年来积极开拓国际市场并取得了辉煌的战绩。然而，其在本国巨大市场的竞争中逐渐处于劣势，近几年公司一直靠着国际市场的巨大盈余维持公司的正常运转，形成了"墙里开花墙外香"的局面，正如公司的一位副总裁所说："M公司国际形势看好，但在国内有点抬不起头来。"

2018年，公司的新总裁史密斯上任后，确立了"继续开拓国际市场，国内市场打翻身仗"的战略，经过两年多时间的努力，M公司不仅走出了困境，而且凭借其雄厚的竞争实力战胜了其主要的竞争对手，重新夺回了国内市场占有率第一的宝座，市场占有率超过主要竞争对手两个百分点，达到了36%。

M公司能够在短短的两年多就东山再起，秘密何在？

首先，适应人才竞争的需要，大胆起用能人。史密斯上任伊始，决定对国内的运作机制进行彻底改组，大胆起用人才，对以汤姆为代表的一批管理精英委以重任。汤姆现年44岁，是哈佛工商管理学院的MBA毕业生，是公司内公认的管理奇才，此前曾担任南美分部的经理，任职期间该地区的销售额翻了一番，利润增加了3倍。回公司本部任职时，他得到了总裁史密斯的承诺：准许他从各国际分部选用任何他认为合适的人作为副手。因而他起用了曾有多国工作经验，现任欧洲分部市场部经理的韦伯，并组成了"国内市场抢救工作队"。以后的两年时间里，在这一批精英的参与下，M公司终于从根本上扭转了国内市场严重受挫的经营状况。

第二，适应市场成本竞争的需要，采取一系列措施，大幅度降低产品成本。汤姆和韦伯针对企业效率低的问题，首先关闭了五家低效的工厂，同时重新规划了业务流程，对从原材料采购到库存管理、从生产到运输的每一个环节重新做了认真的部署，并砍去了一些多余的环节，仅此一项，就为顾客从订货到收货节约了1/4的时间。另外，他们还加大投资，培育一些被忽视的名牌产品，并对老产品进行更新换代，不断推出新款新样。汤姆和同事们的辛勤努力产生了显著的效益，据专家预测，公司的改革措施每年为公司节约了近6亿美元的成本费用。

第三，适应客户需要，推出拳头产品。拳头产品是企业在竞争中站稳脚跟的根本。M公司一直从事多种产品的生产和经营，但其中清洁剂是公司的支柱产业，现在公司1/3以上的年收入来自这类产品。公司看准了国际国内巨大的清洁剂市场潜力，研制出了含有特殊成分的乙型清洁剂。该产品除保留了原有产品的优点外,还增加了使用范围广、清洁强度大等优点,不但可以用于家庭日常用品的清洁,而且还可以用于汽车、机械设备的清洗。产品一上市就受到消费者的欢迎。公司抓住时机,不惜重金大力宣传,使这种新型清洁剂的销售在国内外市场都卓有成效。

第四,适应科学创新的需要,加强科技开发。新型清洁剂的成功开发凝聚了 M 公司所有科研人员的辛勤劳动。负责技术事务的化学博士道奇个人拥有专利 50 多项,他和公司其他技术人员一道组成了一支实力雄厚的攻关队伍,经过 3 年多的努力,耗资近 1 亿美元,用于开发新型清洁剂。在研制过程中,他们还与数所大学的专家合作,联合攻关,最终研制出了新产品,同时也使产品的性能和质量有了科学的保证。在管理上,公司积极利用计算机这一信息时代的工具,建立了全公司范围的计算机网络系统,逐步完善公司的物流,加强各经营环节的联系和沟通,把销售、采购、分配、售后服务等各个环节衔接起来,统筹计划,合理安排,实现了信息和资源最大限度的利用。

从 M 公司的复兴可以看出,适应市场环境的变化而变化,是现代企业走向成功的必由之路。

案例思考题

1. M 公司的改变是为了适应环境的什么变化?
2. M 公司如果不以变应变,会有什么后果?

第三章 企业资源与能力

企业自身的资源和能力,是企业制定和实施战略的依据与基础。若要制定一个正确的战略,仅了解企业外部环境的变化是不够的,还应对企业自身的条件有一个客观的认识。只有这样,企业的发展和竞争战略才能真正具有科学性和现实性。

第一节 企业制定战略的基础

一、研究企业战略资源与战略能力的重要性

企业的外部环境分析,是企业制定战略的一个重要基础。但是,我们可以看到,同一种外部环境的变化,对不同企业的影响并不一样。也就是说,某一种环境因素的变化,对某个企业是机会,对其他企业则不一定是机会,甚至还可能是威胁,这是因为不同的企业拥有不同的资源与能力,有着不同的目标和使命。我们还应看到,即使外部环境的变化给每个企业都带来了可以利用的机会,也只有那些具备了与此相适应的资源和能力的企业,才能真正抓住这些机会。

每个企业都拥有一定的资源以及使用这些资源以满足特定市场需求的能力,即每个企业都是资源和能力的结合体。这一结合体形成了企业制定、实施战略的另一个重要基础。不明晰企业的资源和利用资源的能力,就无法正确地制定战略。企业战略资源分析包括明确掌握企业资源的种类、质量和数量,明确现有资源满足完成企业使命要求的程度,明确了解企业资源与竞争对手相比有哪些不同。在此基础之上,分析企业对各类资源的协调、使用能力,因为企业的竞争优势既可以来自对稀缺资源的拥有,又可以来自对现有资源的高超运用能力。企业资源的差异性和企业利用这些资源的独特方式是企业获取竞争优势的两个重要来源。

独特的资源和能力是企业在战略上获得成功的关键因素。但是,拥有成功的关键因素是企业获得竞争优势的必要条件,而不是充分条件。例如,一个企业要成为成功的家用

电器生产企业,它就必须有设计、生产、储存、运输、销售各类家用电器的资源和能力。但仅有这些是不够的,我国几乎所有生产家用电器的企业都有产品发展部门、供应商和销售网络以及很大的营销预算,而实事上只有少数企业才能将这些活动做得很出色,从而成为家用电器市场上战略竞争的强者。

独特资源、独特能力的共同之处在于它们都是企业盈利能力的指示器。虽然它们在概念上的区别是清楚的,但在特定的环境中区分它们并不容易。例如,某一种重要资源可能是某行业所有企业都必须具备的,但它也可能只在某一个企业才能发挥出某种独特的战略能力。

对企业资源及能力进行战略分析,是为战略的制定和实施服务的。因为这种分析可以帮助企业确定与其战略能力相匹配的发展方向。此外还应指出的是,对企业资源的规划和开发,也是企业战略管理的重要内容。企业的战略资源并不限于目前"已经拥有"的资源,企业以外的、经过努力可为企业所用的各类资源也是企业战略资源规划中不可忽视的一部分,它也会极大地影响企业的战略能力。

二、企业战略资源与能力分析流程

对企业资源和能力进行分析的方法很多。英国管理学家格里·约翰逊和凯万·斯科尔斯的分析方法受到理论界较高的评价。这一分析方法将众多的资源分析包括在一个从对资源的简单评估到对战略能力进行客观识别的系统分析流程中,如图3-1所示。

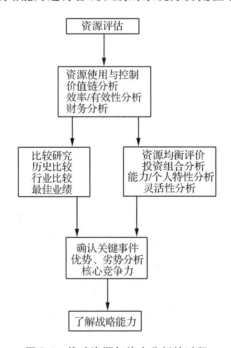

图3-1 战略资源与能力分析的过程

(一) 资源评估

资源评估就是对企业可得资源的数量和质量进行评价与分析,以便确认企业是否拥有某种战略维持和战略延伸所需的资源。通常可以把企业的战略资源分为以下四类。

(1) 实物资源,如企业的机器、厂房、原材料、产成品等。对企业的实物资源进行评估,不仅要列出实物资源的数量和生产能力,而且还应该对这些资源的自然状况,如寿命、状态、能力和位置等进行了解。

(2) 人力资源。人力资源是企业中最宝贵的资源,对人力资源进行分析需要调查和研究许多相关的问题。既要了解企业中不同技能人员的数量和类型,还要分析人力资源的适应性等方面的因素。

(3) 金融资源。金融资源包括企业所有资金的来源和使用,如资金的获得、资金管理、资金使用的方向和效果、对债务人和债务的控制、与资金供应者(如股东、银行等)的关系等。

(4) 无形资产。无形资产是企业资产的重要组成部分,包括专利、专有技术、商誉等。商誉主要来源于商标、品牌、企业形象及其他。企业应该重视无形资产的价值,因为企业出售的商品和服务中有一部分价值直接来源于商誉,尤其是那些服务行业中的企业,这一点表现得十分明显。

在对企业资源进行评估的时候,必须强调以下三点。

(1) 资源评估应该包括企业能够获得的、与企业战略相关的所有资源,而不应该只限于目前在法律意义上归属于企业的资源。许多对战略有重要意义的资源,是在企业所有权之外的,如已拥有的忠诚顾客、营销渠道、关系网络等。

(2) 资源评估涉及很多复杂的内容,但那些必需的资源并不一定是构成企业独特能力的基础,要特别评估那些能够巩固企业独特能力的资源。例如,英国航空公司的主要资源是飞机和驾驶员,但是在很长时期内,真正构成该企业竞争优势并由此获得利润的是英航的信息技术。英航使用的计算机系统是英国国防系统外最大的计算机系统之一,这个计算机系统可以在两秒钟内从英航网络的任何一个地方取得数据,甚至能将可提供的座位数与乘客使用的支付机票的货币种类联系起来,从而控制支付弱通货的乘客数,帮助公司回避汇率风险。此外,这个计算机系统还能够很好地处理包括超额预订等在内的复杂业务,以保证大多数顾客满意和保证那些不满意的乘客能得到合理的补偿。所以,该公司的战略决策者将信息技术视作企业战略管理不可分割的一部分,并将其作为竞争性经营的主要战略工具。

(3) 评估中要注意确认企业战略需要与战略资源之间的缺口,以便使企业更好地利用目前的资源和环境,扩大和改变目前的资源存量,创造新的资源,以达到战略目标的要求。

(二) 资源使用与控制状态分析

所谓资源的使用与控制分析,是将企业资源与使用这些资源以期达到的战略目标联系起来进行对照比较。这对于认识企业的战略能力十分重要,分析的重点在于资源的使用过程而不在于资源本身。分析的主要方面如下。

1. 投入产出率和目标实现率分析

对企业内部资源的分析,要求企业确定采用什么标准来衡量资源的使用与控制状况。投入产出率和目标实现率就是衡量这种状况的两个主要指标。

投入产出率是指企业实际产出与实际投入的比率,即实际的投入产出比;而目标实现率是指企业实际产出达到期望产出的程度。这两个指标可以运用于多种场合,如对企业不同战略层次的战略评估、对企业战略要素的功能评价等。在对企业资源使用和企业战略能力的评估分析中,这两个指标十分重要。

一般认为,在对企业生产经营成本的战略分析中,投入产出率对企业特别重要;相反,对于通过有特色的服务或产品而与其他竞争者保持差异化的企业而言,目标实现率则是一个关键的衡量指标。下面分别加以论述。

(1) 投入产出率分析。影响投入产出率的因素有多种,企业可以通过各种途径提高投入产出率。对以下因素的选择和使用将决定企业的长期竞争地位。

① 规模经济。这是制造业获得成本优势的一个重要来源。

② 要素成本。与各种投入相关的包括资金、劳动力、原材料和零部件等在内的生产要素是企业成本的直接构成因素。

③ 劳动生产率。劳动生产率即单位人力资源要素的产出,它与单位产出的人力成本互为倒数,因此,提高劳动生产率与成本效率密切相关。知识和经验对生产率的提高有着重要的作用,经验曲线的分析在这里仍然是适用的。

④ 产品工艺设计。企业价值工程研究的一个重要内容是寻找物美价廉的替代品,这说明改进产品设计对提高成本效率的作用;工艺设计的改进对提高成本效率的作用更是显而易见的,因为其本身就是以降低生产成本为目的的。

⑤ 设备开工率。它反映了生产能力的利用程度,决定了分摊在单位产品上的固定成本的多少。

⑥ 生产经营的组织形式。比如,在不同的情况下,企业的某些业务和职能既可以由企业自己承担,也可以外包给其他企业完成,而其成本会有很大的不同。

⑦ 企业产品或市场的集中度。企业集中力量于某一经营领域,如某一顾客群体、某一特定市场、某一类型产品、某一特定的技术等,可能会比广泛地使用力量获得更高的投入产出效率。

(2) 目标实现率分析。有关目标实现率的分析十分复杂,下面我们只提出进行分析时需要考虑的主要问题。

① 产品或服务的功能和特性是否适应目标客户的需要?提供这些特殊功能或特性所增加的成本能够通过销售得以补偿吗?如果答案是否定的,那么企业的战略目标将难

以实现。

② 企业所提供的商务支持活动和顾客服务与客户的要求相符吗？它们能为产品或服务增加价值吗？同样，要考虑所增加的价值是否足以补偿这些活动所增加的费用。

③ 在售前、售中和售后，与客户建立的交流关系是否可以为企业增加价值？如果可以增加，主要体现在哪些方面？是稳定了与客户的关系，还是减少了交易费用，或者节约了开发成本？

2. 财务分析

企业对资源的使用与控制能力在很多情况下可以通过财务指标反映出来，因而，财务分析是企业战略分析的重要内容。然而，企业不同的利益相关者对企业财务状况的评价有不同的标准，因此，对企业资源使用与财务控制评价只能是利益相关者利益均衡的结果。

（1）股东特别关心如何评价其投资质量，同时也关心他们所期望的投资收益，因此，满足股东利益的财务指标主要是每股收益、市盈率、股利收益等。

（2）企业的管理人员更关心企业的规模和经营状况，满足他们利益的财务指标主要是较高的销售额和利润额。

（3）银行和其他贷款者更关心的是企业的还贷能力和贷款收益，它们对资源使用与调度的要求是尽量降低贷款风险，反映在财务指标上就是要有一个合适的负债比率、速动比率和利息收益率。

（4）资源的使用与调度还要满足供应商、债权人和雇员对短期资金使用的要求，因为他们最关心的是企业能否按时支付工资和偿还货款，反映在财务指标上就是要有一个合适的流动比率。

（5）企业资源的使用与调度对社会公众利益的满足，表现在要有助于降低社会成本。例如，不能引起严重的环境污染，不能对社会公众和儿童造成损害，等等。反映在财务指标上是企业的阶段性净社会收益，包括企业内部的成本与效益以及外部的成本与效益。

（三）比较分析

企业内部条件分析的目的是找出企业自身的优势与劣势，这一分析的基本方法是比较法。根据比较对象不同，可以分成以下三种方法。

1. 纵向比较

纵向比较就是将企业的资源状况与以前各年相比，从而找出重大的变化。这种方法可以揭示用其他方法所不能揭示的不太明显的变化趋势。在许多情况下，它可以促使企业重新评估其主要的推动力将来应该放在什么地方。

2. 横向比较

横向比较就是将企业的资源状况和竞争力与主要竞争对手进行对比。

3. 与产业成功关键要素比较

不同的产业在不同的时期具有各自的基本要求，不具备这些要求的企业根本不可能在该产业中获得成功。将企业的资源和能力与产业成功关键要素进行比较,可以较好地反映企业的优势与劣势,如表3-1所示。

表3-1 竞争要素矩阵实例

关键因素	权重	雅 芳		欧莱雅		宝 洁	
		评分	加权分数	评分	加权分数	评分	加权分数
广告	0.20	1	0.20	4	0.80	3	0.60
产品质量	0.10	4	0.40	4	0.40	3	0.30
价格竞争力	0.10	3	0.30	3	0.30	4	0.40
管理	0.10	4	0.40	3	0.30	3	0.30
财务状况	0.15	4	0.60	3	0.45	3	0.45
用户忠诚度	0.10	4	0.40	4	0.40	2	0.20
全球扩张	0.20	4	0.80	2	0.40	2	0.40
市场份额	0.05	1	0.05	4	0.20	3	0.15
总 计	1.00		3.15		3.25		2.8

资料来源:弗雷德·R.戴维.战略管理(第8版).李克宁,译.经济科学出版社,2001.

除了表3-1竞争要素矩阵中列举的各项关键因素之外,其他因素还包括:产品品种的多少、销售、配送效率、专利优势、设施布局、生产能力及效率、经验、劳资关系、技术优势及电子商务技能等。

(四)资源均衡状况评估

以上分析主要是对那些进行独立的产品生产、服务单位的企业战略能力进行考察。但是,在许多实行多元化产品结构的企业中,还有另一个具有同等重要性并具有互补性的资源问题,即在一定程度上,企业的资源均衡应该作为一个整体来考虑。这种分析应该注意以下三个重要方面。

1. 投资组合是否合理

这方面的评估重在分析企业的各种不同活动与资源相互补充的程度,这是战略能力分析的一个重要组成部分。常用的分析方法有波士顿矩阵、通用矩阵、产品市场矩阵。由于这些方法也是重要的战略评价方法,所以我们将在本书其他有关章节中讲述。

2. 员工技能和个性是否均衡

这方面的评估重在分析企业内的人员在个人技能与个性方面的均衡程度。企业内部的人员在个人技能与个性方面的均衡程度也是企业竞争优势的重要来源。技能与个性的均衡分为两个层次:主管人员的个性与技能组合,业务运行人员的技能组合。主管人员的个性与技能组合要考虑主管人员的个性特点、管理技能、解决非常规问题的能力和主管队伍职能的平衡。业务运行人员的技能组合应注意这些人员技能的多面性和灵活性,还要注意平衡他们的技术水平和处理人际关系的能力。

3. 企业是否具有足够的柔性

这方面的评估重在分析企业资源的灵活性能否适应环境的不确定性与企业准备承担的风险水平,它反映企业适应内外环境变化的能力。柔性分析包括以下四个方面。

（1）确定企业内部和外部主要的、不确定性因素。

（2）分析目前企业针对这些不确定性因素而投入的资源。

（3）分析企业应对这些不确定性因素所需的灵活性。

（4）制定针对这些不确定性因素的行动方案。

（五）确认关键问题

资源分析的最后一个问题是通过前面的分析确认关键问题。只有在这个阶段,才能对企业的主要优势与劣势,以及它们的战略重要性做出合理的评估。

第二节　SWOT 分析

本节将介绍优势、劣势、机会、威胁等概念及其内容,并在此基础上探讨如何有效运用SWOT 矩阵这一分析工具。

一、企业优势

企业优势通常指一个企业所具备的那些能提升该企业竞争力并明显强于其他企业的特征。它是一个相对概念,通常有如下方面。

（1）技能和重要专长。诸如低成本制造诀窍、技术方面的诀窍、零缺陷制造、始终如一的优质顾客服务、不断推出创新性产品、大宗买卖方面的丰富经验、独特广告及促销手段等。

（2）雄厚的有形资产。包括先进的厂房与设备、优越的地理位置、发达的分销系统、充足的现金储备等。

（3）高水平的员工队伍。包括经验丰富的生产团队、在关键领域拥有优秀雇员、斗志高昂的员工队伍、丰富的管理经验、学习型团队等。

（4）高效的组织资源。包括有效的管理控制系统、专利技术、出色的财务指标、忠实的顾客群、完善的信息交流与共享系统、计算机辅助设计和制造系统、电子商务系统等。

（5）高价值的无形资产。包括良好的品牌和企业形象、员工的忠诚、积极向上的工作氛围与组织文化等。

（6）强大的技术研发能力。包括快速不断地向市场推出新产品的能力、强有力的分销网络、与关键供应商之间的合作伙伴关系、敏捷的市场反应能力、最先进的电子商务系统等。

（7）有效的战略联盟。与其他拥有核心专长的企业建立合作伙伴关系，并且这种合作关系明显提升了企业的竞争力。

（8）高水平的市场营销。包括低成本、市场份额领先、拥有较竞争者更好的产品、提供给顾客更宽泛的产品或服务的选择、更强有力的营销组合等。

可见，构成企业优势的因素是多方面的。有时它们源自相当具体的技术专长，例如调查顾客口味和购买方面的窍门、对那些与顾客打交道的员工所实施的培训手段等；有时它们来自内部不同单位或环节之间的密切配合，例如连续性的产品创新，它需要诸如顾客需求，技术开发，产品设计、制造、市场试销等环节的共同参与。当然，这里提及的具体的技能专长或团队共同参与能否最终形成优势并且此优势能否持续，还要依赖上述其他因素的相互配合与支持。在这里，我们将构成企业竞争优势的这些要素称为竞争性资源。这些竞争性资源，配之以具体行业以及其他外部条件，必将对企业未来业绩起决定性作用。

二、企业劣势

企业劣势是指企业生存发展需要的，但企业目前尚不具备的那些竞争性资源以及其他使企业处于不利竞争地位的内部条件。企业劣势一般具体表现为：

（1）缺乏一些重要的技能与专长。

（2）缺乏重要的有形资产、人力资源、组织资源以及无形资产等，致使企业缺乏竞争力。

（3）在一些关键领域无法形成有效的竞争能力。

总之，内部劣势可视为企业应该获得而尚未获得的那些竞争性资源，亦可视为虽拥有这些资源却不具备有效使用这些资源的能力。这为我们审视企业资源提供了一种思路，即企业还需要补充哪些竞争性资源以及如何使用这些资源。当然，这些劣势是否会产生不良结果，还应取决于这些劣势在竞争中所发挥的作用以及企业优势在多大程度上可以弥补这些劣势。

为了更好地分析一个企业的优势与劣势，我们可使用一个类似于资产负债表的表格，我们暂且称之为战略资源平衡表(strategic resource balance sheet)。在表格中，竞争性资产由企业优势表示，竞争性负债由企业劣势表示。很明显，竞争性资产优势与竞争性负债劣势相比，比值愈大愈好，而1比1绝对不是理想状况。

明确了企业优、劣势的具体内容后，战略决策者还需清楚每一方面内容在企业战略中所能发挥的作用。一般而言，企业有些优势由于在诸如有助于构建强有力的战略、谋求更强的市场地位或取得更好的赢利等方面能够发挥关键性作用，因此较之其他方面优势显得更为重要。至于企业劣势也存在同样情形，其中的一些劣势如果不及时加以弥补，可能会对企业产生致命影响，而与此同时，有些劣势的负面影响则小得多，也更易于被企业优势所抵消。

三、企业的能力

（一）核心竞争能力（core competitive competence）

所谓核心能力是指企业最为擅长的那些重要经营活动。它与一般能力的区别在于，前者是提升企业竞争能力和赢利能力的关键因素。在实际经营活动中，核心能力往往表现在许多方面，诸如制造高质量产品的技能和技术、快速而精确的定制系统、快速推出新产品、良好的售后服务、敏锐把握市场需求趋势、大宗采购与分销方面的诀窍、重要技术的领先地位等。

总之，核心能力能实质性地提升企业的竞争能力，它通常被视为企业竞争性资源的核心部分。或许一个企业拥有一项以上的能力，但很少有企业能同时拥有好几项核心能力。

（二）独特竞争能力（distinctive competitive competence）

在这里，核心能力与独特能力的区别在于，前者来自内部的比较，而后者则来自外部的比较，即与竞争对手相比，企业某一专长是否仍然具有优势。核心竞争能力能否转化为竞争优势的前提条件是，它是否能发展成为独特竞争能力。夏普公司的独特能力在于其液晶显示技术；英特尔公司则具有快速推出功能更为强大的、新一代个人电脑芯片的独特能力；丰田、本田以及尼桑的独特能力则为其低成本、高质量的制造能力以及对市场需求的快速反应能力。

企业的独特竞争能力通常具有以下特征。

（1）难以模仿。正如前面所述，愈难以模仿或模仿需要付出的成本愈高，此专长就愈容易为企业构筑竞争优势。难以模仿性通常限制了对手的竞争，可以延长企业的竞争优势。形成此特征的因素有：资源的独一无二性，例如绝佳的地理位置和专利保护；那些历经很长时间以及采取很多方式才获得的竞争性资源，例如知名品牌和关键技术等；资本壁垒，对那些需要很高的资本投入才能取得规模经济的行业尤为如此，例如英特尔公司要建一个芯片生产厂的初始投资为10亿至20亿美元，这足以使很多潜在竞争者望而却步。

（2）价值高昂。独特竞争能力能给企业带来较之竞争对手更多的利润。当然我们应该基于较长时期来考察企业的赢利前景。

（3）时间持久。独特竞争能力给企业带来的优势应该是持久的，而非昙花一现，因为它是企业通向未来市场的大门。但在当前，企业的经营环境将面临愈来愈多的不确定性，这种不确定性很可能使某项专长在短时间内丧失其价值。例如联邦快递曾经拥有的快速邮寄包裹的独特优势就已经为新兴的网络技术所销蚀。

没有哪两个企业会拥有完全相同的资源。拥有不同的竞争性资源是企业形成独特竞争能力的根源。独特竞争能力则导致了不同企业之间在赢利能力和竞争力方面的显著差异。

独特竞争能力对于企业制定战略的重要性在于：①它赋予企业关键的竞争能力；②它是企业战略的基石；③它为企业划定了竞争对手难以逾越的市场边界。企业拥有某种独特竞争能力，尤其当竞争对手很难拥有足够的优势来抵消此项能力，或需要花费很多资源及时间时，企业就可以较为容易地建立起自己在市场中的竞争优势。

四、机会

构筑企业战略时，市场机会是必须要加以考虑的关键因素。如果企业无法确定市场机会，无法评估每一个机会可能带来的增长和赢利潜力或者缺乏足够的动力去把握这些机会，那么，企业的经营必然会迷失方向，当然也就不可能制定正确的战略。

企业与市场机会之间存在以下关系。

（1）一个企业能够拥有的机会往往随行业不同而有多有少。

（2）即使同一行业，不同企业把握机会的能力也有显著差异。

（3）同一机会对不同企业的吸引力是不同的。

（4）不同机会对企业的吸引力也有显著差异。

评估企业的市场机会及其吸引力时，战略决策者应该避免将每一个行业机会均看作企业的机会，因为这样看不现实。不是每一个企业都有能力去把握每一个机会，但是有些企业把握机会的能力确实要略胜一筹，这也是其竞争优势的一种外在表现。企业应该根据自身的资源状况来把握外部机会；同时也应留心于未来可能有助于提升企业竞争力的机会。企业应该留意抓住符合以下特征的机会。

（1）能给企业带来大量现金流，并促进企业利润增长。

（2）能激发企业潜在的竞争优势。

（3）能充分利用企业现有的竞争性资源。

五、威胁

正如我们在"战略环境"一章中讲到的，有时外部环境的某些因素会对企业的赢利前景和市场地位产生一定的威胁。例如，低成本制造技术的出现，对手推出性能更好的新产品，低成本竞争者进入企业的主要市场，政府出台新法规给企业带来比竞争对手更多的限制，利率的上升，潜在的敌意接管，消费者兴趣的转移，汇率朝不利于企业的方向变化，公司（或分公司）所在地的政局不稳，等等。这些威胁对企业的影响可大可小。企业至少要做到：一方面预测这些威胁可能会给企业带来哪些负面影响；另一方面，在此基础上，明确企业可以采取哪些措施来减轻或消除这些影响。

企业可能面临的机会和威胁见表3-2。

表 3-2　企业可能面临的机会和威胁

市场机会	潜在威胁
·服务于新的顾客群,进入新的市场区域或细分市场 ·扩大企业的产品线以满足更多的需求 ·将企业技能或技术运用于新的商业领域 ·进行前向或后向兼并 ·国外很有潜力市场之壁垒已逐步解除 ·从竞争对手那儿抢得市场份额 ·市场需求的快速增长 ·并购竞争对手 ·与其他企业的联盟	·实力强劲的竞争者即将进入 ·出现竞争力很强的替代品 ·市场需求下滑 ·汇率以及国外政府的贸易政策向不利于企业的方向变动 ·政府新出台法规的限制 ·经济萧条 ·顾客或供应商的谈判能力在增强 ·顾客需求或消费偏好已转移

六、SWOT 矩阵分析

所谓 SWOT 矩阵,是对企业内部资源优势、劣势以及外部的机会和威胁进行综合判断,从而分析一个企业的经营状况、竞争格局、战略选择的一种思路和方法(表 3-3)。SWOT 矩阵基于这样一个基本原则:一个好的企业战略应该统筹考虑企业内部的资源状况以及外部的竞争形势,并能对二者进行有效整合。对企业内部资源优势、劣势以及外部的机会和威胁的清楚把握,能为企业制定战略提供现实依据,而不至于使所制定的战略成为空中楼阁。这对企业能否在未来取得良好业绩,可以说是非常必要的。

表 3-3　SWOT 矩阵模型

外部环境＼内部条件	优势(strength) (列出 5~10 项优势)	劣势(weakness) (列出 5~10 项劣势)
机会(opportunity) (列出 5~10 项机会)	SO 部分 (列出应对之策) 发挥优势,利用机会	WO 部分 (列出应对之策) 利用机会,克服劣势
威胁(threat) (列出 5~10 项威胁)	ST 部分 (列出应对之策) 利用优势,回避威胁	WT 部分 (列出应对之策) 减少劣势,回避威胁

构建优势(strength)—劣势(weakness)—机会(opportunity)—威胁(threat)矩阵的过程包括以下几个步骤。

(1) 分别列出企业的关键外部机会、外部威胁、内部优势和内部劣势。
(2) 将内部优势与外部机会相匹配,并把匹配结果(对策)填入 SO 格中。
(3) 将内部劣势与外部机会相匹配,并把匹配结果填入 WO 格中。
(4) 将内部优势与外部威胁相匹配,并把匹配结果填入 ST 格中。
(5) 将内部劣势与外部威胁相匹配,并把匹配结果填入 WT 格中。

值得注意的是,这里将企业的优势、劣势、机会及威胁相匹配的目的在于产生可行的对策(战略),而不是选择或确定最佳战略,即并不是所有在 SWOT 矩阵中得到的对策都要被实施。当然,匹配工作是SWOT矩阵建立及运用过程中最困难的部分,它要求决策者有良好的判断,而且现实中也不存在一种最佳的匹配。SWOT矩阵大致分为如下四个部分。

(1) 优势机会(SO)部分。所得对策的目标在于强调发挥企业内部优势并且利用外部机会。所有的管理者都希望自己的企业处于这样一种状况:利用企业的内部优势去抓住和利用外部出现的机会。但拥有这种状况并非易事,企业首先要克服一些重大劣势或威胁给企业带来的负面影响(即首先采用WO、ST或WT部分的对策),然后才能得以集中精力去利用机会。

(2) 劣势机会(WO)部分。所得对策的目标是通过利用外部机会来弥补内部劣势。这些对策通常适用于如下情形:存在一些外部机会,但企业内部有一些劣势妨碍其利用这些机会。这通常是战略决策者们感到最为痛苦的事情。但事实上,这往往又是企业在创新方面取得重大突破的良机,因为这时,企业会集中资源于研究与发展或积极寻求战略联盟以实现优势互补等。

(3) 优势威胁(ST)部分。所得对策的目标是利用企业内部优势回避或减轻来自外部的威胁。通常出现的情形是,企业花费很大精力才得以建立的优势很容易为突然出现的外部威胁所抵消。这时战略决策者们需要做的工作是:①在预测未来可能会出现的威胁的基础上,判断企业的应对能力,即评估以企业当前的资源优势能否有效应付这些威胁;②与竞争对手的应对能力做比较,即评估威胁给不同企业所带来的影响;③考虑企业的资源可做哪些调整。

(4) 劣势威胁(WT)部分。所得对策的目标是减少内部劣势同时回避外部威胁,是一些防御性对策。一个企业如果内部有相当多的缺点,而外部又存在大量威胁,则处于相当危险的境地。这时,战略决策者应该结合其他部分的对策,对企业前景做综合判断,是放弃还是继续经营。

第三节 价值链分析

价值链分析是从企业内部条件出发,把企业经营活动的价值创造、成本构成同企业自身的竞争能力相结合,与竞争对手经营活动相比较,从而发现企业目前及潜在优势与劣势的分析方法,它也是指导企业制定与实施战略的有力分析工具之一。

一、价值链分析的基本原理

价值链分析是基于这样一种认识:企业不是人力、资金、设备等资源的随机组合,如果不能将这些资源合理地组织进生产经营中来,保证生产出最终顾客认为有价值的产品或服务,那么,这些资源将毫无价值可言。因此,对企业资源的分析必须是一个价值分析的过程。

美国战略学家迈克尔·波特认为,企业每项生产经营活动都是其为顾客创造价值的经济活动,企业所有的互不相同但又相互关联的价值创造活动叠加、串联在一起,便构成了创造价值的整个动态过程,即价值链。企业所创造的价值如果超过其成本,就能盈利;如果超过竞争对手所创造的价值,就会拥有更多的竞争优势。总之,企业是通过比竞争对手更廉价或更出色地开展价值创造活动来获得竞争优势的。

二、价值活动的构成

企业生产经营活动可以分为主体活动和支持活动两大类,如图 3-2 所示。

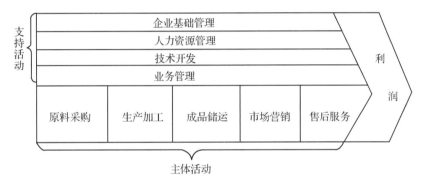

图 3-2 企业的价值链

(一) 主体活动

主体活动是指企业生产经营的实质性活动,一般包括原料采购、生产加工、成品储运、市场营销和售后服务等 5 种活动。这些活动与商品实体的加工流转直接相关,是企业基本的价值增值活动,又称基本活动。每一种活动又可以根据具体的行业和企业的战略再进一步细分为若干项活动。

(1) 原料采购,是指与产品投入有关的进货、仓储和分配等活动,如原材料的装卸、入库、盘存、运输以及退货等。

(2) 生产加工,是指将投入转换成最终产品的活动,如机械加工、装配、包装、设备维修、检测等。

(3) 成品储运,是指与产品的集中、存储、转移有关的活动,包括产成品的收集、入库、保管、客户订单处理、送货等活动。

(4) 市场营销,是指与促进和引导购买者购买企业产品有关的活动,如广告、定价、促销、市场调查、分销商的管理等。

(5) 售后服务,是指与为保持或提高产品价值有关的活动,如安装、调试、修理、使用人员培训、零部件供应等。

(二) 支持活动

支持活动是指用以支持主体活动而且内部之间又相互支持的活动,包括企业的业务管理、技术开发、人力资源管理和企业基础管理。企业的基本职能活动是支持整个价值链的运行,而不分别与每项主体活动发生直接的关系。

(1) 业务管理,是指获取各种资源输入情况的管理过程,而不是输入资源本身。在企业的许多部门都会发生业务活动管理,改进业务管理,对提高经营活动的质量和减少开支有着重要意义。

(2) 技术开发,是指可以改进价值活动的一系列技术活动,既包括生产技术,也包括非生产技术。企业的每项生产经营活动都包含着不同性质、不同开发程度和应用范围的技术,因此技术开发活动不仅与最终产品直接相关,而且支持着企业的全部活动,成为反映企业竞争实力的重要标志。

(3) 人力资源管理,是指企业的员工招聘、雇用、培训、考核、激励等各项管理活动。这些活动支持着企业中每项主体活动和支持活动,以及整个价值链。在任何一个企业中,都可以通过人力资源管理的作用来影响竞争优势。

(4) 企业的基础管理,是指与企业总体管理相关的活动,包括企业计划、财务、质量管理、组织结构、控制系统、文化建设等活动。

从图 3-2 中我们可以看出,企业价值链不是独立价值活动的集合,而是相互依存的活动构成的一个系统。在这个系统中,主体活动之间、主体活动与支持活动之间以及支持活动之间相互关联,共同成为企业竞争优势的潜在源泉。

三、企业价值链与产业价值链

从更广的角度讲,在大多数产业中,很少有企业单独完成产品设计开发、生产加工、市场销售、售后服务的全过程,除非企业拥有非常充裕的资金和十分全面的能力。因此,一个企业的价值往往是产业价值链的一部分,它同供应商的价值链、销售商的价值链、客户的价值链一起构成价值链体系(图 3-3)。

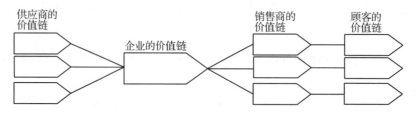

图 3-3 价值链系统

对一个企业而言,向最终顾客提供低价格的产品,可能是由销售商的较低的加价来支持的;而向最终顾客提供高质量的产品,也必然离不开供应商提供的高质量的零部件。所以,对任何企业的价值链分析,应该放在产业价值活动的系统中进行。

四、构造企业价值链

为了诊断和分析竞争优势,企业有必要根据价值链的一般模型构造具有企业自己特色的价值链。企业在构造价值链时,需要根据价值链分析的目的以及自己的生产经营特点,将每一项活动进行分解。分解的适宜程度取决于以下三点。

(1) 有不同的经济含义。

(2) 对企业实施差异化战略有巨大的潜在影响。

(3) 在成本上表现为一个较大的份额或一个不断增长的份额。

企业应该将可以充分说明企业竞争优势或劣势的活动单独列出来,以供分析使用。对于那些不重要的活动,则可以归纳在一起进行分析;活动的顺序一般按照工艺流程进行安排,也可以根据需要进行安排。无论怎样的顺序,企业的管理人员都应从价值链的分类中得到直观的判断。一旦确定了价值链的主要要素之后,就可以进行战略成本分析工作,即将企业的部门成本会计数据分解成各项具体活动的成本。

五、价值链分析

(一) 相对成本比较

价值链分析最重要的应用是揭示具体企业与竞争对手相比的相对成本地位。需要做的工作就是对每个竞争者进行成本比较。其中,所比较的成本是各个竞争厂商为向一个界定清晰的客户群或者细分市场提供产品或服务而发生的人力、物力和财力的消耗。一家企业的成本优势或劣势情况可能随产品线中各个产品的不同而不同,可能随客户群的不同而不同(如果分销渠道不同的话),也可能随地域市场的不同而不同(如果影响成本的因素随地域的不同而有差异的话)。

当今的许多企业都将自己某项特定活动的成本与竞争对手的成本进行比较定位,或者同另一个行业中能够高效地开展相同活动的非竞争对手的成本进行比较定位,这称为标杆学习。标杆学习的核心是比较各个企业开展其价值链中一些基本的活动和职能的优劣程度,例如,如何采购原材料、如何培训员工、如何处理企业的分销、企业推出新产品的速度如何、质量控制开展得怎样、如何处理客户的订单、如何为客户服务等。标杆学习的目标是理解开展某项活动的最好做法,学习怎样才能降低成本。一旦发现本企业开展某项活动的成本已经高于或即将高于其他企业开展同一活动的成本,就应该采取行动,提高本企业的成本竞争力。

在世界500强中,约有80%以上的企业进行了一定形式的标杆学习。当然,进行标杆学习时,最难做的是取得比较对象的成本数据。但是,由于进行标杆学习和寻找最佳业务惯例能得到显而易见的好处,因而各企业总是千方百计地获取所需的数据,如从公开的报告、报表、行业协会的研究资料中收集信息,从咨询公司、行业分析专家那里获得帮助,让客户、供应商、合资伙伴成为标杆学习的联盟,等等。

(二) 寻求成本优势

企业考察自己的价值链结构并将它同竞争对手的价值链结构进行比较可以表明,谁拥有多大的竞争优势或劣势,是哪些成本因素导致了这种状况的出现。这些信息对制定战略以消除成本劣势和创造成本优势起着至关重要的作用。

竞争企业之间的重大成本差异可能发生在以下三个主要领域。

(1) 行业价值链体系中企业的后向渠道部分。

(2) 行业价值链体系中企业自己的活动部分。

(3) 行业价值链体系中企业的前向渠道部分。

对以上三个领域,可以分别采取下列战略行动。

(1) 对产生于行业价值链的上游部分(即企业后向渠道部分)的成本劣势,可以采取以下行动。

① 通过谈判,从供应商那里获得更有利的价格。

② 同供应商进行紧密的合作,以帮助它降低成本。

③ 改善供应商价值链和企业自己价值链之间的联系。

④ 尝试使用成本更低的替代品。

⑤ 尽力在其他地方降低成本以补偿这个地方的差异。

世界零售业巨头沃尔玛与其供应商的联系会给很多企业带来启示。一方面,它充分利用其规模优势,对供应商进行强有力的讨价还价,尽力获得最低价格;另一方面,它又与供应商结成长期伙伴关系,帮助供应商改善管理。例如,沃尔玛与它的主要供应商宝洁公司的计算机系统相连接,从而建立了一个及时订货和传送系统。当沃尔玛的库存到了订货点时,计算机就通过卫星向最近的宝洁工厂发出订单,这些工厂就将其商品送到沃尔玛的分销中心或直接运送到商店。通过双方价值链的联结和协调,宝洁公司能够有效地制订出生产计划,进行直线分销,降低了成本,最后宝洁公司又可以将节约的一部分成本让利给沃尔玛,形成一种双赢的局面。

(2) 对存在于价值链体系下游部分(即企业的前向渠道部分)的成本劣势,可以采取以下行动。

① 促使分销商和其他前向渠道尽可能减少销售加价。

② 同前向渠道联盟或与客户紧密合作,以寻找降低成本的双赢机会。例如,一家巧克力生产商知道,如果巧克力的装运采用罐装车大批量液态装运,而不是运输固态的巧克力条,就可以使其生产糖果的客户节约卸装和熔解的成本,而这样做还可以消除自己的巧克力成型成本和包装成本。

③ 转向更具经济性的分销战略,包括前向一体化。例如,种子企业不通过中间商,直接向具有一定生产规模的农户销售种子。

④ 试用削减价值链中其他阶段成本的方法以弥补这里产生的差异。

（3）对存在于行业价值链中企业活动部分的成本劣势，可以采取以下行动。

① 简少高成本活动的经营和运作。

② 再造业务流程和工作惯例，从而提高员工的生产效率、关键活动的效率、企业资产的利用率，或者改善企业对成本驱动因素的管理。

③ 通过改造价值链消除某些产生较高成本的活动。

④ 对高成本的活动进行重新布置，将其安排在成本更低的区域。如许多发达国家的企业将其制造工厂转移到人力成本较低的发展中国家。

⑤ 分析自己的价值链，对它进行分解，看一看是否有一些非关键的活动由外部的合作商来完成比自己做更合适。这种做法在电子、电脑、汽车、电信等行业很盛行。

⑥ 投资于节约成本的技术改善，如机器人、柔性制造技术、计算机控制系统等。

⑦ 围绕棘手的成本要素进行革新，如对工厂和设备追加投资。

⑧ 优化产品设计，使产品的生产更具有经济性。

⑨ 通过价值链体系的前向和后向部分来补偿企业的内部成本劣势。

第四节 企业战略竞争能力

企业的战略必须以企业的能力为支撑。以研究技术进步和技术创新闻名于世的经济学家约瑟夫·熊彼得指出，企业不仅是营利的组织和投资的形式，也不仅是投入、产出关系和契约的集合，同时还是知识和能力的载体。企业成长壮大的过程，其实就是企业的技术不断进步、知识不断增长的动态发展过程。

一、企业知识：战略竞争优势的源泉

企业的生产经营活动，同时具有两个侧面：一个侧面是运用一定的劳动力和生产资料设计、制造、运输、储存、销售有形产品和无形服务；另一个侧面则是企业对知识的学习、运用、复制、传播和创造。前一个侧面反映了企业能力的表象，后一个侧面则反映了企业能力的实质，前者是由后者所决定的。在"企业能力论"者看来，作为企业能力的内核，企业所拥有的知识包括显性知识与隐性知识两类：显性知识是指可以用文字、数字、图形、实物等多种外在形式显示出来的知识，如体现在设备、产品、设计说明书、工艺文件、专利和规章制度中的知识；隐性知识则是人们不能直接用肉眼观察到的知识，又称"默会知识"，如技术诀窍、专有技术、特殊技能、企业文化等。从信息学的角度看，企业的隐性知识通常都是未编码的知识，其内部因果关系不甚清晰，受企业历史传统影响甚大，主要依靠师徒关

系等狭窄的路径传播,与企业知识的其他要素具有特殊的、非规范化的接口形式,因而非常难以模仿和复制,通常只能通过示范、培训,更多的情况下是通过团队内部和师徒之间的传授、帮助、带动,才在企业中得以流传、继承和传播。

企业的显性知识和隐性知识共同构筑了企业能力的知识平台。企业知识不是企业中个人知识的简单叠加,而是大大超越了后者,具有明显的"协同效应"和"放大效应"。由于企业知识中包含有该企业特有的隐性知识以及对企业其他知识和要素的特殊运用形式,具有明显的特殊性,因而由此形成的技术和能力也就具有明显的特殊性。当这种能力物化为企业别具一格的生产工艺、管理模式、技术设备以及独特的产品时,就成为企业竞争优势的源泉和实施差异化战略的基础。

二、企业的战略竞争能力

卓尔不群的企业能力其实是企业长期创新的结果。它使企业在市场中具备了强大的竞争优势,它使企业能轻松地击败对手,在市场中迅速扩张,获得大量的超额利润。但在一个充分竞争的市场环境中,任何一种独特的企业知识,只要它能产生超额利润,那或迟或早总会由于众多竞争者的模仿而在市场中扩散开来,并使企业原有的竞争优势和超额利润不复存在。企业若要保持竞争优势,就必须永不停歇地学习新的知识,更新旧的知识,甚至进行熊彼得式的"创造性的毁灭",在这种"创造性的毁灭"中实现企业知识和企业能力的涅槃。这也正是"学习型组织"的要义之所在。

人们经常用"物竞天择,适者生存"的自然法则来说明市场经济中优胜劣汰的竞争态势。其实,市场经济中企业对市场变化的反应模式与自然界中生物体对自然界变化的反应模式有所不同。其根本区别就在于,企业对市场的反应,如企业知识、企业能力的创新,是一种有意识、有预见的行为,是一种在企业战略指导下的行为。企业战略是企业家高瞻远瞩、深思熟虑、理性思考的结果,作为一整套企业长期发展的目标和策略构想,它为企业设定了为之奋斗的共同愿景和基本竞争模式,对实现企业战略目标所需的知识和能力提出诉求,促使企业有意识地、有针对性地学习,在此基础上构建反映企业战略意图的企业能力平台。反过来看,这种在企业战略牵引下所形成的能力,不仅为企业战略的实施提供了必不可少的支撑,同时也是企业战略调整、战略转换、战略更新的充分必要条件。这种体现企业战略意图和竞争优势的综合能力一般被称为企业的战略竞争能力。

三、企业战略竞争能力的特点

企业战略竞争能力具有以下特点。

(1) 十分鲜明地体现和强调企业的长期战略思想和战略意图。作为一个在企业战略引导下形成的、体现企业某种比较优势的基础平台,不同的企业由于总体战略和比较优势的不同,其战略竞争能力也就具有不同的内容。有的以高效率、高品质的运营管理系统为基础,有的以强大的产品和技术开发能力为核心,有的以低成本的快速扩张和强力整合为特征,有的则以高效密集的物流系统和对产业链条的有效控制为依托。尽管有以上的种种不同,但有一点是相同的,即企业的战略竞争能力不是以现有市场的竞争格局为指向,而是以未来五年或十年以上市场竞争的战略需要为诉求,并以此为基础构筑其竞争能力的平台。它以创新为宗旨,尽管也重视目前的市场状况,但它把专注的目光更多地投向云谲波诡、茫然难测的未来市场,强调以创新性的技术创造新的产品,以超前性的思维开发新的商业模式,以此来满足未来市场的需要,确立企业在未来竞争格局中的战略地位。它首先要求企业对国内、国际局势的演变,科学技术发展的走向,消费总量和消费结构的变化,人口和社会潮流的变迁进行富有想象力的透视,形成某种有一定依据的、符合社会经济和科学技术客观发展规律的产业预见,然后以此为根据,有目的、有计划、有步骤地培育企业自身的核心竞争能力。

(2) 十分强调核心技术在确立企业战略地位中的作用,把企业是否重视新技术的研究、能否成功地开发出新技术以及能否把新技术及时地运用到企业的产品链条中去视为企业战略目标实现与否的关键环节。技术,是人类在认识自然和改造自然的反复实践中积累起来的、用以创造个人和社会财富的知识、手段、经验、方法和技巧的总称,如切削技术、电焊技术、激光技术、纳米技术等。技术有硬技术和软技术之分:硬技术一般指物质形态的技术,包括人们在劳动过程中用以改变或影响劳动对象形态的一切工具和机器设备。硬技术的进步,主要表现为机器设备、劳动工具的改善及其性能的提高。软技术,是指知识形态的技术,包括制造工艺、生产流程、操作技能、管理方法等,它是科学组织生产力诸要素的必要手段。没有先进的软技术,硬技术便不能发挥应有的作用,只有二者融为一体、相辅相成、协调发展,才能有效地推动社会经济的发展。

(3) 企业的战略竞争能力表现在三个方面:一是战略预见能力,即能够正确地预测企业环境中各因素,尤其是市场需求等关键因素的发展变化趋势,并结合企业的内部条件,高瞻远瞩,制定出既反映外部环境变化趋势又体现企业自身比较优势的发展战略;二是核心技术开发能力,即根据企业发展战略的要求,有效地集中并使用企业的科研资源,在一个尽可能短的时期内,开发出在该产业领域中处于领先地位并具有普遍推广意义的关键技术;三是市场推广能力,即将企业的核心技术运用到多种产品的生产制造过程之中,形成独特的生产工艺,开发出一系列独具特色的核心产品,并通过有效的营销组合及其运作,迅速地占领市场。由此可见,在企业的战略能力结构中,核心技术是一个极其关键的因素,它是把企业的战略由构想变为现实的桥梁,是企业克敌制胜的利器。如果把企业的战略能力结构比作一棵大树,发展战略就是树根,核心技术就是树干,用核心技术开发出的各类核心产品及最终产品则是树的枝叶。树根深,树干壮,枝叶方能繁茂。纵观当今世界上取得骄人业绩的大企业,在其发展的过程中,都逐步形成了这样的能力结构。例如日本的松下公司,几十年来一直坚持奉行高科技发展战略,在此战略牵引下,公司持续投入了大量的科技资源,培养出了一支高水平的、具有忘我工作精神的科研队伍,先后在光电子、音视频、应用软件、精密制造等前沿科技领域开发出独特的核心技术,并把这些卓越的技术与其战略预见能力相结合,准确地把握着影响未来市场需求的各种因素的走向,造就了一系列革命性的新产品,从而确立了松下公司在国际市场上的战略地位。

四、培育企业的战略竞争能力

构筑企业战略竞争能力的平台,一般需要以下几个因素的支持。

(1) 充足的知识存量和流量。这一条件通常是通过企业集纳大量的各类科技、管理人才来得以满足的,高素质的科技、管理人才及其团队是存量形态知识与流量形态知识的载体。企业应提高人力资源、人力资本的开发和管理水平,善于发现人才、培养人才、使用人才、留住人才,使知识要素在企业中迅速集中,并通过适宜的激励手段促进新知识流量(技术创新)的产生。

(2) 大量、持续的资金投入。核心技术的学习和核心产品的开发,是一项战略性的投资。它耗资巨大,而且一个科技创新项目往往要持续几年、十几年甚至几十年的时间。这就需要企业具有长期稳定的核心技术战略取向,需要一代甚至几代企业家独特的战略眼光和坚持不懈的努力,同时也需要技艺高超的资金运作和相应的财务战略的支持。

(3) 有效的"核心技术—核心产品—市场利润"转化机制。核心技术是企业克敌制胜、占领市场、攫取超额利润的手段,但核心技术本身并不天然就是超额利润。卓越的技术只有与企业的战略预见能力——即对影响未来市场需求各因素的准确把握——相结合,才能转化为一系列工艺独特、性能超群的核心产品。核心产品还需经过一系列有效的市场策划和市场营销运作,在合适的时间、合适的地点,用合适的方式推向市场,占领市场,然后才能转化为现实的超额利润。一个企业,若不能建立起有效的"核心技术—核心产品—市场利润"转化机制,那么,即使掌握了某种核心技术,也不能有效地增强企业的战略竞争能力。电子表的核心技术是瑞士人发明的,却由日本人把它转化为日本企业的核心产品和市场利润;断层扫描技术是由美国的 EMI 公司发明的,最后却由它的竞争对手美国通用电气公司运用这种技术开发出医用 CT 机,并由此获得滚滚财源。

在我国,企业战略竞争能力的培育不仅需要企业自身的努力,而且需要政府的扶持和引导,需要社会各界的理解和支持,共同为企业的技术创新创造一个适宜的外部环境。政府要制定高效的国家产业技术政策,建立产业间畅通的科技扩散交流通道,加快用高科技改造传统产业的步伐;要采取措施,优化保护知识产权的制度环境,为高新技术的开发和应用创造良好的法制条件;政府要增加投入,大力建设通信平台、电子信息网、信息高速公路以及各种类型的技术开发中心,为企业技术创新提供健全的基础设施;政府要改变过去那种由政府直接组织企业搞技术创新的做法,引入市场竞争机制,以市场推动企业技术创新,对科技创新的成果,采用政府购买、合同订购等形式,发挥政府和企业两方面的积极性,通过制度创新来推动技术创新。特别需要指出的是,政府要为企业技术创新提供必要的财政支持,对企业的技术创新项目给予一定程度的财政补贴或税收减免,提高企业技术创新的收益率,适当地分散和降低技术创新的风险。

本章内容小结

每个企业都拥有一定的资源以及使用这些资源以满足特定市场需求的能力,即每个企业都是资源和能力的结合体。这一结合体形成了企业制定、实施战略的重要基础。企业战略资源与能力分析流程包括资源评估、资源使用与控制分析、优劣势比较分析、资源均衡状况评估等几个方面。SWOT分析法是一种极为常用的分析方法。价值链理论是本章的另一个重要内容。

复习思考题

1. 企业拥有哪些资源?如何分析企业的战略资源?
2. 什么是企业的优势、劣势、机会、风险?如何运用SWOT分析法?
3. 价值链的经济内涵是什么?这一理论对战略管理有何意义?
4. 如何理解企业的战略竞争能力?如何培育这种能力?

【本章案例】

IBM公司如何面对自身的优势和劣势

IBM公司在托马斯·沃森的领导下,从20世纪50年代开始进入电子计算机行业,以其强大的销售服务队伍和每年占销售收入10%的研究开发投入,很快地超越先行者(雷明顿兰德企业),占领了工商界电子计算机市场。20世纪60年代初,IBM公司成功地开发出自我兼容但与其他厂家机器并不相容的360大型计算机,狠狠打击了竞争对手,并推动了美国和世界电子计算机市场的迅速扩大。到1969年,IBM取得了年72亿美元的营业收入和9亿美元的净收益,并以70%的占有率近乎垄断了美国的大型计算机市场。

进入20世纪70年代以后,电子计算机市场上出现了来自日本和美国国内的其他低成本计算机制造商,使IBM的大型机业务受到了日益严峻的挑战。与此同时,靠立足于科研用计算机的市场定位而避开了IBM公司威胁的数据设备公司在1965年率先向市场投入了小型计算机,而"后起之秀"苹果计算机公司则在1977年研制出内存少、没有数据库、速度慢、计算能力差但价格十分低廉的苹果个人计算机,此种产品后来引起了计算机行业的重大革命。与对小型机的迟缓反应(IBM直到1986年才研制出AS/400小型机参与市场竞争)不同,在IBM公司任职已7年、即将退休的董事长福兰克·卡里在1980年9月召开的公司经营委员会上力排众议,做出了一项果断而重大的决策,促成一支由50位富有创新精神的科研人员组成的个人电脑项目小组在不足1年时间内开发出内存和性能远胜于苹果机的IBM-PC电脑,并很快地变成全世界个人电脑行业标准的制定者。

到1984年,IBM个人电脑的营业收入达到40亿美元;这个数字足以使IBM个人电脑分部成为美国第74大工业公司和第三大计算机生产商。从市场占有率来看,IBM个人电脑在1985年占据了工商界市场80%的份额。可是,好景不长。IBM在瞬间发展壮大的个人电脑业务,因为系统配套件的来源主要依靠外购(如微软公司为其提供DOS操作系统,英特尔公司提供中央处理器芯片),不知不觉中为竞争厂家通过仿效追赶提供了机会,也为微软公司、英特尔公司这些配套产品厂家的发展留下了广大的空间。这是IBM个人电脑业务逐渐丧失竞争优势的一大原因。另一个原因是该个人电脑业务从1985年开始改由忠于IBM传统的、来自大型机产品分部的经理人员负责,慢慢地,IBM的形象也就由营销者、创新者变成了组织者。公司集中统一管理的市场营销力量和高达17个层次的金字塔型结构及繁杂琐碎的新产品开发审批窒息了冒险和创业精神,而后起于IBM的对手们则以其一波紧接一波的创新浪潮,推动着计算机市场的发展、变化。

1986年,康柏公司首先采用英特尔公司发明的奔腾386机芯开发出便携式计算机,向IBM发出了一个有力的挑战。接着,戴尔计算机公司以其独特的邮递销售方式使个人电脑售价大幅削减,之后康柏和盖特尔2000公司又加入了新一轮竞争战。面对日益严峻的市场形势,IBM的个人电脑业务在1992年发生了10亿美元的亏损,在1992年9月机构改组而成为独立公司后,情况虽有好转,但也只获得微利。

IBM公司在20世纪80年代的二度兴起,到1984年时实际上已达到了顶点。那一年,IBM以高达12%的销售增长率创得65.8亿美元利润,这是所有公司历史上最高的盈利记录,也代表着IBM发展的高峰。在1985年略有下降赚得65.6亿美元的盈利后,IBM走向了似乎无可阻挡的衰落。

尽管如此,在为世界各大公司提供计算机及各种信息技术产品业务方面,IBM公司仍然具有巨大的优势。它在2015年取得了540亿美元的营业收入,2016年营业额继续增长了8%,达到583亿美元。蓝色巨人仍然威力无穷。

案例思考题

1. IBM公司拥有哪些优势和劣势,机会和风险?
2. IBM公司采用了什么战略?分析其利弊得失。

第四章 企业使命与战略目标

企业战略目标的制定是从确定企业使命和愿景开始的。企业应从其建立开始就要明确自己在社会生活中所扮演的角色和承担的社会责任。企业使命比较抽象,战略目标则比较具体,它是企业使命和愿景的具体化。战略目标是企业在一定的时期内为实现其使命所要达到的长期结果。本章主要介绍企业使命和愿景、企业社会责任,并明确企业战略目标体系的构成及其制定。

第一节 企业使命和愿景

一、企业使命和愿景的内涵

与其他社会组织一样,每一个企业都应当明确确定自己的战略使命和愿景。企业使命和愿景是对企业存在的社会价值的思考,是规范和指导企业所有生产经营管理活动的最重要的依据,也是企业战略的制定前提与行动基础。

(一)企业使命和愿景的含义

1. 企业使命的含义

企业是社会的细胞,它在整个社会系统中担负着何种使命、起何种作用,这是其在经营战略规划中首先必须确定的问题。企业在创建时,应思考并回答这样一些问题:企业应该向用户提供什么样的产品或服务?企业提供的产品或服务主要满足哪些用户的哪些方面的需要?企业应该使用怎样的生产技术和管理方式来满足用户对产品或服务质量的要求?企业产品或服务应当以怎样的价格提供给用户并使自己从中获利?如何处理企业与员工、企业与股东、企业与客户等利益相关者之间的关系?等等。这些问题概括起来就是:"我们要成为什么?"和"我们的事业是什么?"对这两个事关企业全局和未来发展方向的基本问题的回答就是企业使命。所谓企业使命(mission)就是企业的根本性质和存在的理由,能够说明企业的经营领域、经营思想,为企业目标的确立和战略的制定提供依据。

一般而言,企业使命是高度概括和抽象的,它不是企业经营活动具体结果的表述,而是企业开展经营活动的方向、原则和理念。

2. 企业愿景的含义

企业愿景(vision)是企业的理想和蓝图,体现了企业对其前景进行的前瞻性设想,是企业战略的重要组成部分。它是企业对其前景和发展方向的一个高度概括的描述,由企业核心理念和对未来的展望两部分组成。企业核心理念由核心价值观和核心目的构成。核心价值观是企业最根本的价值观和原则;核心目的是企业存在的根本原因。未来展望由未来 10~30 年的远大目标和对目标的描述构成。

共同愿景(shared vision)是指组织成员共同分享的愿景目标。共同愿景的概念源自彼得·圣吉的学习型组织理论。共同愿景不同于一般的短期目标,它往往更为笼统,描绘了一幅更远大的前景。因此,共同愿景的建立实际上是一个整合过程,是一个发掘共有"未来景象"的过程。一般认为,当企业使命不但清楚地表述了现在的业务,而且阐明了企业前进的方向和其未来的业务范围时,企业业务使命和企业愿景就合为一体了。

3. 企业使命和愿景的作用

一个企业如果没有长期而明确的目标和任务,就很容易迷失方向;企业管理层如果不清楚自己的使命和愿景,就无法建立高效的组织机构,无法有效地配置企业资源,最终导致企业在激烈的市场竞争中失败。概括地讲,企业使命和企业愿景之间存在密切的互动关系,很难区分孰轻孰重,它们共同体现了企业全体员工的行为共识,是引导和激发全体员工持之以恒、为企业不断实现新的发展和超越而努力奋斗的动力之源。

(1) 提出企业的价值标准,确保企业行动目标的一致性。企业使命中关于企业存在的根本目的的陈述,为全体员工树立了一个共同为之奋斗的价值标准。个人的行为和目标、部门的行为和目标乃至整个企业的行为和目标是否符合企业发展的方向,其最终的价值标准就是企业的价值标准。因此,通过企业使命的确定能保证企业成员在重大问题的决策方面思想统一、行动一致,增强企业的凝聚力。

(2) 指明企业的发展方向,明确经营的核心业务。企业使命回答了"我们的业务是什么?""我们的业务应该是什么?""我们要成为什么?"这样一些基本问题。这就是说,一个好的企业使命应当指明企业未来发展方向,明确企业经营的核心业务。因为任何企业所拥有的资金、场地、设备、人才等资源总是有限的,因此,明确企业使命就为有效地分配和使用有限的资源提供了一个基本的行为框架,从而为确定战略目标、选择战略、制定政策提供了方向性指导。

(3) 有助于协调不同利益相关者(stakeholder)的关系。一个企业的存在会与社会中各种人群发生利害关系,这些与企业有关的利益群体在企业发展方向和核心业务问题上存在着由于利益出发点不同所造成的意见分歧和矛盾冲突。所以,企业使命和愿景需要以一种高度抽象形式来尽可能地概括不同利益相关者的要求和其关心的问题。

利益相关者泛指企业中拥有一种或多种权益的个人或团体。从管理学意义上讲，它是组织外部环境中受组织决策和行动影响的任何相关者。利益相关者能够影响组织，他们的意见一定要作为决策时考虑的因素。但是，所有利益相关者不可能对所有问题保持一致意见，其中一些群体要比另一些群体的影响力更大，因此，如何平衡各方利益成为战略制定者需要考虑的关键问题。对企业而言，其利益相关者一般可以分为三类（表4-1）：①资本市场利益相关者：股东和公司资本的主要供应者；②产品市场利益相关者：公司的客户、供应商、政府、竞争者、当地社区和工会等；③组织中的利益相关者：公司的全体员工，包括管理人员和一般员工。

表4-1 利益相关者分类与要求

利益相关者	类型	为企业提供	要求
股东、债权人	资本市场利益相关者	资本	股利、利息
顾客 供应商 竞争者 政府 社区和工会	产品市场利益相关者	利润 原材料、设备等 行业规范、同盟等 服务、法律保护等 支持与对话	产品与服务 采购与付款 遵守行业标准 纳税、守法等 承担社会性成本等
管理者 一般员工	组织利益相关者	管理 知识	薪酬、权力与地位 薪酬等

《中华人民共和国公司法》第五条明确规定："公司从事经营活动，必须遵守法律、行政法规，遵守社会公德、商业道德，诚实守信，接受政府和社会公众的监督，承担社会责任。"2002年中国证监会发布的《上市公司治理准则》（以下简称《准则》）在借鉴国外公司治理经验的基础上，首次明确提出了利益相关者的概念，并要求上市公司必须重视公司的社会责任。《准则》第八十一条规定："上市公司应尊重银行及其他债权人、职工、消费者、供应商、社区等利益相关者的合法权利。"《准则》还对上市公司与利益相关者的合作义务、上市公司对利益相关者权益的维护义务、上市公司对债权人的责任、职工在公司中利益的维护等做了原则性的规定。

总之，无论是上市公司还是非上市公司，一个良好的、明确的企业使命和愿景能够起到协调企业与利益相关者利益关系的作用，使尽可能多的利益相关者理解、支持和参与企业的发展。

（二）企业使命的内容

企业使命的确定是企业战略管理的第一步，无论是对于一个初创企业，还是一个已经有相当长的历史、有多种业务的企业来说，在制定战略之前，都必须先确定企业使命。归纳起来，企业使命包括以下几方面内容。

1. 企业的业务范围

企业的业务范围所要回答的是企业将从事何种事业、用户是谁以及如何为用户服务等问题。任何一个企业都必须确定它将从事何种产品或服务的生产经营,以具体体现出一个企业区别于其他企业的特征,并具有更强的针对性。而企业注册登记和营业执照上经营范围的规定往往较为宽泛。需要指出的是,决定企业经营范围的应该是顾客,因此在确定企业业务范围时,应说明要满足的顾客需求是什么,而不是说明企业生产什么产品。

2. 企业的生存、发展和盈利

企业不仅要在一个竞争的环境中求得持久的生存,还要谋求盈利和自身的发展,这三者相互依存,有时甚至相互矛盾。例如,过分追求短期盈利也许会危及今后的生存和发展,雄心勃勃的发展宏图所带来的风险或许会影响当前的盈利乃至威胁企业的生存,因此,如何处理这三者的关系就构成企业使命的一个重要内容。

3. 企业经营哲学

经营哲学是企业为其经营活动方式所确立的基本信念、价值观和行为准则。它主要通过企业对利益相关者的态度、企业提倡的共同价值观、企业的政策和目标以及管理风格等方面体现出来。世界上一些取得很大成功的公司,在其成功的经验中往往包含着某个企业家突出的特有的某种信念,并坚定不渝地予以贯彻。例如,IBM 公司前董事长沃森(T. J. Watson)把 IBM 公司的经营哲学归结为:与世界上所有的其他公司相比,希望能向顾客提供最好的服务,尊重个人并坚信所有的员工都能以其卓越的方式去完成任务。

4. 企业形象

企业通过其生产经营活动在社会上形成一定的形象。企业的社会形象往往与其向社会提供的产品和服务以及经济效益等直接相联系,是社会公众和企业员工对企业整体的看法和评价。良好的企业形象意味着企业在社会公众心目中的信誉,是吸引现在和潜在顾客的重要因素,也是企业内部凝聚力的重要因素。因此,企业试图建立一个怎样的社会形象,是企业使命的一项重要内容。

二、企业使命的构成要素

不同企业的使命和愿景在内容、表述形式等方面各有不同。一般包括以下构成要素:顾客、产品或服务、市场、技术、生存发展和赢利能力、经营哲学、自我认知、对员工的关心、社会责任感等。

(一) 顾客

企业的顾客是谁?这是企业使命陈述中需要优先考虑的问题。只有明确界定企业的目标顾客群,识别他们的真正需求及其变化趋势,才有可能进一步开发出满足他们需要的产品或服务。

(二) 产品或服务

即企业能为顾客提供什么产品或服务?企业应为顾客提供哪些产品或服务?也就是阐述企业经营的主要产品或服务领域,以及企业为顾客提供的产品或服务的功能和用途。

对企业产品或服务的正确描述是引导顾客识别企业的重要因素。

(三) 市场

即从地域角度考虑,企业将在哪些区域、哪些方面参与竞争?即明确界定竞争的空间,在哪些区域为消费群体供应产品或服务,在哪些区域或行业与竞争对手展开竞争。

(四) 技术

即企业在技术方面紧跟时代步伐吗?企业采用的基本技术是什么?技术竞争力表现在哪里?这就要求企业界定为目标顾客群提供特殊功能与用途的产品或服务而正在或可能使用的技术。

(五) 生存发展和赢利能力

即企业能够实现业务增长并获得合理的财务收益吗?企业采用哪些经济指标来衡量业绩?因为企业的生存、发展、盈利等方面的经济目标决定着企业的战略方向。

(六) 经营哲学

即企业在生产经营活动中的基本信念、价值观、行为准则、伦理道德倾向是什么?正确的经营理念是企业成功的最重要的保证。

(七) 自我认知

这主要反映企业对于自身竞争优势或独特资源与能力要素的认知。企业客观评价自身的优劣要素,明确自身在行业中的位置,是制定企业战略的重要依据。

(八) 对员工的关心

即员工是企业有价值的资源吗?企业对员工的认识和态度怎样?这项内容中包含员工招聘、选拔、考评、薪酬、福利和晋升等人力资源政策。

(九) 社会责任感

即企业对社会、社区和环境等事项承担责任吗?企业希望树立怎样的公众形象?战略决策者应该认真考虑公众对于企业的期望,对社区、社会和环境等承担相应的责任,以树立良好的企业声望,这是企业使命和愿景的一项重要内容。

上述9个基本要素是绝大多数企业共同关注与重视的,企业使命和愿景表述的范围一般都在上述要素所涉及的内容里。因此,可把上述要素作为确定或评价企业使命表述的参考指标。

总之,企业在制定战略使命和愿景时,应遵循这样几个原则:①它应有助于包容多种可行的战略方案;②它要有助于协调不同利益相关者之间的矛盾;③它要有利于树立企业良好的社会形象;④它应包含战略使命陈述的基本要素,并能够作为企业所有计划工作的方向性指导。表4-2是几家国际著名公司的战略使命的表述。

表 4-2　几家著名公司的企业使命

公司名称	企业使命
阿里巴巴	让天下没有难做的生意
华为	构建万物互联的智能世界
茅台	弘扬茅台文化,创领生活梦想
迪士尼	使人们过得快活
谷歌	整合全球信息,使人人皆可访问并从中受益
微软	予力全球每一人、每一组织,成就不凡
耐克	为世界上每一位运动员带来激励和创意

20 世纪 90 年代以来,对企业使命陈述的研究越来越受到学术界的重视。学者们分别从企业的战略规划、运营管理、价值观、信息传递以及提高企业绩效方面阐述了使命陈述的价值,并建议每个组织都应当有一个规范完整的使命陈述。

三、企业愿景的创建

企业愿景反映了管理者在企业组织及其业务发展方面的追求,从总体上思考"我们将向哪里去"这一问题,并据此做出详细的未来业务发展规划。它引领着企业向特定的方向发展,并勾勒出企业发展的战略轨迹。企业的高层管理者需要创建愿景。有效的愿景促使企业超越自身,不再把目光拘泥于目前的状况,而是展望未来的成就。同时,制定愿景也就是为组织和个人建立期望。这些期望必须远大、清晰、简洁。具体而言,创建企业愿景需要注意以下几点。

第一,企业愿景必须相对清晰。企业愿景一定要反映出企业未来的发展行业、区域或客户。企业愿景是企业未来发展的方向灯,如果对未来发展的行业、区域、客户方面反映不太清晰,企业在经营管理中就很容易迷失方向。企业愿景所指示的企业未来发展领域一定是要有前景的,如果未来发展领域前景不好,企业未来的发展前景也不会好,对企业的长远发展会更加不利。

第二,企业愿景必须远大且切实可行。企业愿景是一个充满理想、可以给人带来憧憬和向往的远大目标,具有前瞻性、开创性和挑战性,一般需要通过企业 10~30 年甚至更长时间的努力才能达到。这样企业可以用它来鼓舞人心、激励企业员工。企业愿景如果在短期容易实现那是无法起到鼓励作用的,只会被人视而不见。另外,愿景也必须让员工真切体会到愿景实现后企业将呈现怎样的面貌。管理所面临的挑战是让明天切实可见,然后才能逐步制定具体的战略与手段,使其切实可行。

第三,企业愿景必须容易理解和传播。企业愿景用短小精悍的语句表述比较好,太长或太复杂的愿景阐述容易被员工忽视。企业愿景要容易传播,而且不容易产生歧义。企业愿景只有能被比较好地理解而且真实传播时,才能发挥向心力的作用。

第四,企业愿景的制定要有更多的人参与。愿景不只专属于企业负责人,企业内部每位成员都应参与构思制定愿景与沟通共识。通过制定愿景的过程,大家能相互进行充分沟通,达成对企业未来发展方向的共识。愿景只有成为组织中每个成员的真心向往时,其实施的效能才会高。双向沟通本身就是愿景的共享过程,只有在组织的各个层面进行反复酝酿、不断提炼,通过切实有效的双向沟通才能建立真正的愿景。

第五,企业愿景一旦制定,就要进行广泛宣传。要传播企业愿景,推销愿景,将企业愿景传达到企业每个角落,让企业每一位员工深刻领会企业愿景,让每一位员工都觉得自己是企业愿景的一个关键部分,并真心地为实现愿景做奉献,最终形成企业愿景的良好的凝聚作用。

企业愿景的创建一般有以下程序。

(1) 建立愿景规划小组。在企业中选取若干个来自各个部门的员工代表,形成愿景开发小组。愿景开发小组将着手进行领悟力训练,通过这个训练,小组成员能够分享并更好地理解他人心目中企业将来的形象和状态。

(2) 形成愿景的核心要素。要求开发小组内每一个成员说出各自心目中企业的未来情形是什么样的,并把各自的观点看法压缩为简短的句子或者不严格的词组。然后要求小组的每个成员讨论他们各自的"愿景",包括:每个成员对自身以及对企业的抱负是什么?他们的期望是什么?企业的具体目标、价值观和观念是什么?

(3) 讨论愿景核心要素。通过以上两个步骤,开发小组已形成了愿景的一些可能要素清单,这时,小组成员可通过头脑风暴法来判断哪些因素对愿景来说是关键的。

(4) 形成若干备选愿景。经过愿景开发小组的多次讨论与修订,从中挑选出三至四个备选愿景。

(5) 对愿景进行测试。选定多个部门来测试备选愿景。该部门员工对这个愿景的反应积极吗?如果存在抵制情绪,那么这种抵制情绪产生的原因是什么?经过多次反复测试,最终由企业高层管理者确定企业愿景。

第二节 企业社会责任

一、企业社会责任的含义

企业社会责任(corporate social responsibility,简称 CSR)的概念最早在 20 世纪 50 年代提出。近些年来,这一思想广为流行,《财富》《福布斯》等全球影响较大的商业杂志在企业排名评比时都加上了社会责任标准,可见企业社会责任在企业战略中的重要意义。

企业社会责任是指企业在创造利润、对股东承担责任的同时，还要承担对员工、消费者、社区和环境等方面的责任。企业的社会责任要求企业必须超越把利润作为唯一目标的传统理念，强调在经营管理过程中对人的价值的关注，强调对消费者、对环境、对社会的贡献。从企业社会责任的对象来看，企业社会责任除了传统的对企业股东负责外，还要对企业的其他利益相关者负责任。

企业要能够可持续经营，仅仅对股东负责是远远不够的，还必须考虑环境和社会因素，并承担起相应的环境责任和社会责任，同时考虑各种利益相关者的利益。企业履行社会责任有助于保护资源和环境，实现可持续发展。企业作为社会公民对资源和环境的可持续发展负有不可推卸的责任，而企业履行社会责任，通过技术革新可首先减少生产活动各个环节对环境可能造成的污染，同时也可以减少能耗，节约资源，降低企业生产成本，从而使企业产品更具竞争力。企业可通过公益事业与社区共同建设环保设施，以净化环境，保护社区及其他公民的利益。企业也可通过公益行为帮助落后地区发展教育、社会保障和医疗卫生事业，既解决当地政府因资金困难而无力投资的问题，又通过公益事业提升企业的形象和消费者的认可程度，提高企业市场竞争力和影响力。

二、企业社会责任的内容

在研究企业社会责任的众多学者中，以阿奇·B.卡罗尔（Archie B. Carroll）最为著名。卡罗尔认为企业社会责任是某一特定时期社会对组织所寄托的有关经济、法律、伦理和自由决定的期望，因此，完整的企业社会责任是企业的经济责任、法律责任、伦理责任和慈善责任之和。在卡罗尔看来，企业负有的上述四种责任尽管含义有别，但它们都是社会希望企业履行的义务，因此皆为企业社会责任的组成部分。

根据卡罗尔的"金字塔模型"理论，企业社会责任从下往上包括四个层次的内容，即经济责任、法律责任、伦理责任和慈善责任。[1]

（一）经济责任

企业是为社会成员提供产品与服务的基本经济单元，满足消费者需求并盈利是企业发展的主要动力。因此，企业的经济责任包括使股东盈利、经济效益、竞争能力、经营效率、效益持续性等方面最大化。企业经济责任是企业其他责任的基础。

（二）法律责任

社会认同企业的盈利宗旨，同时期待企业遵守政府的法律法规，在经济框架内追求经济目标。因此，企业的法律责任包括满足政府与法律期待、遵守法律法规、成为守法企业公民、履行法律义务、产品和服务符合最低法定要求等。企业法律责任反映法典伦理，体现公平运营观念，与经济责任并存，构成企业制度的基本规则。

---

[1] 阿奇·B.卡罗尔，安·K.巴克霍尔茨.企业与社会：伦理与利益相关者管理[M].机械工业出版社，2004:23-27.

(三) 伦理责任

伦理责任包括那些为社会成员所期望或者禁止的、尚未形成法律条文的活动和做法。反映了消费者、雇员、股东、社区等对于公平、公正和道德权利的关注。伦理价值与道德规范随时间而演化，反映有关公正、人权和功利等道德哲学原理，是法律法规的先导及驱动力。伦理责任一般体现为比现有法律法规要求更高的绩效标准，多具有法律上的争议性。

(四) 慈善责任

慈善责任是社会期待一个良好企业公民应采取的行动，包括企业为促进人类福祉或善意而在财务资源或人力资源等方面对艺术、教育和社区的贡献。慈善责任是企业自主决定的，具有自愿性。

三、企业社会责任与企业战略

随着经济的发展和社会的变迁，企业社会责任的战略意义日益突出。越来越多的企业已经意识到，要实现持续发展，应当将对社会、环境以及利益相关者的责任融入企业当中。一定程度上，可以说企业社会责任已经成为企业未来战略竞争的工具和方法。这也要求现代企业必须从战略的高度对待企业社会责任，制定战略时不仅要考虑股东的利益，还应注重利益相关者的利益，把社会责任纳入企业的战略规划。

企业在考虑社会责任问题时，通常有两个误解：其一，把企业和社会对立起来，只考虑两者之间的矛盾，而无视两者之间的相互依存性。其二，只泛泛地考虑社会责任，而不从切合企业战略的角度来思考该问题。迈克尔·波特认为，这两个错误导致企业内部的各项社会责任行为好似一盘散沙，既不能带来任何积极的社会影响，也不能提高企业的长期竞争力，造成了企业资源和能力的极大浪费。

企业社会责任可分为两类：一类是反应型的社会责任；一类是战略型的社会责任。目前许多企业从事的社会责任都是反应型的。它们致力于做一个良好的企业公民，参与解决普通社会问题，如进行公益性捐助；或者努力减轻企业价值链活动对社会造成的损害，如妥善处理废物排放、减少自然污染等。在波特看来，履行反应型社会责任虽然能给企业带来竞争优势，但这种优势通常很难持久。战略型社会责任就是寻找能为企业和社会创造共享价值的机会。这样的战略型社会责任包括价值链上的创新，如丰田推出油电混合动力车普锐斯；或者针对竞争环境的投资，如微软和美国社区学院协会的合作；或者在企业的核心价值主张中考虑社会利益，如全素食品，强调其天然、有机和健康等。只有通过战略性地承担社会责任，企业才能对社会施以最大的积极影响，同时收获最丰厚的商业利益。企业履行社会责任中最重要的任务，就是要在运营活动和竞争环境的社会因素这两者之间找到共享价值，从而不仅促进经济和社会发展，也改变企业和社会对彼此的偏见。

对于现代企业来说，社会责任不仅是一种自律性的"软"约束，更是一种他律性的"硬"约束；社会责任不仅是企业家的社会责任，更是企业必须履行的基本义务；企业履行社会责任绝不是增加负担,相反它是企业基业长青的前提。[①] 因此,把 CSR 融入核心业务流程和企业管理体系,是一项涉及企业远景与使命、发展战略和经营模式的系统工程。

第三节 企业战略目标及其制定

一、企业战略目标的含义和特征

企业使命和愿景从总体上描述了企业存在的理由与发展蓝图,而企业战略目标则是企业使命和愿景的具体化与明确化。所谓企业战略目标是指对企业战略经营活动预期取得的主要成果的期望值。战略目标的设定,是对企业宗旨中确认的企业经营目的、社会使命的进一步阐明和界定,也是对企业在既定的战略经营领域展开战略经营活动所要达到的水平的具体规定。与企业使命不同的是,战略目标要有具体的数量特征和时间界限,一般为 3~5 年或更长。

企业战略目标一般具有以下特征。

1. 宏观性

战略目标是一种宏观目标。它是对企业全局的一种总体设想,它的着眼点是企业整体而不是局部。它是从宏观角度对企业未来的一种较为理想的设定。它所提出的,是企业整体发展的总任务和总要求。它所规定的,是企业整体发展的根本方向。因此,企业战略目标总是高度概括性的。

2. 可分性

战略目标作为一种总目标、总任务和总要求,是可以分解成某些具体目标、具体任务和具体要求的。这种分解既可以在空间上把总目标分解成一个个方面的具体目标和具体任务,又可以在时间上把长期目标分解成一个个阶段的具体目标和具体任务。只有把战略目标进行分解,才能使其具有可操作性。

3. 可接受性

企业战略的实施和评价主要是通过企业内部人员和外部公众来完成的,因此,战略目标首先必须能被他们理解并符合他们的利益。但是,由于企业内部不同利益群体有着不同的甚至是相互冲突的目标,因此企业在制定战略时一定要注意协调相关主体之间的利益关系。另外,企业的战略表述必须避免歧义且有现实意义,不至于产生误解,这样才易于被企业成员所理解和接受。

---

① 李翕然. 企业社会责任问题辨析[J]. 技术经济与管理研究,2012(9):53-56.

4. 可衡量性

为了对企业管理活动的结果给予准确衡量,战略目标应该是具体的、可以检验的。目标必须明确,必须具体地说明将在何时达到何种结果。目标的定量化是使目标有检验性的最有效的方法。事实上,还有许多目标难以数量化。时间跨度越长、战略层次越高的目标越具有模糊性,此时,应当用定性化的术语来表述其达到的程度,一方面明确战略目标实现的时间,另一方面须详细说明工作的特点。对于完成战略目标的各阶段都应有明确的时间要求和定性或定量的规定,这样战略目标才会变得具体而有实际意义。

5. 可挑战性与可行性

目标本身是一种激励力量,特别是当企业目标充分体现了企业成员的共同利益,使战略大目标和个人小目标很好地结合在一起时,就会极大地激发组织成员的工作热情和献身精神。因此,有效的战略目标必须具有挑战性,能激发全体职工的积极性和发挥其潜力,即目标要具有感召力和鼓舞作用。但是,战略目标又应是经过努力可以达到的。在制定企业战略目标时,必须要在全面分析企业的内部优劣和外部环境利弊的基础上判断企业经过努力后所能达到的程度,既不能脱离实际将目标定得过高,也不可妄自菲薄把目标定得过低。

二、企业战略目标体系

(一) 企业战略目标体系的构成

企业战略目标是由若干目标项目组成的一个战略目标体系。从纵向上看,企业的战略目标体系可以分解成一个树形图,如图 4-1 所示。

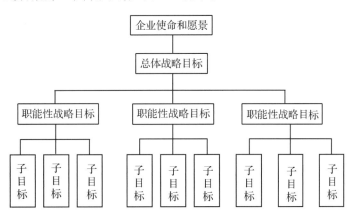

图 4-1 企业战略目标的树形图

从图 4-1 中可以看出,在企业使命和愿景的基础上制定企业的总战略,为了保证总目标的实现,必须将其层层分解,规定保证性职能战略目标;也就是说,总体战略目标是企业主体目标,职能性战略目标是保证性的目标。

从横向上来说,企业的战略目标可以分成两类,第一类是用来满足企业生存和发展所需要的项目目标,这些项目目标又可以分解成业绩目标和能力目标两类。业绩目标主要包括收益性、成长性和安全性三类定量指标。能力目标主要包括企业综合能力、研究开发能力、生产制造能力、市场营销能力、人事组织能力和财务管理能力等定性和定量指标。第二类是用来满足与企业有利益关系的各个社会群体所要求的目标。

（二）企业战略目标的内容

战略目标是企业使命和功能的具体化，一方面，有关企业生存的各个部门都要有自己的目标；另一方面，目标还取决于企业的不同战略。因此，企业的战略目标是多元化的，既包括经济目标，又包括非经济目标；既包括定性目标，又包括定量目标。尽管如此，企业需要制定的战略目标领域却是相同的，所有企业的生存都取决于同样的一些因素。德鲁克在《管理的实践》一书中提出了8个关键领域的目标[①]：

(1) 市场地位目标：应表明本公司希望达到的市场占有率或在竞争中达到的地位。

(2) 创新目标：对改进和发展新产品提供新型服务内容的认知及措施。

(3) 生产力目标：有效地进行原材料利用，最大限度地提高产品的数量和质量。

(4) 实物和财力资源目标：获得物质和金融资源的渠道及其有效的利用。

(5) 获利能力目标：用一个或几个经济目标表明希望达到的利润率。

(6) 管理者绩效目标：人力资源的获得、培训、发展及个人才能的发挥。

(7) 员工绩效目标：对职工激励及增加报酬等措施。

(8) 社会责任目标：注意公司对社会产生的影响。

具体而言，企业战略目标核心结构包括四个方面的内容：市场目标、创新目标、盈利目标和社会目标。

1. 市场目标

一个企业在制定战略目标时最重要的是明确企业在市场上的相对地位，它常常反映了企业的竞争地位。企业所预期达到的市场地位应该是最优的市场份额，这就要求对顾客、目标市场、产品或服务、销售渠道等做仔细的分析。

(1) 产品目标。包括产品组合、产品线、产品销量和销售额等。

(2) 渠道目标。包括纵向渠道目标，即渠道的层次，以及横向渠道目标，即同一渠道成员的数量和质量目标。

(3) 沟通目标。包括广告、营业推广等活动的预算和预算效果。

2. 创新目标

在环境变化加剧、市场竞争激烈的社会里，创新概念受到重视是必然的。创新作为企业的战略目标之一，是使企业获得生存与发展的生机和活力。在每一个企业中，基本上存在着三种创新：技术创新、制度创新和管理创新。为树立创新目标，战略制定者一方面必须预计达到市场目标所需的各项创新，另一方面必须对技术进步在企业各个领域引起的

---

① 彼得·德鲁克. 管理的实践[M]. 机械工业出版社，2006：53.

变化做出评价。

（1）制度创新目标。随着生产的不断发展，新的企业组织形式将会出现。制度创新目标即通过对企业资源配置方式的改变与创新，从而使企业适应不断变化的环境和市场。

（2）技术创新目标。这一目标将导致新的生产方式的引入，既包括原材料、能源、设备、产品等的创新目标，也包括工艺程序的设计、操作方法的改进等目标。制定技术创新目标将推动企业乃至整个经济广泛而深刻的变化。

（3）管理创新目标。管理创新涉及经营思路、组织结构、管理风格和手段、管理模式等多方面的内容。管理创新的主要目标是试图设计一套规则和程序以降低交易费用，这一目标的建立是企业不断发展的动力。

3. 盈利目标

这是企业的一个基本目标。作为企业生存和发展必要条件与限制因素的利润，既是对企业经营成果的检验，又是企业的风险报酬，也是企业乃至整个社会发展的资金来源。盈利目标的达成取决于企业的资源配置效率及利用效率，包括人力资源、生产资源、资本资源的投入—产出目标。

（1）生产率目标。在通常情况下，企业通过改进投入与产出的关系就可以获利。一方面，通过提高每个投入单位的产量而获利；另一方面，在单位产量不变的情况下，成本的降低同时也意味着利润的增加。

（2）人力资源目标。人力资源素质的提高能使企业的生产率得以提高，同时还能减少由于人员流动造成的成本开支。因此，企业的战略目标中应包括人力资源素质的提高、建立良好的人际关系等目标。

（3）资本资源目标。达成企业盈利目标同样还需要在资金的来源及运用方面制定各种目标。一方面，确定合理的资本结构并尽量减少资本成本；另一方面，通过资金、资产的运作来获得利润。

4. 社会目标

现代企业越来越多地认识到自己对用户及社会的责任。一方面，企业必须对自己造成的社会影响负责；另一方面，企业还必须承担解决社会问题的部分责任。企业的社会目标反映企业对社会的贡献程度，如保护环境、节约能源、参与社会活动、支持社会福利事业和地区建设活动等。

（1）公共关系目标。这一目标的着眼点在于企业形象、企业文化的建设，通常以公众满意度和社会知名度为目标。

（2）社会责任目标。常常是指企业在处理和解决社会问题时应该或可能做什么，如在对待环境保护、社区问题、公益事业时所扮演的角色和所发挥的作用。

（3）政府关系目标。企业作为纳税人支持着政府机构的运作；同时，政府对企业的制约和指导作用也是显而易见的。这一目标的达成往往会给企业带来无形的竞争优势。

在实际中,由于企业性质不同、发展阶段不同,战略目标体系中的重点目标也大相径庭,企业并不一定在以上所有领域都设定目标,并且战略目标包括但并不局限于以上几个方面。

三、企业战略目标的制定

企业战略目标一旦提出,就成为指挥本企业一切工作的依据。因此,制定好企业战略目标,对企业来说是极其重要的。

一般来说,企业制定战略目标需要经过调查研究、拟定目标、评价论证和目标决断四个具体步骤。

(一) 调查研究

在制定企业战略目标之前,必须进行调查研究工作。

调查研究一定要全面进行,但又要突出重点。为确定战略而进行的调查研究是不同于其他类型的调查研究的,它的侧重点是企业与外部环境的关系和对未来的研究与预测。关于企业自身的历史与现状的陈述自然是有用的,但是,对战略目标决策来说,最关键的还是那些对企业未来具有决定意义的外部环境信息。

(二) 拟定目标

拟定战略目标一般需要经历两个环节:拟定目标方向和拟定目标水平。首先,在既定的战略经营领域,依据对外部环境、需要和资源的综合考虑,确定目标方向,通过对现有能力与手段等诸种条件的全面衡量,对沿着战略方向展开的活动所要达到的水平做出初步的规定,这便形成了可供决策选择的目标方案。

在确定过程中,必须注意目标结构的合理性,并要列出各个目标的综合排列次序。另外,在满足实际需要的前提下,要尽可能减少目标个数。一般采用的方法是:①把类似的目标合并成一个目标;②把从属目标归于总目标;③通过度量求和、求平均或综合的办法,形成一个单一的综合目标。

在拟定目标的过程中,企业领导要注意充分发挥参谋智囊人员的作用,要根据实际需要与可能,尽可能多地提出一些目标方案,以便于对比选优。

(三) 评价论证

战略目标拟定出来之后,就要组织多方面的专家和有关人员对提出的目标方案进行评价和论证。

(1) 论证和评价要围绕目标防线是否正确进行。要着重研究:拟定的战略目标是否符合企业精神,是否符合企业的整体利益与发展需要,是否符合外部环境及未来发展的需要。

(2) 论证和评价战略目标的可行性。论证与评价的方法,主要是按照目标的要求,分析企业的实际能力,找出目标与现状的差距,然后分析用以消除这个差距的措施,而且要进行恰当的运算,尽可能用数据说明。如果所采用的措施对消除这个差距有足够的保证,那就说明这个目标是可行的。如果外部环境及未来的变化对企业发展比较有利,企业自身能够找到更多的发展途径和措施,那么就要考虑提高战略目标的水平。

(3) 对所拟定的目标完善化程度进行评价。要着重考察:①目标是否明确。所谓目标明确,是指目标应当是单义的,只能有一种理解,而不能是多义的;多项目标还必须分出主次轻重;实现目标的责任必须能够落实;实现目标的约束条件也要尽可能明确。②目标内容是否协调一致。如果内容不协调一致,完成其中一部分指标势必会牺牲另一部分指标,那么,目标内容便无法完全实现。③目标内容有无改善的余地。

如果在评价论证时有多个目标方案,那么这种评价论证就要在比较中恰当进行。通过对比、权衡利弊,找出各个目标方案的优劣所在。

拟定目标的评价论证过程,也是目标方案的完善过程。要通过评价论证,找出目标方案的不足,并想方设法使之完善。如果通过评价论证发现拟定的目标完全不正确或根本无法实现,那就要回过头重新拟定目标,然后再重新评价论证。

(四) 目标决断

在决断选定目标时,要注意从以下三个方面权衡各个目标方案:①目标方向的正确程度;②可望实现的程度;③期望效益的大小。对这三个方面宜做综合考虑。所选定的目标,这三个方面的期望值都应该尽可能大。当然,目标决断,还必须掌握好决断时机。因为战略决策不同于战术决策。战术目标决策常常时间比较紧迫,回旋余地很小,而战略目标决策的时间压力相对不大。在决策时间问题上,一方面要防止在机会和困难没有搞清楚之前就轻率决策;另一方面又不能优柔寡断,贻误时机。

从调查研究、拟定目标、评价论证到目标决断,确定战略目标的这四个步骤是紧密结合在一起的,后一步工作要依赖于前一步工作,在进行后一步工作时,如果发现前一步工作的不足,或遇到新情况,就需要回过头去,重新进行前一步或前几步的工作。

本章内容小结

企业在制定经营战略之前,首先应确定企业使命和愿景,并在此基础上制定企业战略目标。明确的使命表述是确立战略目标和制定战略的基础,也是企业战略管理的起点。企业使命的内容主要包括企业的业务范围、经营哲学、企业形象等方面。企业愿景必须相对清晰、远大且切实可行,容易理解和传播,有更多的人参与,并得到广泛宣扬。创建企业愿景一般遵循建立愿景规划小组、形成愿景核心要素、讨论愿景核心要素、形成若干备选愿景和对愿景进行测试的程序。

企业社会责任是企业在创造利润、对股东承担责任的同时,还要承担对员工、消费者、社区和环境等方面的责任,包括四个层次的内容,即经济责任、法律责任、伦理责任和慈善责任。企业社会责任已经成为企业未来战略竞争的工具和方法。

企业战略目标是对企业战略经营活动预期取得的主要成果的期望值,它具有宏观性、可分性、可接受性、可检验性、可挑战性及现实可行性的特点。企业战略目标的核心结构包括市场目标、创新目标、盈利目标和社会目标。

企业战略目标的制定首先要以经营方向为依据。一般来说,制定战略目标主要有调查研究、拟定目标、评价论证和目标决断四个具体步骤。

复习思考题

1. 什么是企业使命?什么是企业愿景?它们有何战略作用?
2. 简述企业愿景的创建程序。
3. 什么是企业社会责任?它包含哪些内容?
4. 什么是企业战略目标?它有哪些特征?
5. 影响企业战略目标制定的制约因素有哪些?
6. 企业战略目标的制定过程有哪几个阶段?

【本章案例】

亨通集团的社会责任

亨通集团创建于1991年,前身是吴江市广电通信线缆总厂,1994年年底,在线缆总厂的基础上组建了亨通集团,1999年改制为股份制企业集团。目前亨通集团已发展成为光纤光网、智能电网、大数据物联网、新能源新材料、金融投资等领域的国家创新型企业,拥有全资及控股公司70余家(其中3家上市公司),产业遍布全国13个省,是中国光纤光网、智能电网领域规模最大的系统集成商与网络服务商,进入中国企业500强、中国民企100强、全球光纤通信前三强。

2011年,由亨通集团董事局主席崔根良个人和亨通集团共同发起,捐资5 000万元,经民政部批准注册成立了亨通慈善基金会,这是江苏省首家民营企业发起成立的由民政部主管的非公募性慈善基金会。亨通慈善基金会的宗旨是:以人为本、关注民生、推动社会福利事业;扶危济困、关心公益、致力构建和谐社会。崔根良认为:"一个企业履行好社会责任,不能简单地理解为就是捐款捐物。企业的根本责任是经营好企业,为社会提供更好的产品和服务,同时在依法经营的前提下,积极担当社会责任,多贡献税收、多创造就业岗位,引导和推动地方产业发展,为地方经济多做贡献。企业开展公益活动的动机应纯粹，不能以行慈善之名，谋自身名利之实。"他反复强调，社会责任是企业的第一责任。

亨通的使命是要打造一个受社会尊敬的、勇于承担社会责任的百年企业。其社会责任理念包括：诚信经营、依法纳税、为社会提供优质的产品和服务；处理好企业与各利益相关方的关系，在和谐劳动关系、关爱员工成长、回报投资者、协调公共关系、环境友好、资源节约等方面做出示范；饮水思源，懂得感恩，热心公益，回报社会。

在全面履行社会责任的实践中，亨通集团制定了企业经济责任、法律责任、道德责任、环境责任、安全责任、社会公益责任等六大社会责任，作为履行社会责任的努力方向。

亨通集团的经济责任、环境责任和社会公益责任主要包括以下内容。

1. 经济责任

亨通视"守法经营、依法纳税"为企业的基本社会责任和商业道德，信守"比贡献，看纳税"的价值观，严格遵守国家法律法规，正确处理国家、企业、职工、股东的关系，坚持依法经营、公平竞争、理性竞争，坚决维护规范有序的竞争环境。亨通连续多年蝉联江苏省纳税百强、苏州市纳税大户、吴江十大纳税大户。

亨通全面推行精细化管理，实施了企业资源管理ERP系统，全面导入6S及6SIGMA管理体系，先后通过了ISO9001、TS16949质量管理体系认证。

亨通本着诚信、平等、理性的道德准则处理与各利益相关方的关系，并建立了一系列的规章制度。

2. 环境责任

亨通牢固树立绿色发展、循环发展、低碳发展理念，每年都与生产企业签订节能减排技改责任书，把资源消耗、环境影响、生态效益等生态文明建设指标纳入业绩考评体系。积极践行循环发展、绿色发展、低碳发展理念，创建生态文明、绿色花园式工厂，获评"首批中国能效五星级工业企业"，被工信部授予"中国通信产业绿色节能创新奖""国家绿色环保产品"，荣膺"全球人居环境绿色技术(产品)范例"大奖。

3. 社会公益责任

亨通在努力将企业做强做大的同时，把回报社会作为一种责任，倾心社会公益慈善事业。作为中国慈善联合会常务理事单位、江苏省慈善总会副会长单位、苏州慈善总会荣誉会长单位、吴江慈善总会副会长单位，亨通积极投入爱心助学、扶贫济困、助残扶弱、救灾赈灾等各类光彩慈善公益事业。亨通积极响应国家精准扶贫的号召，参与中国光彩事业促进会、中国慈善总会、民政部等国家重大扶贫慈善项目（江西革命老区"鹤轩安耆工程"、重庆留守儿童关怀救助、中国光彩事业德宏行和凉山行、金沙江红军纪念馆捐建、黔西南村企帮扶、援疆援藏爱心助学、助残圆梦行动等系列活动），组织党员群众开展义工服务、志愿帮扶、村企结对、义务献血等活动，积极践行社会主义核心价值观，累计捐助超6亿元。先后获评全国文明单位、全国万企帮万村先进民营企业，并荣获中华慈善奖、中国企业社会责任大奖。董事局主席崔根良被授予"全国时代楷模""全国非公经济人士优秀中国特色社会主义建设者""改革开放40周年百名杰出民营企业家"等殊荣,并获得全国脱贫攻坚奉献奖。

(资料来源:亨通集团官方网站、亨通集团社会责任报告及相关公开资料)

案例思考题

1. 亨通集团是如何实现企业社会责任与企业战略融合,并履行战略性企业社会责任实践的?

2. 结合本案例材料,分析中国民营企业履行社会责任与企业绩效的关系。

第五章 企业层战略

企业在确定了企业使命和战略目标后,就应制定多种可供选择的总体战略方案。企业层战略是公司战略中最高层次的战略,是对企业全局的长远性谋划,决定着企业总体发展方向,它要解决的问题是确定企业经营范围和公司资源在不同经营单位之间的配置以及经营业务间的支持和协调事项,是企业最高管理层指导和控制企业的行动纲领。

第一节 企业战略态势

所谓战略态势,是企业在目前的战略起点上,决定其各战略业务单位在战略规划期限内的资源分配和业务拓展方向。从总体上看,企业战略态势可分为扩张型战略、稳定型战略、紧缩型战略。

一、扩张型战略

(一)扩张型战略的含义和特征

扩张型战略(expansion strategy)又称为增长战略、发展战略,是一种使企业在现有的战略基础水平上向更高一级的目标发展的战略。它以发展作为自己的核心内容,引导企业不断地开发新产品、开拓新市场,采用新的生产方式和管理方式,以便扩大企业的产销规模,提高竞争地位,增强企业的竞争实力。这是企业最广泛采用的战略。

与其他类型的战略态势相比,扩张型战略有以下特征。

(1)实施发展型战略的企业不一定比整个经济的发展速度快,但它们往往比其产品所在的市场发展得快。市场占有率的发展可以说是一个重要指标。

(2)实施发展型战略的企业往往取得大大超过社会平均利润率的利润水平。由于发展速度较快,这些企业更容易获得较好的规模经济效益,从而降低生产成本,获得超额的利润。

(3)采用发展型战略的企业倾向于采用非价格的手段来同竞争者抗衡。由于采用发展型战略的企业不仅仅在开发市场上下功夫,而且在新产品的开发、管理模式上都力求具有优势,因而其赖以作为竞争优势的并不是可能会损伤自身利益的价格战,而一般说来总是以相对更为创新的产品和劳务及管理上的高效率作为竞争手段。

(4) 发展型战略鼓励企业立足于创新来求发展。这些企业经常开发新产品、新市场、新工艺和旧产品的新用途,以把握更多的发展机会,谋求更大的回报。

(5) 采用发展型战略的企业不是简单地适应外部环境的变化,而是倾向于通过创造以前并不存在的事项来改变外部环境使之适合于自身。

(二) 扩张型战略的适用性

在现实世界中,该战略之所以被采用并不仅仅是因为其给企业带来了经营上的优势,还包括许多其他原因:①在动态的环境中竞争,发展是一种求生存的手段。不断的变革能创造更高的生产经营效率与效益,从而能在不同的环境中适应并生存。②扩大规模和销售可以使企业利用经验曲线或规模经济效益以降低生产成本。③许多企业管理者把发展等同于成功。这种认识是因为没有意识到简单的总量发展有时可能意味着效率和效益下降,因而追求发展型战略。④发展快的企业容易掩盖其失误和低效率。⑤企业发展得越快,企业管理者就越容易得到升迁或奖励,这是由最高管理者或最高管理集体所持的价值观决定的。

从这些原因中可以看到,扩张型战略的使用有时可能并不是单一地从经营上考虑的,而往往与经营者自身利益相关。因而,扩张型战略的运用确实存在一定的误区,因为其使用是有相应的适用条件的。

1. 企业必须分析战略规划期内宏观经济景气度和产业经济状况

这是由企业发展型战略的发展公式所决定的——企业要实施扩张型战略,就必须从环境中取得较多的资源。如果未来阶段宏观环境和行业微观环境较好的话,企业比较容易获得这些资源,所以就降低了实施该战略的成本。从需求的角度来看,如果宏观和中观的走势都较令人乐观的话,消费品需求者和投资品需求者都有一种理性的预期,认为未来的收入会有所提升,因而其需求将会有相应幅度的增长,保证了企业扩张型发展战略的需求充足。从上面分析可以看出,在选择扩张型战略之前必须对经济走势做一个较为细致的分析,良好的经济形势往往是发展型战略成功的条件之一。

2. 扩张型发展战略必须符合政府管制机构的政策法规和条例等约束

世界上大多数国家都鼓励高新技术企业的发展,因而一般来说这类企业很自然地可以考虑采用一定的发展战略。例如菲利普·莫里斯公司就将发展的重点放在受政府管制较少的啤酒行业,因而取得了公司总体的增长。

3. 公司必须有能力获得充分的资源来满足发展型战略的要求

由于采取扩张型战略需要较多的资源投入,因此企业从内部和外部获得资源的能力就显得十分重要。这里的资源是一个广义的概念:既包括通常意义上的资本资源,也应当包括人力资源、信息资源等。在资源充分性的评价过程中,企业必须自己问自己一个问题:如果企业在实行发展型战略的过程中由于某种原因暂时受阻,它是否有能力保持自己的竞争地位? 如果回答是肯定的,那表明企业具有充分的资源来实施扩张型战略,反之则不具备。

4. 判断扩张型战略的合适性还要分析公司文化

企业文化是一个企业在其运行和历史发展中积淀下来的深植于员工心中的一套价值观念。不同的企业具有各异的文化特质。如果一个企业的文化氛围是以稳定为其主旋律的话,那么发展型战略的实施就要克服相应的"文化阻力",这无疑增加了战略的实施成本。当然,企业文化也并不是一成不变的事物,事实上,积极的、有效的企业文化培育必须以企业战略作为指导依据。

(三) 扩张型战略的利弊分析

企业为什么会倾向于选择扩张型战略呢? 这是因为采用扩张型战略可能会带来以下利益。

(1) 企业采用扩张战略的一个重要原因就在于扩张战略能够产生很好的绩效。由于扩张型发展,企业可以获得过去不能获得的崭新机会,避免企业组织的老化,使企业总是充满生机和活力,因而企业能通过不断变革来创造更高的生产经营效率与效益。

(2) 企业的成功具有巨大的吸引力,而成功的扩张战略往往能扩大自身的价值,这体现在经过扩张后公司市场份额和绝对财富的增加。这种价值既可以成为企业职工的荣誉,又可以成为企业进一步发展的动力。

(3) 环境条件有时成为企业实施扩张战略的重要因素。在竞争日益激烈的今天,扩张战略能保持企业的竞争实力,实现特定的竞争优势。犹如"逆水行舟,不进则退"一样,如果在竞争对手都采用扩张战略的情况下,自己还在采用稳定型或紧缩型战略,那么很有可能在未来失去竞争优势。因此,当环境中存在明显机会时,企业采用扩张战略来把握机会,能够使企业得到发展和壮大。

当然,扩张型战略也存在一些弊端,主要有以下方面。

(1) 在采用发展型战略获得初期的效果之后,很可能导致盲目的发展和为发展而发展,从而破坏企业的资源平衡。要克服这一弊端,要求企业在做每一个战略态势决策之前都必须重新审视和分析企业的内外部环境,判断企业的资源状况和外部机会。

(2) 过快地发展很可能会降低企业的综合素质,使企业的应变能力虽然表面上不错,实质上却容易出现内部危机和混乱。这主要是由于企业新增机构、设备、人员太多而未能形成一个有机的相互协调的系统所引起的。针对这一问题,企业可以考虑设立一个战略管理的临时性机构,负责统筹和管理扩张后企业内部各部门、人员之间的协调,当各方面因素都融合在一起之后,再考虑取消这一机构。

(3) 扩张型战略很可能使企业管理者更多地注重投资结构、收益率、市场占有率、企业的组织结构等问题,而忽视产品和服务的质量,重视宏观的发展而忽视微观的问题,因而不能使企业达到最佳状态。这一弊端的克服,需要企业战略管理者对发展型战略有一个正确而全面的理解,要意识到企业战略态势是企业战略体系中的一个部分,因而在实施过程中必须通盘考虑。

(四)扩张型战略的类型

在企业实践中,扩张型战略有许多不同的类型,有的类型在后面章节中有更详细的介绍,这里简要介绍几种常见的类型。

1. 集中发展战略

集中发展战略是指以快于以往的发展速度增加企业目前的产品或服务的销售额、利润和市场份额,它比较适合于那些对企业的产品或服务的需求正在发展的场合。这时企业的发展主要通过市场渗透和市场开发来实现生产规模的扩大和利润的增长。采用这种战略时,企业的扩张速度因产业发展的阶段不同而异,还因企业采用的市场营销策略不同而不同,如策略正确而有效,则速度可望加快。

集中发展战略有许多优点:①因产品和市场单一,业务比较单纯,领导和员工全力投入,就能够享有专业化的优势,熟能生巧,专能出精。②因产品品种少,有可能增加产量,赢得经验曲线和规模经济效益;或在产品质量、性能、服务上狠下功夫,形成自己的特色,获得差别化优势。③因业务比较单纯,在技术和管理上遇到的问题相对少些,平时就可着力解决;遇到突发性危机时,一般也能从容应对。当然,集中单一产品或服务的发展战略风险也较大,因为一旦企业的产品或服务的市场萎缩,企业就会遇到困境。因此一般企业都不会仅使用单一产品战略一种发展模式。

集中发展战略最常采用的是连锁经营模式。连锁经营是一种商业组织形式和经营制度,是指经营同类商品或服务的若干个企业,以一定的形式组成一个联合体,在整体规划下进行专业化分工,并在分工基础上实施集中化管理,把独立的经营活动组合成整体的规模经营,从而实现规模效益。它具有以下基本特征:①连锁经营是一种授权人与被授权人之间的合同关系,即授权人与被授权人的关系是依赖于双方合同而存在和维系的;②连锁经营中授权人与被授权人之间不存在有形资产关系,而是相互独立的法律主体,由各自独立承担对外的法律责任;③授权人对双方合同涉及的授权事项拥有所有权或专用权,而被授权人通过合同获得使用权及基于该使用权的收益权;④连锁经营中的授权是指包括知识产权在内的无形资产使用权(或利用),而非有形资产或其使用权;⑤被授权人有根据双方合同向授权人交纳费用的义务;⑥被授权人应维护授权人在合同中所要求的统一性。

连锁企业通过不断增开分店扩张,既是主观追求也是客观要求,这种行为从理论上说并非无界。但随着企业规模扩大,规模收益带来的正效应由于要素收益边际递减、设备损耗和技术更新带来的重置投资、采购折扣下降刚性等因素逐渐减弱;与此同时,企业规模扩张带来的因控制信息损失造成的管理成本、委托代理问题产生的协调成本、企业在跨区域适应过程中的学习成本则在不断增加,构成了企业在连锁扩张过程中的硬性约束,从而形成了与规模收益相抵消的扩张的负效应。企业应确定最佳规模范围,以避免因过度扩张带来的损失。

在知识经济环境条件下,连锁经营从以规模化扩张实现成本降低、以专业化管理提高效率和降低费用进而实现规模经济,正转向基于知识的经济性,通过知识复制实现知识资产产权效益、品牌效应以及连锁体系价值链利益均衡。

2. 同心多样化战略

这是一种增加与企业目前的产品或服务相类似的新产品或新服务的发展战略。这种战略的出发点是充分利用现有资源条件,包括技术、人才、资金、销售渠道和顾客群等。其优点是:与其他类型多样化相比,开发成本较低,成功的可能性较大并且较容易形成产品系列,因而是中小企业发展初期的首选方式。但同心多样化相对来说实施风险仍旧存在,尤其较易受行业衰退的影响。

3. 纵向一体化战略

这是一种在供、产、销的两种不同方向上扩大企业生产经营规模的发展模式。纵向一体化又可分为前向一体化和后向一体化两种类别。前向一体化是指企业的业务向消费其产品或服务的行业扩展,而后向一体化是指企业向为其目前的产品或服务提供原料的产品或服务的行业扩展。采用纵向一体化的优点是:企业不但能通过规模经济降低成本,而且能以某种垄断来缓解竞争。但是企业一旦走了纵向多样化之路,由于投资巨大,退出也较难,并且面对的发展机遇也不多。

4. 横向一体化战略

这是一种兼并、收购企业的竞争对手的发展战略。与同心多样化类似,横向一体化新增加的产品和服务与目前的产品和服务紧密相连,但同心多样化主要通过组织内部开发来发展,而横向一体化则是通过兼并、收购较为直接的竞争对手企业来获得的。在经济全球化和动态竞争环境下,越来越多的企业采取购并战略来发展、壮大自己。实行横向一体化战略的主要问题是行业内竞争的消失及由此引起政府对垄断的干预。

5. 复合多样化战略

这是一种增加与企业目前的产品或服务显著不同的新产品或新服务的发展战略。例如,美国通用汽车公司除主要从事汽车产品生产外,还生产电冰箱、洗衣机、飞机发动机、潜水艇、洲际导弹等。复合多样化战略的最大优点在于它能较为有效地分散企业的经营风险,使企业能抗衡较为强烈的行业波动。此外,企业通过复合多样化能把握住更多的机会,使企业能在不同的领域实现非均衡发展,使资源不断向优势行业和市场转移。

二、稳定型战略

(一) 稳定型战略的含义和特征

稳定型战略(stability strategy)又称为防御型战略、维持型战略,是企业准备在战略规划期内使企业的资源分配和经营状况基本保持在目前状态和水平上的战略。按照稳定型战略,企业目前正在经营的产品和面向的市场领域、企业在其经营领域内所达到的产销规模和市场地位都大致不变或以较小的幅度发展。稳定型战略本质上追求的是在过去经营状况基础上的稳定,它具有如下特征。

(1) 企业对现行战略和经营业绩表示满意,决定追求既定的或与过去相似的经营目标。

(2) 企业在战略规划期内所追求的绩效按大体的比例递增。稳定型发展可以指在市场占有率保持不变的情况下,随着总的市场容量的发展,企业的销售额在发展,而这种情况并不能算典型的扩张型战略。

(3) 实行稳定型战略的企业,总是在市场占有率、产销规模或总体利润水平上保持现状或略有增加,从而稳定和巩固企业现有的竞争地位。

(4) 企业准备以过去相同的或基本相同的产品和劳务服务于社会。

从以上特征可以看出,稳定型战略主要依据于前期战略。它坚持前期战略对产品和市场领域的选择,它以前期战略所达到的目标作为本期希望达到的目标。因而,实行稳定型战略的前提条件是企业过去的战略是成功的。对于大多数企业来说,稳定发展战略也许是最有效的战略。

(二) 稳定型战略的适用性

采取稳定型战略的企业,一般处在市场需求及行业结构稳定或者较小动荡的外部环境中,因而企业所面临的竞争挑战和发展机会都相对较少。但是,有些企业在市场需求以较大幅度发展或是外部环境提供了较多发展机遇的情况下也会采用稳定型战略。这些企业一般来说是由于资源状况不足以使其抓住新的发展机会而不得不采用相对保守的稳定型战略态势。下面分别讨论企业外部环境和企业自身实力对采用稳定型战略的影响。

外部环境的相对稳定性会使得企业更倾向于稳定型战略。影响外部环境稳定性的因素较多,主要包括以下几方面。

(1) 宏观经济状况会影响企业所处的外部环境。如果宏观经济在总体上保持总量不变或总量低速发展,那么企业所处行业的上游、下游产业也往往只能以低速发展,这就势必影响到该企业所处行业的发展,使其无法以较快的速度发展。这就使得该产业内的企业倾向于采用稳定型战略,以适应外部环境。

(2) 产业技术创新度。如果企业所在的产业技术相对成熟,技术更新速度较慢的话,企业过去采用的技术和生产的产品无须经过太大的调整就能满足消费者的需求和与竞争者抗衡。这样使得产品系列及其需求保持稳定,从而促使企业采纳稳定型战略。

(3) 消费者需求偏好的变动。消费者频繁的偏好转移势必使得企业在产品特性和营销策略上与过去的做法有所不同,否则将会被竞争对手所击败,而这种策略上的变动毫无疑问将影响到企业的战略。企业若继续采用稳定型战略的话,很可能陷入被动。因而稳定型战略适合于消费者需求偏好较为稳定的企业。

(4) 产品生命周期。对于处于行业或产品成熟期的企业来讲,产品需求、市场规模趋于稳定,产品技术成熟,新产品的开发和以新技术为基础的新产品开发难以取得成功,因此以产品为对象的技术变动频率低,同时竞争对手的数目和企业的竞争地位都趋于稳定,这时提高市场占有率、改变市场地位的机会很少,因此较为适合采用稳定型战略。

(5) 竞争格局。如果某企业所处行业的进入壁垒非常高或由于其他原因使得该企业所处的竞争格局相对稳定,竞争对手之间很难有较为悬殊的业绩改变,则企业若采用稳定型战略可以获得最大的收益,因为改变竞争战略带来的业绩增加往往是不如人意的。

企业战略的实施一方面需要与外部环境相适应,另一方面要有相应的资源和实力来实施,也就是既要看到外部的威胁与机会,又要看到自身的优势与劣势。

尽管外部环境较好,行业内部或相关行业市场需求扩大,为企业提供了有利的发展机会,但这并不意味着所有的企业都适合采用扩张型战略。如果企业资源不够充分,就无法采取扩大市场占有率的战略。在这种情况下,企业可以采取以局部市场为目标的稳定型战略,以使有限的企业资源能集中在某些自己有竞争优势的细分市场,维护竞争地位。

当外部环境较为稳定时,资源较为充足的企业与资源相对稀缺的企业都应当采用稳定型战略,以适应外部环境,但两者的做法可以不同。前者可以在更为宽广的市场上选择自己战略资源的分配点,而后者则应在相对狭窄的细分市场上集中自身资源,以求得稳定发展。

当外部环境较为不利,比如行业处于生命周期的衰退阶段时,则资源丰富的企业可以采用一定的稳定型战略。而对那些资源不够充足的企业来说,则应视情况而定:如果它在某个细分市场上具有独特的竞争优势,那么也可以考虑采用稳定型的战略态势;但如果本身就不具备相应的特殊竞争优势,则不妨实施紧缩型的战略,以将资源转移到其他发展较为迅速的行业。

(三) 稳定型战略的利弊分析

1. 稳定型战略的利益

(1) 企业经营风险相对较小。由于企业基本维持原有的产品和市场领域,从而可以利用原有的生产经营领域、渠道,避免开发新产品和新市场所必需的巨大的资金投入以及开发失败的巨大风险。

(2) 能避免因改变战略而改变资源分配的困难。由于经营主要是与过去大致相同,因而稳定型战略不必考虑原有资源的增量或存量调整,相对其他战略态势来说,显然要容易许多。

（3）能避免因发展过快而导致的弊端。在行业发展迅速时，许多企业无法清醒地看到潜伏的危机而盲目发展，结果造成资源的大量浪费。我国的许多彩电和空调企业就犯过这种毛病，造成了设备闲置、效益不佳的结局。

（4）能给企业一个较好的休整期，使企业积聚更多的能量，以便为今后的发展做好准备。从这点上说，适时的稳定型战略是将来发展战略的一个必要的酝酿阶段。

2. 稳定型战略的缺陷

（1）稳定型战略的执行是以包括市场需求、竞争格局在内的外部环境的基本稳定为前提的。一旦企业的这一判断没有被验证，就会打破战略目标、外部环境、企业实力三者之间的平衡，使企业陷入困境。因此，如果环境预测有问题的话，稳定型战略也有很大的风险。

（2）特定细分市场的稳定型战略往往也隐含着较大的风险。由于资源不够，企业会在部分市场上采用稳定型战略，这样做实际上是将资源重点配置在这几个特定的子市场上，因而如果对这部分特定市场的需求把握不准，企业可能更加被动。

（3）稳定型战略也容易使企业的风险意识减弱，甚至形成惧怕风险、回避风险的企业文化，这就会大大降低企业对风险的敏感性和敢冒风险的勇气。

稳定型战略的优点和弊端都是相对的，企业在执行过程中必须权衡利弊，准确估计其收益和风险，并采取合适的风险防范措施。总体来看，稳定型战略适合于行业或产品处在成熟市场上的企业，对大多数企业而言，稳定型战略都可能是最合逻辑、最适宜和最有效的战略。

（四）稳定型战略的类型

在具体实施方式上，稳定型战略又可依据其目的和资源分配的方式分为不同类型。下面是几种可供选择的稳定型战略。

1. 不变战略

不变战略似乎是一种没有增长的战略。采用这种战略基于以下两个原因：一是企业过去的经营相当成功，并且企业内外环境没有发生重大变化，基本稳定；二是企业经营不存在重大的问题或隐患，因而没有必要进行战略调整，或者担心战略调整会给企业带来资源分配的困难。

2. 维持利润战略

这是一种以牺牲企业未来发展来维持目前利润的战略。维持利润战略注重短期效果而忽略长期利益，其根本意图是渡过暂时性的难关，因而往往在经济形势不太景气时被采用，以维持过去的经营状况和效益，实现稳定发展。但用得不当的话，维持利润战略可能会使企业的元气受到伤害，影响长期发展。

3. 暂停战略

在一段较长时间的快速扩张后，企业有可能会遇到一些问题使得效率下降，这时就可采用暂停战略,即在一段时期内降低企业的目标和发展速度。例如在采用购并发展战略的企业中,往往会在新收购的企业尚未与原来的企业很好地融合在一起时,先采用一段时间的暂停战略,以便有充分的时间来重新实现资源的优化配置。从这一点来说,暂停战略可以充分发挥积聚能量为今后的发展做准备的功能。

4. 谨慎实施战略

如果企业外部环境中某一重要因素难以预测或变化趋势不明显,企业的某一战略决策就要有意识地降低实施进度,很有必要采用稳定型战略,重新审视外部环境的变化和企业自身资源,使企业稳步地向前发展。

三、紧缩型战略

(一) 紧缩型战略的含义和特征

紧缩型战略(retrenchment strategy)又称为撤退型战略,它与扩张型战略相反,是通过调整缩小企业经营规模和范围,偏离目前的战略起点的一种战略。一般地,企业实行紧缩战略只是短期性的,其根本目的是转化企业所遇到的危机,然后采取其他战略。有时,只有采取收缩和撤退的措施,才能抵御对手的进攻,避开环境的威胁和迅速地实现自身资源的最优配置。可以说,紧缩型战略是一种以退为进的战略态势。与此相适应,紧缩型战略有以下特征。

(1) 对企业现有的产品和市场领域实行收缩、调整和撤退策略,比如放弃某些市场和某些产品线系列。从企业的规模来看是在缩小,同时一些效益指标,比如利润和市场占有率等,都会有较为明显的下降。

(2) 对企业资源的运用采取较为严格的控制和尽量削减各项费用支出,往往只投入最低限度的经管资源,因而紧缩战略的实施过程往往会伴随着大量员工的裁减、一些奢侈品和大额资产的暂停购买等。

(3) 紧缩型战略具有短期性。与稳定和发展两种战略态势相比,紧缩型战略具有明显的过渡性,其根本目的并不在于长期节约开支、停止发展,而是为了今后发展积聚力量。

(二) 紧缩型战略的类型

根据紧缩的方式和程度不同,紧缩型战略又可以分为三种类型:抽资转向战略、放弃战略、剥离和清算战略。

1. 抽资转向战略

抽资转向战略是企业在现有的经营领域不能维持原有的产销规模和市场面,不得不缩小产销规模和降低市场占有率,或者企业在存在新的更好的发展机遇的情况下,对原有的业务领域进行压缩投资、控制成本以改善现金流而为其他业务领域提供资金的战略方案。另外,在企业财务状况下降时也有必要采取抽资转向战略,这一般发生在物价上涨导致成本上升或需求降低使财务周转不灵的情况下。

针对这些情况,抽资转向战略可以采取以下措施来配合进行。

(1) 调整企业组织。这包括改变企业的关键领导人,在组织内重新分配责任和权利等。调整企业组织的目的是使管理人员适应变化了的环境。

(2) 降低成本和投资。这包括压缩日常开支、实行更严格的预算管理、减少一些长期投资项目等,也可以是适当减少培训、广告、研究开发、公共关系等活动,缩小或减少某些管理部门或降低管理费用。在必要的时候,企业也会以裁员作为压缩成本的方法。

(3) 减少资产。这包括出售与企业基本生产活动关系不大的土地、建筑物和设备;关闭一些工厂或生产线;出售某些在用的资产,再以租用的方式获得使用权;出售一些盈利产品,以获得急需使用的资金;等等。

(4) 加速收回企业资产。这包括加速应收账款的回收,派出人员收回应收账款,降低企业的存货量,尽量出售库存产成品,等等。

2. 放弃战略

在采取抽资转向战略无效时,企业可以尝试放弃战略。放弃战略是指将企业的一个或几个主要部门转让、出卖或使其停止经营。这个部门可以是一个经营单位、一条生产线或者一个事业部。由于放弃战略的目的是要找到肯出高于企业固定资产时价的买主,所以企业管理人员应说服买主,使其认识到购买企业所获得的技术或资源能使其利润增加。而清算一般意味着只包括资产的有形价值部分。

在放弃战略的实施过程中通常会遇到一些阻力,主要包括:

(1) 结构上或经济上的阻力,即一个企业的技术特征及其固定和流动资本妨碍其退出,例如一些专用性强的固定资产很难出售。

(2) 公司战略上的阻力。如果准备放弃的业务与企业的其他业务有较强的联系,则该项业务的放弃会使其他有关业务受到影响。

(3) 管理上的阻力。企业内部人员,特别是管理人员对放弃战略往往持反对意见,因为这往往会威胁他们的职业和业绩考核。

对这些阻力的克服,可以采用以下办法:在高层管理者中,形成考虑放弃战略的氛围;改进工资、奖金制度,使之不与放弃方案相冲突;妥善处理管理者的出路问题;等等。

3. 剥离和清算战略

剥离是指出售企业的部分资产,这些资产可能是一个分部,也可能是一个分公司。剥离既是业务重组的手段,也可以看成是企业紧缩的方向之一,其目的是摆脱那些不盈利、需要太多资金或与企业其他经营活动不相适宜的业务。当某种经营业务失去了原来的吸引力时,最好的解决办法就是卖掉它。

剥离可以采取以下两种形式:一是母公司可以从一项经营中抽离资本,使之成为财务和管理独立的公司,母公司可以在其中保留或不保留所有权;二是母公司可以将该单元彻底卖掉,这就需要寻找一家好的买主,以便卖个好的价格。

清算是指卖掉其资产或停止整个企业的运行而终止一个企业的存在。在所有的战略选择中,清算是最令人难过和痛苦的,尤其是对于一个单一经营的企业,这意味着这个企业将不再存在。显然,清算战略对任何企业来说都不是最有吸引力的战略,而且通常只有当所有其他战略都失败时才启用它。但在确实毫无希望的情况下,尽早地制定清算战略,企业可以有计划地逐步降低其股票的市场价值,尽可能多地收回企业资产,从而减少全体股东的损失。因此,清算战略在特定的情况下,也是一种明智的选择。

第二节 一体化战略

一、一体化战略的含义和分类

一体化战略(integration strategy)是指企业充分利用自己在产品、技术、市场上的优势,根据物资流动的方向,使企业不断地向深度和广度发展的一种战略。一体化战略主要包含三种战略:物资向反方向移动称为后向一体化;物资向正方向移动称为前向一体化;性质相同的企业或产品组成的联合体称为水平一体化。同时,前向一体化与后向一体化又通称垂直一体化或纵向一体化,而水平一体化又称横向一体化。

(一)前向一体化

从物资的移动方向看,是指向产品销售的方向即下游产业方向发展。一般是生产原材料或半成品的企业,根据市场需要和生产技术可能条件,充分利用自己在原材料、半成品方面的优势和潜力,决定由企业自己制造成品,或者与成品企业合并,组建经济联合体,以促进企业不断成长和发展,如纺织厂兴办服装厂、木材加工企业投资家具制造业等均属此种战略。

(二)后向一体化

后向一体化是指企业向提供生产要素的方向即上游产业方向发展。企业的产品在市场上拥有明显的优势,可以继续扩大生产,打开销售,但是由于协作供应企业的材料、外购件供应跟不上或成本过高,影响企业的进一步发展。在这种情况下,企业可以依靠自己的力量,扩大经营规模,由自己来生产材料或配套零部件,也可以向后兼并供应商或与供应商合资兴办企业,组织联合体,统一规划和发展,如电视机制造企业兼并显像管制造企业、食品公司投资兴办养殖场等均属此种战略。

在某些情况下,通过整合进入整个价值链中更多的阶段,对先前的外部寻源活动进行厂内经营之后,可以排除依靠供应商来提供关键零配件或支持服务所带来的不确定性,降低企业面对那种不失一切机会抬价的强大供应商时所具有的脆弱性;或者能够提高产或服务的质量,改善企业客户服务的能力,增加那些能够提高客户价值的特色;或者能够从其他方面提高企业最终产品的性能;或者更好地掌握对战略起着关键作用的技术,增加企业以差别化为基础的竞争优势。

（三）水平一体化

水平一体化是指获得与本企业竞争的企业的所有权或加强对其控制,以促进企业实现更高程度的规模经济和迅速发展的一种战略。水平一体化已成为当今战略管理的一个显著趋势,在很多产业中已成为最受管理者重视的战略。竞争者之间的合并、收购和接管提高了规模经济程度和资源与能力的流动性。

推动水平一体化的因素包括:企业对市场份额、效率、定价力量、经济全球化趋势、更大规模经济收益的追求,法规管制(包括反垄断法管制)的减轻,互联网,电子商务以及股价高涨等。

采用水平一体化战略的好处有:

（1）能够取得规模经济效益。通过收购同类企业达到规模扩张,这在规模经济性明显的产业中,可以使企业获取充分的规模经济,从而大大降低成本,取得竞争优势。同时,通过收购往往可以获取被收购企业的技术专利、品牌名称等无形资产。

（2）减少竞争对手。水平一体化是一种收购企业的竞争对手的发展战略。通过实施水平一体化,可以减少竞争对手的数量,降低产业内企业相互竞争的程度,为企业的进一步发展创造一个良好的产业环境。

（3）较容易的生产能力扩张。水平一体化是企业生产能力扩张的一种形式,这种扩张形式相对较为简单和迅速。

水平一体化战略的缺点主要包括管理问题和政府法规限制。收购一家企业往往涉及收购后母子公司管理上的协调问题。由于母子公司在历史背景、人员组成、经营风格、企业文化、管理体制等方面存在着较大的差异,因此母子公司的各方面协调工作非常困难,这是水平一体化的一大成本。此外,水平一体化容易造成产业内垄断的结构,因此,各国法律法规都对此做出了限制。

二、纵向一体化的战略优势

加强企业的竞争地位,是企业动用自己的资源进行纵向一体化的出发点,也是评价和检验企业实施纵向一体化战略效果的依据。企业实施纵向一体化战略,具有以下优势。

（一）经济性

如果产量足以达到有效的规模经济,则最通常的纵向一体化利益是联合生产、销售、采购、控制和其他方面实现的经济性。

1. 联合经营的经济

通过把技术上相区别的生产运作放在一起,企业有可能实现高效率。例如在制造业,这一做法能够减少生产过程的步骤数目,降低成本,减少运输费用。

2. 内部控制和协调经济

如果企业是纵向一体化的,则安排、协调生产活动以及对紧急事件的反应成本都可能较低。对生产进度表、交货时间表与维修活动的更好控制会产生原材料的更稳定供应和畅通无阻的交货能力,这一切会提高企业的生产效率。

3. 信息经济

一体化经营可以减少收集某些类型的市场信息的总成本。监控市场以及预测供给、需求与价格的固定成本可以由一体化企业的各部分分摊,而在非一体化企业中将由各个实体承担。同时,由于市场信息通过一个组织比通过一系列的独立团体能够更自由地流动,因此一体化就可以使企业获得关于市场的更快和更准确的信息。

4. 节约交易成本

通过纵向一体化,企业可以节约市场交易的销售、谈判和交易成本。尽管内部交易过程中也常常要进行某些讨价还价,但其成本决不会接近市场交易成本。这是因为内部交易不需要任何销售力量和市场营销或采购部门,也不需要支出广告促销费用。

(二) 提升差别化

对于一家原料生产商来说,前向整合进入产品的生产和制造可以提高产品的差别化,可以使厂商脱离以价格竞争为导向的市场竞争。通常,在整个行业链中离最终消费者越近,企业就越有机会通过设计、服务、质量、包装、促销等方式对自己的产品进行差别化。与价值链中其他一些创造价值的活动相比,产品差别化常常可以降低价格的重要性,提高利润率。

(三) 稳定性

由于上游与下游单位都知道其采购和销售关系是稳定的,因而能够建立起彼此交往的更有效的专业化程式,而这在供应商或顾客是独立实体的情况下是行不通的。同时,关系的稳定性将使上游企业可以根据下游企业的特殊要求,在产品的质量、规格等方面加以调整,这种调节可以使上下游单位的配合更为紧密,从而大大提高企业的整体效率。

(四) 增加确定性

增加确定性即确保供给和需求。纵向一体化可确保企业在产品供应紧缺时期得到充足的供给,或在总需求很低的时期能有一个产品输出的渠道。但是,一体化能保证的需求量以下游需求单位所能吸收上游单位的产量为限。很明显,下游单位这样做的能力依赖于竞争条件对下游单位需求的影响。如果下游行业的需求不旺,下游单位的销量也会很低,它对相应的内部供应商的产量需求也因而很低。因此,一体化只能减少企业随意中止交易的不确定性。虽然垂直整合能够减少供应和需求的不确定性,并且能规避产品价格的浮动,但这并不意味着内部转移价格不应反映市场变动。在一个整合公司中,产品以转移价格从一个单位到另一个单位,而转移价格应反映市场价格,这样可以保证每一单位能够正常地管理它的业务。

（五）统筹性

如果一个企业在与它的供应商或顾客做生意时,供应商或顾客有较强的议价实力,且它的投资收益超过了资本的机会成本,那么即使整合不会带来其他的益处,企业也值得进行整合。通过整合抵消议价实力不仅可降低供应成本（通过后向整合）,或者提高价格（前向整合）,而且企业通过消除与具有很强实力的供应商或顾客所做的无价值的活动,使企业经营效率更高。抵消议价实力的后向整合还有另一个潜在益处,即将提供投入的供应商的利润内部化能够表明这种投入的真实成本。企业可以调整其最终产品的价格以提高总利润。企业可通过改变下游单位生产过程中所需各类投入的组合来提高企业效率。

（六）防卫性

如果竞争者是纵向一体化企业,那么一体化就具有防御意义。竞争者的广泛一体化能够占用许多供应资源或者拥有许多称心的顾客或零售机会。在这种情况下,没有纵向一体化的企业面临必须抢占剩余供应商和顾客的竞争局面,甚至面临被封阻的处境。与没有纵向一体化的企业相比,整合企业通过纵向一体化还可以得到某些战略优势,如较高的价格、较低的成本或较小的风险,从而提高了产业的进入风险。

三、纵向一体化的劣势

纵向一体化面临的最大问题是退出壁垒太高。如果企业已深深陷入某一个行业却不能建立竞争优势的话,再想退出就很不容易。具体来讲,纵向一体化有下列一些缺陷。

（一）须克服移动壁垒

纵向一体化要求企业克服移动壁垒,在上游产业或下游产业中竞争。这就需要付出成本,如须克服规模经济、资本需求及因专有技术或合适的原材料而具有的成本优势带来的壁垒等。

（二）经营杠杆高

纵向一体化增加了企业的固定成本部分。如果企业在某一市场上购买一种产品,那么所有成本都是变动的。而在纵向一体化中,即使有些原因降低了产品的需求,企业也必须承担生产过程中的固定成本。由于上游单位的销售量衍生了下游单位的销售量,二者业务中任何一个的波动将会在整个整合链中引起波动。因此,纵向一体化加大了企业的经营杠杆,增加了企业经营风险。

（三）灵活性不足

纵向一体化意味着企业的命运至少部分地由其内部供应者及顾客的成功竞争能力来决定。技术上的变化、产品设计的变化以及战略上的失败或者管理问题等都会使内部供应者提供高成本、低质量或者不合适的产品和服务,或者内部顾客或销售渠道失去了它们应有的市场地位。与和某些独立实体签约相比,纵向一体化提高了改换其他供应商及顾客的成本。纵向一体化还降低了企业分配其投资资金的灵活性。由于垂直链中每一环节的经营表现是相互依赖的,因此,企业可能被迫在边际部分投资以维护整体,而不能向其他地方分配资本。

(四) 封阻了与供应商和顾客的交流

无论是前向一体化还是后向一体化,都会迫使企业依赖自己的厂内活动而不是外部的供应源,这就降低了企业满足顾客产品种类方面需求的灵活性,封阻了获得供应商与顾客研究技能的通道,可能切断来自供应商与顾客的技术流动和信息沟通。通常,纵向一体化意味着一个企业必须承担发展自己技术实力的任务。然而,如果企业不实施纵向一体化,供应商经常愿意在研究、工程等方面积极支持企业。

(五) 加大了平衡的难度

整合体中上游单位与下游单位的生产能力必须保持平衡,否则会出现问题。垂直链中任一有剩余生产能力的环节必须在市场上销售一部分产品,否则,将牺牲市场地位。而这可能是困难的,因为垂直整合经常迫使企业从它的竞争者处购买原料或向它的竞争者销售产品。由于担心得不到优先,或者为了避免加强竞争者的地位,它们可能被动地与该企业做生意。

(六) 弱化激励

纵向一体化意味着通过固定的关系来进行购买与销售。上游企业的经营激励可能会因为是在内部销售而不是进行竞争而有所减弱。反过来,在从整合体内部另一个单位购买产品时,企业不会像与外部供应商做生意时那样激烈地讨价还价。因此,内部交易会减弱激励。

(七) 增加了对技术和管理的要求

尽管存在一个垂直关系,企业也能在结构、技术和管理上有所不同。例如,金属生产与金属加工企业的不同,一个是完全的资本密集型,另一个则需要对生产的严密监督和对服务及市场营销的分权。弄懂如何管理这样一些具有不同特点的企业是纵向一体化的主要成本。能够很好地管理一部分垂直链的管理者不一定能有效地管理其他部分。因此,一个普通的管理方式和一系列普通假设不一定适用于垂直相关的业务。

第三节 多元化战略

一、多元化战略的含义和分类

多元化战略(diversification strategy)又称多样化战略,是指企业在原主导产业范围以外的领域从事生产经营活动的一种战略。它是与专业化经营相对的一种企业发展战略。企业多元化经营意味着企业将组织新的发展方向,开发有发展潜力的产品或者丰富充实产品组合结构,在多个相关或不相关领域同时经营多项不同的业务。因此,企业多元化经营不可避免地会带来风险,不少涉及多元化经营的企业都以失败而告终。多元化经营作为一种战略,本身不存在正确与错误之分,一种发展战略的成功还是失败,关键是对自身资源与能力的分析和有效运用以及适应战略的相关条件。

按照多元化程度的差异,可以把实行多元化经营的企业划分为四种类型:①单项业务企业,是指单项产品销售收入占企业销售总额的95%以上;②主导产品企业,是指单项产品销售收入占企业销售总额的70%~95%;③相关联多元化企业,是指多元化扩展到其他相关领域后,没有任何单项产品销售收入能占到企业销售总额的70%;④无关联多元化企业,是指企业进入与原来业务无关的领域,如钢铁企业进入了食品行业。

对多元化战略,西方学者有进一步分类。下面是几种典型的分类法。

1. 安索夫的分类

安索夫在《企业战略》中提出的分类,可用图 5-1 来描述。

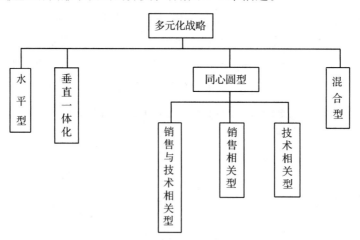

图 5-1 安索夫的多元化战略分类

2. 赖利-鲁梅尔特的分类

由赖利提出、鲁梅尔特进一步完善的多元化战略分类,可用图5-2来描述。

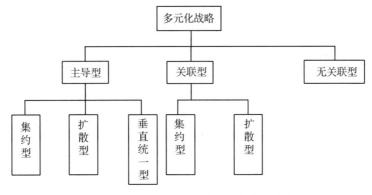

图 5-2　赖利-鲁梅尔特的多元化战略分类

这种分类法在国外理论界较为流行,许多研究者根据上述分类法来研究不同国家企业的多元化经营绩效的问题。

3. 西方教科书中的分类

教科书作为企业战略理论传播的重要媒体,其中关于多元化经营战略的分类也是至关重要的。在美国工商管理硕士(MBA)有关企业战略的教科书中,对企业多元化经营战略一般采用图5-3所示的分类法。

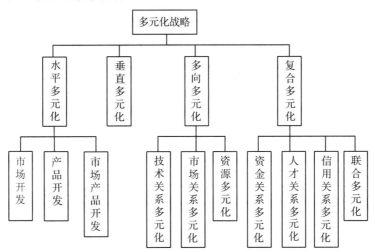

图 5-3　西方教科书中的多元化战略类型

二、多元化战略的目标

企业由于经营环境和自身能力的不同,在不同的发展阶段,有着不同的经营战略目标指导下的多元化经营。总的来说,多元化经营战略目标主要有以下几种。

(一) 战略性转移

当企业从事的现有行业处在衰退期阶段,企业为了避免败落,就必须进行多元化经营。这种情况下的战略目标是实现战略性行业转移,即通过进入新的行业,使企业逐步从现有行业中撤出,并将企业的发展建立在新行业领域中。

实现战略性行业转移的多元化经营以现有行业衰退为充分条件,其结果有两种:一是进入新行业后,企业同时在原行业和新行业领域经营,但原行业比重逐渐下降,而新行业比重逐步上升;二是进入新行业后不久,企业彻底放弃原行业经营,集中资源经营新行业。

(二) 协同效应

协同效应是两个事物有机地结合在一起,发挥出超过两个事物简单总和的联合效果。企业采用多元化战略后,新老产品、新旧业务、生产管理与市场营销等各个领域,如具有内在联系,存在着资源共享性,互相就能起促进作用。企业的协同效应表现在如下几个方面。

1. 管理协同效应

生产的产品或经营的业务,在经营决策的基准上大致相同,对管理的方法或手段的安排比较一致。企业经营的产品之间在管理上是否具有共享性是决定企业多元化战略成功与否的重要因素。如果企业新的业务领域与原有业务领域在经营管理上差距很大,则一方面由于企业管理人员要花费大量时间和精力去熟悉新产品、新业务;另一方面企业决策和管理人员往往习惯于将原有的一套经营经验和方法,不自觉地运用到新产品、新业务上,往往造成决策失误的可能性增加。因此,企业要实施多元化战略,必须充分注意管理上的协同效应。

2. 市场营销协同效应

在不同的产品有共同的销售渠道和顾客时,往往会产生协同效应。老产品能带动新产品的销售,新产品反过来又能为老产品开拓市场,从而增加总销售额。同时,由于面对共同的市场,因而企业不需要为新产品额外增加更多的各种营销费用,从而使企业单位营销费用降低。

3. 生产协同效应

如果新老产品在生产技术、生产设备、原材料以及零部件的利用上具有类似性,那么在产品生产上就会获取协同作用。

4. 技术协同效应

这里的技术主要指设计与开发技术。企业在实行多元化经营时,可以充分利用贯穿于这些产品之间的核心技术,可以大大减少新产品研究开发费用,并提高新产品成功的概率。

(三) 分散风险

企业经营业绩的好坏不仅取决于企业管理者,还受宏观经济的影响。比如汽车、房地产等行业与GDP的相关性就非常高,因此这些行业中企业的利润也就随着GDP的波动而波动,这就容易使企业在经济低谷时陷入财务危机,甚至面临破产的危险。因此,多元化经营的一个非常重要的战略利益就是通过减少企业利润的波动来达到分散风险的目的。为此目的而实行的多元化战略,应确立使企业风险最小、收益最大的产品组合。一般来说,企业应选择在价格波动上是负相关的产品组合,这将最有利于分散风险。而高度相关的产品组合,不利于风险分散。这种高度相关包括:所有产品都属于产品生命周期的同一阶段;所有产品都是风险产品或滞销产品;所有产品都存在对某种资源的严重依赖;等等。

（四）增强市场力量

实施多元化战略的企业拥有更多的市场力量。多元化企业可以通过三个机制来实施市场力量。

1. 掠夺性价格

多元化企业可以凭借其规模及不同业务领域经营的优势,在单一业务领域实行低价竞争,从而取得竞争优势。企业可以将价格定在竞争对手的成本以下,而通过其他业务领域来弥补这一定价行动的损失,从而在这一时期胜过竞争对手或迫使其退出此行业,为企业在此行业的长期发展创造一个良好的环境。

2. 互利销售

企业通过多元化经营可以实现互利销售,从而扩大企业市场份额。互利销售指企业可以与其主要客户签订长期合同,互相提供所需的产品,以实现相互利益最大化。

3. 相互制约

当一个多元化经营企业与另一个多元化经营企业竞争时,这两个企业可能会在多个市场上进行竞争,而这种多市场接触会减弱相互竞争的强度。因为如果一个企业在一个市场上采取进攻行动(如降价行动)的话,很可能招致另一个企业在其他市场上的报复行动。因此,通过这种相互制约,企业可以在一个竞争相对缓和的环境中生存。

（五）提升或获取核心能力

以提升核心能力为目标的多元化经营通常有两种形式:一是通过现有核心能力在新行业领域的运用来提升核心能力水平;二是从新的行业领域获取新的核心能力,再将现有的和新的核心能力融合为一个整体来提高核心能力。

当企业尚未拥有核心能力,但明确自己的核心能力范围时,企业也可将获取核心能力作为多元化经营的目标。这个目标的设定及经营活动的展开应该考虑到企业现在经营行业与新行业的关联程度。一般而言,关联程度越高,其获取核心能力的目标实现的成功率就越大。同时,新行业的选择不应超出设定的核心能力存在的行业领域,否则,获取核心能力的目标就难以实现。

（六）追求成长

多元化战略的一个重要战略目标是追求企业的持续成长。当企业面临一个已经成熟的甚至正在衰退的产业时,继续在此产业中投入以获得企业发展显然是不明智的,因此为寻求企业的进一步成长,就必须进入一个新的产业。而在多元化战略中,企业实现成长目标的方式是多种多样的,如国际化、专业化、垂直一体化、多元化等。

企业实施多元化战略受到外部环境、技术能力、管理能力与资源整合能力等因素的影响,因而,企业实施多元化战略必须具备一定的优势条件和能力基础,其中,企业通过外生性手段和内生性手段获取的技术能力是多元化战略的重要支撑条件,同时企业在研发管理与组织管理等方面具备的管理能力是企业实施多元化战略的必要条件,在全球化经济背景下,通过合作、收购以及重组等资源整合方式能够快速实现多元化结构整合,并有效降低成本。

三、多元化战略风险

多元化战略主要面临以下几方面的风险。

(一) 削弱原有产业

企业资源总是有限的,多元化经营必然要分散企业资源,往往意味着原有经营的产业要受到削弱。这种削弱不仅是资金方面的,管理层注意力的分散也是一个方面,它所带来的后果往往是严重的。然而,原有产业是多元化经营的基础,新产业在初期需要原产业的支持,若原产业受到迅速的削弱,企业的多元化经营就会面临危机。

(二) 市场整体风险

支持多元化经营的一个流行说法是,多元化经营通过"把鸡蛋放在不同的篮子里"去化解风险。然而,市场经济中的广泛关联性决定了多元化经营的各产业仍面临共同的风险。也就是说,"鸡蛋"仍放在一个"篮子"里,只不过是"篮子"稍微大了一些罢了。在宏观力量的冲击之下,企业多元化经营的资源分散反而加大了风险。

(三) 行业进入风险

行业进入不是一个简单的"买入"过程。多元化战略与垂直一体化战略同样需要克服产业进入壁垒,这就必须付出成本,而且企业在进入新行业之后还必须不断注入后续资源,去适应这个行业并培养自己的员工队伍,塑造企业品牌。由于企业在刚进入一个新的行业时,不具备在此行业中经营的经验,缺乏必要的人才、技术等资源,就很难在此行业中立足并取得竞争优势。所以,企业进入完全陌生的新行业环境中经营是一个长期的、动态的过程,很难用通常的投资额等静态指标来衡量行业的进入风险。

(四) 行业退出风险

企业在多元化投资前往往很少考虑到退出的问题。然而,如果企业深陷一个错误的投资项目却无法全身而退,那么很可能导致全军覆没。一个设计良好的经营退出渠道能有效地降低多元化经营风险。

(五) 内部经营管理整合风险

由于企业在不同的业务领域经营,不同的行业有不同的业务流程和不同的市场模式,因而对企业的管理机制有不同的要求。企业作为一个整体,必须把不同行业对其管理机制的要求以某种形式融合在一起。多元化经营时,多重目标和企业有限资源之间的冲突使这种管理机制的融合更为复杂和困难,使企业多元化经营的战略目标最终趋于内部冲突的妥协。当企业通过兼并他人进行多元化经营时还会面临一种风险,即不同企业文化是否能够成功融合的风险。

本章内容小结

从经营态势来看,企业总体战略可分为扩张型战略、稳定型战略和紧缩型战略三大类。在特定的发展状况和企业内外部环境下,这些战略都有实施的必要性。扩张型战略是企业主动采取行动获得先发优势和利益的行为,一般适用于迅速成长的市场;稳定型战略主要依据于前期战略,它坚持前期战略对产品和市场领域的选择,一般适用于市场需求及行业结构稳定或者动荡较小的环境;紧缩型战略是通过调整缩小企业经营规模和范围,偏离目前的战略起点的一种战略。企业实行紧缩型战略只是短期性的,其根本目的是转化企业所遇到的危机,然后采取其他战略。

一体化战略是企业充分利用自己在产品、技术、市场上的优势,根据物资流动的方向,使企业不断地向深度和广度发展的一种战略。一体化战略主要包含垂直一体化战略和水平一体化战略。

多元化战略是指企业在原主导产业范围以外的领域从事生产经营活动的一种战略。企业多元化经营意味着企业将组织新的发展方向,开发有发展潜力的产品或者丰富充实产品组合结构,在多个相关或不相关领域同时经营多项不同的业务。因此,企业多元化经营不可避免地会带来风险,关键是对自身资源和能力的分析和有效运用以及适应战略的相关条件。

复习思考题

1. 描述扩张型战略、稳定型战略和紧缩型战略的基本特征及其适用性。
2. 试析大多数企业都倾向于采用扩张型战略的原因。
3. 紧缩型战略既然对企业无多大吸引力,为什么还要选择采用?
4. 什么是一体化战略?它有哪几种类型?
5. 如何避免垂直一体化战略的劣势?
6. 试析多元化战略的目标和风险。

【本章案例】

格力电器的专业化与多元化之路

珠海格力电器股份有限公司成立于1991年,1996年11月在深交所挂牌上市。公司成立初期,主要依靠的是组装生产家用空调,现已发展成为多元化、科技型的全球工业集团,产业覆盖空调、生活电器、高端装备、通信设备等四大领域,产品远销160多个国家和地区,仅空调领域已累计为全球超过4亿用户服务。公司现有9万多名员工,其中有1.4万名研发人员和3万多名技术工人。在国内外建有14个生产基地,分别坐落于珠海、重庆、合肥、郑州、武汉、石家庄、芜湖、长沙、杭州、洛阳、南京、成都以及巴西、巴基斯坦,家用空调年产能达到6 200万台套,商用空调年产能达到700万台套。2019年,公司营业总收入2 005.08亿元,净利润246.97亿元,纳税157.90亿元。

截至2020年年底,公司现有15个研究院,共有126个研究所、1 045个实验室、1个院士工作站(电机与控制),拥有国家重点实验室、国家工程技术研究中心、国家级工业设计中心、国家认定企业技术中心、机器人工程技术研发中心各1个,同时成为国家通报咨询中心研究评议基地。经过长期沉淀积累,截至2020年年底,公司累计申请国内专利80 547项,其中发明专利41 073项,申请国际专利2 445项。在2020年国家知识产权局排行榜中,格力电器排名全国第六,家电行业第一。现拥有31项"国际领先"技术,获得国家科技进步奖2项、国家技术发明奖2项、中国专利奖金奖4项。

据中标院统计发布,自2011年以来,格力顾客满意度、忠诚度连续8年保持行业第一。2018年,公司荣获第三届"中国质量奖"。据2018年《福布斯》发布的"全球上市公司2000强"名单,格力电器位列294名,较2017年上升70位;据产业在线数据,格力家用空调产销量自1995年起连续24年位居中国空调行业第一,自2005年起连续14年领跑全球;据业内权威专业媒体《暖通空调资讯》数据,格力电器连续7年蝉联国内中央空调市场第一。在第二届中国品牌发展论坛上,"2018年中国品牌价值百强榜"发布,格力以687.53亿元的品牌价值位列家电行业首位。

格力电器的经营理念是:一个没有创新的企业是没有灵魂的企业;一个没有核心技术的企业是没有脊梁的企业;一个没有精品的企业是没有未来的企业。格力电器始终坚持"以消费者的需求为最高标准",始终把自主创新作为最根本和最持久的动力,坚持自主研发、自主生产、自主营销和自主培养人才,搭建起"企业为主体、市场为导向、产学研相结合"的技术创新体系,掌控了从上游压缩机、电机等零部件研发生产到下游废弃产品回收利用的全产业链。

格力电器作为一家多元化、科技型的全球工业集团,不仅拥有全球规模最大的空调生产线,还同时构建起完善的家电行业产业链。格力在多个基地建有压缩机、电机、电容、漆包线等家电产品上游工厂,并在各基地建有注塑、钣金喷涂、两器管路、控制器等完备的配套车间,为快速拓展冰箱、洗衣机等家电产业提供了庞大而健全的供应链,保障了高效的生产运作能力。同时,公司建有长沙、郑州、石家庄、芜湖、天津5个再生资源基地,覆盖从上游生产到下游回收全产业链,实现了绿色、循环、可持续发展。

与美的集团和青岛海尔不同,格力电器自成立以来一直高度追求空调专业化生产的理念。早在2004年,格力电器通过收购凌达压缩机公司,扩大业务范围并加入小家电生产行列,但其多元化意向尚未明确。直到2013年,格力电器才开始采用多元化的发展战略。2013年起,格力相继进军智能装备、通信设备、模具等领域,已经从专业空调生产延伸至多元化的高端技术产业。目前,格力智能装备不仅为自身自动化改造提供先进设备,同时也为家电、汽车、食品、3C数码、建材卫浴等众多行业提供服务。

格力电器的专业化与多元化战略发展历程见下表。

格力电器的专业化与多元化战略发展历程一览表

时间	项目	典型口号	市场表现
1994—2005年	构建了"筛选分厂、质量控制部、企业管理部"三位一体的格力特色质量控制体系	好空调,格力造	格力空调好品质深入人心
2006—2012年	专注研发空调核心技术,在压缩机、电机、控制器等关键部件上实现了产业链纵向一体化的深度布局,发展了凌达压缩机、凯邦电机、新元电子和格力电工四家子公司	格力,掌握核心科技	格力成为全球空调行业领军
2013—2016年	多品类、多品牌布局——消费品:格力空调、大松生活电器、晶弘冰箱及手机;工业品:凌达压缩机、凯邦电机、新元电子及格力模具、电工、钣金等	让世界爱上中国造	格力迈入精工制造
2017年至今	智能装备实现家电、汽车、卫浴、食品、医疗、电子等多领域覆盖;完善布局以光伏发电、储能为基础,家用电器、终端智能控制为实现方式的智能家居生态圈	让世界爱上中国造	格力家用空调稳定保持连续全球第一

多元化战略作为企业总体战略的一部分,需要仔细研究内部条件与外部环境,若因外部压力的逼迫,未能清晰掌握企业内部资源与自身能力的现状,贸然进行战略实施,往往会有事倍功半的无力感,浪费企业资源,对企业来说也会损失极大。格力电器在多元化战略实施过程中,要结合企业特点有的放矢地进行,继续强化格力电器的核心竞争力,并注意防范企业的内外风险。

(资料来源:格力电器公司官方网站、公司年报及相关公开资料)

案例思考题

1. 请运用一体化战略理论分析格力电器专业化战略的优势和劣势。
2. 格力电器实施多元化战略的条件是什么？其多元化战略存在哪些风险？如何防范其多元化战略的风险？

第六章 竞争战略

企业竞争战略问题从根本上来说是如何把握竞争与非竞争的平衡问题。企业在竞争中为获得有利的地位,通常可采用迈克尔·波特在《竞争战略》一书中提出的三种基本竞争战略,即成本领先战略、差异化战略(标歧立异战略)和目标集聚战略(集中化战略)。这些战略是根据产品、市场以及特殊竞争力的不同组合而形成的,企业可以根据自己生产经营的情况选择所要采用的竞争战略。一般而言,大公司应以成本领先战略或差异化战略(标歧立异战略)为基点进行竞争,而中小企业则往往以目标集聚战略(集中化战略)为基点进行竞争。随着企业面临的竞争环境越来越复杂化,竞争的变化也越来越快,企业竞争环境呈现越来越明显的动态特点,因而,企业应运用动态竞争战略,培育动态战略竞争力。

第一节 成本领先战略

一、成本领先战略的概念

所谓成本领先战略(overall cost leadership strategy)是指企业通过在内部加强成本控制,在研究开发、生产、销售、服务和广告等领域把成本降到最低限度,成为行业中的成本领先者的战略。企业凭借其成本优势,可以在激烈的市场竞争中获得有利的竞争优势。成本领先战略要求积极地建立起达到相当规模的生产设施,在规模基础上全力以赴降低成本。为了达到这些目标,有必要在管理方面对成本控制给予高度重视。尽管质量、服务以及其他方面也不容忽视,但贯穿于整个战略中的主题是使成本低于竞争对手。选择成本领先战略的动因来源于大的经济规模、影响显著的经验曲线、削减成本与提高收益的机会以及由众多具有价格意识的购买者所组成的市场驱动。

二、成本领先战略的优势

(1)形成进入障碍。企业的生产经营成本低,便为行业的潜在进入者设置了较高的进入障碍。那些在生产技术上尚不成熟、经营上缺乏规模经济的企业便很难进入此行业。

（2）增强讨价还价的能力。企业的成本低，可以使自己应付投入费用的增长，提高企业与供应者的讨价还价能力，降低投入因素变化所产生的影响。同时，企业成本低，可以提高自己对购买者的讨价还价能力，对抗强有力的购买者。

（3）降低替代品的威胁。企业的成本低，可以凭借其低成本的产品和服务吸引大量的顾客，降低或缓解替代品的威胁，使自己处于有利的竞争地位。

（4）保持价格领先的竞争地位。当企业与行业内的竞争对手进行价格战时，由于企业的成本低，可以在竞争对手毫无利润的水平上保持盈利，从而扩大市场份额，保持绝对竞争优势的地位。

总之，企业采用成本领先战略可以使企业有效地面对行业中的五种竞争力量，以其低成本的优势，获得高于行业平均水平的利润。

三、实施成本领先战略的条件

一般从两个方面考虑实施成本领先战略的条件：一是考虑实施战略所需要的资源和技能，二是组织落实的必要条件。成本领先战略适用于大批量生产的企业，企业所需要的资源须持续投入，须提高科研与开发能力，增强市场营销的手段，提高内部管理水平。在组织落实方面，企业要考虑严格的成本控制，应有详尽的成本控制报告、合理的组织结构和责任制度，以及完善的激励管理机制。

在实践中，成本领先战略要想取得好的效果，还要考虑企业所在的市场是不是完全竞争的市场，该行业的产品是不是标准化的产品，大多数购买者是否以同样的方式使用产品，产品是否具有较高的价格弹性，购买者是否具有很强的降价谈判能力，等等。如果企业的环境和内部条件不具备这些因素，企业便难以实施成本领先战略。

以往的研究表明，并不是每个企业都能够实施成本领先战略。实施成本领先战略受到两个基础条件的影响：一个是规模效益，另一个是经验效益。即使不具有规模效益的企业，也能够采取成本领先战略。根据整体成本理念，企业成本是企业在生产经营整个过程中所消耗的一切资源的总价值。企业每一项活动都会产生成本，因而每一项活动的进行也必然要关注成本。在保证每项活动顺利进行的前提下，尽可能减少费用的支出；在保证产品质量的前提下，尽可能找到产品的最佳生产方式，降低生产成本；尽量减少管理费用的浪费，降低管理成本；等等。各个经营方面都应该是在企业整体成本理念下思考的。当然，企业在做这些的同时，不能以降低提供给顾客的价值、牺牲产品服务质量为代价。

四、成本领先战略的风险

企业在选择成本领先战略时，还应充分注意到该战略的风险。如果竞争对手的竞争能力过强，采用成本领先的战略就有可能处于不利的地位。具体来讲，该战略有以下风险。

（1）竞争对手开发出更低成本的生产方法。例如，竞争对手利用新的技术或更低的人工成本，形成新的低成本优势，使得企业原有的优势成为劣势。

（2）竞争对手采用模仿的办法。当企业的产品或服务具有竞争优势时，竞争对手往往会采取模仿的办法，形成与企业相似的产品和成本，给企业造成困境。

（3）顾客需求的改变。如果企业过分地追求低成本，降低了产品和服务质量，会影响顾客的需求，结果会适得其反，企业非但没有获得竞争优势，反而会处于劣势。

企业在采用成本领先战略时，应及早注意这些风险，采取防范措施。

五、成本领先战略的实施分析

企业获得成本优势通常有两种主要方法：一种是挖掘企业成本驱动因素；另一种是优化企业价值链。

（一）挖掘企业成本驱动因素

所谓成本动因是指引起产品成本发生变动的原因，即成本的诱致因素。它包括围绕企业的作业概念展开的微观层次上的执行性成本动因和决定企业整体成本定位的结构性成本动因。成本动因分析首先要尽可能把成本动因与特定价值作业之间的关系量化，并识别成本动因之间的相互作用，从而对成本动因进行战略上的权衡与控制；其次要从战略上分析、查找、控制一切可能引起成本变动的因素，从战略上考虑成本管理，以控制日常生产经营中大量潜在的问题。

1. 执行性成本动因分析

包括对每项生产经营活动所进行的作业动因和资源动因的分析。作业动因是指作业贡献于最终产品的方式和原因，分析作业动因与最终产出的联系，可以用来判断作业的增值性，对于非增值作业要进行严格控制甚至删除。资源动因是指资源被各作业消耗的方式和原因，它是把资源成本分配到作业的基本依据，如购货作业的资源动因是从事这一活动的职工人数。控制资源动因，有利于改进和提高作业效率。

2. 结构性成本动因分析

大部分企业成本在其具体生产经营活动展开之前就已经被确定，这部分成本的影响因素称为结构性成本动因。迈克尔·波特综合了影响企业价值活动的 10 种结构性成本动因，它们是：规模经济、学习、生产能力利用模式、联系、相互关系、整合、时机选择、自主政策、地理位置和机构因素。结构性成本动因是从深层次上影响企业的成本地位。这部分成本动因在短期内是难以改变的，对其控制要做一个长远的规划。

3. 成本动因的相互作用

若干个成本动因常常相互作用以决定一类价值活动的成本。这种相互作用可能是相互加强的，也可能是相互对抗的。因此，企业还应重视分析各成本动因之间的相互作用，以避免成本动因间的相互抵触,并充分利用成本动因间相互加强的效果来获得持久竞争优势。

(二) 优化企业价值链

价值链反映出企业经营活动的历史、重点、战略、实施战略的方法以及未来的发展趋势。企业反映在价值链上所创造的价值,如果超过成本便是盈利。在某产品价值链上耗费的成本低于竞争对手同种产品的成本时,企业便具备了成本优势。因此,价值链分析成为成本领先战略的基本出发点。从作业成本系统的角度而言,每一阶段均由不同的作业构成,产品的价值链实际上是一系列作业活动的组合。作业活动的改变会导致相关价值链环节的变动,价值链的重构实际上就是对多项作业的删除与合并。

第二节 差异化战略

一、差异化战略的概念

差异化战略(differentiation strategy)又称标歧立异战略、差别化战略,是指企业为了使产品或服务有别于竞争对手而形成一些在产业范围内具有独特性的一种战略。它意味着企业提供与众不同的产品和服务,满足顾客特殊的需求。差异化战略可以有许多实现方式,如品牌形象、技术特点、外观特点、客户服务、营销网络的独特性等。最理想的差异化是企业在这些方面都具有独特性。需要注意的是,差异化战略并不意味着企业可以忽略成本,但此时低成本不是企业的首要战略任务,或者说低成本战略是一种特殊的差别化战略,即价格差别化战略。

二、差异化战略的优势

企业采用差异化战略,可以很好地防御行业中的五种竞争力量,获得超过行业平均水平的利润。具体而言,主要表现在以下几个方面。

(一) 形成进入障碍

由于产品的特色,顾客对产品或服务具有很高的忠诚度,从而使该产品和服务具有强有力的进入障碍。潜在的进入者要与该企业竞争,就需要克服这种产品的独特性。

(二) 降低顾客敏感程度

由于差别化,顾客对该产品或服务具有某种程度的忠诚性,当这种产品的价格发生变化时,顾客对价格的敏感程度不高。生产该产品的企业便可以运用产品差别化的战略,在行业的竞争中形成一个隔离带,避免竞争者的伤害。

（三）增强讨价还价的能力

产品差别化战略可以为企业带来较高的边际收益，降低企业的总成本，增强企业对供应者的讨价还价能力。同时，由于购买者别无其他选择，对价格的敏感程度降低，企业可以运用这一战略削弱购买者的讨价还价能力。

（四）防止替代品的威胁

企业的产品或服务具有特色，能够赢得顾客的信任，便可以在与替代品的较量中比同类企业处于更有利的地位。

三、实施差异化战略的条件

企业成功地实施差异化战略，通常需要特殊类型的管理技能和组织结构。例如，企业需要从总体上具备提高某项经营业务质量、树立产品形象、保持先进技术和建立完善的分销渠道等的能力。为实施这一战略，企业需要具有很强的研究开发与市场营销能力。同时在组织结构上，成功的差异化战略需要有良好的结构以协调各个职能领域，以及有能够确保激励员工创造性的激励体制、管理体制和企业文化。

就企业内部条件而言，必须具备以下方面。

（1）具有很强的研究开发能力，研究人员要有创造性的眼光。

（2）企业具有以其产品质量或技术领先的声望。

（3）企业在这一行业具有悠久的历史或能够充分吸取其他企业的技能并自成一体。

（4）企业有很强的市场营销能力和广阔的营销渠道。

（5）研究开发、产品开发及市场营销等职能部门之间具有很强的协调性。

（6）企业要具备吸引高级研究人员、创造性人才和高技能人才的物质设施。

四、差异化战略的风险

企业在实施差异化战略时，主要面临两种风险：一是企业没有能够形成适当的差别化；二是在竞争对手的模仿和进攻下，而行业的条件又发生了变化，企业不能保持差别化，这种风险经常发生。企业在保持差别化上，普遍存在着以下四种威胁。

（1）企业形成产品差别化的成本过高，大多数购买者难以承受产品的价格，企业也就难以盈利。竞争对手的产品价格降得很低时，企业即使控制其成本水平，购买者也会不再愿意为具有差别化的产品支付较高的价格。

（2）竞争对手推出相似的产品，降低产品差别化的特色。

（3）竞争对手推出更有差别化的产品，使得企业的原有购买者转向了竞争对手的市场。

（4）购买者不再需要本企业赖以生存的那些产品差别化的因素。例如，经过一段时间的销售，产品质量不断提高，顾客对电视机、电冰箱等家用电器的价格越来越敏感，这些产品差别化的重要性就降低了。

总之,企业进行差异化的过程,往往会与争取更大的市场占有率相矛盾。实现产品差异化将意味着以高成本为代价,然而,即便全产业范围内的顾客都了解企业的独特优点,并不是所有顾客都愿意或有能力支付企业所要求的较高价格。

五、实现差异化战略的途径

(一) 有形差异化

实现差异化战略的第一个途径,也是比较简单的途径,是从有形的方面对产品和服务实行差异化。很多产品差异化的潜力部分是由其物理特点决定的。对于那些技术比较简单,或者满足顾客简单需要,以及必须满足特定技术标准的产品,差异化机会主要受技术和市场因素的影响。而对于那些比较复杂,或者满足顾客复杂需要,以及不必满足严格的标准的产品,将存在更多的差异化机会。

有形差异化主要涉及产品和服务的可见特点,这些特点影响顾客的偏好和选择过程。它们包括产品的尺寸、形状、颜色、体积、材料和所涉及的技术。除以上因素外,有形差异化还包括产品或服务在可靠性、一致性、口味、速度、耐用性和安全性上的差异。实际上,延伸产品的差异也是有形差异化的重要来源,这些延伸产品包括售前售后服务、交货的速度、交货方式的适用性,以及将来对产品进行更新换代的能力等。对于一般消费品来说,以上差异化因素直接决定了顾客从产品获得的利益。而对于生产资料来说,上述差异化因素影响购买企业在其业务领域获利的能力,因此,当这些因素降低购买企业的成本或增强其差异化能力时,它们将成为差异化的重要来源。

(二) 无形差异化

当顾客感觉产品或服务的价值并不取决于有形的特性时,企业可以通过无形差异化取得竞争优势。实际上,顾客仅仅通过可见的产品特性或性能标准选择的产品数量是非常有限的,社会因素、感情因素及心理因素都会影响产品或服务的选择。对于一般消费品,人们对专有性、个性化和安全性的追求往往是强有力的刺激因素。当某种产品或服务是为了满足顾客较复杂的需求时,差异化的关键在于企业产品整体形象,这一点对那些质量和性能在购买时难以度量的"经验"产品或服务尤其重要。这些产品包括化妆品、医疗服务和教育等。换句话说,差异化不仅与产品的物理特性有关,而且可以扩展到产品或服务的很多方面,只要提供的差异能为顾客创造相应的价值即可。这意味着差异化包括企业与其竞争对手在所有方面的差异。因而,麦当劳在快餐业的差异化优势,不仅涉及其食品和饮料的特点,也不仅涉及与其食品和饮料有关的服务,而且还与它对儿童的幸福和兴趣的关注有关。即是说,差异化是建立在公司的风格和价值观基础之上的。

(三) 维持差异化优势

虽然传统上战略分析一直将取得成本领先地位作为建立相对竞争优势的基础,但实际上,维持成本领先地位比取得差异化优势更为困难。随着国际贸易和国际投资的增长,一些发达国家中原来靠成本领先取得竞争优势的企业都已面临来自新兴工业化国家和地区竞争对手的严峻挑战。同样,我国沿海地区和国有大中型企业中原来靠成本优势占领市场的企业,现在不得不面对西部地区企业的严重挑战,后者可以买到更廉价的原材料,大量节约劳动成本。相反,通过加大研究与开发的力度,潜心研究顾客消费需求的特点,保持企业创造独特产品的能力来维持差异化优势,可能是一种更有效的方法,尤其是在竞争不断加剧、人们的生活水准越来越高,同时更加追求多样化和个性化的经济与社会环境下更是如此。

第三节 集中化战略

一、集中化战略的概念

集中化战略(focus strategy)又称目标集聚战略,是指企业把生产经营活动集中在一个特定的目标市场上,为特定的地区或特定的购买者集团提供特定产品或服务的一种战略。集中化战略与其他两个基本竞争战略不同。成本领先战略与差异化战略面向全行业,在整个行业的范围内进行活动。而目标集聚战略则是围绕一个特定的目标进行密集型的生产经营活动,要求能够比竞争对手提供更为有效的服务。企业一旦选择了目标市场,便可以通过产品差别化或成本领先的方法,形成集中化战略。也就是说,采用集中化战略的企业,基本上就是特殊的差别化企业或特殊的成本领先企业。由于这类企业的规模较小,采用集中化战略的企业往往不能同时采取差别化和成本领先的方法。采用集中化战略的企业要想实现成本领先,可以在专用品或复杂产品上建立自己的成本优势,这类产品难以进行标准化生产,也就不容易形成生产上的规模经济效益,因此也难以具有经验曲线的优势。而采用集中化战略的企业要实现差别化,则可以运用所有差别化的方法去达到预期的目的。与差别化战略不同的是,采用集中化战略的企业是在特定的目标市场中与实行差别化战略的企业进行竞争,而不在其他细分市场上与其竞争对手竞争。在这方面,采用集中化战略的企业由于其市场面狭小,可以更好地了解市场和顾客,提供更好的产品与服务。

二、集中化战略的优势

集中化战略与其他两个基本竞争战略一样,可以防御行业中的各种竞争力量,使企业在本行业中获得高于一般水平的收益。这种战略可以用来防御替代品的威胁,也可以针对竞争对手最薄弱的环节采取行动。或者形成产品的差异化；或者在为该目标市场的专门服务中降低成本,形成低成本优势；或者兼有产品差异化和低成本的优势。在这种情况下,其竞争对手很难在目标市场上预制抗衡。这样,企业在竞争战略中通过成功地运用集聚战略,就可以获得超过行业平均水平的收益。

除了上述优势外,集中化战略还有以下一些明显优势。

（1）便于集中使用整个企业的力量和资源,更好地服务于某一特定的目标。

（2）更好地调查研究与产品有关的技术、市场、顾客及竞争对手等各方面的情况,做到"知彼"。

（3）经济效果易于评价,战略管理过程容易控制,从而带来管理上的简便。

（4）能更快地响应市场的变化。

（5）可以针对竞争对手最薄弱的环节使用集聚战略采取行动。

三、集中化战略的适用条件

企业实施集中化战略,尽管能在其目标市场上保持一定的竞争优势,获得较高的市场份额,但由于其目标市场是相对狭小的,该企业的市场份额的总体水平是较低的。集中化战略在获得市场份额方面有某些局限性。因此,企业选择集中化战略时,应该在产品获利能力和销售量之间进行权衡和取舍,有时还要在产品差别化和成本状况中进行权衡。

企业实施集中化战略的关键是选好战略目标。一般的原则是,企业要尽可能地选择那些竞争对手最薄弱的目标和最不易受替代产品冲击的目标。具体来说,企业实施集中化战略往往在下列情况下能够取得较好的效果。

（1）具有完全不同的用户群。购买群体在需求上存在差异,用户有独特的偏好或需求。

（2）在相同的细分市场上,其他竞争对手不打算实行目标集聚战略。

（3）行业中各细分市场在市场容量、成长速度、获利能力、竞争强度方面存在很大差异,致使某些细分市场比其他细分市场更有吸引力。

（4）企业的资源实力有限,不能追求更大的细分市场。

（5）采取集中化战略的企业凭借其建立起来的顾客商誉和服务来防御行业中的挑战者,其产品和服务有较高的客户忠诚度。

四、集中化战略的风险

企业在实施集中化战略时,可能会面临以下风险。

（1）以较宽的市场为目标的竞争者采用同样的集中化战略,或者竞争对手从企业的目标市场中找到了可以再细分的市场,并以此为目标实施更集中的战略,从而使原来采用集聚战略的企业失去优势。

(2) 由于技术进步、替代品的出现、价值观念的更新、消费者偏好变化等多方面的原因,目标市场与总体市场之间在产品或服务方面的需求差别变小,企业原来赖以形成目标集聚战略的基础因此而丧失,企业容易受到冲击。

(3) 产品销量可能变小,产品要求不断更新,造成生产费用增加,削弱成本优势。目标集聚战略有时需要企业付出很高的代价,抵消企业为目标市场服务的成本优势,或抵消通过集聚战略而取得的产品差别化优势,导致企业集聚战略的失效。

(4) 众多的竞争者可能会认识到集聚战略的有效性,更可能是厂商所聚集的细分市场非常具有吸引力,以致各个竞争厂商蜂拥而入,模仿这一战略,瓜分细分市场的利润。

总之,尽管从整个市场角度看,集中化战略未能取得低成本或差异化优势,但在其狭窄市场目标中获得了一种或两种优势地位。三种基本竞争战略之间的区别如图6-1所示。①

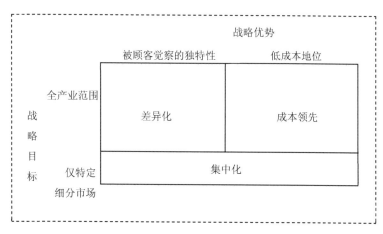

图6-1 三种基本竞争战略

波特认为,这三种基本竞争战略是每一个企业必须明确的,因为徘徊其间的企业将处于极其糟糕的战略地位。这样的企业缺少市场占有率,缺少资本投资,从而削弱了"打低成本牌"的资本。全产业范围的差异化的必要条件是放弃对低成本的努力。而采用集中化战略,在更加有限的范围内建立起差别化或低成本优势,更会有同样的问题。徘徊其间的企业几乎注定是低利润的,所以它必须做出一种根本性战略决策,向三种通用战略靠拢。

---

① 迈克尔·波特. 竞争战略[M]. 华夏出版社,1997:38.

第四节 动态竞争战略

一、动态竞争战略的提出

西方管理学者从 20 世纪 90 年代初开始,就在总结过分多样化错误的基础上,注意到了竞争动态化的特点。经过多年的研究和努力,他们在动态竞争战略方面出版了两本最具有代表性的论文集:①1994 年,Richard 和 A. D. Aveni 主编的《超级竞争:经营战略动机的动力学》;②1996 年乔治·S. 戴伊和戴维·J. 雷布斯坦因合编的《动态竞争战略》。对于复杂和快速变化的竞争现象的概括,第一本著作采用了"超级竞争"这个概念,而在第二本著作中则采用了"动态竞争"的概念。

由于全球经济一体化及全球信息化进程加快,企业之间的竞争由过去的静态竞争转变为现在的动态竞争。对于动态竞争的含义,目前没有统一的、规范化的定义。根据美国希特(Hiit)的定义,动态竞争是指在特定行业内,某个(某些)企业采取的一系列竞争行动引起竞争对手的一系列反应,这些反应又会影响到原先行动的企业,这是一种竞争互动的过程。

二、动态竞争下的战略思维

(一) 重视动态竞争互动

在静态竞争的条件下,制定竞争战略时很少考虑和预测竞争对手的反应特别是一系列攻击反应行为。而在动态竞争条件下,竞争战略的有效性很大程度上依赖于预测竞争对手的能力,以及削弱和限制竞争对手的能力。因此,企业在制定竞争战略之前,必须先认真回答以下问题:应该选择谁作为竞争对手? 竞争对手会不会做出预期反应以及会做出什么样的预期反应? 应该采用进攻战略(先动有什么优势和劣势)还是采用反击战略(跟进有什么优势和劣势)? 竞争行为会给竞争对手和企业本身造成什么影响(获得短期优势还是长期优势)? 竞争对手的反应又会给企业造成什么影响(造成短期劣势还是长期劣势)? 企业竞争行为会给整个行业市场和竞争结构造成什么样的影响? 而改变后的市场和竞争结构又会对企业将来的行为产生什么样的影响? 等等。

(二) 调整制定战略的出发点

在静态竞争条件下,制定战略的出发点就是扬长避短,以自己的竞争优势打击竞争对手的弱点,这种观点只有在竞争对手没有学习能力和竞争的互动只有一次的情况下才是正确的。在动态竞争条件下,如果一个企业总是以自己的优势打击对手的弱点,在多次打

击竞争对手之后,就会发现这样一些情况:

(1) 自己原来的优势越来越没有作用,因为竞争对手在多次被打击之后已经产生抵抗力,通过模仿或者学习克服了自己的弱点。

(2) 竞争对手在没有优势的情况下,会想办法改变竞争规则或者创造新优势,使原来的优势丧失意义。

(3) 在这种情况下,原来打击别人的企业很可能因为过于依赖原有优势或者固守原来的优势没有及时建立新优势,因此在下一个回合的竞争互动中处于不利地位。

(三) 制定竞争战略的目的不同

在静态竞争条件下,制定竞争战略的目的就是要保持长期竞争优势。而在动态竞争条件下,制定竞争战略的目的是要创造新的竞争优势。以前战略思维的基本出发点就是发挥自己的长处,而且认为企业的长处可以作为竞争优势而加以长期保持。在动态竞争条件下,竞争优势都是暂时性的,所有的竞争优势都会受到侵蚀。这种侵蚀有时是因为竞争对手的模仿,有时是被竞争对手以智取之。一旦竞争优势没有意义就很可能成为负担。如果继续投入去保持过时的竞争优势,将可能导致更大的灾难。所以在动态竞争条件下,虽然也要保持竞争优势,但是更加重要的是如何及时地创造新优势。通过创造新优势,削弱对手的竞争优势,或者通过改变竞争领域或规则使竞争对手的竞争优势过时。

(四) 采用动态分析方法

传统的 SWOT 分析方法、波士顿矩阵模型以及波特的五力模型等都是静态的分析方法。这些方法的主要问题就在于它们是立足于竞争优势是可以长期保持的,而且主要是从保持和发挥竞争优势出发为制定和选择竞争战略提供依据。在动态竞争条件下,分析、评价和选择竞争战略的方法不再立足于竞争优势的可保持性,不是只考虑一个竞争回合,而是立足于竞争对手之间的互动。例如,把博弈论和行为科学的方法运用于对竞争对手的行为和反应的分析;把连动分析方法运用于对竞争性互动的分析;把情景描述、战争游戏和模拟分析等方法运用于竞争战略评价和选择;等等。

(五) 构建核心竞争力

在静态竞争条件下,人们更加注意环境、市场和行业结构对企业行为和效益的影响及企业的资源条件;而在动态竞争的条件下,人们越来越关注企业的能力特别是核心竞争力的作用。在静态竞争条件下,许多管理者认为,一个企业的效益主要决定于客观环境、市场结构和行业竞争结构,所以他们把大量精力放在分析环境、预测市场、选择行业方面,一旦看到了好的机会,就会进入。但在动态竞争条件下,越来越多的管理者认为,客观环境、市场结构和行业竞争结构是可以通过企业的战略行为而改变的,核心竞争力的建立和保持才是企业竞争的关键。

本章内容小结

成本领先战略、差异化战略和集中化战略是企业常用的三种基本竞争战略。

成本领先战略是企业通过在内部加强成本控制，在研究开发、生产、销售、服务和广告等领域把成本降到最低限度，成为行业中的成本领先者的战略。要做到成本领先，就必须在管理方面对成本严格控制，尽可能将降低费用的指标落实到个人，处于低成本地位的公司可以获得高于产业平均水平的利润。企业获得成本优势通常有挖掘企业成本驱动因素和优化企业价值链两种主要方法。

差异化战略是企业为了使产品或服务有别于竞争对手而形成的一些在产业范围内具有独特性的战略。实施差异化战略的公司提供的产品或服务别具一格，或功能多，或款式新，或更加美观。如果差异化战略可以实现，它就成为在行业中赢得超常收益的可行战略，因为它能建立起对付五种竞争作用力的防御地位，利用客户对品牌的忠诚而处于竞争优势。实现差异化战略的途径主要是：有形差异化、无形差异化和维持差异化优势。

集中化战略是企业把生产经营活动集中在一个特定的目标市场上，为特定的地区或特定的购买者集团提供特定产品或服务的战略。其前提是，公司能够以更高的效率、更好的效果为某一狭窄的战略对象服务，从而超过在更广阔范围内的竞争对手。

动态竞争下的战略思维主要体现在：重视动态竞争互动；调整制定战略的出发点；创造新的竞争优势；采用动态分析方法；构建核心竞争力。

复习思考题

1. 简述成本领先战略的含义、优势、条件与风险。
2. 简述企业获得成本优势的主要方法。
3. 简述差异化战略的含义、优势、条件与风险。
4. 简述实现差异化战略的途径。
5. 简述集中化战略的含义、优势、条件与风险。
6. 分析动态竞争战略与静态竞争战略的区别。

【本章案例】

京东商城的竞争战略

1998年6月18日，刘强东在北京中关村创办京东公司。在2003年"非典"期间，刘强东开始涉足网络销售,相比于线下的运营成本,网络运营的成本降低了50%以上。2004年1月,京东开辟电子商务领域创业实验田,京东多媒体网正式开通,启用新域名。京东集团定位于"以供应链为基础的技术与服务企业",目前业务已涉及零售、数字科技、物流、技术服务、健康、保险、物流地产、云计算、AI等领域,其中核心业务为零售、数字科技、物流、技术服务四大板块。2014年5月,京东集团在美国纳斯达克证券交易所正式挂牌上市,是中国第一个成功赴美上市的大型综合性电商平台。2015年7月,京东凭借高成长性入选纳斯达克100指数和纳斯达克100平均加权指数。2018年,京东集团市场交易额接近1.7万亿元。2019年7月,京东集团第四次入榜《财富》全球500强,位列第139位,是中国线上线下最大的零售集团。截至2019年年底,京东集团拥有超过22万名员工,间接带动就业人数超过1 500万。

京东是一家以技术为成长驱动的公司,从成立伊始,就投入大量资源开发完善可靠、能够不断升级、以应用服务为核心的自有技术平台,从而驱动零售、数字科技、物流等各类业务的成长。京东已经形成了鲜明的技术驱动发展战略,打造出独特的软硬件一体化的互联网技术体系。经过多年的积累,京东商城已经成为一家典型的以技术驱动为主的零售公司。在数字化的基础上,京东零售不断推进智能化能力建设,通过大数据、人工智能等各项技术实现行业的降本增效,以及最优的用户体验。例如,京东反向定制(C2M)模式使产品需求调研时间减少了75%,新品上市周期缩短了67%。京东零售是首家采用大数据和人工智能技术管控价格的平台,确保能够给到消费者最实、最稳、最具竞争力的价格。智能化、全渠道的履约网络能从不同场景和业态中选出成本最优、效率最高的订单生成路径和配送方案,具备其他平台所没有的后台履约能力。目前,京东零售的技术研发人员数量已经超过员工总数的三分之一。

京东商城是中国领先的电脑、手机、家电、消费品零售商,也是全球2 000多家超亿元品牌和超过25万个第三方商家的最大增量场。京东客服始终坚持"客户为先"的服务理念,目前已拥有一万多名员工及中国电商行业规模最大、服务和技术能力领先的客服团队,成为京东零售的核心竞争力之一。2019年年底,京东宣布在过去十年累计为客服投入超过150亿元的基础上,将继续加大对客服的投入,为消费者提供更加优质的购物体验。截至2019年年底,京东零售集团拥有3亿多活跃用户,京东致力于在不同的消费场景和连接终端上,通过强大的供应链、数据、技术以及营销能力,在正确的时间、正确的地点为客户提供最适合他们的产品和服务。

京东商城已完成全品类覆盖,打造了50余种服务项目,覆盖购物、售后、送装全链条。在京东开始涉足电子商务领域的前两年,商品主要由第三方物流公司配送。随着京东的不断壮大,销量不断提高,京东发现平台全年72%的客诉都源于物流,于是决定进军物流领域。2007年,京东开始布局自己的物流体系,由点到面建设覆盖全国大部分地区的物流配送中心,并于2017年成立京东物流集团。截至2020年9月30日,京东物流在全国范围内运营超过800个仓库,28座大型智能化物流中心"亚洲一号",京东基础物流设施超过1 200万平方米。2010年,京东在全国推出"211限时达"服务:当天上午11点前下单,晚上11点前送达。京东依靠自营订单"当日达"及"次日达"的物流服务承诺在竞争激烈的电子商务市场确立了独特的竞争优势。2016年,京东将自己一手创建的物流作为商品供社会使用,针对不同行业和企业的特点,提供仓储、物流、配送一体化的定制物流服务,同时物流云、物流数据、供应链金融和保险提供从线上到线下的全方位服务。京东物流是目前全球唯一提供物流服务涵盖B2B、众包、中小件、大件、冷链和跨境六大物流网络的企业。

面对发展迅速的下沉新兴市场,京东零售形成了以主站和创新业务"京喜"双轮驱动的战略,并融合线上线下模式,以创新的社交、社群电商,为5亿以上的下沉新兴市场消费者带来高质量的低价好物。2019年8月,京东推出了全新升级的"大秒杀"业务营销平台,其中"每日特价"频道重点致力于渠道下沉。京东新通路已覆盖全国2 800多个县级行政区,帮助品牌商迅速打开下沉通路,旗下一站式B2B订货平台京东掌柜宝70%的用户来自三线及以下地区。京喜业务以全面升级的京东拼购业务为核心,基于包括微信、手机QQ两大亿级平台在内的六大移动端渠道,通过高质价比的好货及丰富的社交玩法,打造全域社交电商平台。

(资料来源:京东公司官方网站及相关公开资料)

案例思考题

1. 京东是我国电商企业的典型代表之一,根据本案例提供的资料及你所掌握的情况,分析京东商城运用的竞争战略及其借鉴意义。

2. 结合京东的实践,探讨电商企业如何从"价格大战"走向价值竞争,并提出电商企业优化流程、降低成本的建议。

第七章 兼并收购战略

兼并和收购作为企业扩张的一种重要手段,最主要的理由是:与企业内部成长相比,它能使新的统一体在更短的时间内以更低的成本实现其战略目标。著名经济学家施蒂格勒在考察美国企业成长路径时指出:"没有一个美国大公司不是通过某种程度、某种形式的兼并收购而成长起来的,几乎没有一家大公司是靠内部扩张成长起来的。"可见,通过兼并和收购迅速实现资本规模的扩张对于企业来说具有非凡的意义。

第一节 并购战略的含义和类型

一、企业并购的含义

企业并购(mergers and acquisitions,M&A)包括兼并和收购两层含义、两种方式。国际上习惯将兼并和收购合在一起使用,统称为 M&A,在我国称为并购,即企业之间的兼并与收购行为,是一个企业购买另一个企业的全部或部分资产或产权,从而影响、控制被收购企业,以增强企业的竞争优势,实现企业经营目标的行为。

二、企业并购的类型

企业的并购有多种类型,从不同的角度有不同的分类方法,可从并购双方所处的行业、并购方式、并购动机、并购的支付方式等角度进行分类。

(一)按并购双方所处的行业划分,可分为横向并购、纵向并购和混合并购

1. 横向并购

横向并购是指处于同行业、生产同类产品或生产工艺相似的企业间的并购。这种并购实质上是资本在同一产业和部门内集中,迅速扩大生产规模,提高市场份额,增强企业的竞争能力和盈利能力。

2. 纵向并购

纵向并购是指生产和经营过程相互衔接、紧密联系的企业之间的并购。其实质是通

过处于生产同一产品的不同阶段的企业之间的并购,从而实现纵向一体化。纵向并购除了可以扩大生产规模、节约共同费用之外,还可以促进生产过程各个环节的密切配合,加速生产流程,缩短生产周期,节约运输、仓储费用和能源。

3. 混合并购

混合并购是指处于不同产业部门、不同市场,且这些产业部门之间没有特别的生产技术联系的企业之间的并购。包括三种形态:①产品扩张性并购,即生产相关产品的企业间的并购;②市场扩张性并购,即一个企业为了扩大竞争地盘而对其他地区的生产同类产品的企业进行的并购;③纯粹的并购,即生产和经营彼此毫无关系的产品或服务的若干企业之间的并购。

混合并购可以降低一个企业长期从事一个行业所带来的经营风险,另外,通过这种方式可以使企业的技术、原材料等各种资源得到充分利用。

(二) 按是否通过中介机构划分,可分为直接收购和间接收购

1. 直接收购

直接收购是指收购公司直接向目标公司提出并购要求,双方经过磋商,达成协议,从而完成收购活动。如果收购公司对目标公司的部分所有权提要求,目标公司可能会允许收购公司取得目标公司新发行的股票;如果是对全部产权的要求,双方可以通过协商,确定所有权的转移方式。由于在直接收购的条件下,双方可以密切配合,因此相对成本较低,成功的可能性较大。

2. 间接收购

间接收购指收购公司直接在证券市场上收购目标公司的股票,从而控制目标公司。由于间接收购方式很容易引起股价的剧烈上涨,同时可能会引起目标公司的激烈反应,因此会提高收购的成本,增加收购的难度。

(三) 按并购的动机划分,可分为善意并购和恶意并购

1. 善意并购

收购公司提出收购条件以后,如果目标公司接受收购条件,这种并购称为善意并购。在善意并购下,收购条件、价格、方式等可以由双方高层管理者协商进行并经董事会批准。由于双方都有合并的愿望,因此,这种方式的成功率较高。

2. 恶意并购

如果收购公司提出收购要求和条件后,目标公司不同意,收购公司只有在证券市场上强行收购,这种方式称为恶意收购。在恶意收购下,目标公司通常会采取各种措施对收购进行抵制,证券市场也会迅速做出反应,股价迅速提高,因此,除非收购公司有雄厚的实力,否则恶意收购很难成功。

(四) 按支付方式划分,可分为现金收购、股票收购、综合证券收购

1. 现金收购

现金收购指收购公司向目标公司的股东支付一定数量的现金而获得目标公司的所有

权。现金收购存在资本所得税的问题,这可能会增加收购公司的成本,因此在采用这一方式的时候,必须考虑这项收购是否免税。另外现金收购会对收购公司的流动性、资产结构、负债等产生影响,所以应该综合进行权衡。

2. 股票收购

股票收购指收购公司通过增发股票的方式获得目标公司的所有权。使用这种收购方式,公司不需要对外付出现金,因此不至于对公司的财务状况造成影响,但是增发股票,会影响公司的股权结构,原有股东的控制权会受到冲击。

3. 综合证券收购

综合证券收购指在收购过程中,收购公司支付的不仅有现金、股票,而且还有认股权证、可转换债券等多种方式。这种兼并方式具有现金收购和股票收购的特点,收购公司既可以避免支付过多的现金,保持良好的财务状况,又可以防止控制权的转移。

第二节 企业并购的动因

企业并购有多种动因,主要包括以下几个方面。

一、企业发展的动机

在激烈的市场竞争中,企业只有不断发展才能生存下去,通常情况下企业既可以通过内部投资获得发展,也可以通过并购获得发展,两者相比,并购方式的效率更高,其主要表现在以下方面。

(一)并购可以节省时间

企业的经营与发展是处在一个动态环境之中的,在企业发展的同时,竞争对手也在谋求发展,因此,在发展过程中必须把握好时机,尽可能地在竞争对手之前获取有利的地位。如果企业采取内部投资的方式,将会受到项目的建设周期、资源的获取以及配置方面的限制,制约企业的发展速度。而通过并购的方式,企业可以在极短的时间内将企业规模做大,提高竞争能力,将竞争对手击败。尤其是在进入新行业的情况下,谁领先一步,就可以取得原材料、渠道、声誉等方面的优势,在行业内迅速建立领先优势。这种优势一旦建立,其他竞争者就难以取代,在这种情况下,如果通过内部投资逐渐发展,显然不可能满足竞争和发展的需要。因此,并购可以使企业把握时机,赢得先机,快速获取竞争优势。

(二)并购可以降低进入壁垒和企业发展的风险

企业进入一个新的行业会遇到各种各样的壁垒,包括资金、技术、渠道、顾客、经验等,这些壁垒不仅增加了企业进入这一行业的难度,而且提高了进入的成本和风险。如果企业采用并购的方式,先控制该行业的一个原有的企业,则可以绕开这一系列的壁垒,这样可以使企业以较低的成本和风险迅速进入这一行业。

尤其是有的行业受到规模的限制,企业进入这一行业必须达到一定的规模,这必将导致生产能力的过剩,引起其他企业的激烈反抗,产品价格可能会迅速降低,如果需求不能相应得到提高的话,该企业的进入将会破坏这一行业的盈利能力。而通过并购的方式进入这一行业,不会导致生产能力的大幅度扩张,从而保护这一行业,使企业进入后有利可图。

(三) 并购可以促进企业跨国发展

目前,竞争全球化的格局已基本形成,跨国发展已经成为经营的一个新趋势,企业进入国外的新市场,面临着比进入国内新市场更多的困难,主要包括:企业的经营管理方式、经营环境的差别、政府法规的限制等。采用并购当地已有的一个企业的方式进入,不但可以加快进入速度,而且可以利用原有企业的运作系统、经营条件、管理资源等,使企业在今后阶段顺利发展。另外,由于被并购的企业与进入国的经济紧密融为一体,不会对该国经济产生太大的冲击,因此,政府的限制相对较少。

二、发挥协同效应

并购后,两个企业的协同效应主要体现在:生产协同、经营协同、财务协同、人才和技术协同。

(一) 生产协同

企业并购后的生产协同主要通过工厂规模经济取得。并购后,企业可以对原有企业之间的资产及规模进行调整,使其实现最佳规模,降低生产成本;原有企业间相同的产品可以由专门的生产部门进行生产,从而提高生产和设备的专业化,提高生产效率;原有企业间相互衔接的生产过程或工序,并购后可以加强协作,使生产得以流畅进行,还可以降低中间环节的运输、储存成本。

(二) 经营协同

经营协同可以通过企业的规模经济来实现。企业并购后,管理机构和人员可以精简,使管理费用由更多的产品进行分担,从而节省管理费用;原来企业的营销网络、营销活动可以进行合并,节约营销费用;研究与开发费用可以由更多的产品进行分担,从而可以迅速采用新技术,推出新产品。并购后,由于企业规模的扩大,还可以增强企业抵御风险的能力。

(三) 财务协同

并购后的企业可以对资金统一调度,增强企业资金的利用效果,由于规模和实力的扩大,企业筹资能力可以大大增强,满足企业发展过程中对资金的需求。另外,并购后的企业由于在会计上统一处理,可以在企业中互相弥补产生的亏损,从而达到避税的效果。

(四) 人才和技术协同

并购后,原有企业的人才、技术可以共享,充分发挥人才、技术的作用,增强企业的竞争力,尤其是一些专有技术,企业通过其他方法很难获得,通过并购,因为获取了对该企业的控制而获得该项专利或技术,可促进企业的发展。

三、加强对市场的控制能力

在横向并购中,通过并购可以获取竞争对手的市场份额,迅速扩大市场占有率,增强企业在市场上的竞争能力。另外,由于减少了一个竞争对手,尤其是在市场竞争者不多的情况下,可以增加讨价还价的能力,因此企业可以以更低的价格获取原材料,以更高的价格向市场出售产品,从而提高企业的盈利水平。

四、获取价值被低估的公司

在证券市场中,理论上讲公司的股票市价总额应当等同于公司的实际价值,但是由于环境的影响、信息不对称和未来的不确定性等方面的影响,上市公司的价值经常被低估。如果企业认为自己可以比原来的经营者做得更好,那么该企业可以收购低估值的公司,通过获得被收购公司的经营权而获取更多的收益。企业也可以将目标公司收购后重新出售,从而在短期内获得巨额收益。

五、合理避税

各国的公司法中一般都有规定,一个企业的亏损可以用今后若干年度的利润进行抵补,抵补后再缴纳所得税。因此,如果一个企业历史上存在着未抵补完的正额亏损,而收购企业每年产生大量的利润,则收购企业可以以低价获取这一公司的控制权,利用其亏损进行避税。

第三节 并购战略的实施

一、目标公司分析

在收购一家公司之前,必须对其进行全面的分析,以确定其是否与公司的整体战略发展相吻合,了解目标公司的价值,审查其经营业绩以及公司的机会和障碍何在,从而决定是否对其进行收购、收购时目标公司的价格以及收购后如何对其进行整合。

审查过程中,可以先从外部获得各方面有关目标公司的信息,然后再与目标公司进行接触,如果能够得到目标公司的配合,就可以获取目标公司的详细资料,对其进行周密分析。分析的重点一般包括:产业、法律、运营、财务等方面。

(一) 产业分析

产业分析主要包括以下几个方面的内容。

1. 产业总体状况

产业总体状况包括产业所处生命周期的阶段和其在国民经济中的地位、国家对该产业的政策等。

大部分产业在发展过程中都要经历一个由产生、成长、成熟到衰退的周期,处于不同生命周期阶段的各个产业发展状况是不同的,这也决定了位于该产业的公司的发展。如果一个公司位于一个成长阶段的产业中,则这个公司的市场发展前景就较好;反之,若一个企业位于衰退期的产业中,其发展就会受到相对的限制。

各个产业在经济发展的不同时期在国民经济中的地位是不同的,一定时期内一些产业处于领导地位,在国民经济发展中发挥着巨大作用,这些产业很容易受到国家重视,得到政策的扶持,如果位于这些产业中,容易从中受益。

2. 产业结构状况

这可以根据波特的五力模型进行分析。五种竞争力量组成了产业结构的状况。公司所处的行业结构状况对公司的经营有着重要影响,如果一个公司所处的行业结构不好,即使经营者付出很大努力,也很难获得一个好的回报。

3. 产业内战略集团状况

产业内各竞争者可以按照不同的战略地位划分为不同的战略集团,一个产业中战略集团的位置、战略集团之间的相互关系对产业内企业的竞争有着很大的影响。一个产业内各战略集团分布是否合理,公司是否处于有利的战略集团的有利位置,这对于公司经营十分重要。

通过以上对目标公司所处的产业状况的分析,可以判断对目标公司的并购是否与公司的整体发展战略相符;并购后是否可以通过对目标公司的良好经营为公司获取收益。

(二) 法律分析

对目标公司的法律分析,主要有以下方面。

1. 审查公司的组织、章程

在对公司的组织、章程的审查过程中,应该注意对收购、兼并、资产出售等方面的认可,以及在并购中经过百分之几以上的投票认可方能进行的规定;公司章程和组织中有无特别投票权和限制。另外,对公司董事会会议记录也应当进行审查。

2. 审查财产清册

应审查公司对财产的所有权以及投保状况,对租赁资产应看其契约条件是否有利。

3. 审查对外书面合约

应该对被收购公司使用外界商标、专利权,或授权他人使用的约定,以及租赁、代理、借贷、技术授权等重要契约进行审查,注意在目标公司控制权转移之后这些合约还是否有效。

4. 审查公司债务

注意其偿还期限、利率及债权人对其是否有限制,如是否规定了公司的控制权发生转移时债务立即到期。

5. 审查诉讼案件

对公司的过去诉讼案和或有诉讼案进行审查,看是否有对公司经营有重大影响的诉讼案件。

(三) 运营分析

对目标公司的运营分析主要包括目标公司运营的大致状况、管理状况和重要资源等。

1. 运营状况

通过对目标公司近几年经营状况的了解,分析其利润、销售额、市场占有率等指标的变化趋势,对今后的运营状况做大致的预测,同时找出问题所在,为并购后的管理提供基础。

2. 管理状况

调查分析目标公司的管理风格、管理制度、管理能力、营销能力,分析并购后是否能与母公司的管理相融合。

3. 重要资源

通过分析目标公司的人才、技术、设备、无形资产,以备在并购后充分保护和发挥这些资源的作用,促进整个公司的发展。

(四) 财务分析

对目标公司的财务进行分析十分重要,主要是为了确定目标公司所提供的财务报表是否真实地反映了其财务状况。这一工作可以委托会计师事务所进行,审查的重点主要包括资产、负债和税款。审查资产时应注意各项资产的所有权是否为目标公司所有;资产的计价是否合理;应收账款的可收回性,有无提取足额的坏账准备;存货的损耗状况;无形资产价值评估是否合理;等等。对债务的审查主要集中在查明有无漏列的负债,如有应提请公司调整。另外,应查明以前各期税款是否足额及时缴纳,防止收购后由收购公司缴纳并被税务部门罚款。

二、目标公司价值评估

在并购实施过程中,收购方必须对目标公司的价值进行估算,从而为公司的出价提供基础,另外通过估算目标公司的价值和其现金流量,可以决定相应的融资方法。由于公司价值是由多种因素决定的,公司的盈利能力则是它的使用价值,因此目标公司的定价是一个十分复杂的问题。在企业并购时,目标公司的价值估算一般可用三种方法进行,即净值法、市场比较法和净现值法。

（一）净值法

所谓净值法是指利用公司的净资产的价值作为目标公司的价值，净值法是估算公司价值的基本依据。利用这种方法估算公司的价值，一般是在目标公司不适合继续经营或收购的主要目的是为了获取目标公司资产时使用。使用这一方法的关键是正确估计目标公司资产和负债的实际价值，因此必须在保证目标公司资产负债准确的基础上进行。

（二）市场比较法

市场比较法是以公司的股价或目前市场上有成交公司的价值作为标准，估算目标公司的价值。有两种标准可用来估算目标公司的价值。

1. 公开交易公司的股价

尤其是对于没有公开上市的公司，可以根据已上市的同类型的公司股价市值作为参照，估算目标公司的价值。具体操作是先找出产品、市场、目前获利能力、未来业绩成长等方面与目标公司类似的若干家上市公司，以这些公司的各种指标和股价的比率作为参考，计算目标公司大约的市场价值。在实施中，可以根据收购公司的目的不同，选择不同的标准，尽可能使估算价值趋向于实际价值。

2. 相似公司过去的收购价格

如果最近市场上有同类公司成交的案例，以这些公司成交的价格为参考对象。这种方法由于所采用的标准是收购公司支付的真实价值，且由于继续经营的溢价和清算的折价均已经包含在收购公司的成交价格中，所以相对较为准确。但很难找到经营项目、财务业绩、规模等十分相似的公司作为参考，且不同的目标公司由于收购公司的战略、经营条件的不同，对收购公司有不同的意义，因此这一溢价很难确定，因而这一方法的采用有一定的局限性。

（三）净现值法

如果收购公司的目标是为了继续对其进行经营，那么对目标公司的价值估算就应该以净现值法为宜。净现值法是预计目标公司未来的现金流量，再以某一折现率将其折现为现值作为目标公司的价值。

这一方法将收购公司的利润资本化作为目标公司的价值，是基于目标公司未来的获利能力，而不是基于其资产价值来估算其价值。这符合公司这一特殊资产的本质，因为在收购后对目标公司继续经营的情况下，目标公司的使用价值是其获利能力，而非资产本身。传统上用以往年度目标公司的会计盈余为基础估算公司的价值，忽略了货币的时间价值，且没有反映未来公司的盈利能力、经营风险，因此无法反映收购后继续运营的价值。由于上述原因，净现值法是一种常用的方法。

以上三种方法在估算目标公司的价值时经常被采用，这三种方法适合于不同的场合，并不存在优劣之分，在并购之中可以灵活使用，也可以几种方法同时使用。

第四节 并购战略的风险及其防范

一、企业并购风险

在市场竞争条件下,只要有企业的并购行为就很难避免企业并购中的风险。企业并购风险贯穿于整个并购活动。

（一）信息风险

在并购中,信息是非常重要的。真实与及时的信息可大大提高并购的成功率。这就意味着在并购中能够及时获取真实有效的信息,是并购成功的关键。由于目标企业面对并购时,可能会严守自己的商业秘密,隐瞒事实,如隐瞒大额担保、巨额负债、无形资产的真实价值、诉讼纷争,制造错误会计信息,刻意制造估价障碍等情况,导致并购双方信息处于不对称状态。再加上并购方相关人员的知识、经验和预见能力的缺乏,致使并购方对目标企业的资产价值和盈利能力的判断往往不准确,从而给并购估价带来很大困难,甚至可能会导致并购的失败。因此,作为并购方,必须对目标企业的各种财务报表以及账外资产、无形资产进行严格的审查,避免抽逃资金和资产流失现象发生。

（二）环境风险

企业并购是一项系统工程,也是一项政策性很强的工作,必须具备一个良好的外部环境和内部环境,才能提高并购的成功率和并购的效率。目前,我国的企业并购起步时间不长,在操作中存在各种不规范的做法,遇到各种影响并购进程和并购效率的问题。例如,在并购中大量地存在着政府行为,有关政府部门不顾并购双方的意见和实际,把一些劣势企业或濒临破产的企业并购给优势企业,企图把劣势企业搞活,这在一定程度上仍是一种保护落后的做法。这种做法不仅不能把劣势企业搞活,反而有可能把并购企业拖垮。有的并购决策者好大喜功,片面追求企业规模。一些企业并购后,被并购企业的某些产品和资源还很有发展前景,同时并购方也很希望保留这些产品和资源,但在跨行业、跨地区的并购中,原有的市场渠道和生产经营格局可能会受到冲击,被并购企业原有产品及资源的优势可能就会大大削弱。此外,被并购企业的债权债务、人员安置等问题都会影响并购企业的发展。由此可见,良好的外部环境和内部环境对企业的并购至关重要。

（三）经营风险

并购双方达成协议并进入了实质性合并阶段以后,各种不相融、不吻合的矛盾可能会使企业的生产经营不能达到预期的目标,从而产生经营风险。这些经营风险主要有:第一,企业并购如果不是出于企业的真实意愿而是政府行为,并购后新的企业的生产、经营、管理一旦不符合市场规律和经济规律,双方固有的矛盾甚至一些新的矛盾就会大量凸显出来,若不能及时解决,好的企业通过并购不但救不了差的企业,反而会被差的企业拖垮。第二,由于并购双方文化、社会背景、市场环境有差异,并购后这种差异如果不能尽快消除,原有的矛盾没有解决好,新的问题和摩擦也会不断出现,这种矛盾的演化会造成企业管理的低效率及人、财、物的闲置和浪费。第三,并购后如果管理模式和运行体制没有及时调整和优化,就会导致费用支出加大,管理成本上升,企业包袱加重。第四,并购后,企业规模扩大,如果企业不能及时准确定位和断然决策,原有的生产、经营、市场等优势就可能被别的企业逐渐夺去。企业过分注重资本经营,把企业的重心转移到资本经营上,原有的生产经营就会受到影响。第五,企业过分追求多元化经营而涉足新的行业和领域,如果企业对这些新的行业又不能充分考察和论证,不熟悉市场环境,没有专业人才,就可能会出现高投入低产出甚至无产出的状况。第六,并购后企业缺乏启动资金和调节资金,被并购企业很长时间不能走上正轨,原有产品的市场不能得到巩固,新产品的开发上市又长期受制约。

(四) 操作风险

一般而言,一些企业在并购意向上容易达成一致,但是在实际操作中由于双方历史背景不同、产品特色不同、营销模式不同、利益取向不同,在企业并购向实质性方向推进时会出现各种阻力与困难,造成多方面的风险。第一,并购双方的期望目标与实际操作的现实目标相差甚远。在并购中双方都不愿做出让步,相持不下,最终会影响谈判和并购的进度,严重的会使并购流产。第二,有的并购本身是政府倡导的,但在并购中政府所希望的目标收益与企业所考虑的效益目标有一定差距,政府和企业在目标收益上又不能达成共识,这时,政府和企业都会站在各自的角度考虑问题,可能会阻碍并购向前推进。第三,由于并购双方所隶属的行政主管部门可能不同,而并购会使被并购企业的行政主管部门的利益受到一定影响,这些主管部门会以各种理由阻止并购,从而使并购难度增加。第四,并购符合市场经济规律,符合企业快速发展的要求,但如果在某些方面影响了被并购企业领导人和部分职工的利益,这些人员会以种种理由阻挠并购的进行,尤其是非国有企业并购国有企业时,这种阻挠现象尤为严重,有的甚至会出现一些扰乱公共秩序和社会安定的现象。第五,跨行业、跨地区的并购,由于并购企业不能及时了解和掌握新行业、新地区的特点和环境,并购前后都有可能出现磨合期加长和"水土不服"的现象,从而使并购大受影响。

(五) 法律风险

企业并购过程涉及许多法律问题,作为企业的经营者,对此要有足够的认识。否则,企业在并购中就可能出现违规操作,进而受到行政处罚,甚至并购活动也被宣告无效,使企业前期付出的人力、物力、财力等都付诸东流;而由此所造成的经济损失和社会影响,将可能会远远超过并购方在并购活动实施后所获取的商业利润和企业形象。

二、企业并购风险的防范

（一）充分发挥市场机制的作用

并购成功后，并购企业应该按照市场经济规律规范企业的各种行为，以市场为导向，优化资源配置和资本结构，发挥企业的产品优势、技术优势、管理优势、人才优势，采用现代化的运营机制，拓宽企业的生存和发展空间，参与世界经济的竞争，以达到规模效益的最大化。站在政府的角度，并购只是一种手段和途径，其结果如何只有靠市场和效益来验证。在我国目前的经济大环境中，并购后的企业还应充分借助各商业银行的优势，使其能为解决企业并购中的债务问题提供各种解决方案。并购企业还应该利用其他中介机构包括会计师事务所、资产评估机构和律师事务所信息真实、程序合法等优势，大大降低重组并购中的各种风险。

（二）并购企业必须有周密可行的并购计划和经营战略

企业并购不是为了盲目扩张，而是为了企业的长远发展。并购的目的、过程及结果必须能够保证实现市场效益的最优化、最大化，而不能一味追求规模，忽略管理效益和经济效益。所以，企业并购的实施过程以及并购后如何强化管理和提升效益，都应有明确的计划和方案。并购战略应以企业的中长期发展战略为基础，内容涉及并购的可行性分析、方案设计和并购后企业的生产、经营、管理、市场效益等的安排。

（三）全面搜索和分析目标企业信息

在选择目标企业的时候，要大量搜集信息，包括目标企业的产业环境信息（产业发展阶段、产业结构等）、财务状况信息（资本结构、盈利能力等）、高层领导信息（能力、品质等）以及生产经营、管理水平、组织结构、企业文化、市场链和价值链等方面的信息，以改善并购方所面临的信息不对称现象。

（四）控制并购活动中可能出现的资金财务风险

企业可以采取以下措施加以控制。

（1）严格制定并购资金需求量及支出预算。企业应在实施并购前对并购各环节的资金需求量进行认真核算，并据此做好资金预算。以预算为依据，企业应根据并购资金的支出时间，制定出并购资金支出程序和支出数量，并据此做出并购资金支出预算。这样可以保证企业进行并购活动所需资金的有效供给。

（2）主动与债权人达成偿还债务协议。为了防止陷入不能按时支付债务资金的困境，并购方对已经资不抵债的企业实施并购时必须考虑被并购企业债权人的利益，与债权人取得一致意见时方可并购。

（3）采用减少资金支出的灵活的并购方法。

（五）注意控制并购后的整合风险

企业除明确整合的内容和对象外，还要注意控制时间进度和选择恰当的方法。

（1）生产经营整合风险的控制。企业并购后，其核心生产能力必须跟上企业规模日益扩大的需要，根据企业既定的经营目标调整经营战略和产品结构体系，建立同一生产线，使生产协调一致，取得规模效益，稳定上下游企业，保证价值链的连续性。

（2）管理制度整合风险的控制。随着并购工作的完成、企业规模的扩大，并购企业既要客观地对目标企业原有制度进行评价，还必须尽快建立起驾驭新的资源的管理系统。

（3）人员整合风险的控制。通过正式或非正式的形式对员工做好思想工作；采取优胜劣汰的用人机制，建立人事数据库，重新评估员工，建立健全人才梯队；推出适当的激励机制；等等。

（4）企业文化整合风险的控制。为了使目标企业能按本领域要求正常发展，可以使被并购方保持文化上的自主，并购方不直接强加干预，但要保持宏观上的调控。

三、企业并购应注意的问题

并购战略对企业发展具有重大的意义，但是从实际情况来看，许多并购都是失败的。为保证企业并购的成功，应该注意以下几个问题。

（一）在企业战略的指导下选择目标公司

在并购一个企业之前，必须明确本企业的发展战略，在此基础上对目标企业所从事的业务、资源状况进行调查，如果收购行为能够很好地与本企业的战略相配合，从而通过对目标企业的收购，增强本企业的实力，提高整个系统的运作效率，最终增强竞争优势，则可以考虑对目标企业进行收购。反之，如果目标企业与本企业的发展战略不能很好地吻合，那么即使目标企业十分便宜，也应该慎重行事，因为对其收购后，不但不会通过企业间的协作、资源的共享获得竞争优势，反而会分散购买方的力量，降低其竞争能力，最终导致并购失败。

（二）并购前应对目标企业进行详细的审查

许多并购的失败是由于事先没有能够很好地对目标企业进行详细的审查造成的。在并购过程中，由于信息不对称，买方很难像卖方一样对目标企业有着充分的了解，但是许多收购方在事前都想当然地以为自己已经很了解目标企业，并能通过对目标企业的良好运营创造出更大的价值。但是，许多企业在收购程序结束后，才发现事实并非想象中的那样，目标企业可能存在着没有注意到的重大问题，以前所设想的机会可能根本就不存在，或者双方的企业文化、管理制度、管理风格很难相融合，因此很难将目标公司融合到整个企业的运作体系当中，从而导致并购失败。

（三）合理估计自身实力

在并购过程中，并购方的实力对于并购能否成功有着很大的影响，因为在并购中收购方通常要向外支付大量的现金，这必须以企业的实力和良好的现金流量为支撑，否则企业就要大规模举债,造成本身财务状况的恶化,企业很容易因为沉重的利息负担或者到期不能归还本金而导致破产,这种情况在并购中经常出现。

（四）并购后对目标企业进行迅速有效的整合

目标公司被收购以后,很容易形成经营混乱的局面,尤其是在敌意收购的情况下,这时管理人员纷纷离去,客户流失,生产混乱,因此需要对目标公司进行迅速有效的整合。通过向目标公司派驻高级管理人员稳定目标公司的经营,然后对各个方面进行整合。其中企业文化整合尤其应该受到重视,因为许多研究发现,很多并购的失败都是由于双方企业文化不能很好融合所造成的。通过对目标公司的整合,使其经营重新步入正轨并与整个企业运作系统的各个部分有效配合。

本章内容小结

并购是许多企业快速扩张的选择。按并购双方所处的行业划分,可分为横向并购、纵向并购和混合并购;按是否通过中介机构划分,可分为直接收购和间接收购;按并购的动机划分,可分为善意并购和恶意并购;按支付方式划分,可分为现金收购、股票收购、综合证券收购。

企业并购的动因主要包括可以节省时间、降低进入壁垒和企业发展的风险、促进企业跨国发展、发挥协同效应、加强对市场的控制能力、获取价值被低估的公司及合理避税。

企业在收购一家公司之前,必须对其产业、法律、运营、财务等方面进行全面分析,以决定是否对其进行收购、收购时目标公司的价格以及收购后如何对其进行整合。一般在企业并购时,可用净值法、市场比较法和净现值法对目标公司的价值进行估算。

企业在并购过程中会出现各种各样的问题与风险。企业并购风险有:信息风险、环境风险、经营风险、操作风险、法律风险等。为防范企业并购风险,应充分发挥市场机制的作用,有周密可行的并购计划和经营战略,全面搜索和分析目标企业信息,控制并购活动中可能出现的资金财务风险,控制并购后的整合风险。为保证企业并购的成功,应注意在企业战略的指导下选择目标公司、对目标企业进行详细的审查、合理估计自身实力、对目标企业进行迅速有效的整合等问题。

复习思考题

1. 企业并购可分为哪些类型?
2. 简析企业并购的动因。

3. 企业并购前,对目标公司的分析包括哪些方面?
4. 简述目标公司的价值估算方法。
5. 试述企业并购的风险及其防范。

【本章案例】

阿里巴巴并购饿了么

一、阿里巴巴简况

阿里巴巴集团由曾担任英语教师的马云为首的18人,于1999年9月在浙江杭州创立。阿里巴巴集团经营多项业务,另外也从关联公司的业务和服务中取得经营商业生态系统上的支援。其业务和关联公司的业务包括:淘宝网、天猫、聚划算、全球速卖通、阿里巴巴国际交易市场、1688、阿里妈妈、阿里云、蚂蚁金服、菜鸟网络等。围绕着平台与业务,阿里巴巴建立了涵盖消费者、商家、品牌、零售商、第三方服务提供商、战略合作伙伴及其他企业的数字经济体。

2012年7月23日,阿里巴巴集团对业务架构和组织进行调整,从子公司制调整为事业群制,成立淘宝、一淘、天猫、聚划算、阿里国际业务、阿里小企业业务和阿里云共七个事业群。2014年9月19日,阿里巴巴集团在纽约证券交易所正式挂牌上市,股票代码"BABA"。2018财年,阿里巴巴集团收入2 502.66亿元,同比增长58%,创下IPO以来最高增幅。阿里巴巴的核心电商业务收入2 140.20亿元,同比增长60%,同样创下IPO以来年度最高增幅。2019年11月26日,阿里巴巴港股上市,总市值超4万亿,登顶港股成为港股"新股王"。

二、饿了么简况

饿了么是2008年创立的本地生活平台,由拉扎斯网络科技(上海)有限公司开发运营,主营在线外卖、新零售、即时配送和餐饮供应链等业务。它是中国最早的线上外卖订购平台之一。它为线上餐饮品牌与线上网络资源搭起桥梁,并构成了完整的外卖商业生态系统和外卖物流配送网络。用户可以在移动终端上轻松搜索附近的餐馆,在线订餐,享受美食。截至2018年12月,饿了么的业务几乎覆盖全国大大小小城市。饿了么交易额屡创新高,处于行业领先。饿了么的自营分销团队拥有上万名员工,蜂鸟配送超过60万人。2018年12月,外卖市场总交易额达到100.9亿元,比上月增长10%以上。在主要的外卖供应商中,饿了么排名市场第一,总份额为34.1%。自阿里巴巴收购饿了么之后,饿了么的配送服务逐渐深入到阿里体系,饿了么已经为盒马生鲜、天猫小店等提供蜂鸟配送服务。

三、阿里巴巴并购饿了么的背景和过程

(一) 并购背景

在阿里巴巴方面:尽管阿里巴巴拥有强大的客户群体和网络接口流量,但在 O2O 领域的业务联系度仍然有待提高。与腾讯和百度相比,阿里巴巴一直缺少本地生活服务和在线旅游服务与之抗衡,这将对阿里巴巴 O2O 产业的成功产生更大的影响。与此同时,阿里巴巴还试图创建一个本地生活服务 App,并重新启用口碑网络,为消费者提供评论共享和消费者指南。在使用手淘和支付宝两个超级应用程序的口碑方面,增长率非常快,但其市场份额距离由大众点评牵手美团成立的新美大还有很大差距,如果想利用口碑网络跟新美大来抢占市场,阿里巴巴很难在短时间内缩短差距。因此,对于阿里巴巴来说,最好是购买一个发展良好且备受关注的生活服务提供商,而不是从头开始构建它。饿了么正是阿里所需要的外卖服务提供商。

在饿了么方面:在饿了么 2018 年被并购之前的两年,随着中国互联网餐饮和外卖市场交易规模的不断扩大,网络巨头也纷纷加入并购大战扩充自己的商业版图,为此如红包、减免、第二单免费补贴等竞争手段相继上演,体现了外卖平台吸引用户开拓市场的决心。然而在线外卖市场很"烧钱",饿了么每月补贴超过 1 亿元,为自己带来了巨大的压力。与此同时,自成立之初,它已经从 A~F 进行了几轮融资,其迅速扩张也为其发展带来了隐患。

(二) 并购过程

2018 年 4 月,阿里巴巴、蚂蚁金服和饿了么宣布公告,阿里巴巴将联合蚂蚁金服以 95 亿美元的价格全资收购饿了么。阿里巴巴并购饿了么并不是突然的事件,从 2016 年开始,阿里巴巴就不断向饿了么融入资金,经过三轮融资后,最终在 2018 年 4 月以 95 亿美元的价格全资收购饿了么,具体的收购过程如下表所示。

阿里巴巴并购饿了么的过程

时间	并购过程	资金总额	阿里巴巴与蚂蚁金服持股比例
2016 年 4 月	阿里巴巴与蚂蚁金服为饿了么注入资金	12.5 亿美元,其中阿里巴巴投资 9 亿美元,蚂蚁金服投资 3.5 亿美元	27.70%
2017 年 4 月	阿里巴巴和蚂蚁金服增持饿了么股份	4 亿美元	32.94%
2017 年 6 月	阿里巴巴对饿了么进行战略性投资	10 亿美元	43%
2018 年 4 月	阿里巴巴签订收购协议,联合蚂蚁金服对饿了么完成全资收购	95 亿美元	100%

阿里巴巴和饿了么都是互联网企业，但前者业务主要是电商，后者是网上订餐零售业，两个企业主营业务差别较大。阿里巴巴为什么要并购饿了么？其并购动因何在？阿里巴巴并购饿了么后有何风险？并购后的整合存在哪些障碍？这些都是需要进一步探讨的问题。

(资料来源:阿里巴巴集团官网及相关公开资料)

案例思考题

1. 阿里巴巴为什么要并购饿了么？其并购动因何在？
2. 试分析阿里巴巴并购饿了么后的风险及其整合中的主要障碍。

第八章 战略联盟

第一节 企业战略联盟概述

一、定义及特征

企业战略联盟的概念最早是由美国 DEC 公司总裁简·霍普兰德(J. Hopland)和管理学家罗杰·内格尔(R. Nagel)于 1990 年提出的,其称谓目前尚不统一,亦被称作企业联盟、虚拟企业、战略同盟、战略合作、战略联营、策略联盟、企业协作等。

企业战略联盟的定义最具代表性的有:华盛顿大学的切尔斯(Charles Hill)等强调企业战略联盟是规模实力相当的竞争公司之间的合作,是由实力强大的、平时是竞争对手的公司组成的企业或伙伴关系,是竞争性联盟。迈克尔·E. 波特(Michael E. Porter)等认为,企业联盟是超越了正常的市场交易但并非直接合并的长期协议,一般做法是通过与一家独立的企业签订协议来进行价值活动(如供应协定)或与一家独立的企业合作共同开展一些活动(如营销方面的合资企业)。张维迎教授等认为,企业战略联盟是实际的或潜在的竞争者之间的合作协定企业联盟,是企业间在研发、生产、销售等方面相对稳定、长期的契约关系。

综合以上观点,本书认为企业战略联盟可定义为:两个或两个以上具有一定优势的企业为实现各自在某个时期的战略目标,在保持自身独立性的同时,通过股权参与或合作协议等方式结成平等的、长期的、动态的、范围广泛的企业联合体,以达到资源互补、风险共担、利益共享的目的。

由该定义可见,企业战略联盟具体可以包括几个方面的特征。

第一,企业战略联盟地位的平等性。联盟成员均为独立法人实体,彼此没有行政层级关系,是具有一定优势的企业之间的合作,包括互补性公司间的合作与实力相当公司间的合作。联盟成员共享经营资源,在持续的联合过程中,共创联盟的整体经营资源,从根本上改变了合资、合作企业之间依赖股权多少或其他控制能力的强弱来决定母公司与子公司、高级与初级的不平等关系，有利于建立平等合作的经济秩序。

第二，企业战略联盟是一种动态松散型组织。企业战略联盟是一个动态的联合体，它不同于一体化的企业联合体。战略联盟是介于企业与市场之间的一种"中间组织"，是动态的、开放的体系，是一种松散的企业间组织形式。各个合作的企业仍是独立的、具备法人资格的经营实体。机会来临，联盟成员便聚而会战；机会丧失，各成员又各奔前程。需要注意的是，企业之间日常交往中的互助协作和其他形式的企业或组织间非正式的合作不是战略联盟，如企业之间日常性的互相访问、互相交流信息等。

第三，企业战略联盟合作与竞争共存。传统的企业竞争是以竞争对手消失为目标的对抗性竞争，企业战略联盟认为企业间除了对抗性竞争，还必须从防御的角度出发同其他企业合作、结盟，即为竞争而合作，靠合作来竞争。企业战略联盟中竞争与合作并存的方式有三种。一是先合作后竞争。合作各方在一定领域中合作，再在其他领域中竞争。典型的如索尼、松下和日立三家公司，就曾首先共同制定统一的高清晰度电视机相兼容的盒式录像机制式标准，然后各方再在市场上展开竞争。二是合作与竞争同时进行。如美国通用汽车公司与瑞典沃尔沃公司在美国建立合作生产重型卡车项目的同时，在其他产品和市场上彼此仍然展开竞争。三是合作各方与他方竞争。最典型的例子就是霍尼韦尔、布尔集团和日本电气公司建立长期的互补关系，霍尼韦尔在美国市场推销日本电气的超级计算机生产线与布尔的网络技术，日本电气为霍尼韦尔与布尔的大型计算机生产处理器，为霍尼韦尔生产个人电脑，布尔则在美国本土以外生产霍尼韦尔设计的大中型计算机并销售其部分产品。霍尼韦尔认为这种联合能减少竞争对手，维持现有的市场地位，并使业务集中。联盟的另两方认为此举能降低进入美国市场的成本，因而皆大欢喜。

第四，企业战略联盟行为具有战略性，其必须是联盟各方站在企业整体战略的高度，审视企业和伙伴现在及未来的发展，达成的具有战略意义的联盟。战略联盟的方式与结果，不是对瞬间变化所做出的应急反应，不是企业之间一次性交易关系，而是为了优化企业竞争环境的一种长远谋划，是一种相对稳定的长期的合作，短则三至五年，长则几十年，几个月就结束的合作不是战略联盟。因此，联合行为非常注重从战略的高度改善联合体的经营环境和经营条件。

第五，企业战略联盟范围广泛。企业战略联盟可以产生于企业价值链的各个环节（从研究开发到售后服务），涉及众多行业。如在生产方式上，企业战略联盟可以通过技术转移、相互特许、中间产品联营、合作生产、管理协议或市场协议等各种方式形成，因而范围相当广泛。

二、企业战略联盟演化背景

作为20世纪20年代以来最重要的组织创新，企业战略联盟的产生和有效运用不是偶然的，是社会经济发展的产物，有着深刻的政治、经济和文化时代背景。其中起重要作用的主要有全球经济一体化、区域经济一体化、科学技术的迅猛发展、分工协作国际化等因素,这些都为企业战略联盟的发展创造了有利的环境。

(一) 全球经济一体化

全球经济一体化极大地扩大了社会分工协作广度,加深了社会分工协作的深度,各国经济相互渗透、相互依存逐渐加深,阻碍生产要素在全球范围内自由流动和合理配置的各种壁垒不断减少,有效地加速了资源在全球的流动,提高了其合理配置程度和利用效率,加速了整个世界经济的发展,提高了全球的总福利。在这种背景下,任何一家企业的竞争都成为全球竞争的一部分,任何一家企业的大动作都牵扯着世界经济的神经,以往单枪匹马、单打独斗地参与竞争的方式和只关注国内市场、狭隘寻求发展的目光指向已经不再适应时代。企业应该开放眼界,以全球眼光努力开拓国内和国际市场,将建立战略联盟作为自身发展的重要战略选择,以有效地利用外部资源和能力。如当前许多大型的跨国公司、多国公司、大企业集团都纷纷通过构建企业战略联盟来进一步扩大经济规模,协作开发高技术产品和市场、渠道,努力提高在全球市场的竞争地位和竞争实力。2011 年,全球有超过 20 000 个联盟被组建。美国 1 000 强公司的收入有 35.3% 来自战略联盟,欧洲是 41.6%。从 2000 年到 2010 年,世界领先的 2 000 家公司在战略联盟中的平均投资回报率接近19.4%,比所有公司的平均数高出近 50%。

(二) 区域经济一体化

区域经济一体化是指地理位置相邻近,经济水平、经济体制、经济政策趋同的国家在平等的基础上通过协定,制定共同行为准则,相互消除经济贸易壁垒,甚至部分让渡国家的经济主权,建立超国家机构,实现经济上的联合。第二次世界大战以后,世界经济发展严重不平衡,包括发达国家与发展中国家在经济体制、经济发展水平方面的不平衡,以及发达国家之间的发展不平衡。在这样的经济环境中,要求各国同时消除相互间经济障碍是困难的,也是不现实的,而在发展水平接近的国家间率先开展区域经济一体化运动则成为现实的选择。1949 年苏联和东欧社会主义国家成立的经济互助委员会是战后世界出现的第一个区域经济集团化组织。20 世纪 80 年代中期以来,区域经济集团化趋势十分明显,据世界贸易组织估计,目前全世界区域、次区域集团化组织已达 110 个以上,共有 150 多个国家和地区参加,几乎所有的大国都是区域经济集团化组织的成员。

随着区域经济集团化的发展壮大,关税和非关税壁垒相继被取消或减少,区域成员企业之间的竞争更加剧烈。这种因整体合作而产生的个体纠纷,使企业在谋求扩大自身生产规模、提高竞争能力的情况下,将建立和发展企业战略联盟关系作为突围的主要途径。此外,为避免企业之间无谓的相互残杀,成员国政府也在资本供应、税收政策等方面提供优惠,促进区域企业之间的联盟合作。

另外,各区域集团为了自身利益,采用如统一的关税和非关税壁垒或一定程度的贸易保护主义政策,对外实行统一的防御战略,以有效提高该区域的进入壁垒,使得区域以外的企业很难以传统的方式进入区域内市场。区域外企业只能采取迂回措施,即与区域内的企业联盟,绕过区域的防御后进入,继而参与该区域的竞争,进而谋取更长远的利益。例如,欧共体建立以后,美、日企业很难进入欧盟国家的市场,为此,美国企业纷纷与西欧同行业企业结成战略联盟,绕过欧盟的种种贸易保护主义障碍,并以欧共体成员国身份,在税率最低的欧共体国家从事生产、销售等经营活动。例如,日本三菱集团和德国奔驰公司在若干领域结成战略联盟:在电子领域联盟合作生产商用汽车集成电路,在航空领域合作研究和开发大型民用喷气机,并开发电子技术、新材料、通信和信息产业等领域的新业务,最终奔驰公司帮助三菱公司进入欧洲市场,三菱集团则帮助奔驰公司在日本建立汽车的销售网络。

(三) 科学技术的迅猛发展

科学技术的迅猛发展使得知识成为真正的资本与首要的财富,在如此激烈的以知识为基础的经济竞争中,产品及技术越来越复杂,高科技产品从策划、设计、研制、试制、安排、批量生产,直到市场营销是一个庞大的系统工程,在横向和纵向上交织出了一个庞大的网络系统。要使这个网络系统有效运作,更多的企业发现,单独依靠自身积累的资源和能力来实现整个链条的协调,或者某个环节在链条中自如伸缩越来越难。而解决的办法便是将不同群体的专长进行集成,将相关科研机构(科研院所、高等院校、大型具备科研实力的独立组织)和企业依照分工协作的原则重新组合,相互协调、优势共享、风险共担,建立起灵活高效的企业战略联盟,联盟能量也在充分积聚后被以放大的形式释放。例如日本电气、富士通、日立等公司与美国 IBM、美国电话电报公司以及德国西门子公司等结成战略联盟,共同开发计算机。中国的大唐电信集团为了将拥有自主产权的国际无线电通信 3G 标准 TD-SCDMA 尽快商业化,组建了 TD-SCDMA 集团联盟,其中包括研发和生产手机、核心网、基站等无线电通信各个子系统的企业。

(四) 分工协作国际化

分工协作是强化能力分配、提高生产效率的重要方法,不同的企业都具有不同的专长和核心能力,为了摆脱自身能力及市场竞争规则的限制,企业开始在更大范围和更高层次上推进精密分工和密切协作,使得生产要素逐渐摆脱天然禀赋的束缚和限制,促进企业战略联盟的形成和发展。20 世纪 80 年代,为了应对"波音"为首的美国飞机制造公司的挑战,英、法、德、西班牙四国发挥各自优势,吸纳欧洲一流的飞机制造技术和优秀人才,组建"空中客车"(简称"空客")这一战略联盟,由英国生产机翼,德国生产机身,法国生产座舱和电子系统,西班牙生产尾翼。经过 30 年的努力,空客成为波音的主要对手。

三、企业战略联盟的理论基础

企业战略联盟是时代发展的必然趋势,但是不同行业、不同企业的性质各异,导致其建立联盟的动因也各不相同。为了更好地理解企业结盟的动因,下面将从理论基础角度加以分析。

(一) 交易费用理论

罗纳德·H.科斯(Ronald H. Coase)在 1937 年发表的经典论文《企业的性质》中开创性地提出和分析了交易费用理论,极大地拓展了经济学分析的领域和视野,使交易费用成为经济学一种基本分析范式。交易费用至少包括两项内容:一是运用价格机制的成本,即在交易中发现相对价格的成本,包括获取和处理市场信息的费用;二是为了完成市场交易而进行的谈判和监督履约的费用,包括谈判、订立合约、执行合约并付诸法律规范因而必须支付的有关费用。此外,科斯认为,交易费用还包括由未来不确定性风险而引致的费用,以及度量、界定和保护产权的费用。

根据交易费用理论,企业战略联盟作为一种新型的契约关系和制度安排,可在信息不完全和非对称的条件下,有效地弥补市场运行机制的缺陷和不足。因为企业战略联盟的建立使各方在长期交往中可获取较为完全的信息,缓解信息不对称现象,稳定交易关系,减少交易费用和市场风险,纠正市场缺陷,防止"市场失效";同时又可抑制内部化倾向,从而避免"组织失效"。即使由于信息失灵出现利益损失,也可由联盟各方在协调、交涉和说服的过程中运用投诉机制,在长期交易中得到纠正或补偿,从而有效地节约交易费用。

(二) 价值链理论

迈克·E.波特(Michael E. Porter)在《竞争优势》中提出价值链理论:企业是一个综合设计、生产、销售、运送和管理等活动的集合体,其创造价值的过程可分解为一系列互不相同但又相互关联的增值活动。根据价值链理论,企业可以通过对价值链环节中共同因素的共享来获取利益,但同时也会产生共享成本,包括协调成本、妥协成本、僵化成本。而共享价值链中的企业可以通过建立联盟伙伴关系,相互合作,密切配合,大幅度降低协调成本;战略协同又使双方在更多的领域保持较强的一致性,有效地减少共享价值活动中的妥协成本;而联盟组织的松散性使联盟企业在履行共享价值活动的义务和职责时,仍保持着较强的灵活性和应变能力,也将有效避免共享过程中企业战略联盟僵化成本的产生。约翰逊(Johnson)和劳伦斯(Lawrence)在波特研究的基础上,提出"增值伙伴关系"概念,他们认为,企业战略联盟的意义在于通过形成一种合作伙伴关系获取竞争优势,即单个企业所完成的仅仅是一系列价值增值活动中的一部分,这些活动相互叠加将构成整条"增值链",每个企业只有通过缔结联盟,调整自身的增值活动以适应价值链上的其他公司,才能使拥有互补战略环节的企业在联盟中发挥整合优势。

(三) 资源依赖理论

基于资源依赖的战略管理理论兴起于 1989 年,以维纳·菲尔特(Weiner Filter)、格兰特(Grant)等人为代表。该理论从最基本的思维逻辑出发,以资源稀缺性为依据,认为企业可被视为所拥有的一系列资源的集合体,企业资源可分为财务资源、物化资源、技术资源、创新资源、商誉资源、人力资源和组织资源。除了资金和原材料等属于对所有企业有着同等意义的同质性资源外,其他资源因含有活性因素,如知识、经验、技能、判断力、适应力等,使每一种资源都富于变化而呈现千差万别的形态,从而属于异质性资源。企业间存在的关系就应该包括直接的产品交易关系和由此体现的同质性资源特别是异质性资源间的关系。

资源间关系决定了企业间关系的性质以及能够创造的合作价值,根据巴尼(Barney)的观点,战略要素市场存在诸多不可控性,如不完全性、不可同化性等,使战略要素难以有效流动。异质性资源的动态性和维系持久竞争优势的要求使得企业必须不断利用外部渠道,扩充企业所需的稀缺资源,而企业通过并购或内部开发的形式获取新资源时,必然要面对内部的资源隔离机制和制度隔离机制,这两种机制都会对外部资源的获取产生一定的障碍。当企业无法通过市场和内部化获得紧需资源时,就必须与其他公司分享和交换资源。解决该问题的关键途径便是企业希望与拥有这一资源的企业合作,作为第三种资源获取方式的战略联盟就此形成。

(四) 企业能力理论

企业能力理论是在企业内在成长理论基础上发展起来的,其源头可以追溯到古典经济学家亚当·斯密(Adam Smith)的劳动分工理论。该理论改变了从企业外部分析企业竞争优势的理论传统,把研究重心转向企业内部,将企业内部资源、能力和知识积累看作企业获得超额利润和保持竞争优势的关键,认为现代企业的竞争已不是以最终产品的表面竞争为特征,其本质已深入企业的核心能力层面,主要包括技术创造能力、市场反应能力、管理控制能力和网络关系能力等,以协调不同生产技能、有效结合多种技术流。而核心能力通常根植于企业内部,具有难以模仿和复制的特质,解决的办法便是通过联盟关系的建立对难以获取的能力进行学习并相互补充,以更大的竞争合力参与竞争或维持生存。

(五) 企业风险理论

该理论认为在企业战略联盟管理中存在两种风险,一是绩效风险,二是关系风险。绩效风险是指在充分合作的情况下无法达到预期目标,这种风险来自于合作之外的因素,比如环境的变化、合作者能力的缺乏等;关系风险指其他合作者的机会主义行为。而企业战略联盟实际上为企业实现风险转换提供了一种机制,是在企业的风险或资源与能力需求超出了本身所能或所愿意承受的限度之外的情况下,企业以承担关系风险为代价,以弥补自身不足的一种战略选择。绩效风险可以通过战略联盟得以分担,而关系风险只能在联盟中才会出现。另外,信任和控制也将影响到合作者的主观风险意识,不同的资源也会导致不同的风险,所以采取合理的信任、控制和安排是非常重要的。因此,企业间采用战略联盟的方式,实际上是一种绩效风险与关系风险相互制约、相互转化、相互弥补而实现决策优化的结果。另外,如果企业进行跨国联盟,还可以减少政治风险。当地公司可能有足够的影响力使合资企业免受当地政府的干预,或者合资企业本身就是政府产业政策的结果。在后一种情况下,由于政府认为合资企业有助于当地经济的发展而支持它,从而使政治风险进一步降低。

(六) 企业生态系统理论

1993年詹姆斯(James F Moore)依据生态学的原理,特别是生态系统、生态平衡、协同进化等原理与机制,研究各种企业现象、行为及企业与其周围生态环境(包括自然的、社会的、经济的、规范的)之间相互作用的规律和机理,揭示企业的发展趋势和方向。该理论认为企业所处生态系统的运行应通过核心企业和核心生态系统的经营运行,以长期稳定的共同利益为核心,围绕最终顾客要求,以契约关系(包括显性契约关系和隐性契约关系)为纽带,形成包括最终顾客在内的多方利益共同体的运行规律,企业战略联盟恰是企业与企业之间具有生物种群关系特点的具体表现。

(七) 社会网络理论

英国人类学家布朗(Brown)在《论社会结构》(1940)一文中,首次使用"社会网络"理论来解释社会分配和社会支持。网络理论认为,具有网络型组织的企业,对于增强企业组织的活力和形成企业之间的价值链起着很大的作用。网络理论并不要求形成严格的层级结构,而是将组织的各部分松散地结合起来。这有利于保持组织的灵活性,能够较好地适应市场因产品和技术周期缩短、竞争激烈所导致的动态发展要求。随着社会网络理论研究的不断深入,该理论被越来越多地运用于解释商业中的合作行为,"社会资本""关系资本""声誉"等概念被越来越多地运用在有关企业联盟与网络的分析中。

该理论认为企业的战略行动会受到它们所处社会环境的影响,企业战略联盟不仅仅是一种双向关系,而且是一个更广泛意义上的关系网,企业和联盟参与者之间直接和间接的联系以及它们之间的资源关系,都影响着企业各方面的能力,如创新能力、增长能力和可信度等,所以企业的社会关系、企业所在的社会网络特性和企业在网络中所处的地位,对企业绩效有着很大的影响。创建有利于企业竞争的社会环境,联盟是很好的选择。社会网络理论认为社会嵌入性对处于社会网络之中的企业的重要意义就在于它可以提高企业之间的相互信任,企业战略联盟作为一种较为稳固的社会关系,成为企业的一种社会资本,可以为企业的发展提供更多的资源储备。

(八) 战略缺口理论

该理论由著名管理学家泰吉(T. T. Tyejee)和奥兰德(G. E. Osland)提出,认为国际竞争环境的深刻变化对公司的绩效目标造成了巨大压力,当企业审视竞争环境并评价自身竞争力和资源时,经常发现在竞争环境客观要求其取得的绩效目标与自身资源和能力所能达到的目标之间存在一定的差距——战略缺口。战略缺口的存在一定程度上限制了企业完全依靠自有资源和能力自我发展的道路,因而,战略联盟成为企业填平战略缺口的重要方式。该理论认为,通过合作,实现战略联盟的各方企业可以增强在全球市场上的竞争力,包括聚集更多的技术创新资源,分摊技术创新的巨额投资和潜在风险;通过联合研究与开发,相互交流在不同领域、不同产品生产及不同行业中的技术知识,适应当前科技发展的融合趋势;借助联合力量协调和建立新产品或生产工艺的世界统一标准;实现经营范围的多样化和经营地区的扩张,以利用规模经济和范围经济;以战略联盟维系或增强已有的竞争地位;增强国际企业经营与组织结构的灵活性和对不确定环境变化的反应能力;通过战略联盟互相学习彼此的管理体系和管理经验。

第二节 企业战略联盟主要类型

为了更好地解释战略联盟合作的内在规律,帮助企业经理人员更好地管理战略联盟,学者们常常将战略联盟划分为不同类型。本书在总结希勒(Hiller)、巴尼(Barney)、甘兰(Ganngan)、布勒克(Bleeke)等人研究的基础上,按照不同的划分标准,对企业战略联盟进行不同分类。

一、按照企业战略联盟治理结构分类

按照治理结构,企业战略联盟可以分为股权式联盟和契约式联盟。其中股权式联盟是指合作方相互持有对方的一定股份,是一种具有准科层制特征且比较深入的合作方式。这种合作方式由于涉及各方利益,因而对联盟各方的责、权、利都有明确规定,违约要承担相应的法律责任。这种联盟比较牢固长久,常见的如合资企业与相互持股。合资企业中各投资公司持有的股份大部分是对等或者相差不多的,如丰田汽车公司与通用汽车公司的合资企业,通用电气公司与法国国营飞机发动机研制公司的合资企业等,都属于对等占有股权的战略联盟,双方母公司各持50%的股份。另一种则是相互持股型战略联盟,如IBM公司在1990年至1991年间,大约购买了西欧国家200家软件和电脑服务公司的少量股份,借此与当地的经销商建立起良好的联盟关系,从而借助联盟中的中间商现有渠道打入西欧市场。

当联盟内各成员的核心业务与联盟相同、合作伙伴又无法将其资产从核心业务中剥离出来置于同一企业内时,或者为了实现更加灵活的收缩和扩张、合作伙伴不愿建立独立的合资公司时,企业便可采用契约式战略联盟。契约式联盟是合作双方在某一个领域或某几个领域通过协议方式而进行的合作,这是一种比较松散的合作方式,合作方不涉及股权的参与,只在利益结合点有紧密的合作。从性质上说,其具有准市场特征,是以联合技术性协议、研究开发合作协议、生产营销协议、产业协调协议等形式联合研究开发市场的行为。相对于股权式战略联盟而言,契约式联盟由于更强调相关企业的协调与默契,从而更具有联盟的本质特征,其在经营的灵活性、自主权和经济效益等方面比股权式战略联盟

有更大的优越性。例如,福特公司与马自达公司的联盟始于1979年,通过契约式联盟合作,福特和马自达彼此教会了对方不少技术,如福特学到了重要的制造技术,作为回报,向马自达提供了发动机废气排放电脑控制系统的技术,并提供了用于测量噪音和振幅的精密计算机程序。

二、按照企业战略联盟合作对象分类

按照潜在的合作对象,企业战略联盟主要可以分为三类:第一类是纵向联盟,这类联盟可以稳定市场供求关系,减少交易成本;第二类是横向联盟,包括与竞争对手、政府部门、科研机构和配套产品生产商等的合作;第三类是混合联盟。

(一)纵向联盟

纵向联盟是指处于产业链上下游有关系的企业之间建立的联盟。这种战略联盟的关键是使处于价值链不同环节的企业采取专业化的分工与合作,各自关注自身的核心竞争能力与核心资源,利用专业化的优势与联盟的长期稳定性创造价值。纵向联盟较多采取非股权的合作方式,如长期供货协议、许可证转让、营销协议等,但有些企业也采取相互持股的方式。纵向联盟使双方得到比一般的市场交易更紧密的协调,但双方又继续保持自己的独立性。

纵向联盟具体可以分为前向和后向联盟。前向联盟亦可称为产销联盟,较适合以零部件生产为主的企业或以批发零售业为主的企业。随着零售业的行业集中度不断提高,以大规模零售为主体的经销方式已经形成,如国内的国美公司、苏宁公司占据了我国家电市场近25%的市场份额,与它们的关系如何直接影响到家电生产的产品销售状况,所以与其建立战略联盟是上乘之举。后向联盟又称供应联盟,即与原料供应商的联盟,卖方联盟对于那些原材料来源比较单一的大型企业尤为重要。例如,日本大型制造企业都有许多中小企业专门为其供应零部件,相互之间形成长期协作关系,如丰田汽车公司同其零部件供应商的长期合作关系。丰田本身虽然只有8个工厂,但有直接协作关系的中小企业有450多家,其中有的企业还有自己的分包企业,这样共有1 200多家企业为之提供零部件。

(二)横向联盟

横向联盟是指双方从事的活动是同一产业中的类似活动的联盟。由于合作各方在连续不断的基础上共同从事一项活动,从而改变了一项活动的进行方式。按照合作对象分,横向联盟可以分为与竞争对手联盟、与科研机构联盟、与政府部门联盟等,其主要形式有研究开发联盟、产品开发联盟、品牌联盟、采购联盟、促销联盟、价值联盟等。

竞争对手联盟是把竞争对手看作一个潜在的联盟对象来加以考虑。由于竞争对手生产的产品与自己相同或类似,与之联盟可以使相关企业在更大空间范围和生产深度上建立协作分工关系,产生规模经济和规模优势,使企业通过取长补短,减少某些重复的投入和研究,提高经济效率。但与此同时,此类联盟也面临着巨大的风险。与竞争者结盟,关键是要识别二者之间最主要的差异,在战略联盟规划和实际操作中应以这种差异为基础,否则企业将丧失自己的竞争优势。而且,还要谨慎地进行战略定位,确定合作的范围和程度。与竞争对手联盟,如果战略目标定位不当,则很容易导致失败。例如,2009年丰田汽车同美国通用汽车公司、德国大众汽车公司在统一汽车及零部件的设计和开发系统方面达成了合作协议,形成了国际汽车业内三极强者联合的局面。三公司之间建立了转换计算机语言系统等,使相互间可以交换数据,合作开发智能化汽车,并通过因特网互相利用汽车零部件,实现优势互补和降低采购成本。

科研机构一般具有巨大的人才、技术优势,但由于受到资金、生产条件、实际经验的限制,其技术成果往往很难转化为现实生产力。而企业能较好地弥补这些不足,且企业自身也需要不断进行技术创新来维持生存和发展,这样就在企业和科研机构之间产生了合作的动机,也为二者的联盟提供了广阔的天地。美国著名的"硅谷""128号公路"就是企业与大学等科研机构的完美结合。在联盟中,科研机构可以按照企业的要求,及时开发、生产适销对路的新产品,使科研成果迅速转化为生产力,从而增强企业的技术水平与发展能力。为了掌握前沿的核心技术,获取适合的人才,思科公司与伦敦大学、哈佛大学、麻省理工学院、哥伦比亚大学、密歇根大学等建立密切的合作关系,开展科研及教学活动,思科每年均派30~60名雇员前往高校攻读学位或做访问研究学者。

与政府部门联盟是战略联盟模式中出现的一种新趋势。在当今社会经济形势变化加剧的情况下,企业应积极主动地与政府结成同盟,这不仅能得到大量的人力、财力支援,还能有效地减少研发面临的风险。例如2012年,中国无线网络技术联盟就与政府协商联盟,以达到使政府支持无线局域网芯片及解决方案研发的目的。

(三) 混合联盟

混合联盟是指处于不同行业、不同价值链上的企业之间的联盟,是横向联盟和纵向联盟的混合。混合联盟主要是指一些企业虽然在产业链上无明显联系,但为了开辟新市场、开发新产品等,借助相同的市场或渠道与目标市场组建联盟,如绿盛集团与天畅科技有限公司之间的联盟就属于混合联盟。绿盛集团是全国最大的牛肉干食品生产商之一,推出一项新产品"QQ能量枣"。天畅科技则是国内知名的网络游戏开发商,开发出国内首款全3D历史玄幻民族网络游戏"大唐风云"。"QQ能量枣"与"大唐风云"之间相互借助营销渠道、顾客市场等,获得了丰厚收益。

三、按照企业战略联盟合作领域分类

按照战略联盟合作领域,可以将战略联盟划分为生产战略联盟、市场战略联盟和知识战略联盟。生产战略联盟的核心是联盟企业不改变各自组织结构、资产和管理,仅通过生产联盟协议发挥自己的生产优势。具体形式主要有分包制企业联盟、业务外包、特许生产经营联盟和合作生产联盟。例如,阿迪达斯通过对海外生产性企业发放特许经营证书形成庞大的生产联盟网络。

企业建立市场战略联盟的目的是提升市场占有率。为了绕过市场障碍,通过对各企业占有市场的研究与预测,分析各市场动态,通过对联盟企业营销网络的管理,充分利用合作企业的营销渠道,扩大市场范围。具体形式主要有营销联盟、连锁经营、价格联盟等。例如,法国雷诺公司与美国通用汽车公司达成协议,其目的主要是利用美国通用汽车公司1 700个经销商网络在全美销售雷诺汽车。

随着社会和科技的进步,知识联盟成为企业联盟中的主要形式,成为企业之间涉及产权治理结构的股权联盟,如建立合资企业或联合所有的研究开发企业,以及非股权形式的合约联盟,如联合研制产品合约、交互许可等。知识联盟是以知识为纽带,包含知识传递、知识共享、知识整合及知识管理等多维互动过程在内的跨学科、跨部门、跨区域的合作创新组织形式。知识联盟的中心目标是学习和创造知识,联盟企业通过聚集各自的核心技术能力,共同研究开发新技术,共同设计生产新产品,共同推广产品与技术,如摩托罗拉与东芝达成协议,共同研制微处理器计算机。

四、按照企业战略联盟的合作正式程度分类

按照合作的正式程度,企业战略联盟可以分为实体联盟和虚拟联盟。实体联盟是指主要靠股权、合作协议等具有法律效力的契约约束组成的联盟。虚拟联盟是指不涉及所有权的、以法律作约束力的、彼此相互依存的联盟关系,是为了适应企业在联盟之外日趋激烈竞争的需要,同时也是为了减少日益复杂化的联盟所增加的管理成本而出现的新的联盟形式。虚拟联盟改变了实体联盟主要靠股权、合作协议等具有法律效力的契约约束,维系虚拟联盟更多的是靠对行业法制、法规的塑造,对知识产权的控制以及对产品或技术标准的掌握实现的,通过这些"软约束"协调联盟各方的产品和服务。美国的微软以WINDOWS系统控制着计算机操作系统标准,使得全球同类厂家必须唯其马首是瞻,从而形成了以其为中心的虚拟联盟;同样,英特尔以其在微处理器方面无人能撼动的地位,使一批相关企业尾随其后组成了虚拟联盟。

五、按照企业战略联盟中合作企业潜在的冲突分类

按照潜在的冲突,企业战略联盟可以划分为竞争性联盟和非竞争性联盟。竞争性联盟是由在市场上可能成为竞争对手的相似企业组成的。竞争者联盟存在着种种矛盾,联盟企业之间存在着竞争和合作的双重关系。非竞争性联盟是指差别较大的企业组成的联盟,如产销联盟和产研联盟。非竞争性战略联盟内的伙伴企业往往并不处于同一产业,也不存在传统供应链上的上下游关系,因此远离了竞争,双方的合作是基于资源的互补利用,通过核心资源的嵌入式共享实现两者的深度融合,从而使联盟各方取得共赢。例如,

宏碁和华硕都是个人电脑制造商,而法拉利和兰博基尼则是世界顶级跑车生产商,这两对非竞争性战略联盟有很多共同特点。宏碁和华硕分别以法拉利和兰博基尼作为联盟的对象,都希望能够利用其品牌来对自己笔记本电脑产品的终极性能进行完美表达,带给消费者速度与激情的全新体验。在它们各自的产品中,分别大量融入了合作伙伴的产品风格,如华硕的兰博基尼系列笔记本产品就借鉴了来自兰博基尼的设计灵感,在外观上突出简单硬朗的风格,在配置上则强调笔记本对于运行速度的追求;而宏碁的法拉利系列笔记本产品同样也融入了法拉利跑车的风格,在设计上突出速度和运动的弧线,并采用法拉利跑车上的高强度碳纤维材料作为面板材料,打造继承法拉利精神的笔记本电脑。宏碁和华硕公司推出的法拉利笔记本和兰博基尼笔记本系列在配制和定位上都强调奢华和高端,以配合法拉利和兰博基尼的企业形象和产品形象。通过数代产品的积累,在笔记本领域,宏碁与法拉利、华硕与兰博基尼已经紧密地结合在了一起,给消费者带来一种独特的产品体验,合作双方的品牌也在相得益彰中扩大了市场影响力。

六、按照企业战略联盟合作中企业贡献的资源分类

按照企业贡献的资源,企业战略联盟可以分为互补联盟和相似联盟。互补联盟中各合作企业各自贡献互补的资源,通过优势互补,从而形成更大的优势,如生产性企业与营销企业的产销联盟,生产性企业与科研部门的产研联盟。光明日报社和南方报业集团共同组建《新京报》即具有此类性质。为了拓广业务,光明日报社决定出版都市生活类报纸,但是考虑到自身缺乏经营该类报纸的经验和人才,光明日报社决定寻找合作伙伴。与此同时,南方报业集团市场化报业运作能力很高,一直在寻找好的投资机会,由于《光明日报》是中国最具影响力的报纸之一,长期以来与政府有着密切的关系,在争取报纸获批方面有着独特的优势,于是双方优势力量进行结合,使得《新京报》很快成为中国具有非常大影响力的报纸。相似联盟中各合作企业贡献的资源是相似的,通过相似资源的整合,各企业可以分担风险,实现规模经济,如各企业在生产领域合作的生产联盟、在研究开发领域合作的研发联盟、在营销领域合作的市场联盟等。

七、按照企业战略联盟中合作企业的地域分类

按照合作企业的地域,企业战略联盟可以分为国内战略联盟和跨国战略联盟。国内战略联盟是一国企业为了扩大它在本国市场上的占有率、加快新产品开发、提高自己的技术水平和利润,与本国的同行业竞争对手或产品供应商、销售商所达成的一种战略联盟,如中国钢铁企业联盟等。跨国战略联盟又称国际战略联盟,它是企业与国外的竞争对手或供销商结成的战略联盟,以互相交换相应的进入市场的机会,或共享资本、信息、技术和利润,以及共同分担风险和成本,如雷诺和尼桑为共同开发销售市场、互通优势技术而结成的联盟。

八、按照企业战略联盟中合作企业地位分类

按照合作企业地位,企业战略联盟可以分为主导型企业联盟和平行型企业联盟。主导型联盟是以某个企业为核心或为主导建立起来的战略联盟。例如虚拟企业、业务外包以及连锁经营等。主导企业与非主导企业不是平等的关系,而是主从关系、控制与被控制的关系。非主导企业处于从属地位,其相对优势在于廉价的劳动力和自然资源,而处于核心地位的跨国公司往往成为创新、协调职能的提供者。例如耐克公司只从事开发、管理、销售和广告工作,而实际的生产业务则由众多亚洲承包商负责。思科公司则希望利用生产外包实现无工厂经营目标。目前,思科的供应商不仅生产所有的组件和完成90%的局部装配工作,还承担55%的最后总装任务,并负责将组装好的思科计算机送到客户手中。平行型联盟中企业无明显的强弱之分,每个企业都拥有不同的技术或资源,通过企业的合作达到单一企业无法达到的效率和优势,例如生产联盟、研发联盟等。

九、按照企业战略联盟的内容分类

按照内容,企业战略联盟可以分为产品联盟、供求联盟、营销联盟等。产品联盟是当产品的生产单靠一个企业无法完成时,例如航天、海洋、钢铁等大型工程项目,为弥补企业生产能力的不足,采取联合生产、产品品牌联盟、生产业务外包等具体形式,联合其他企业共同生产,以达到扩大增强企业的生产和经营实力之目的。

供求联盟是依据供求关系,将相关利益方纳入企业自身生产价值链中,降低生产成本,提升产品品质,创造任何一方均无法独自创造的价值,其主要包括生产商与供应商的联盟和生产商与零售商或客户的联盟,如宝洁公司与沃尔玛之间即是典型的供求联盟。

营销联盟是互相利用联盟伙伴的分销系统以增加销售,绕过各种贸易壁垒,迅速开拓市场,赢得顾客。具体形式有特许经营、连锁加盟、品牌营销联盟、共享分销渠道等。特许经营和连锁加盟是指某个企业把自己开发的商标、商品、经营技术、营业场所和区域,以契约的形式授予另一企业在规定区域内的经销权和营业权。加盟企业必须交纳一定的营业权使用费,并承担规定的义务。典型代表是肯德基、麦当劳快餐连锁。品牌营销联盟是把不同品牌、不同制造商、不同特点的产品连接在一起销售,如买格兰仕空调赠送价值不菲的飞亚达手表,对于飞亚达手表来说,不仅节省了广告宣传费用,而且通过格兰仕大规模采购植入产品终端;格兰仕则通过用高档手表促销,提升了产品形象,提高了促销效果。

第三节 企业战略联盟运作与管理

企业战略联盟是很难管理的一种组织方式,失败率相当高,斯皮克曼(Spykman)、威德曼(Wiedemann)、达塞因(Dasaiyin)等专家调研分析后认为战略联盟失败率约高达60%,所以如何对企业战略联盟进行有效的运作与管理,以充分发挥企业战略联盟的优势、促进企业的发展就成为非常迫切需要解决的问题。本节将从战略联盟规划分析、选择恰当合作伙伴、联盟方案制定、联盟管理等方面对企业战略联盟的运作与管理进行论述。

一、战略联盟规划分析

战略联盟规划分析是企业战略联盟建立的前提,缺少合理的分析,战略联盟不仅不能增强企业竞争力,反而使得参盟企业失去市场和技术。企业战略联盟规划分析主要是对企业现有的内、外部环境进行分析,以便确定联盟是否必要、是否可行及战略目标是什么。

企业的内部分析是企业根据环境条件对自身实力及弱点的客观分析,以判断自己在组建联盟中的优势和劣势,认清自身在联盟中可供给及需要借助的资源。具体而言,企业可通过产品市场占有率、覆盖率、收益性、竞争性、业绩增长率、计划完成率等方面分析自身在行业中的竞争能力;通过收益性指标、安全性指标、流动性指标、成长性指标和生产性指标等比较分析自身财务状况;通过管理层次、管理幅度等比较分析组织结构;通过员工状况、人力政策等方面比较分析人力资源状况;详细分析比较现有企业文化;等等。

外部环境是企业生存和发展的土壤,是企业经营管理决策的依据。企业外部分析可以从经济、社会、政治、教育、文化、军事、科技、法律、风俗等方面分析宏观环境;从行业性质、竞争状况、买方谈判能力、卖方谈判能力、中间商的力量和其他利益集团(包括政府、工会、行业协会、银行等)等方面分析所处行业环境。

二、选择恰当合作伙伴

合作伙伴是决定企业战略联盟成败的首要关键因素。企业必须要根据自身的战略联盟规划目标,选择能帮助其实现战略意图,具备自身所缺乏的某种竞争优势,能带来互补性技能、生产能力与市场的合作伙伴。一个企业是否能成为合作伙伴,主要可从以下三个方面来衡量。

(一) 相容性

彼此相容并具有解决分歧与矛盾的能力是保持联盟巩固与发展的基石。考察潜在合作对象是否具有相容性,可以从硬件因素和软件因素两个方面来进行。

硬件因素包括考察潜在伙伴公司在规模和能力上是否具有相容性。研究资料表明，规模、能力相当，真正平等的企业组成战略联盟的成功性要大得多。对硬件因素的考察首先要考察潜在伙伴战略联盟目标是否相容，战略联盟目标是联盟各方合作的动机和目的，要时刻注意从短期及长期角度分析各方目标，设法协调或消除目标差距，使各方朝着一个共同的方向努力。其次要考察潜在伙伴的组织管理和实践与本企业是否相容，包括组织方式、管理风格、领导特征等。再次要考察潜在伙伴的生产方式等是否相容，如采购战略、厂房情况、质控水平、人力资源政策等。还要考察潜在伙伴营销情况是否相容，营销情况的考察除了市场份额、销售增长、营销策略等方面外，还要特别注意各方地理市场重叠。据麦肯锡公司的调查，与具有不同地理市场伙伴联盟，成功率约为62%，若与具有中度或高度市场重叠的伙伴联盟，联盟成功率只有25%。此外，还要考察潜在对象财务上是否相容，包括财务实力、分配政策、再投资安排、资产负债比率、风险政策、现金管理等方面。最后还要注意考察潜在伙伴安全、健康与环境策略方面是否相容。

软件因素包括考察潜在伙伴的信誉情况，如过去合作的历史记录、社会对企业评价的总和、企业产品和管理者的信誉度等；考察潜在伙伴目前的关系网络，包括与内部雇员、外部机构（如供应商、中间商、竞争者、政府机构、媒介部门、顾客等）之间的关系；考察潜在伙伴公司文化是否相容；等等。

（二）核心竞争力

一个企业的核心竞争力决定了企业的竞争优势和多元化战略，涉及时间依赖和路径依赖，只有通过企业对人力资源的长期投资、组织学习和信息交流，缓慢地进行积累。企业战略联盟的本质就是要求实现优势互补，所以企业组建战略联盟时不仅要看潜在对象是否与己相容，更为关键的是要评判该企业的核心竞争力，以及该能力是否正是本企业因欠缺而需要的，与之联盟能否提高本企业的核心竞争力。

对于潜在合作伙伴核心竞争力评价可以从以下几个因素入手：借助成本费用利润率等评判计划调控能力；从管理理念和经验、管理流程、企业文化、办事效率等方面评判组织协调能力；利用净利润率、利润增长率、资金流动性、股权结构等评判企业财务能力；从全员劳动生产率、人均利润率、员工技能水平、团队学习能力等方面评判人力资源能力；从产品更新周期、专业拥有量、商业秘密、研发投入等方面评判创新能力；从主营收入、产品市场地位、广告费、美誉度、销售费等方面评判市场开发能力。

（三）潜在合作伙伴的投入程度

企业在决定建立联盟之前，必须要测试潜在合作对象投入程度，如果对方缺乏投入资源的决心，无论其能力及相容性如何，联盟也极难成功。考察潜在合作对象投入程度主要从以下两个方面来进行。第一，拟设立企业战略联盟的业务与潜在联盟对象的核心业务是否一致，是否是它必须从事的且关系到其生存和发展的业务。如果拟设立联盟的业务范围对合作者来说不属于它的核心业务，那么，该合作者很有可能不愿意投入过多的时间和精力,当有意外发生时,它很有可能迅速退出联盟体,使其余各方陷入进退维谷的两难境地。而联盟业务若是它的核心业务,那么它会自然地把许多精力投入组建和维护联盟体上来。第二,确定潜在合作伙伴退出联盟体的难度。战略联盟面临的一个重大风险就是当合作的一方把联盟纳入它的发展战略,并为之投入了大量的时间和资源之后,另一方却要退出。所以企业在组建战略联盟时,必须要充分评估潜在对象退出联盟体难度的大小。

三、战略联盟方案的制定

企业战略联盟方案的制定包括联盟谈判和协议签署两个阶段。

（一）联盟谈判

企业战略联盟内各成员企业之间存在着复杂的依赖与博弈关系。一方面,联盟成员为了追求共同利益的最大化而紧密合作;另一方面,各成员又为自身利益在联盟内外进行竞争。因此从联盟谈判开始,就要考虑到各种可能出现的情况,事先进行细致约定,以大大减少机会主义行为。

谈判过程中首先要仔细筹备,组建包括法律顾问、财务人员、营销专家、技术专家、人事总监、中高层经理等的专门谈判机构,通过勾画战略蓝图,估计联盟中存在的风险,分析联盟可能存在的各种问题。例如,三菱公司为与克莱斯特公司组建汽车合资公司而展开谈判时,三菱公司会议室的墙壁上贴满了各种图表,显示出自1973年采用浮动汇率制度以来,日元兑美元的汇率变动状况,甚至拥有可能建厂的各州县的平均降雨量、降雪量之类的资料。在分析问题后,企业需要再对联盟战略目标、联盟结构、运作计划、法律保护、税收等进行谈判。谈判时,应包括企业高级领导人员的战略谈判和业务经理及专家的具体业务谈判两个层次,如西门子、东芝和IBM公司在谈判组建以开发随机存储芯片为目的的联盟时就是运用两层次谈判的策略。首先是这三家公司的总裁举行会谈,就联盟合同的主要目标取得一致。然后,三家公司的有关人员组织了一个工作小组,商讨联盟的组织结构和经营管理等各方面的具体问题。联盟谈判时要建立良好的信息沟通平台,确定稳定的信息沟通渠道和方式,使信息沟通和联盟管理能顺利进行,形成相互学习优势。

（二）联盟协议的签署

此阶段首先要特别注意战略联盟协议的制定过程,在联盟协议里,首先要明确规定联盟的阶段性目标,为联盟工作提供前进的动力;其次根据联盟战略目标,规划符合联盟各方企业内在发展规律、具有较强的协调冲突能力的联盟形式和结构。

联盟协议要制定合理的业绩评价标准和利润分配方式,使各企业的贡献与收益相称。首先结盟各方均需要实际投入一定的有形及无形资产（包括设备、信誉、管理经验、生产技术等）,以减少机会主义行为。例如,施乐和富士结盟制造复印机时,尽管富士起初要求双方签署一项技术转让协议或者某种非正式安排,但施乐则坚持要求双方成立一个股权对等的合资企业,通过双方的实际投入,保证了合作的有效性。

其次,各方需要通过签订交叉许可协议等方式,同意相互交换技术、销售渠道等优势要素,从而确保双方都有利可图。例如,摩托罗拉与东芝结盟时,摩托罗拉向东芝许可转让它的微处理器技术,作为交换,东芝也向摩托罗拉转让它的内存贮器芯片技术。

此外,要通过加入保护性条款等方式建立约束机制,以防止成员企业的机会主义和投机行为。具体而言,就是要通过签订协议,严密地组织产品的开发、设计、制造及售后服务的全过程,保护技术秘密,防止发生泄漏。例如,在通用电气公司和斯耐可玛结盟共同制造民用客机引擎时,为了防止发生意外的技术转移,通用电气公司采取了严密的防范措施,通过制定保密条款,仅允许斯耐可玛参与最后的成品组装工作。

由于联盟是一个动态的、变化的组织,在联盟协议的存续期间,可能会出现难以预料的重大变化,使得联盟协议不再适用,影响联盟各方利益,此时就要及时调整协议条款,甚至解散联盟。

四、战略联盟的管理

一旦与战略合作伙伴签署战略联盟协议,联盟正式生效后,各方面临的任务便是对联盟实施有效的管理,从企业战略联盟中获取比纯粹市场形式或纯粹企业形式都高的收益。由于战略联盟是介于市场和行政的中间组织,联盟各方利益与冲突不能以行政命令方式解决,合作各方又要保持相对的独立性,所以一个科学有效的管理系统至关重要。企业战略联盟管理主要包括战略联盟目标的管理、战略联盟人员的管理、战略联盟风险的管理、战略联盟信任管理和战略联盟终止管理等方面。

（一）战略联盟目标的管理

在通过战略联盟协议制定目标后,联盟各方必须要随着联盟的发展而时刻关注目标调整,完成阶段战略目标后要再寻找新的共同战略目标。目标管理过程中最为重要的是为联盟各方建立稳定的信息沟通渠道,通过不同层次的定期会议或特定的理事会进行频繁接触和沟通交流,其中包括正式及非正式的联系,如员工互访和交流,进行跨文化、跨公司培训等。例如,欧洲零售联盟每个月定期开三次会,由三家公司轮流做东,请其他两家公司到自己国家开会。在微软公司与英特尔公司组建的 Wintel 联盟中,英特尔公司的总裁安迪·格罗夫(Andy Grove)与微软公司总裁比尔·盖茨(Bill Gates)一年要会晤两三次。日本著名战略管理学者大前研一(Kenichi Ohmae)认为:"甚至在成熟的合作关系中,最高领导也应每年至少会晤四次,审查已取得的成就,乃至未来的机会和障碍。"

（二）战略联盟人员的管理

战略联盟人员的管理的关键是选择有能力、不偏袒的联盟管理团队,团队应了解联盟各方战略目标,熟悉各方文化,善于听取各方意见,在此基础上,通过共同合作、共同学习、共同交流、共同监督塑造具有良好人际关系的员工队伍。20 世纪 80 年代摩托罗拉开始进入日本移动电话市场时，日本市场存在的大量正式、非正式贸易壁垒使得摩托罗拉公司举步维艰。1987年摩托罗拉与东芝结盟，并在全球招聘联盟主管，在两个企业中调集精兵强将，寻求著名的兰德咨询公司帮助做战略联盟员工培训，通过联盟团队的有效运作，在东芝营销帮助下，摩托罗拉最终获准进入日本移动通信市场，在日本取得了巨大成功。

（三）战略联盟风险的管理

企业战略联盟中充满着各种风险，主要包括战略联盟外部风险和内部风险。外部环境风险是指政策法规、金融风暴、自然灾害等风险，应对这些风险是非常困难的，关键是平时做好预估及模拟预防工作。内部风险包括联盟文化风险、联盟利益风险、联盟知识风险、联盟信任风险等方面。下面重点针对内部风险的管理展开论述。

第一，联盟文化风险管理。

企业文化是企业在长期经营过程中逐步形成的一种行为规范，每个企业都有不同的成长历程，也就使得企业间各自的经营理念、行为准则和道德标准存在差异，如何通过交流，筑起不同文化联络的桥梁，是企业联盟管理非常重要的部分。例如德国戴姆勒-奔驰公司与美国克莱斯勒公司合作成立的戴姆勒-克莱斯勒公司，因为门当户对、互相欣赏，其合作曾被称为"天堂里的婚姻"，然而两年后，却以德国公司的收购结束。合作失败的一个重要原因就是文化冲突。因为两个公司所处国度不同，其文化背景、经营模式、运营机制、税收制度等有许多不同之处。尤其是两国国民性格迥然，德国人做事严谨，一丝不苟，对产品质量更是精益求精；美国人求新图变愿望强烈，在对产品品质的追求上却不像德国人那样执着，这就使双方在真正协调融合时产生了难以逾越的障碍。显然，两个公司的最高决策者忽视了跨国文化问题，加之双方员工地理相距甚远，又缺少及时沟通，疑心重重，从而影响了合作效果，使这个被众人纷纷看好的合作以失败结束。可见联盟各方应该互相尊重对方文化，积极了解对方文化，努力适应对方文化，寻找各自文化的不同及可融通点，培育目标一致的团队文化，从而营造良好的联盟合作环境。

第二，联盟利益风险管理。

战略联盟的最终目的就是实现获利和自身的发展，各方为利结盟、合作竞争、博弈提防，甚至会为利而叛，从而大大影响联盟的稳定。为了有效应对利益风险，建立一个公平合理、积极有效的联盟利润分配体制成为关键。而合理的利润分配机制需要遵循以下几个原则：互惠互利原则，即利益分配方案应保证每个成员企业的基本利益，不存在不公平现象，否则会影响成员企业的积极性，从而导致联盟破裂；投入产出匹配原则，成员各自的投入要与其所得匹配；风险利益对称原则，即制定利益分配方案时应充分考虑各成员企业所承担的风险大小，对承担风险大的企业应给予较大利益分配；结构利益最优化原则，即从实际情况出发，全盘考虑各种影响因素，合理确定利益分配的最优结构，促使各成员企业实现最佳合作、协同发展；个体理性原则，即在联盟整体利益最大化的前提下，联盟成员在加入联盟时产生的效用不能小于未参加联盟时的效用，不能以损害联盟中个别企业的利益为代价而提高联盟的整体利益。

第三,联盟知识风险管理。

知识和技术的共享是企业战略联盟实施的基础,但自身核心知识和技术的保密又是每个联盟企业都必须做好的事情。为了更好地促进企业间的合作,企业在彼此学习和交流的过程中,很有可能将自己的核心知识和技术转移给合作伙伴,导致核心知识和技术外泄,一旦战略联盟破灭,将给企业带来致命打击。所以在战略联盟合作中,要合理控制知识风险,要认识到联盟内部知识和技术交流并不是无限制的共享,注意保护自身知识产权,尤其是自身核心知识,防止技术外泄;对于因合作创新需要的一些知识和技术,可以在法律合同或联盟协议中订立保密条款和反向许可安排条款,禁止联盟伙伴将核心知识和技术资源外泄。

人力资源部门在建立战略联盟初期,应分析联盟各工作岗位,设立明确的有关价值增值的学习活动及控制方式,通过共同合作开始学习彼此适应,为新的人际关系和沟通网络的初步形成建立基础;应提升各方员工的亲密关系,使其积极参与联合开发队伍,除了必要的技术秘密外,各方应减少对知识的过度保护,创造一个互相信赖、信息共享的学习环境;应重视双方员工的互访和交流,并采取如改变对管理者短期绩效的评价标准、重视联盟企业所用人员的提升等激励措施,不断提高企业的知识吸收能力。

(四)战略联盟信任管理

战略联盟各成员间的信任关系是联盟成功的至关重要条件和基础,长期稳定、相互信任的交易关系能为联盟成员带来其他企业无法获取的关键性优势,通过及时反应与高效合作,参盟各方可取得巨大的资源及成本优势,提高企业绩效并实现共赢。

但信任不会凭空产生,需要双方长期的努力。首先,要加强沟通互动,建立联盟共同愿景。战略联盟企业成员必须在他们的彼此交往中建立信息共享机制,通过正式及非正式组织不断进行沟通和积极的信息交流。其次,在战略联盟内部建立信任评审体系和机会主义防范机制。企业需要积极收集关于伙伴可信度的证据,建立合作伙伴的信誉、行为机制、风险偏好的评审体系,做到对合作伙伴的信誉心中有数。再次,要建立一套对机会主义的约束机制,通过保护性合同或合法的契约对合作伙伴缺乏信誉和违约行为给予相应的惩罚,通过加大交易所涉及的专用性资产的投入,特别是联盟各方的不可撤回性投资来锁住对方,提高欺骗成本,完善退出壁垒,防止机会主义和相互欺骗。最后,当出现某些败德现象,而约束机制无法制裁时,应通过降低退出联盟费用等方式减少联盟退出成本。当然,一旦信任关系建立起来,就要使联盟各方清楚行为预期,根除投机心理,忠实履行协议,彼此共担风险和成本,共享成果和收益。

(五)战略联盟终止管理

企业战略联盟是天生发展、变化的动态结构,从防范角度出发,企业必须准备好联盟终止战略。终止联盟有以下主要原因:联盟各方均认为联盟战略目标已实现,如研发战略联盟已成功研制出新产品或新技术;联盟战略目标由于经济环境等方面的变化而发生改变,使得联盟战略中心转移,如产品联盟会由于竞争的加剧往研发联盟转变;联盟各方发展战略目标出现不可调和的冲突;因联盟各方内部出现联盟缔约者调整,对合作方能力、技术发展趋势、文化差异等方面出现判断严重失误等原因,使得联盟终止。调查显示,大多数的战略联盟终止后,75%以上企业被合作伙伴购并。因此企业必须设置自己的预警体系,测算企业退出联盟时所付出的代价;并根据合作方式的不同对联盟采取灵活多变的管理模式,使得联盟终止时代价最小。

本章内容小结

在全球经济一体化、区域经济一体化、科学技术发展、分工协作国际化等演化背景下,企业间战略联盟得到了迅猛发展,并具有地位平等、组织动态松散、合作竞争、行为战略性及联盟范围广泛等特征。为了更好展现战略联盟动因,从交易费用、价值链、资源依赖、企业能力、企业风险、企业生态系统、社会网络、战略缺口等方面分析企业战略联盟的理论基础,在此基础上,依照企业战略联盟治理结构、合作对象、合作领域、合作正式程度、潜在冲突、资源贡献、企业地域、企业地位、联盟内容分析企业战略联盟的主要类型。并从战略联盟规划分析、选择恰当合作伙伴、联盟方案制定、联盟管理等方面对企业战略联盟的运作与管理进行了论述。

复习思考题

1. 结合企业战略联盟的演化背景,阐述其定义及特征。
2. 结合企业联盟的理论基础,分析企业联盟的动因。
3. 企业联盟的分类主要有哪些类型?各自有何特点?
4. 如何有效实现健康的企业战略联盟运作与管理?

【本章案例】

百联集团与阿里巴巴的战略联盟

随着互联网技术、大数据技术的不断发展,以及电脑、智能手机的普及,电子商务迅速发展,传统零售业业态受到巨大冲击,经济效益急剧下滑。自2012年以来,中国百家重点大型零售企业零售额增速呈现出持续下降的趋势。与此同时,中国实物商品的网上零售海这一勇于尝试新鲜事物又具备消费实力的城市获得足够的线下流量。其次,百联集团的一些基础设施也可以为阿里所用。举例来说,百联集团在上海拥有数个10万平方米体量的全渠道物流仓储基地。拥有这样大体量的仓配资源,意味着对区域内市场的更好掌控。通过联盟,阿里分享了百联在物流仓储上的优势,获得了百联在仓储上的支持,使得阿里获得了更加充足的仓储资源。

案例思考题

1. 百联集团与阿里巴巴构建企业联盟的基础是什么?
2. 结合百联集团与阿里巴巴的案例说明有效构建企业战略联盟的注意事项。

第九章 品牌战略

第一节 品牌基本概念

一、品牌及其构成要素

(一) 品牌定义及特性

品牌是吸引消费者重复购买产品与服务的主要决定因素。美国现代著名市场营销学权威菲利普·科特勒(Philip Kotler)指出：品牌是一种标记、名称、符号，或是它们的组合运用，主要用来辨认某种特殊的产品或服务，并将它们与同类型、同质量的其他产品或服务区别开来。品牌的基本职能是把企业的产品与服务同其他企业的区分开来，使消费者通过其提供的有效信息来识别特定企业及产品。

在企业战略管理过程中，企业品牌是形成企业服务特色、取得企业竞争优势的重要手段。通常而言，一个完整的产品品牌应该由品牌名称和品牌标志组成。品牌名称是产品品牌中可以用语言来表达的部分，是形成品牌概念的基础，例如，"迪士尼"乐园、"锦绣中华"乐园、"地中海"俱乐部、"香格里拉"酒店等。品牌标志是表示产品品牌的文字、符号及图案，它包括标志物和标志语，是品牌中可以被识别，但不能用语言表达出来的部分，也可以说是品牌中的图形记号，常常为某种符号、图案或其他独特的设计，比如肯德基的老人、希尔顿的 H 字母。品牌标志是品牌的"视觉语言"，它的独特性能使消费者马上识别出该品牌，它的生动形象使消费者成为它的忠实用户，并在消费者头脑中产生一个深刻、形象的印象。品牌标志的动人形象会使消费者产生喜爱的感觉，进而萌发情感联系。迪士尼公司富有冒险精神、正直诚实、充满童真的米老鼠标志不仅获得儿童的喜爱，也是许多成人喜欢的对象，其所引发的品牌联想是品牌文化的集中体现。

品牌作为企业产品的独特标志，具有四个基本特性：第一，品牌是企业特有的。特定的品牌只能和某种特定的产品或特定的企业相挂钩，并且该品牌对目标消费群有锁定效应，当消费者在同质同类产品中挑选时，选择了该品牌，就不会再选择其他品牌。第二，品牌是具有价值的。品牌的价值是企业一项重要的无形资产。第三,品牌是有丰富内涵的。与简单的名称或标记不同,品牌不仅仅是一种标志,而是包含了更深更广的内容,如品牌背后所蕴涵的企业文化、民族特性甚至历史遗产。第四,品牌的创建和发展是长期的。一种品牌的创立需要一个长期的阶段,并非一蹴而就。

(二) 品牌构成要素

20世纪80年代以来,学者们对品牌要素展开了一系列研究,其中最具有代表性的有以下三种理论。

1. 外部品牌要素理论

以凯文·莱恩·凯勒(Kevin Lane Kellet)为代表的学者从产品与顾客角度出发,认为品牌要素是用以标记和区分品牌的商标设计,主要包括品牌名称、URL、标志、图标、形象代表、广告语、广告曲、包装和标志符号等。这部分学者认为在选择品牌要素时,应遵循富有意义、易于记忆、可延伸、有适应力和可保护性的原则,以加强顾客对品牌的认识,促成强有力的、偏好的和独特的品牌联想的形成,或者提升品牌正面判断和感受。本理论仅对品牌各种显性要素进行简单表面化罗列,没有反映品牌的内在特性,而品牌的真正目的,是要通过这些外在的图形标记,传达一种信念,表达一种态度,所以外部品牌要素理论只是静态地表述品牌要素,没有显示出品牌的成长变化过程。

2. 内部品牌要素理论

莱斯利·德·彻纳东尼(Leslie De Chernatony)等学者用品牌金字塔模型将品牌本质由低到高概括为特性、利益、感情回报、价值观、个性品质。该理论站在品牌创建者的角度,基于品牌的内部结构,用立体的模型展示了如何从品牌要素的角度出发,层层深入,创建一个拥有独特个性品质的品牌,其拥有的新颖的特性给消费者带来了利益,形成消费者对该品牌的见解和认识,逐渐形成对该品牌的感情回报,进而上升为价值观,最终形成类似于人的个性的品牌独有品质。较之以前的品牌要素理论,它比较深入具体地探讨了品牌的内部要素结构,但没有凸显出在品牌内涵发展过程中时间的变化,也没有全面兼顾对外部要素以及消费者的反应。

3. 全面品牌要素理论

大卫·艾克(David Aaker)、王启国等学者从品牌运行价值链角度将品牌要素分为基础要素(包括产品质量、产品形象、产品延伸)、核心要素(品牌规划、品牌发展、品牌功效、品牌行为、市场指标)、延伸要素(横向延伸、纵向延伸、社会延伸、定位延伸)、传播要素(广告传播、公关活动、营业推广、人际沟通)、个性要素(文化特征、企业机制、品牌决策、支持能力)等。企业在不同的发展阶段表现出不同的品牌特征,如在品牌认知阶段,企业重视的是视觉识别要素;在追求品牌知名度阶段,企业的品牌运营将传播要素放置于品牌要素中的首位,更多地注重品牌的广告传播、营业推广等工作;在品牌信誉度阶段,企业最重视基础要素和核心要素的建设;到了综合要素保证阶段,企业则需要对品牌要素进行整合式全方位思考。

二、品牌类型

按照不同的划分标准,品牌可以分为不同类型,以下是几种常见的划分形式。

(一) 根据品牌知名度的辐射区域划分

根据品牌的知名度和辐射区域可以将品牌分为地区品牌、国内品牌、国际品牌。地区品牌是指在一个较小的区域之内生产销售的品牌,如地区性生产和销售的特色产品。这些产品一般在一定范围内生产、销售,产品辐射范围不大,主要是受产品特性、地理条件及某些文化特性影响。国内品牌是指国内知名度较高、产品辐射全国、在全国销售的产品,如红塔山、娃哈哈等。国际品牌是指在国际市场上知名度、美誉度较高,产品辐射全球的品牌,如可口可乐、麦当劳、万宝路、奔驰、爱立信、微软等。

(二) 根据品牌产品生产经营的不同环节划分

根据产品生产经营的所属环节可以将品牌分为制造商品牌和经营商品牌。制造商品牌是指制造商为自己生产制造的产品设计的品牌,如索尼、奔驰、长虹等。经销商品牌是经销商根据自身的需求和对市场的了解,结合企业发展需要创立的品牌,如西尔斯、王府井等。

(三) 根据品牌来源划分

依据品牌的来源可以将品牌分为自有品牌、外来品牌和嫁接品牌。自有品牌是企业依据自身需要创立的品牌,如本田、东风、永久、摩托罗拉、全聚德等。外来品牌是指企业通过特许经营、兼并、收购或其他形式而取得的品牌,如强生收购北京大宝、香港迪生集团收购法国名牌商标 S. T. Dupont。嫁接品牌主要指通过合资、合作方式形成的融合双方品牌的新品牌,如索尼-爱立信、戴姆勒-克莱斯勒等。

(四) 根据品牌的生命周期长短划分

根据品牌的生命周期长短来划分,可以分为短期品牌、长期品牌。短期品牌是指品牌生命周期持续较短时间的品牌,由于某种原因其在市场竞争中昙花一现或持续一时。长期品牌是指品牌生命周期随着产品生命周期的更替,仍能经久不衰、永葆青春的品牌,如老字号全聚德、内联升等。也有些是长久发展而来的世界知名品牌,如索尼、沃尔玛、可口可乐、丰田等。

(五) 根据品牌产品内销或外销划分

依据产品品牌是针对国内市场还是国际市场可以将品牌划分为内销品牌和外销品牌。由于世界各国在法律、文化、科技等宏观环境方面存在巨大差异,考虑到国际化的影响,一种产品在不同的国家市场上可以有不同的品牌,在国内市场上则利用单独的品牌以利于企业形象的整体传播。

(六) 根据品牌的行业划分

根据品牌产品的所属行业不同可将品牌划分为家电业品牌、食用饮料业品牌、日用化工业品牌、汽车机械业品牌、商业品牌、服务业品牌、服装品牌、网络信息业品牌等几大类。

除了上述几种分类外,品牌还可依据产品或服务在市场上的态势划分为强势品牌和弱势品牌;依据品牌用途划分为生产资料品牌和消费者品牌;依据品牌的原创性与延伸性划分为主品牌、副品牌、副副品牌等;依据品牌的本体特征划分为个人品牌、企业品牌、城市品牌、国家品牌、国际品牌;等等。

第二节　品牌战略的内涵

一、品牌战略定义及特征

(一) 品牌战略的定义

品牌战略是企业为了生存和发展,围绕品牌进行的全局性谋划。具体是指企业以提升品牌资产价值为目的,按品牌内在运作的规律,通过创立良好品牌形象、提升知名度、开拓市场、吸引顾客、扩大市场占有率、培养忠诚品牌消费者等措施,以获取差别利润与价值的企业经营战略。

品牌战略在企业经营管理中的地位迅速上升有其深刻的社会和经营背景。早期品牌作为市场营销的基本工具仅处于营销策略层次,买方市场的发展使得品牌战略与组织战略、人才战略、投资战略、产品战略、技术战略等并列齐观,而在科技高度发达、信息快速传播的今天,市场主动权从企业进一步转移到消费者手中,且企业产品、技术及管理诀窍等容易被对手模仿,难以成为专业特长,产品同质化趋势愈加明显。要保持市场占有率,吸引消费者选择和忠于产品,企业就要在品牌战略与战略管理的协同中彰显独特文化,把握目标受众,充分传递自身的产品与品牌文化的关联识别,借助品牌战略优势在销售层级形成有价值、可持续、难模仿的增量资本。

(二) 品牌战略的特征

品牌战略作为企业核心战略之一,具有以下基本特征。

第一,全局性。品牌战略是企业为了创造、培育、利用、扩大品牌资产,提高品牌价值而采取的各项具体计划或方案的指南,其所解决的不是局部或个别问题,而是企业全局性谋划方略。

第二,长期性。品牌战略着眼于企业的长远发展,隶属于企业长期规划,对其评价也是放在长期成本及收益的核算框架中进行的。

第三,组织系统性。品牌战略涉及企业内外多层次和各个子系统的分工协作,是对技术、生产、经营、组织、管理等诸多方面采取重大措施并进行相互配套的系统工程,因此存在形成、维护和发展等系统性问题。

第四,开放性和竞争性。品牌战略是在开放系统中,在企业与外界不断保持信息和能量交换的条件下实施的。为了应对不可避免的外界竞争力,企业必须通过开放掌握更多资源,通过不断的更为有效的竞争提升自身实力。

二、实施品牌战略的意义

品牌战略的实质是企业在战略规划期内,通过统筹安排,不懈努力,以提高其产品竞争力为核心而进行的围绕企业及其产品品牌展开的全局性的谋划,从而将本企业品牌打造为该市场或该行业的强势品牌,大大增强企业的核心竞争力和市场地位。因此,对于企业而言,实施品牌战略拥有十分重要的意义。

(一) 有助于创立优秀品牌

享有盛誉的品牌是一个企业最宝贵的无形资产,代表着产品质量、形象、技术、功能、效用、服务等诸多内容。企业通过运用正确的品牌战略,创造一个消费者信得过的优秀品牌,使得消费者日益认识到企业品牌的价值,从而缩短消费者识别产品的过程和购买的时间。正如 Nike 公司董事长菲利浦·奈特(Philip Nate)所说:"优秀的企业通过品牌战略树立一个强有力的、值得信任的知名品牌,可以像灯塔一样为不知所措的消费者在信息海洋中指明避风港湾。"

(二) 有助于建立良好公司形象

企业形象是企业自身在消费者心目中的地位和价值的体现,是企业无形资产最重要的组成部分。品牌战略和企业形象息息相关。品牌战略有助于企业改善形象,良好的企业形象也有助于品牌战略的实施,二者相互促进、相互保障。企业可以通过实施品牌战略,树立一个优秀的、消费者信赖的品牌,从而提高企业在公众心目中的形象,而企业的公众形象对企业的发展起着不可估量的作用。良好的企业形象可以提高企业的知名度及信誉度,而高知名度及信誉度是企业产品在市场上得以顺畅销售的重要因素。对消费者而言,良好的企业形象代表着产品高品质和良好的服务水平;对合作企业、贷款银行而言,良好的企业形象代表着可靠和值得信赖;对企业本身而言,良好的企业形象则代表着较强的市场竞争力,是获得市场主体认同的保证。

(三) 有助于提升企业经济效益

随着经济的发展,消费者的购买行为并不仅仅取决于购买力或一般的心理、生理需要,而主要取决于对某个企业、某种品牌的综合印象。作为现代营销手段的灵魂,品牌战略要求企业所有价值活动都围绕演绎品牌核心价值而展开,通过塑造个性化产品品牌形象,利用品牌战略的"磁场效应"和"时尚效应",提升消费者的感知,加深其对企业产品核心价值与品牌的识别,形成品牌忠诚,进一步吸引潜在消费者,扩大产品市场覆盖面,提升企业经济效益。

具体而言,企业可以通过品牌战略进行准确的市场定位,以更好地满足消费者,即对不同的细分市场推出不同品牌以适应不同消费者的个性差异;可以通过品牌战略稳定消费者,固化产品价格,减少价格弹性,增强对动态市场的适应性,减少未来的经营风险;品牌战略有助于新产品开发,节约新产品投入市场的成本,如企业可以通过品牌延伸战略,借助于成功或成名的名牌,扩大企业的产品组合或延伸产品线,利用现有知名品牌的知名度和美誉度推出新产品。

(四)有助于增强企业凝聚力

品牌战略是企业文化的一部分,是增强企业凝聚力的黏合剂。现代企业管理高度重视内部团结,努力利用各种方式把职工个人目标和企业目标结合起来。正确的品牌战略有助于企业抵御竞争者的攻击,完善企业消费者形象,保持企业竞争优势,提升企业影响力和实力,可使得员工的归属感和集体自豪感显著增长,激发员工工作热情,提高企业管理效率,增强企业的向心力,确保企业的可持续发展。

三、品牌战略与企业战略的关系

管理学大师彼得·德鲁克(Peter F. Drucker)有一句名言:对企业而言,未来至关重要,经营战略使企业为明天而战。在他看来,企业战略是企业着眼长远、适应企业内外形势而做的总结性发展规划,指明了在竞争环境中企业的生存态势和发展方向,进而决定了最重要的工作内容和竞争方式。具体而言,企业战略是在保证实现企业使命的条件下,在充分利用环境中存在的各种机会和创造新机会的基础上,确定企业与环境的关系,规定企业的经营范围、成长方向和竞争对策,合理地调整企业结构和分配企业的全部资源,从而使企业获得持续、稳定的发展。从其要求看,企业战略就是用机会和威胁评价现在和未来的环境,用优势和劣势评价企业现状,进而选择和确定企业的总体、长远目标,制定和决策实现目标的行动方案。

作为战略,无论是品牌战略还是企业战略,都是一种系统的、长期的谋划,但企业战略的对象是企业整体,品牌战略的对象仅仅是品牌。结合企业战略及企业公司战略的几个层次,可以分析品牌战略与企业战略更深层次的内在关系。

首先,用企业战略层次来解释,狭义的品牌战略可以看作企业的职能战略,即市场营销战略的一部分,而广义的品牌战略可以看作企业的公司战略;从品牌发展的过程看,在新品牌创立之初,品牌战略可以看成企业职能部门的战略,但随着品牌的成熟,品牌逐渐脱离具体产品,更多地表现出抽象的含义,与企业的理念、实力、文化等联系在一起时,则应该是公司层次上的战略。

其次,从公司战略的概念体系来看,当品牌脱离具体产品表现出抽象的含义时,品牌战略与公司战略的联系表现在与公司战略意图(愿景、使命和基本目标)的一致性上,尤其是与愿景和使命的一致性上,而与公司战略计划(目标和措施)则没有太大的联系。此时,品牌战略可以看作公司实现愿景和使命的手段,不能远离公司的愿景和使命。但是,品牌战略又不是公司愿景和使命的简单重复,而是公司愿景和使命的必要补充。例如,朗讯公司的使命是"竞争者或许有一天会赶上我们,但最先进的技术永远掌握在我们手中",其品牌战略中所隐含的价值承诺就是向客户提供技术最先进的产品。与此不同的是,IBM 并不总是依靠最新技术来赢得市场,它的使命是建立长远和优质的服务与支持,即"尊重员工,顾客至上,追求卓越",所以其品牌战略就必须围绕向客户提供第一流的服务来制定和实施。正如 IBM 在欧洲的德国安凯公司客户代表曾表示的:"只要 IBM 的价格制定得不过于高得离谱,我们会永远选择它。"

总体而言,品牌战略是企业战略的一部分,可以理解为企业战略的子战略。狭义的品牌战略是企业职能部门市场营销部门的战略,广义的品牌战略是公司层次的战略,是与公司战略意图相辅相成的战略,是跨事业部、跨职能部门的战略。品牌战略作为企业战略的子战略,它与企业战略之间是不存在一条明确的分界线的,它以散点的形式弥漫于企业战略之中。

第三节 企业品牌战略的构建

品牌战略为品牌建设制定了目标、方向、指导原则及行为规范。其和企业一般战略有所不同,一般战略强调市场、产品、财务、渠道、服务等问题,而品牌战略则针对品牌愿景、核心价值、品牌架构、品牌内涵、品牌机构、品牌识别、品牌延伸等问题,其中心环节就是有效监控品牌与消费者的关系的发展,从而实现品牌的愿景。

美国著名品牌专家凯文·莱思·凯勒(Kevin Lane Kellet)认为:"品牌来源于消费者反应的差异,如果没有差异发生,那么具有品牌名称的产品本质上仍是一般意义上的产品,而反应中的差异是消费者对品牌理解的结果。虽然公司通过其营销计划和其他行为为品牌提供刺激,但最终品牌是留在消费者头脑中的东西,品牌是一个个可感知的存在,根植于现实中,但是映射着个人的习性。"这一观点说明,影响品牌战略的关键因素是消费者对产品的感知,是对于产品的认知关系,这意味着品牌战略不仅仅取决于企业所提供产品的特性,更取决于消费者对产品特性的理解和认知。企业通过品牌战略塑造品牌的过程既是品牌与消费者之间关系的沟通与发展过程,也是品牌价值体现的过程。企业品牌战略目的也从尽可能多地获得消费者消费支出的份额,发展为吸引消费者对商品留意的份额和尽量获取消费者的精神份额。

所以为了使品牌战略成功,企业需要对品牌进行专门系统的规划管理,投入必要的资源,将品牌从以往仅作为标志性的战术工具转变为战略性资源,并使其成为企业战略管理的核心内容之一。一般而言,企业品牌战略的构建过程主要包括强化品牌战略意识、设置品牌战略管理机构、建立品牌战略目标、进行品牌战略分析、选择品牌战略方案、实施品牌战略和评价反馈品牌战略。

一、强化品牌战略意识

品牌战略管理过程中,强化品牌战略意识是最容易被忽视的一个环节。实际上,品牌战略意识对于企业品牌战略的形成起着十分重要的作用,体现了企业对本身形象或产品形象具体而现实的期望,为企业品牌的发展指明了方向。当前很多企业品牌意识淡薄,一直把产品销售当成品牌经营,将产品销售量和市场占有率的上升等同于好的品牌,没有将品牌融入企业的整体规划当中,也不重视品牌的研究开发,只把产品宣传交给一般的员工去完成,或者直接把它交给广告公司。企业管理者短视现象严重,缺乏品牌的战略管理。所以,企业内部管理层应充分认识强化品牌战略意识的重要性,通过邀请专家学者讲学、内部宣传培训等方式使企业全体员工学习现代化商业知识,使其深刻意识到实施品牌战略是关系企业生存发展的关键因素,树立起强烈的品牌战略意识和理念,以高度责任心和紧迫感实施与推进本企业的品牌战略。

二、设置品牌战略组织结构

组织结构决定了一个组织内人员的组合方式,组织结构既可以支持企业战略,也可以侵蚀企业战略,不合理的组织结构不仅会降低企业战略执行力,事倍功半,甚至会造成企业战略的无法执行,使企业陷入有战略而无执行的泥潭。因此,品牌战略需要一个坚强而完整的团队来执行。科学设置品牌战略组织结构、确保组织的正确运行是实施品牌战略的根本基础,直接事关品牌战略建设的成败。具体而言,对于以品牌战略为核心竞争力的企业而言,品牌战略管理必须得到企业高层的高度重视,最高管理者应该是品牌战略的主要倡导者。最高管理者应建立由精通品牌战略的企业领导挂帅,品牌部或市场部、公关企划部主要负责,其他部门参与的品牌战略管理委员会,从而有效组织调动企业各部门资源,为品牌战略服务。品牌战略管理机构应拥有品牌战略制定、战略选择、产品开发制造、市场费用支配、产品价格制定等权利,直接有效把握品牌建设与传播的大方向,既要鼓励不同部门和不同团队保持独特性以完成不同任务,还要能够将这些不同部门和团队整合起来为实现企业整体的品牌战略目标而合作。与此同时,企业还必须时刻关注企业品牌战略管理人才的储备和建设。

三、建立品牌战略目标

在市场经济中,谁先有了品牌竞争意识,继而确立正确的品牌战略目标,谁就可能比别人领先一步,取得竞争优势。品牌战略目标不同于产品销售,产品销售可帮助企业实现短期、当期利益,但难以保证或兼顾企业未来,而品牌战略目标是品牌管理者按照企业的经营方向,推断出品牌所要达到的理想状态,是企业在现在及未来经营活动中利用品牌的作用所要达到的预期业绩的反映,是企业长远的利益源泉。品牌战略方向的具体化与定量化,如质量水平、市场占有率、市场影响力、品牌美誉度等,应与企业总体战略目标一致,服务于企业的整体战略。例如,当企业把争取国内市场最大份额作为发展目标时,品牌战略也应当把争取提升国内客户的忠诚度作为自己的战略目标。

品牌战略目标可以进一步细化为品牌竞争实力、增值能力及拓展能力三个方面的子目标。品牌的竞争实力主要通过品牌知名度、美誉度、认可度和消费者忠诚度等来展示;品牌资产的增值能力主要通过品牌在市场上的不断推广获得企业销售收入、股东与企业利润;品牌的拓展能力主要通过品牌的联想度和延伸空间实现品牌的扩张,从而形成品牌族群。

在品牌战略目标制定过程中要规划品牌愿景,引领品牌建设的方向,建设员工认同的企业文化氛围,鼓励将要执行此战略的人员、将受到战略执行影响的人员、相关专业领域的专家、组织中高中低层的员工代表等积极参与互动,通过深刻洞察市场和消费者,做好最重要的资源分析。具体而言,首先要明确企业目前较为成功的产品与服务,列出主要的市场与所服务的消费者群体,找出影响服务市场与产品的关键驱动力并确定支持驱动力的战略领域,确定引导组织未来走向的核心价值观。其次要研究企业在品牌战略实施期间的资金、人力、技术等资源,评估能否适应品牌战略目标的要求,寻找可能阻碍品牌战略目标实现的软肋,并做相应改变,或等时机成熟再推行品牌战略,或对品牌战略目标做相应改变。企业制定的品牌战略目标既要讲求挑战性,又要关注实现的可能性,同时注意保持一定弹性。太高的品牌战略目标会增加员工畏难情绪,使企业缺乏品牌战略驱动力;目标太低则激励性不足,难以形成整体向心力。

四、品牌战略分析

品牌战略分析是对当前的品牌建设情况以及内外部环境的关键影响因素进行系统性的审视、评估和判断。只有清醒深刻地认识品牌战略的客观基础和驱动因素才有可能选择正确的品牌战略并正确地执行品牌战略。

对于一个企业或项目来说,必须首先分析自身的具体条件和外部环境的影响问题,然后才能确定或修正企业的品牌战略目标。从这个意义上来说,是品牌战略分析确定品牌战略目标。另外,当品牌战略目标确定之后,又要以品牌战略目标为指向,缩小企业品牌战略分析的范围,集中分析既定目标下的品牌经营问题,此时品牌战略目标又决定了品牌战略分析过程。因此,品牌战略目标确定与品牌战略分析是相互作用、相互影响的。

品牌战略分析的关键是系统综合分析企业内外环境。外部环境分析的目的是评价品牌战略与组织外部的机会、威胁和趋势的匹配性,包括产业分析、消费者分析和竞争分析。

首先是分析品牌战略角逐的产业环境,不同产业通常具有不同结构特征、关键成功因素和变革驱动力,品牌战略必须通过及时、深入、有针对性的响应,才能占据有利地位;其次是分析消费者环境,企业必须深刻地洞察消费者消费趋势、购买动机及市场区隔和未满足的需求,才有可能使得品牌战略与消费者产生深度共鸣;最后是分析竞争环境,企业可依据迈克尔·波特(Michael Porter)提出的五种竞争力进行分析,如处于哪个战略集团、现有供应商的议价能力、购买者的议价能力、新进入者的威胁、替代品的威胁、主要竞争者的竞争模式以及品牌建设情况等,只有通盘把握才能通过品牌战略抗衡甚至战胜竞争对手,从而实现品牌领导。

内部环境分析的目的是评价品牌战略与组织内部的优势、劣势和期望的匹配性,包括能力分析、管理分析和文化分析。首先是分析组织能力,企业在资源上的优势和在价值链上的优势会形成一系列的核心能力和特异能力,品牌战略应该对此充分予以反映和利用;其次是分析组织管理,企业在计划、组织、领导和控制方面的表现水准不仅决定了品牌战略的管理效率,同时也制约着品牌和经营诸功能之间的可协调性;最后是分析组织文化,良性的企业文化不仅能够激励全体员工为品牌而奋斗,而且通过如共享价值观和品牌价值主张、象征人物和个人品牌、企业故事等文化要素,实现与品牌战略的直接互动。例如,日本丰田汽车在进入美国高档轿车市场时,没有继续使用"TOYOTA",而是另建立一个完全崭新的独立的品牌"LEXUS",这样做的目的是避免"TOYOTA"给"LEXUS"带来低档次印象,而使其成为可以与"BMW""Mercedes-Benz"相媲美的高档轿车品牌。

由于品牌战略分析涉及面很广,而且各相关要素在不同时间、不同地点对不同行业的作用等方面均不相同,所以,一方面可能会忽略一些对品牌未来发展起重大影响的潜在因素,另一方面会习惯性地高估一些现有的因素;同时,企业发展的长远利益与当前利益、局部利益与整体利益的关系问题也常常是影响企业品牌战略分析的重要因素。因此,品牌战略分析过程实际上是品牌战略构建的最难点。

五、选择品牌战略方案

品牌战略方案的选择是品牌战略分析过程的继续和结果,是为了实现企业品牌战略目标,根据品牌战略分析的结果,比较企业现时能力与目标之间的差距,从而为弥补这个差距而想要采取的政策策略和行动计划。

具体而言,要选择理想的品牌战略,首先需要制定出各种可选方案,在此基础上,选择最佳方案,并同时制定出各种备选的应急方案。在选择品牌战略方案时,必须注意选择的时效性,即设计品牌战略的时间结构,因为时间是企业竞争中的一个重要因素,如果等到企业有足够把握时再选择品牌战略,可能竞争对手已经提前采取了行动,使得企业有足够把握的方案意义大减,所以,企业要将品牌战略的各个阶段有机地联系起来,形成完整的时间周期变化结构图。因此,企业品牌战略方案的选择必然要冒一定的风险,而一旦企业控制了品牌战略方案选择的风险,通过控制既定品牌战略方案的实施过程,随时修正品牌战略方案,企业就会有比竞争对手多得多的发展品牌的机会。企业在选择品牌战略方案时,也必须同步设计品牌战略空间结构,通过对于实施品牌战略的各职能部门的分解,将品牌战略转化成具体的战略任务,便于落实到每一个职能部门和每一个员工。

当然,无论企业选择何种品牌战略方案,其本质都是对企业经营理念的贯彻,都必须以符合社会公众情感期盼的企业理念为指导,只有在正确的企业经营理念的统帅下,企业的品牌战略才能形神合一。

六、实施品牌战略

选择的品牌战略方案是否适合于本企业,须在竞争市场上得到检验。品牌战略实施过程正是品牌战略构建的具体操作过程。它是对企业品牌战略目标、品牌战略方案选择在经营活动中的直接反映,实施过程中企业必须注重完善品牌战略制度、构建品牌核心价值、提升产品品质和服务、关注品牌营销、提升品牌忠诚度、培育企业品牌战略文化等方面。

(一) 完善品牌战略制度

联想创始人柳传志在谈到企业品牌战略成功经验时说:"领导者的任务主要是定战略、搭班子、带队伍。"搭班子就是管理学中的组织和构架,除了设置管理机构外,主要包括制度的完善。一个企业制定了品牌战略目标,有效有道地执行必然成为最重要的事情。如何才能做到有道,就是要有合理的品牌战略实施制度,主要包括契约制度、产权制度、治理结构、组织结构和人格化管理制度等。世界上所有的大企业都有优秀的品牌战略管理制度,并以此形成了各自独特的品牌战略管理风格。例如,日本企业擅长品牌战略的精细化管理制度设计;而德国企业则注重严格的质量制度,通过产品形式的创新展现品牌价值;美国则通过鼓励创新,在企业品牌战略思想上不断进行突破性变革。

(二) 构建品牌核心价值

企业品牌核心价值是整个品牌的意义所在,是消费者选择购买该商品的充分理由,是构筑该企业品牌竞争力的基础。消费者在购买商品时,在很大程度上受到由品牌所提供的价值属性的影响。品牌的价值属性有很多种,如产品类别、产品功能、产品价格、品牌文化内涵、品牌形象等。品牌的这些价值属性可以根据为消费者提供的利益分为功能性价值属性和心理性价值属性。在这两种价值属性中,功能性属性代表了品牌的最基本含义,即品牌的特定使用属性、功能、质量、技术等。品牌的心理性属性(如品牌的文化内涵、品牌形象等)是附加在品牌功能性属性之上的,同时,品牌的心理性属性又具有相对独立性。对于同一品牌,消费者对两类价值属性的感知决定了两类价值属性在消费者心目中的相对重要性程度,且在消费者心目中相对重要的价值属性是消费者是否购买该品牌产品的决定性因素。如TCL、海尔等,这类品牌具有很高的使用价值,但缺乏象征意义,所以无法使消费者感受到心理的满足,消费者是否购买该品牌产品主要取决于该品牌的功能性价值属性为其带来的利益大小;再如路易十三、劳力士等,这类品牌使用价值平平,并不能给消费者很大的生理满足,但由于被赋予很强的表现意义和象征意义,能给消费者极大的心理满足,消费者是否购买该品牌产品则主要取决于该品牌的心理性价值属性为其带来的利益大小。所以品牌的核心价值能够为消费者提供高价值,同时又能为企业带来超额利润。

企业在实践中构建品牌核心价值应当包括三个方面:一是目标消费群体;二是品牌提供给消费者的独特利益;三是品牌的特殊优势。前两点是从理性分析角度解决品牌定位和消费者购买原因的问题,企业只有长期满足顾客需求才能保证品牌不断成长。因此,企业需要在新形势下加强市场调查,不断进行战略性调整,努力保持和发展品牌优势与特征,以保持品牌贴近市场和顾客。第三点解决的是企业品牌相对于竞争对手来说有哪些优势,这种优势是否与消费者所渴望、所梦想的某种情愫相吻合。例如,同样是沐浴露,舒肤佳能"有效去除细菌",六神代表的价值是"草本精华,凉爽,夏天使用最好";同样是名车,宝马是"驾驶的乐趣",沃尔沃则定位于"安全"。这些品牌都是因为有了自己清晰的核心价值与个性,才使消费者产生了认同并提升了其忠诚度。可见实施品牌战略时,企业应十分注重创建品牌的核心价值,让消费者明确、清晰地识别并理解品牌所代表的形象和个性,在此基础上形成好感、满意乃至忠诚。

(三)提升产品品质和服务

产品品质是品牌战略成功实施的基石,是消费者认识品牌、熟悉品牌、接受品牌和忠于品牌的根本动因。因此,企业应充分重视技术创新,运用科学的管理方法,采用先进的设备和工艺,强调科学的试制、检测手段等,以实现科技进步,提高产品品质。而且在产品日益同质化的背景下,企业为顾客提供优质、完善的服务也成为市场竞争的焦点,成为创立企业品牌的有力武器。企业在品牌战略构建过程中,必须树立品牌就是服务的意识,要关注品牌背后的企业服务,包括完善售后服务、应急服务等附加环节。

中国市场上诸多品牌,如"三株""爱多""秦池"等靠巨额的广告投入、密集的媒体轰炸、特殊的市场营销环境以及中国大多数消费者的从众心理而一夜响彻云霄,声震大江南北。然而,这些企业在创名牌、炒名牌中渐渐偏离了品牌战略的根本,牌子虽然叫响了,但企业的盈利难以支持巨大的广告费,其结果是缺乏真正的创新投入,产品品质和服务得不到提高和有效保证,导致品牌战略失败,品牌消亡。所以成功品牌战略的支撑是消费者对产品品质及服务的普遍认可、高度信赖和优良的社会评价。通用电气公司董事长杰克·韦尔奇(Jack Welch)说:"优良的产品品质及服务是我们维护消费者忠诚最好的保证,是我们对付国际竞争最有力的武器,是我们成功实现品牌战略的唯一途径。"

(四)关注品牌营销

除了产品品质及服务之外,在消费者经济时代,传统的市场细分和品牌营销方式已经不能满足品牌战略的实施要求。以往品牌战略只要求通过改变营销组合吸引消费者,新形势下则要求品牌战略必须以消费者为中心,注重对重要客户的区分,通过细分品牌价值客户,利用独特价值主张吸引价值客户,并利用独特的价值网来支持品牌战略的实施。

具体而言,首先必须要注重正确的品牌营销定位,全方位地促进消费者在感性和理性方面接纳商品,进而接纳商品所代表的品牌形象,而不同的品牌战略下营销的创意和宣传重点是不同的。例如,张裕集团在市场启动时就把产品定位于占领全国市场,首先,使张裕解百纳成为民航及外事用酒,展开品牌销售,继而又采取辐射营销、事件营销、感情营销等手段,使张裕解百纳在短期内红遍了大江南北,迅速占领了全国市场。其次,通过在包装及视觉风格、价格、广告、品牌历史、公关赞助等方面制定适当的品牌营销策略,突出品牌个性。多元化价值观念是品牌个性存在的基础,具有鲜明个性的品牌正大行其道,如德芙巧克力的个性是温馨的、美味的;苹果手机的个性是人性化的、科技的;耐克之所以能执运动行业之牛耳,与它的洋溢着健美与力量的独特商标不无关系。此外,公共关系也成为企业品牌营销策略中不可或缺的要素,其主要内容包括政府关系、媒体关系、消费者关系、员工关系、股东关系、金融关系、社区关系、产品宣传、公关广告、公益活动等。

(五) 提升品牌忠诚度

品牌忠诚是品牌战略实施的核心,是消费者深深偏爱某一品牌,长期购买该品牌产品,并自觉关注和维护该品牌声誉及市场地位的表现。品牌忠诚赢得的是消费者的忠诚,而忠诚的消费者对所钟情的品牌有较强的信赖感和依赖感,且对其他消费者群体还有较强的示范作用,可以大大加强企业产品与竞争对手产品相抗衡的能力。一般认为,企业80%的销售额来自20%的忠诚消费者;把促销焦点放在特定高忠诚度消费者身上,促销效果会上升5~10倍;如果这些消费者刚好正在使用该品牌产品,促销效果甚至会提高到20倍。消费者对品牌的忠诚不是建立在直接的产品利益上,而是建立在品牌所凝练的深刻的文化内涵和精神内涵上,维系与品牌长期联系的是独特的品牌形象和情感因素。

现实中有些企业在实施品牌战略时不是将核心任务放在品牌忠诚的塑造上,而是放在产品忠诚的塑造上。企业在品牌形象的建设和推广中,重点宣传的不是品牌的文化内涵、情感内涵、象征性价值及精神品质,而是产品本身的功能、效用和特性,不懂得能牢固维系消费者与企业持久关系的是消费者对品牌的感情依赖和精神寄托,而致力于扩大产品的重复购买和大量购买。其结果往往是产品出了名,而企业的品牌却处于产品的阴影中。一旦某一产品的市场生命周期结束了,企业的市场知名度随之下降,企业的消费者群体也随之减少。

因此,在企业品牌战略实施中除了使用完善品牌战略制度、提升产品品质、注重品牌营销等方式提升品牌忠诚度外,还要讲究品牌忠诚与产品忠诚的合理配合。企业品牌战略基础的核心应该是品牌忠诚,而不是产品忠诚,因为产品的使用价值和利益是经常变化的,具有较强的实效性,而品牌除了代表商品的质量、性能及独特的市场定位外,还是一种文化,代表着品位、格调及时尚,具有更深厚的文化底蕴和情感内涵,能超越时空的限制带给消费者更多高层次的心理和精神的满足,如开宝马的人都追求张扬的个性和时尚,奔驰客户群拥有尊贵的价值主张。

(六)培育企业品牌战略文化

企业文化是在现代化大生产与市场经济发展基础上逐步产生的一种以现代科学管理为基础的新型管理理论和管理思想,也是企业全体员工在创业和发展过程中培育形成并共同遵守的最高目标、价值标准、基本信念和行为规范的总和。品牌战略文化是通过赋予品牌深刻而丰富的文化内涵,建立鲜明的品牌定位,并充分利用各种有效的内外部传播途径形成消费者对品牌在精神上的高度认同,创造品牌信仰,最终形成强烈的品牌忠诚。正如美宝莲提出"美来自内心"的文化理念,李宁牌提出"把精彩留给自己"的个性主张。品牌战略文化是企业形象的核心,是产品形象的基础,既是凝结在品牌上的企业精神,又是渗透到企业运行全过程全方位的价值理念、行为规范和群体风格,是企业的无形财富。

品牌战略文化的塑造是一项长期的、复杂而艰巨的企业系统工程。首先需要树立明确的品牌战略文化这一企业核心经营理念,完善企业品牌战略文化管理制度,通过整合现代营销理念与传统文化,铸造现代品牌战略管理文化,在此基础上建立品牌文化价值体系,以品牌战略文化的核心价值观为主导,对内激励企业经营团队,引领其向企业品牌经营目标迈进,对外满足消费者某种特定的消费情感体验,引发情感共振进而使其产生品牌忠诚。此外,要以总体品牌战略文化价值体系为指导,积极建立基于质量文化、服务文化和营销文化的经营文化,建立基于品牌标志、包装和广告设计的品牌形象文化,以保证品牌主题和品牌风格的一致性,从而彰显品牌个性,最终形成一个科学的品牌文化体系,推动品牌不断走向强大。

衡量企业品牌战略文化是否合适,一般有两个标准。一是品牌战略文化与产品特征匹配程度。每一种产品都有自己的特性,如在什么样的场景下使用,产品能给消费者带来什么利益等。例如,西门子品牌涉及家电、电力、医疗器械、通信等众多行业,但西门子公司始终坚持一种可靠、严谨的品牌战略文化,使得消费者认为西门子代表着德国一丝不苟的民族传统。二是要从目标市场消费群体的思想心态和行为方式中去寻找品牌战略文化,使其符合目标市场消费群体的特征。

(七)提升企业品牌形象

企业品牌形象设计是企业以品牌为核心,从企业整体全方位运作而显现品牌形象、提高企业知名度的一种战略,是企业品牌总体战略中一个非常重要的组成部分,包括标志系统设计和道德形象、信誉形象、服务形象、社区形象、慈善形象、环境形象等的设计。企业品牌形象战略不是一个外观的粉饰,而是企业经营理念、行为规程和模式的外化,是一种系统的品牌运作战略。其作为企业形象外化的内涵,涵盖企业经营理念和行为规程两大系统,是经过了大量调查、精心研究而制定的,用以指导整个企业运行的行为准则和发展规则。作为长期战略而非短期的行为,企业品牌形象战略必须设计一种可控制、可实际操作的作业程序和检查改进的机制,其基础是将企业品牌形象视作一种重要的无形资产,开发、提供和自我认同品牌战略理念,通过效率化、标准化和统一化信息传达与行为操作,使消费者及社会各方等明确企业品牌的社会定位及其存在意义,在公众中建立良好的品牌形象。

(八)做好企业品牌保护

品牌作为一种独有的无形资产,具有特殊的附加值,需要企业在品牌战略日常运营管理过程中采取相关的措施对其进行有效的保护。总体而言,企业品牌保护可以分为品牌法律保护和品牌经营与管理保护。

按照品牌在经营过程中所出现的情况不同,品牌法律保护可以细分为对品牌名称的法律保护和对商标的法律保护。对品牌名称的法律保护分为两种情况,当品牌名称与商标名称合而为一时,即可通过商标法对其有效保护。例如 Kodak 品牌名称和商标名称是统一的,但柯达公司在美国的专利局注册了一系列防御商标,如"Kodagraph""Kodachrome"等,以达到将品牌名称和商标名称一起加以保护的目的。当企业品牌名称与商标名称不一致时,商标法只对商标名称加以保护,而品牌名称的保护只能通过其他途径而不是通过商标法来实现。企业要想有效地保护品牌名称,可以通过品牌名称向商标名称的过渡,即将品牌名称特别是那些名牌品牌名称转换为具有法律意义的商标名称和标志,实现主动和事前保护;在品牌经营过程中,密切注意侵犯本企业品牌名称的行为,一旦发现被侵权,要及时寻求法律的事中和事后保护。对商标的法律保护,企业要注意及时进行商标注册并正确使用注册标记,注意提出商标异议和争议,严格遵守商标法律规范,并采取措施防止商标侵权现象的发生。例如,围绕"海尔"商标,海尔企业共申请国内商标注册 60 余件,甚至把"Haier""海尔"及图形三件总商标都在全部商品类别和服务类别上注了册,这无疑给海尔的品牌保护穿上了结实的防弹衣,这种保护也给海尔带来了实实在在的好处。

品牌的经营和管理保护与品牌的法律保护不同,它是企业在日常的生产经营活动中,自觉地采取措施,通过产品的更新等手段来保护品牌资产的价值,使之不断升值,具体包括增强技术保护意识、控制品牌机密、及时根据消费者需求变化调整品牌内容,通过树立良好信誉、保持良好的品牌和企业形象等措施。

(九)应对品牌战略危机

危机是出乎意料和无法避免的,使得所谓的危机防范常常会落空,所以当品牌战略实施面临危机时,企业必须做好品牌战略危机的事中管理。成功的品牌战略危机事中管理关键有三点。第一是启动快速反应的危机应变程序。在品牌战略危机发生之时,企业应迅速成立各种任务小组,包括紧急应变小组、危机处理小组与营运督导小组。紧急应变小组负责提供应变措施方案并控制危机不至于扩大;危机处理小组负责接管事件的后续发展与善后复原任务;营运督导小组则负责确保日常营运能够持续下去。而后及时摸清品牌战略危机的基本情况,包括原因和影响,查明涉及的公众对象,然后制定消除危机影响的具体处理方案,积极组织企业力量进行深度实施。第二是建立高效通畅的危机沟通管道,危机的公众性使得危机需要进行全方位沟通,沟通对象包括受害者、媒体、内部员工和其他公众。第三是持续紧密的危机善后工作。沟通达成既定目的并不代表危机已经安然度过,企业必须高度重视危机善后工作,主要包括遗留问题处理和滞后效应处理。通过说明危机过程、担负责任,重新建立起企业的利益相关者对企业的信心。例如,2006年宝洁公司在华推广SK-Ⅱ品牌时,被国家质检总局查出含有铬、钶等毒素,一时间面临巨大的品牌危机。宝洁公司第一时间成立危机应对小组,首先发内部文件安抚员工心情,加紧制定SK-Ⅱ退货方案,召回产品,赔偿消费者及销售商等各方损失,加强与质检总局、公众及媒体的沟通。经过成功的危机处理,宝洁公司未受到任何行政或经济处罚,各地已经撤销的销售专柜纷纷重新开业,维持了其品牌形象。

七、品牌战略评价及反馈

品牌战略确定并实施后,还须通过对品牌战略效果的评价来确定品牌战略目标的实现程度,并决定现有品牌战略是否该有所变化。由于制定品牌战略的目的是完成特定的目标,可着眼于已取得的或预期的成果来评价。

在品牌战略实施过程中,企业资源、环境以及各方的利益时刻可能发生变化,这就要求企业具有动态品牌战略意识,本着长短期兼顾、充分反馈、及时反馈的原则,全面准确及时地收集信息,通过建立合理的评价指标体系,把握合适的评价频率及力度,评价实际品牌经营活动业绩与过去及预期的成果,反馈相关问题,帮助各业务单位和职能部门对品牌战略目标与实际情况的差异做必要准备,解决其在品牌战略执行过程中遇到的问题和困难。松下、丰田这些世界名牌之所以长盛不衰,最主要的原因是它们对于其品牌战略不断评价并不断完善和发展。

本章内容小结

在分析品牌定义、特性、构成要素及类型基础上,提出品牌战略的定义,描述其全局性、长期性、组织系统性和开放竞争性的特征。从创立优秀品牌、建立良好公司形象、提升企业经济效益、增强企业凝聚力等方面明确实施品牌战略的意义,进而剖析品牌战略与企业总体战略的深层内在关系。企业品牌战略的构建过程主要包括强化品牌战略意识、设置品牌战略管理机构、建立品牌战略目标、进行品牌战略分析、选择品牌战略方案、实施品牌战略、控制品牌战略和评价反馈品牌战略等。

复习思考题

1. 实施品牌战略有什么意义？
2. 品牌战略的基本特征是什么？分析其与企业战略的关系。
3. 如何有效地构建品牌战略？
4. 品牌战略实施中需要注意哪些问题？

【本章案例】

苹果公司非同凡响的品牌策略

苹果公司（Apple Inc.）是美国一家高科技公司，由史蒂夫·乔布斯、斯蒂夫·沃兹尼亚克和罗·韦恩等人于1976年4月1日创立。经过多年发展，2018年苹果盘中市值首次超过1万亿美元，多次入选《财富》世界500强，并屡次蝉联福布斯全球数字经济100强榜第1位。苹果公司之所以取得如此大的成就，与其非同凡响的品牌战略密不可分。

1. 苹果公司的品牌定位

说起苹果公司就不得不提到它的品牌定位。好的品牌定位能使一个品牌或公司在消费者心目中获得一个据点，这是让产品更好地得到消费者认可的重要途径。苹果公司作为一家高科技公司，从初始属于美国本土的品牌直到成为现在全球同类产品的翘楚，充分说明了苹果公司品牌定位的成功。

苹果公司对自己品牌的定位是：卖的是个性化产品，而不是大众化产品！它的目标人群是追求时尚、热爱潮流的年轻人士，以及高收入、高阶层的人士。为此，苹果公司特地设计了有别于传统系统的操作系统，从而形成了苹果公司的一种独特市场定位，以便于消费者更好地区别和选择。苹果公司将产品品牌定位在中高端市场，从而以便更好地突出产品价值。

2. 苹果公司的品牌设计

苹果公司在品牌及产品设计上十分注重细节。因为好的设计会吸引更多的消费者，苹果品牌及产品往往十分简洁并且便于识别，能更好地增强消费者的识别度。苹果公司从创立之初开发和销售个人电脑，再到今天致力于设计开发和销售计算机软件、在线服务和个人计算机，无论是苹果的哪一款产品，都拥有再简单不过的标志、配件、包装，且没有复杂的外观设计及丰富的颜色配搭。极具鲜明简约个性及丰富创意的设计会使消费者产生一种亲密感和实用感。每一件产品背面的那个被咬掉一口的银色的苹果总是能够引起热爱苹果产品的消费者产生购买冲动。因此苹果的产品受到追求时尚的年轻白领和商务人士的喜爱，从而也渐渐衍生成为一种时尚的象征，形成了一种新的社会现象。这使得苹果不仅保持了强势的品牌，也在市场上获得了卓尔不群的业绩表现。

3. 苹果公司的品牌创新

苹果公司的创新方面最值得一提的应该是苹果对于手机通信业所做出的贡献。苹果公司可以说是正式开启了智能手机的时代。苹果公司自2007年推出第一代手机开始，就注定带来手机的一次革命性改变。苹果公司在个人计算机领域也是独树一帜，并形成具有特色的组合型产品创新策略。它创造了IPOD、IPHONE、ITUNES相结合的商业模式，给用户带来前所未有的品牌体验。

4. 苹果公司的品牌传播手段

随着科技的不断发展和生活水平的不断提高，人们不再单纯局限于传统媒体途径。对于一家企业来说想要在同行业内抢占先机，一个好的品牌宣传手段是必不可少的。苹果公司非常注重各种品牌传播，不仅包括电视及网络播放的宣传短片、街头随处可见的宣传海报，还设置了大大小小的苹果专营店，将售卖与体验相结合，带给消费者最真实的体会。这些宣传手法无疑加深了消费者对产品的兴趣，激发了消费者想要进一步详细了解的欲望。

5. 苹果公司的品牌营销手段

苹果公司每推出一代新产品之前，业界及民间就会出现很多与之相关的新闻报道，并且爆料一些所谓的"间谍照"，而苹果公司从未对这种新闻做出任何回应。这源于苹果公司一直奉行的极端饥饿营销模式。最初苹果公司不会透露新产品的任何相关信息，仅声称不久会有新品问世，然后在接下来的很长时间里，有关苹果手机的任何官方信息都近乎没有，待消费者迫切希望获得苹果手机的新产品信息之时，苹果的CEO才会突然亲临发布会现场进行简单介绍。在手机正式上市后，各类形形色色的产品信息铺天盖地而来。这种极端的反差，会令众多"果粉"如同久旱逢甘霖，最终引起消费者强烈的兴趣及购买的冲动。这种方法使得每当苹果公司推出一款新产品时，总会出现一种千金难求的局面，甚至出现"果粉"通宵排队购买产品的现象，有力地维护了苹果的品牌形象。

6. 苹果公司的品牌文化

当员工初到苹果公司时，公司就会让他们立即做一件事，就是忘掉曾经了解的技术，让员工认清苹果公司所做的事情与其他公司都不一样，让员工牢记苹果公司比任何一家公司都要注重了解消费者的需求，尽量满足消费者需求。

苹果授予用户一连串的"特权"，如唯一的ID识别，App Store从渠道、认证、运行三方面保证用户使用的唯一性。iCloud钥匙圈和激活锁，更是创造了良好的用户体验。正是如此，苹果与"果粉"之间的高黏度一直受人"妒忌"。"果粉"在口碑传播环节担当了强有力的角色。他们自己不仅是苹果系列产品的拥有者，也是最新产品的追随者，同时还自觉扮演着苹果未来用户的说客身份。而零售店"苹果式建筑"风格的设计是为了展示苹果产品而非仅仅为了销售,"顾客帮手""Genius Bar(天才吧)""Concierge(看门人)"等人性化的安排与设计,都在不断提升用户的体验,也让顾客在零售店体验过程中与品牌产生一个或者多个接触点,加深他们对品牌形象的印象,营造出强烈的社区感。

案例思考题

1. 苹果公司品牌战略与同类型企业有什么区别与联系?
2. 结合苹果公司案例说明有效实施品牌策略的注意事项。

第十章　企业全球化战略

本章对企业全球化战略的主要内容进行说明,包括企业追求全球化发展的动因、全球化战略的四种基本类型、企业全球化战略的优点,企业全球化战略的基本类型,企业进入海外市场的主要模式,以及全球化战略下的组织结构等。

第一节　全球产业环境和企业全球化动因

一、产品生产和市场的全球化

(一)产品生产的全球化

在过去的半个世纪里,国际贸易和投资壁垒迅速降低。例如,发达国家间制造类产品贸易的关税税率从40%左右下降到4%。类似地,各国相继取消了禁止外国公司进入本国市场设立工厂或收购本国公司的规定。在此影响下,国际贸易总量和国外直接投资额都出现了急剧上涨。早在1950年,世界商品贸易总量的增速就已经超过了世界经济的增速。2017年,世界商品贸易更是获得六年来最强劲的增长。值得注意的是,贸易增长与国内生产总值增长的比率恢复到1.5的历史平均水平,远远高于2008年金融危机后几年的1.0比率。这彰显了世界商品贸易在推动世界各地的经济增长、发展和创造就业方面发挥的关键作用。

从历史数据来看,全球跨国投资也表现出持续增长的态势,2007年外国直接投资(FDI)流入量达到峰值1.91万亿美元。尽管次贷危机后,所有国家对外直接投资总额体量有所萎缩,但自2015年起就呈现出复苏态势。截至2016年年底,全球外国直接投资的存量规模为26.73万亿美元,国家贸易量价齐升,国际贸易和投资壁垒逐渐削弱,产品和市场呈现全球化的趋势。

随着国际贸易和投资壁垒逐渐削弱,公司借机在全球分散其生产流程的重要部分,产品生产的全球化程度不断提高。这样做能够让它们利用国家间生产要素(如劳动力、能源、土地以及资本)、成本和质量上的差异来降低其成本、提高利润。以波音公司787机型为例,按价格计算,波音公司本身只负责生产大约10%——尾翼和最后组装,其余零部件是由40家合作伙伴提供的,机翼是在日本生产的,碳复合材料机身是在意大利和美国其他地方生产的,起落架是在法国生产的。波音公司将这么多生产工作外包给国外供应商的部分原因是,这些供应商在它们所承担的单个生产活动上的表现是全球最佳的,因此,由外国供应商制造特定部件的结果就是波音公司拥有更好的最终产品和盈利表现。

(二)市场的全球化

关于市场的全球化,有人说世界经济体系正在从一个各国市场之间由于贸易壁垒、距离、时间、文化等障碍而彼此孤立的状态,转变成一个各国市场正在融合成一个巨大的全球市场的状态。全世界的消费者越来越多地需要和使用相同的基本产品。因此,在很多产业中,谈论德国市场、美国市场或日本市场已经没有意义了,我们需要以全球化的视野来看待市场。可口可乐、花旗集团信用卡、牛仔裤、星巴克的咖啡、麦当劳的汉堡、诺基亚的手机以及微软操作系统在全球的布局就是这一趋势的例证。

(三)产品生产和市场的全球化趋势对企业竞争的影响

产品生产和市场的全球化趋势对企业的竞争会带来一些重要的影响。首先,企业所在的产业边界不再止步于国家边界,企业现有和潜在的竞争者将会同时存在于本土市场和其他外国市场。在此情形下,全球各地的企业都会发现它们的本土市场在遭受外国竞争者的攻击。例如,在日本,美林证券和花旗早已抢占日本的金融服务市场。而在欧盟,曾经居统治地位的荷兰飞利浦公司在消费类电子产业的市场份额也已被日本的JVC、松下和索尼所抢占。其次,从国家市场向全球市场的转变加剧了企业间的竞争。曾经的国家市场被整合成由三四家公司主导的寡头垄断市场,并且面临相对较少的外国竞争。如今,它已转变成分散的全球产业的各个部分。在分散的全球产业中,大量企业为了其在各个国家的市场价额而相互竞争。这种竞争驱使企业不断提高其效率、品质以及客户响应和创新能力。然而,并不是所有的全球产业都分散化了,很多产业仍然是寡头垄断。例如,在手机市场上,美国的苹果公司、韩国的三星、中国的华为、加拿大的RIM公司等已展开了全球范围的竞争。

二、全球化战略的动因

企业为什么要千里迢迢去海外开展全球化经营活动?研究表明,企业的全球化动机受多种因素的影响,这些因素可以归纳为两个方面:一是外部环境的推动,例如受环境影响去海外寻求资源或开拓市场;二是企业自身的内在要求,例如为了实现企业的战略目标。总体来看,企业海外投资的具体动机可以概括为以下四种类型。

(一)资源寻求型

寻求资源是企业海外投资活动的基本动机,目的是获得稳定及相对廉价的原材料供应。资源寻求型动机可以进一步分为五种类型：

一是为了获得国内稀缺的资源。由于各国自然资源要素禀赋不同以及经济发展水平的差异，一些国家之间形成了垂直型国际分工关系，即东道国企业开采原料以及生产初级产品，投资国企业生产附加价值高的制成品。日本是一个国土面积狭小的岛国，国内资源特别缺乏，金属矿产更是少得可怜。日本造船所需的钢铁及其他原料就是通过进口，从发展中国家购买到价格低廉的金属矿石或金属低级制品，在日本国内经过生产加工，制造出价格不菲、质量上乘的钢材，然后制造出船舶、飞机、汽车等商品，再以高价出口到拥有着丰富资源的发展中国家和部分发达国家。

二是为了获得国外市场廉价的原材料。低成本的原材料是企业开展全球化业务最传统的原因。1600年，英国东印度公司在成立之初就曾投资70 000美元从事英国和远东（包括印度）之间的贸易。1601年，英国东印度公司的第三支船队驶向印度，购买丁香、胡椒、丝绸、咖啡、硝石和其他产品，实现了234%的投资回报。东印度公司用这些利润在1602年成立了荷兰东印度公司，1664年又成立了法国东印度公司。类似的企业相继成立，管理着新世界的贸易。Hudson's Bay公司成立于1670年，经营毛皮贸易。出于同样的目的，其竞争对手NorthWest公司于1784年成立。所有这些企业的成立都是为了获得国外市场廉价的原材料。

三是为了获得国外市场廉价劳动力。"二战"后，日本成为世界上劳动力成本最低、生产率最高的地区。然而，随着时间变迁，日本经济改善，日元升值提高了日本的劳动力成本，韩国、中国台湾地区、新加坡和马来西亚成为低劳动力成本、高生产力的新兴地区。在过去几年中，中国大陆、墨西哥、越南在世界经济中逐渐承担了这些角色。许多企业通过转移生产制造获得廉价劳动力的成本优势。例如，Mineba（日本滚珠轴承和半导体制造商）为了利用廉价劳动力，20世纪50年代和60年代初在日本生产滚珠轴承，随后在70年代转移到新加坡，80年代后转移到泰国。惠普在马来西亚和墨西哥从事制造和装配业务。日本三菱汽车、美国通用分别在越南、墨西哥开设装配厂。这些投资的动机，至少部分原因是因为这些国家廉价的劳动力。

四是为了维护原料来源的稳定。一些使用进口原料的企业为了获得稳定的原料供给，往往采用在原材料生产国投资建厂，设立合资或独资企业的方法，以保持稳定的原材料供给。例如，2008年中铝公司以140亿美元获得力拓英国公司12%的股份，中铝集团成为力拓集团的单一最大股东，尽管后续以力拓毁约赔偿1.95亿美元告终，但中铝集团实现国际化多金属矿业公司、保证原材料来源稳定的战略目标并未动摇。

五是为了获得生产区位优势。有些原材料生产国不仅资源蕴藏丰富，还具有加工制成品的优势。企业通过投资海外原材料开采和加工，可以为国内企业提供稳定的半成品。

（二）市场寻求型

寻求海外新市场是很多企业海外投资活动的重要动机，其目的是保持或扩大产品在海外市场的份额。市场寻求型的国际化活动也可分为三种目的,即规避贸易壁垒、开拓新市场以及跟随领头企业。

1. 规避贸易壁垒

正常情况下,任何国家都不希望进口产品超过一定限度,因为过多的产品进口会导致国内同类企业的衰退和就业机会的减少。因此,企业的产品出口往往会被东道国以关税、进口配额、技术标准等关税和非关税壁垒挡在门外。为了保持产品在当地的市场份额,企业可以在东道国投资建厂,实施当地生产和当地销售。只要遵守当地的外资政策,就不仅不会受到限制,反而会受到大多数东道国的欢迎。这是因为,在发达国家,外企投资建厂可以增加当地的就业机会;而在发展中国家,外企投资建厂可以给当地带来资金、技术和管理知识。例如,海尔公司通过在约旦建立合资工厂向伊拉克、埃及、利比亚销售产品,规避各种关税和壁垒。

2. 开拓新市场

传统的对外直接投资理论认为,当某种产品在本国进入标准化生产阶段,生产技术已经普及时,价格竞争就显得更为重要。为了提高市场竞争能力,生产商就会寻求开拓海外新的市场。但随着技术创新的速度加快以及产品生命周期的缩短,越来越多的企业在新产品销售初期就向国内和国外两个市场同时推出产品,以获得市场地位的优势。例如,TCL集团收购了德国唯一的电视机制造商施耐德电器公司,主要是为了进军欧洲的电视机和其他家用电器市场。

3. 跟随领头企业

在一些寡头垄断突出的行业,领头企业的行动会影响到行业内的其他企业,特别是其旗下的中小企业。在这些行业中,每一个领头企业的周围都聚集了众多的中小企业,它们在产业链上的各个环节密切配合,在领头企业的引导下协调有序地开展经营活动。当领头企业向海外目标市场投资时,关联的中小企业往往紧跟其后,鱼贯进入当地市场。例如,20世纪90年代很多日资大企业进入我国后,也吸引了大批日资中小企业。这些中小企业作为大企业的供应商来到中国,其主要目的是追随领头企业,以获得稳定的订单。

(三)效率寻求型

效率寻求型企业的全球化动机旨在通过生产要素的最优配置,实现经济效益的最大化。20世纪90年代以来,跨国公司生产活动的一个重要趋势就是国际生产体系一体化。跨国公司按照生产要素最优配置原则,将生产过程的不同环节设置在不同国家和地区,以充分利用成本、资源、物流、市场等方面的有利条件。随着全球一体化生产体系的兴起,企业通过对价值链各环节的全球最优配置实现经济效率最大化,从而增强自身竞争优势。例如,海信集团收购了韩国大宇集团在南非的厂房,购买了先进的生产设备,建成了生产流水线,大大增强了生产能力。

(四)战略资源寻求型

战略资源是指对实现企业战略目标起到重要作用的资源,包括研发能力、生产技术以及品牌、专利、分销网络、售后服务等有形资产和无形资产。企业实现战略目标需要一定的资源,但任何企业都不可能拥有所有的资源。进行海外投资,与供应商、竞争者、服务提供商和中介机构同处一个区位,企业比较容易取得战略资源。例如,海尔集团与三洋集团共同成立了负责销售的合资公司,该公司可以在中国销售三洋产品,在日本销售海尔产品,从而实现跨国渠道和销售网络的交换与合作。

第二节 全球化经营的两种压力

在全球市场上参与竞争的企业通常面临两种竞争压力:降低成本的压力和提高本地客户响应的压力(图10-1)。这些竞争压力对企业提出了相互矛盾的需求。一方面,在降低成本的压力下,企业应将其制造活动安排在最有利的低成本地区,不论在世界哪个地方。它通过向全球市场提供标准化的产品,尽快实现经验曲线效应。另一方面,提高本地客户响应要求企业在不同国家间实现产品和市场战略的差异化,以适应不同国家间消费者喜好、商业惯例、分销渠道、竞争条件和政府政策的差别。但也要看到,实现不同国家间的差异化需要牺牲产品的标准化,这通常会导致成本的增加。

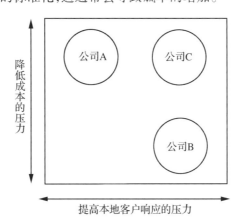

图 10-1 降低成本的压力和提高本地客户响应的压力

某些企业面临高的成本削减压力和低的客户响应压力,如图10-1中的公司A;公司B面临着低的成本削减压力和高的客户响应压力;公司C则同时面临着成本削减和本地客户响应的压力。处理这些冲突和矛盾压力是一项困难的战略挑战,因为本地响应往往会导致成本提高。

一、降低成本的压力

跨国企业面临着越来越大的成本削减压力,为了回应这些压力,企业必须设法降低创造价值的成本。例如,生产商可能在世界上最理想的地方大规模生产标准化的产品,从而实现规模经济和区位经济。或者,它也可以将某些职能外包给低成本外国供应商,从而降低成本。因此,许多计算机公司将电话客户服务外包给印度公司,那里有合格的讲英语的工程师,他们的工资比美国低得多。同时,像沃尔玛这样的零售商也可以迫使供应商降低价格(事实上,许多制造商正是在沃尔玛的压力下才不得不将制造职能转移到中国)。像银行这样的服务企业也可能将部分职能(如信息处理)转移到低工资的发展中国家。

降低成本的压力在制造大路货产品的产业中表现得特别明显,如大宗化工产品、石油、钢铁和糖。因为这些产品很难形成有意义的非价格因素的差异化,价格就成了主要的竞争武器。还有许多产业和消费产品也属于这种情况,如计算机、半导体芯片、个人电脑和液晶显示器。这些产业成本削减的压力也很大,因为会出现持续性的产能过剩,消费者权利大并且转移成本低。

二、提高本地客户响应的压力

消费者口味和偏好的差异、基础设施和传统行为方式的差异、分销渠道和东道国政府要求的差异,使企业本地客户响应的压力越来越大。适应本地客户响应的压力要求企业对不同国家的产品和营销战略实行差异化,这些都有可能提高企业的成本。

(一)顾客口味和偏好的差异。

由于历史或文化的原因,不同国家间顾客口味和偏好有显著的区别,由此产生了本地客户响应的压力。在这种情况下,跨国企业必须对产品和营销信息进行定制化以适应本地客户的口味与偏好。这通常意味着企业面临着将制造和营销责任委托给其海外分部的压力。

汽车产业提供了另一种案例。20世纪80年代和90年代早期,一股制造"世界轿车"的潮流悄然出现。它的基本思想是,全球性的企业,如通用、福特、丰田,可以向全世界销售同样的基本款式汽车,而制造则相对集中于某个特定的国家或地区。这一战略一旦成功,将为汽车公司带来巨大的全球性规模经济的收益。然而,这样理想的战略总在消费者的现实需求面前碰壁。事实上,不同汽车市场上的消费者的口味与偏好各不相同,他们对车辆的要求也不同。以皮卡为例,北美地区对皮卡的需求量很大,特别是在南部和西部地区;相反,在欧洲人看来,皮卡更多是一种工具车,主要由企业而不是个人来购买。因此,产品和营销必须进行相应的调整以照顾北美和欧洲不同国家的需要。

相反的观点是,本地定制化在全球范围内出现了减弱的趋势。在一些学者看来,现代通信技术和运输技术为不同的国家间客户口味和偏好趋同创造了条件。其结果是巨大的全球性标准消费产品市场的出现。全球市场上消费者对麦当劳、可口可乐、Gap服装的普遍接受就是很好的例证。

(二)基础设施和传统行为方式的差异

各国间基础设施和传统行为方式的差异也是本地客户响应压力增大的原因之一。为了满足这方面的需求,跨国企业应当向海外制造与职能部门授权。例如,在北美消费电器使用的是 110 伏电压,而欧洲的标准是 240 伏。因此,本国的家电必须进行定制以适应东道国的差异。传统的行为方式也会影响本地客户响应。例如,在英国人们习惯于靠左行驶,形成右驾驶盘汽车的需求市场,而在法国等欧洲国家,人们则靠右行驶,形成左驾驶盘汽车的需求市场。显然,必须考虑传统行为方式,对汽车进行定制,才能更好地满足客户的需求。

(三)分销渠道的差异

营销战略还要对不同国家间分销渠道的差异做出响应,将营销职能授权给本地的分部。例如,在制药产业中,英国和日本的分销系统同美国大不相同。日本和英国的医生不会接受或喜欢美国高压风格的销售人员。因此,制药企业必须在英国和日本实行不同的营销方式,采用软销售而不是硬销售。

(四)东道国政府的要求

东道国政府在经济和政治上的要求也会迫使企业做出本地客户响应。例如,健康医疗方面,出于政治方面的考虑,东道国政府往往会要求制药企业在多个地点进行生产。制药企业还要服从本地的临床测试、注册程序和价格方面的规定,药品的生产和营销都要符合本地的规定。此外,由于在绝大多数国家中政府和政府机构控制了很大部分的医疗费用,它们处于强有力的地位,要求企业必须做出高水平的本地客户响应。

更多的时候,出于保护主义、经济民族主义的考量,跨国企业往往会被要求将一定百分比的产品在东道国本地制造。例如,一家总部设在加拿大的生产火车机车、飞行设备、喷射艇的企业庞巴帝公司在欧洲拥有 12 家火车机车制造厂。有批评者认为庞巴帝公司生产设施重复建设导致高昂的成本和低于其他业务的利润率,而公司经理们的回答则是,在欧洲,不成文的规则偏向使用本地工人制造的产品。也就是说要想在德国卖机车,就必须在德国制造,比利时、奥地利和法国也是一样。为了改善欧洲工程的成本结构,庞巴帝公司将工程和采购职能进行了集中,但它不打算将制造工作进行集中。

第三节 全球化战略决策

考虑向海外扩张的企业必须做出三项决定:进入哪个市场、何时进入和以多大的规模进入。

一、海外市场的选择

世界上有 200 多个国家和地区,对于企业,它们的盈利潜力相差很大,因此,选择海外市场时必须评估长期盈利潜力。一个国家对全球化经营的企业的吸引力取决于该企业的收益、成本和在该国经营风险之间的平衡。具体而言,在一个国家经营企业的长期效益是以下几个因素的函数:市场规模(按照人口计算)、市场上消费者现有的财富(购买力)以及这些消费者未来的财富。有些市场按消费者人数计算规模巨大,但与发达国家相比,这些国家人民的生活水平还不高,这就意味着购买力不强和市场相对较小。一般而言,政治稳定的国家中经营的成本与风险比起经济落后、政治动荡的国家要小。

经过利益—成本—风险分析,企业可以根据国家的吸引力和长期利润潜力将其排出顺序,得分较高者将成为企业的选择。例如美国金融服务企业美林公司,在过去的几十年里,该公司在英国、加拿大和日本进行了大幅度的扩张。这三个国家都拥有巨大的私人储蓄,政治和经济风险较小,因此对美林公司极有吸引力。通过提供金融服务,比如共同基金和投资,美林公司将获得私人储蓄中相当大的部分,从而弥补其开设业务的成本。在上述三个国家中,日本的风险可能是最高的,因为它的金融体系较为脆弱且曾出现严重的坏账。然而,日本市场的巨大规模和政府进行的重大改革都是吸引美林公司的重要因素。

另一个重要因素是企业的商业模式在外国市场上所创造的价值。这取决于该模式是否适应本地竞争的本质。最重要的是,如果企业能够提供在本地市场不多见的产品,满足其从前无法满足的需求,则企业产品的价值将远远大于外国进入者和本地竞争者已经开发过的产品。高价值转化为高价格,或销售的快速增长(或两者同时)。也正是基于这一点,日本无疑对美林公司极有吸引力。

二、进入海外市场的时机选择

在找出具有吸引力的国家后,重要的是时机问题:早进入(比其他海外公司)还是晚进入(在其他国际性企业立足之后)。

早进入市场具有几个先行优势:一是能先于对手捕捉需求,建立强大的品牌。二是能激发需求,提高销售额和市场份额,并且能够领先于未来的竞争对手实现经验曲线效应。这些都会赋予先进入者成本优势,这样在后来者进入时就可以发动降价攻势,将其逐出市场。三是早期进入者可以将顾客同其产品或服务联系起来,提高转移成本。转移成本是阻碍后来者进入的因素。

三、进入海外市场的规模

考虑进入海外市场的企业的一个重点在于进入的规模。大规模进入意味着需要投入大量的资源。并非所有企业都拥有大规模进入海外市场所需要的资源。即使是大型企业也往往从小规模做起,在熟悉当地市场之后慢慢扩张。

一般而言,企业大规模进入海外市场与其战略承诺的价值大小有关。战略承诺是一种具有长期影响并且很难改变的决定。大规模进入海外市场是一项重大的战略承诺,可能对市场竞争的本质产生重大影响。例如,通过大规模进入日本私人客户市场,美林向市场发出了战略承诺的信号。这会产生几方面的结果。积极的方面是,美林公司对顾客的吸引力得到提高。大规模进入令潜在客户相信美林公司对这一市场做了长期打算。它也让有意进入日本市场的其他金融机构踌躇不前,因为现在它们不仅要同日本本地的企业竞争,还要面对富于攻击性的成功的美国企业。消极的方面是,这一行动会惊醒日本的金融机构,激起强烈的竞争性反应。此外,由于对日本的战略承诺,减少了美林公司可以在其他可供考虑的地区投放的资源。换句话说,美林的战略承诺限制了自己的战略灵活性。

大规模进入比小规模进入更有可能获得先行者优势:需求先占、规模经济和转移成本。但企业必须深入思考大规模进入的后果,并需要充分考虑现实的和潜在的竞争对手对大规模进入的反应。

小规模进入的优点在于可以允许企业在适应国外市场的同时降低其风险。在这一意义上,小规模进入有助于企业在做出是否大规模进入和如何进入决定之前收集更多海外市场信息。另外,由于小规模进入缺乏战略承诺,将很难建立有利的市场份额和实现先行者优势。

四、进入海外市场的方式

何时和如何进入海外市场本质上是最佳进入模式选择的问题。从经济学的角度来看,企业进入海外市场仅有两个路径:第一,在目标国家以外的地区生产产品向目标国家出口;第二,向目标国家输送技术、资金、工艺及企业,直接或采用联合方式运用当地的资源(特别是劳动力资源)生产产品并在当地销售。

从经营管理的角度来看,上述两条道路可以分成几种对全球化经营企业具有不同成本和利益的进入方式,这些方式包括出口进入、契约进入、投资进入三大类。

(一)出口进入方式

出口产品或服务到其他国家是许多企业在开始全球扩张时通常会采取的海外市场进入模式。与其他两种主要进入方式(契约进入和投资进入)的不同之处在于,采用出口进入方式,企业的最终或中间产品在目标国家之外生产,然后运往目标国家,这就限制了劳动力的出口。

1. 非直接出口进入方式

这一方式是指全球化经营的企业通过所在国中间商来办理出口业务。

2. 直接出口进入方式

这一方式是指建立国外销售分店(或子公司),承担在该国的流通业务,负责保管和推销业务,具有产品展示中心和服务中心的功能。

(二)契约进入方式

契约进入方式是指企业与东道国法人签订一份长期非权益性合同,将某种技术专利或管理模式等无形资产的使用权转移到东道国企业,并相应收取转移费用的市场进入方式。契约进入方式和出口进入方式的区别在于,前者主要输出的是技术和工艺,尽管它也可能会开辟产品出口的机会;与投资进入方式的区别是,它不对目标国家投资。契约进入方式主要有以下几种。

1. 许可证贸易

许可证贸易是指企业在规定的期间将自己的工业产权(专利权、技术秘密或诀窍、注册商标等)转让给国外法人,而许可证接受者须向许可证提供者支付一定的报酬和专利权使用费。

2. 特许经营

特许经营是一种分销产品和服务的方法,即特许方向受许方转让商标、技术或统一的商业运营模式,受许方按照合同支付使用费和加盟费,并从事特定的经营活动。特许经营是许可证贸易的一种特殊形式,是许可证进入模式的深化与延伸。

3. 合作生产协议

合作生产协议是指企业与外国制造商签订合同,由外国制造商生产产品,而企业主要负责产品销售,一般是将产品销往制造商所在国家的市场或其他地区。为了获得制造商按照说明书生产的产品,在海外经营的企业一般要向当地的制造商转让技术并提供技术帮助。

4. 管理合同

管理合同是指向国外企业提供管理经验、情报信息、专门技术知识的合同。它赋予国际化经营企业在目标国家管理工程日常运行的权利,而由国外企业提供所需的资本;国际化经营企业不是输出产品,而是输出经验与劳务。

(三) 投资进入方式

投资进入方式涉及国际化经营的企业拥有的制造厂和其他生产单位在目标国家的所有权问题。从进入东道国市场的途径来看,可以分为新建方式与并购方式;从设立后的企业形态来看,主要分为独资经营方式和合资经营方式。

1. 新建方式

新建方式又称绿地投资,是指投资主体在东道国境内按照东道国法律设置的企业。新建企业的过程通常很复杂且昂贵,但是它能够为公司提供对技术、营销和子公司产品分销的最大限度的控制。当企业有专利技术时,控制尤其具有优势。尤其是对具有无形资产能力的企业的全球化扩张,绿地投资是最能带来超过平均水平回报的进入方式。

2. 并购方式

并购方式是兼并和收购两种方式的合称。兼并是指两家以上的独立企业合并组成一家企业,其特征是优势企业吸收劣势企业。收购则是指企业用现金或有价证券购买另一家企业的股票或资产,以获得对该企业的全部或部分所有权。跨国并购本质上是企业控制权在不同国家企业之间的转移。

3. 独资经营方式

独资经营方式,是指母公司在东道国设立的对其拥有完全股权的子公司。在独资企业中,母公司不仅拥有子公司全部经营管理权,同时也必须承担所有的经营责任。从母公司来看,选择独资子公司具有以下有利点:第一,母公司可以完全控制子公司的经营活动,这可以保证子公司的经营活动符合母公司的战略方针;第二,可以使母公司转移到子公司的各种技术及管理资源以及各项无形资产受到保护,不会轻易泄漏或外溢;第三,可以保证母公司与子公司在经营活动上的一致性和协调性,避免经营活动中的摩擦以及为了沟通所要花费的时间。

4. 合资经营方式

合资经营方式,是指由外国企业与东道国企业共同投资设立的企业。各投资方都不同程度地参与企业的经营管理活动,共担风险、共负盈亏。设立合资企业的有利之处在于:第一,可以减小投资风险,也有利于获得当地外资政策的优惠;第二,由于东道国的合作方对当地市场、政治、经济以及文化环境较为熟悉,因而有利于合资企业迅速敲开当地市场之门。

母公司对独资或合资方式的选择,主要看自身拥有的战略资源和东道国的投资环境。从母公司来看,如果自身拥有市场竞争优势,就应当尽量选择独资经营的方式。从东道国环境来看,如果东道国市场对母公司具有重要的战略地位,也应该选择独资经营的方式。另外,从东道国外资政策来看,如果对外资采用独资方式有较多限制,母公司可以考虑在合资的前提下获得控股权,也可以考虑撤出投资。

本章内容小结

企业开展全球化业务的动机包括获得常规性资源、市场、效率以及战略性资源。全球化面临两种压力,即降低成本的压力和提高本地客户响应的压力。企业进入国际市场的方式主要有出口进入、契约进入、投资进入三种类型。企业选择进入国际市场的方式既要考虑目标国家的各种因素,同时也要考虑自身的产品、资源要素和企业能力。

复习思考题

1. 简述当前全球产业环境的变化和企业实施全球化战略的动因。
2. 下面的产业适合采用全球标准化产业还是本地化产业:大宗化学品、制药、品牌食品、电影制片、个人电脑、航空旅行？请说明你的理由。

3. 简述企业产品进入海外市场的基本模式及其各自的特点。既然产品出口模式风险较小，管理工作也较简单，为什么很多企业还要采用其他模式？

【本章案例】

福特汽车公司的全球战略

福特公司很早就进入了全球汽车行业的激烈竞争中，它今天已是最大的跨国公司之一。

一、全球化经营的状况

福特汽车公司自从1909年第一次在加拿大和1911年在英国设立分公司以来，便开始对国外进行大量的直接投资。福特的战略包括寻找在国际上有竞争力的国家，在这些国家设立生产厂并打入国际市场。随后福特欧洲公司于1976年成立，包括了西班牙、英国和德国的生产厂。其他工厂设在澳大利亚、加拿大以及亚洲和拉丁美洲的一些国家。

福特倾向于在国外投资是基于面对竞争对手如通用和欧洲汽车公司在技术上的竞争性。20世纪80年代末，福特汽车公司50%的海外投资带来的收入占其全部收入的约30%。1988年，福特公司在西欧获得了史无前例的16亿美元收益，相当于1986年在当地获得收入的3倍。

二、跨国经营的障碍

考虑到福特公司在国际化经营过程中克服的各种障碍，应当说福特公司在国外的成功是相当不易的，而且公司还要根据当地政府的要求不断调整战略。例如，英国具有保守倾向的政府就曾试图实施反接管障碍法来阻止福特1989年对捷豹(Jaguar)公司的兼并。

在南非面对人权问题时，福特放弃了子公司——南非汽车公司(Samor)。它采取了如下措施：用其所有权的24%为3 800名员工设立了信托基金，并把其余的股权转让给南非最大的矿产和工业巨头——英美公司。与其他跨国公司一样，福特公司也面临着一些体现在工作价值上的文化差异问题。

尽管一些国家实施关税和配额，但福特的竞争力使它成功地进入了全球市场。然而，一些因素如外国的利率、税收、汇率等仍然限制着福特海外业务的拓展。

三、福特公司的"优秀中心"全球战略

1987年，福特把它在国内外的汽车公司联合起来实施了一项新的全球战略。在全球战略的指导下，福特制订了一个计划，名为"优秀中心"。这个计划的提出是为了避免重复建设和充分利用福特在全球的工程中心。在这些中心工作的工程师们参与全球每个系列的车型设计。通过其设立的全球工程联系——全球工程释放系统(WERS)，福特完成了全球的统一。例如：这个系统使得一个在德国的工程师可以和一个在底特律或英国的

工程师在网上联系,并可以使计算机的数据传到世界上的任何一个地方。

福特的目标是利用规模经济来开发一个强大的世界范围的分销系统。为在全球市场中取得低成本领先的地位,"优秀中心"计划和广泛产品线的全球战略是相当一致的。

四、福特的合资企业、在外国生产和许可经营

公司还从事其他业务活动,如合资企业、在国外生产和许可经营。像许多其他跨国公司一样,福特也和外国公司合资,以补偿地理上的空缺、填补市场空隙。例如,福特拥有马自达25%的股权,与日产、日本主要的玻璃生产厂家——中央玻璃公司、韩国的起亚汽车公司等合资,还与在南美的大众公司创办合资企业。

此外,福特还在国外建立生产厂,如西班牙、英国、中国、巴西和墨西哥等。最后,福特和澳大利亚的 Orbital Engine 公司签订许可协定,为未来的小型车提供澳大利亚型号的两冲程发动机。

五、福特在捷豹公司 FAGUAR 上的战略

福特汽车公司在欧洲市场上很长一段时间唱着主角。公司在普通车型上同欧洲的一些大公司如德国"大众"和意大利"菲亚特"公司进行着强有力的竞争。福特又准备在豪华车领域参与竞争。福特预测欧美豪华车市场将会比普通车市场具有更高的增长率。

福特的目标是进入豪华车市场。公司为达到目标选择了兼并具有高知名度、且已经建成了的英国豪华车制造商。1987年,福特购买了 Aston Martin Lagonda 公司75%的股份,1989年兼并了捷豹私人有限公司。

福特对捷豹的兼并在汽车工业界引起了一系列疑问和猜测。福特兼并捷豹的目标是扩大生产和加速其车型开发能力。公司要同宝马和奔驰车竞争。为完成这一目标,福特需要投入比它花25亿多美元去收购捷豹还要多的资金,因为捷豹需要新车型和工厂投资。

有三个原因可帮助解释福特兼并捷豹的战略:第一,捷豹能加强福特在全球范围内的触角,并且填补在高档车上的空白;第二,1990年欧共体贸易壁垒的降低使福特在豪华车上有了不可忽视的成长机会;第三,兼并捷豹使福特可以面对日本豪华车的威胁。开始,捷豹在技术和质量控制上落后于日本和联邦德国,但福特汽车公司看重的是它的形象。捷豹创出了自己的牌子,使消费者愿意花5万美元去购买它。

案例思考题

1. 试分析福特汽车公司的全球化经营环境。
2. 试分析福特汽车公司所采用的全球化战略。
3. 试分析福特汽车公司跨国经营的障碍。

第十一章 行业演化与企业战略

行业的性质和发展阶段对该行业内的企业制定竞争战略非常重要。企业只有了解并把握所在行业的竞争态势、目前所处的生命周期阶段以及对应于各阶段的市场特征,才能有针对性地制定正确的企业发展竞争战略。尤其是对于那些有可能涉及多行业领域的企业来说,深刻理解各行业的性质和特点,把握各行业的发展演化规律,是它们实施多元化战略的必要前提。

第一节 行业演化的周期性

由于受多种因素的制约和影响,任何行业都处于发展变化之中。这种有规律的行业发展变化,我们一般称之为行业演化。行业演化对企业制定战略而言是极其重要的。在行业演化的不同阶段,投资机会或增加或减少,行业的基本吸引力或增强或削弱,从而要求厂商做出某些战略改变或调整。了解行业演化过程并预测其变化是重要的,因为战略上做出反应的效果往往随着行业变化趋势越来越明显,对最早选择最佳战略的厂商来说,从中得到的利益会是最大的。

一、行业演化周期

行业演化的周期与该行业主要产品的产品寿命周期密不可分。行业主要产品的周期性变化,使得该行业也随之经历若干阶段——导入阶段、成长阶段、成熟阶段及衰退阶段。这些阶段是分别以行业销售额增长率曲线中的拐点来加以界定的。随着某种新产品的创新及传播过程,行业增长顺着一条"S"形曲线前进。行业平缓的导入阶段反映了克服买主惰性及刺激新产品试制的困难;一旦产品证明本身是成功的,随着众多的买主涌入市场,行业就会进入迅速成长的阶段;当产品潜在买主的渗透最终完成时,行业的快速增长就会停顿下来,并且达到与有关买主所在行业的基本增长率相同的水平,这表明行业已进入成熟阶段;最后,随着新的替代产品的出现,增长终将逐渐减少,行业将无奈地迎来它的衰退阶段。

随着行业经历其寿命周期的各个阶段，竞争的性质也会变化。表 11-1 概括了关于某个行业如何随寿命周期而变化以及此变化如何影响战略的一些最常见的推测。

表 11-1　对有关战略、竞争以及经营活动方面的产品寿命周期理论的推测

	导入阶段	成长阶段	成熟阶段	衰退阶段
买主及买主行为	高收入购货商；买主惰性；必须说服买主去试用产品	扩大的买主集团；消费者质量要求不一	大型市场；市场饱和；后续性购买；在品牌之间挑选成为惯例	客户都是老主顾且逐步减少；难以寻觅新客户
产品与产品变化	低劣质量；产品设计与开发是关键；许多不同的产品品种，无标准；设计经常更改；基本产品设计	产品具有技术上与性能上的差异；复杂产品的可靠性提高；产品性能改进；优良质量	优质；较少产品差异；标准化；产品变化趋于缓慢，主要是年度式样的轻微变化	无产品差异；产品质量参差不一
市场营销	大量的广告和促销活动；撇脂价格策略；市场营销成本高	广告活动多，但推销活动比导入阶段少；大规模推销凭处方出售的药品；非技术性产品的广告及销售分配是关键	市场细分化；努力延长寿命周期；扩充产品种类；服务及零售更为普遍；包装显得重要；广告竞争；广告/销售活动缓和	广告/销售活动及其他市场营销活动少
制造与销售分配	生产能力过剩；短期生产过程；高度熟练的劳动素质；专门化的销售分配渠道	生产能力不足；转向大批量生产；争夺销售分配；大型的销售分配渠道	某种程度的生产能力过剩；最优状况生产能力；制造过程不断增长的稳定性；劳动技能要求降低	大量的生产能力过剩；大批量生产；专业化的销售分配渠道
研究与发展	不断变化的生产技术	—	—	—
外贸	部分出口	大量出口；少量进口	出口减少；大量进口	无出口；大量进口
总战略	增加市场占有率的最佳时期；研究与发展、工程起关键性作用	改变价格或产品质量有实际意义；市场营销活动起关键性作用	增加市场占有率的不利时期；对市场占有率低的企业特别不利的时期；拥有竞争性成本成为关键；改变价格或产品质量的不利时期；"市场营销效果"起关键性作用	成本控制是关键

续表

	导入阶段	成长阶段	成熟阶段	衰退阶段
竞争	极少数企业参与竞争	进入行业；众多的竞争者；大量合并及意外事件	价格竞争；实力不足者被淘汰；私有品牌增加	退出行业；较少的竞争者
风险	风险大	由增长掩盖但仍要承担风险	周期性上升	—
毛利与利润	高价格与高毛利；低利润；个别卖主的价格弹性不如成熟阶段大	高利润；最高利润；价格比导入阶段低；抵制衰退；价格弹性高；兼并的有利时机	价格下跌；利润较低；毛利较低；零售商毛利较低；市场占有率及价格结构的稳定性增加；价格与毛利最低；兼并的不利时机——难以出售企业	低价格与低毛利；价格下跌；在衰退后期价格可能回升

需要指出的是，上述关于行业演化周期的描述存在一些缺陷：

（1）各阶段的持续时间在行业与行业之间大不相同，而且对某个行业究竟处在寿命周期什么阶段的界定也往往是不明确的。这一问题削弱了行业演化周期这一概念作为一种战略制定工具的实用性。

（2）行业增长并不总是不折不扣地顺着"S"形模式前进的。有时，行业越过成熟阶段而直接由成长阶段跳到衰退阶段。有时，在经历了一段衰退阶段之后，行业增长又重新恢复元气，正如在摩托车、自行车行业内曾发生过的情况那样。某些行业似乎还会完全越过缓慢起步的导入阶段。

（3）通过产品的革新及重新定位，企业有可能影响所在行业曲线的形状，使曲线以各种方式延伸。如果某企业决定接受既定的行业周期模式，该模式就有可能使该企业丧失某些重要的发展机会。

（4）对不同的行业来说，与行业演化周期各阶段相关联的竞争性质也是不同的。例如有些行业一开始就有可能出现高度集中化倾向，并且长期保持下去。有些行业，则保持很长一段时间的分散状态，然后就逐渐走向集中。还有一些行业可能先从分散走向集中，然后再从集中走向分散。这些歧异的模式也同样地表现在行业的广告活动、研究与发展费用、价格竞争程度等方面。

二、行业演化过程的主要影响因素

虽然关于行业演化周期的描述存在种种局限，每个行业的发展变化过程都有其所特有的内容，但我们仍可以根据它们之间的共性对行业演化过程的主要影响因素加以概括。从总体上来看，在每一行业内都存在着这样一些因素，这些因素以种种方式影响、制约、推动着各个行业演化的动态过程。这些因素在不同行业的影响力度及影响方向不同,从而使各个行业演化过程的速度及形成的演化轨迹也各具特点。这些因素主要有:

(1) 产品供应增长的长期变化。
(2) 市场需求结构的变化。
(3) 买主的学习。
(4) 买者的偏好。
(5) 生产技术及工艺的传播。
(6) 生产及管理经验的积累。
(7) 生产规模的扩展(或缩减)。
(8) 投入成本及盈利的变化。
(9) 产品创新。
(10) 市场营销创新。
(11) 加工工艺创新。
(12) 邻近行业内的结构变化。
(13) 政府政策的改变。
(14) 企业进入或退出的决策。

第二节 新兴行业中的企业战略

新兴行业是指在社会经济发展过程中,由于某一些因素的作用而刚刚形成、正处于初级发展阶段的行业。这些导致新行业形成的因素包括:生产技术的创新,新材料的出现,新的消费需求的形成,以及人类社会、自然、政治、军事、文化的重大变化等。

从制定战略的观点来看,新兴行业的基本特征是:行业竞争规则尚未得以确立。因此,对新兴行业内的竞争而言,首先必须确立"游戏规则",以便使行业中的所有企业能有所遵循,并在这些规则下使该行业得以有序发展。但对该行业中的企业来说,"游戏规则"的缺乏,既是一种风险,也是一种机会。总之,这一特点必须引起企业战略决策者的充分注意。尽管各新兴行业可能在其结构方面大不相同,却仍存在某些共同的结构因素。这些因素构成了许多行业在初级发展阶段的共同特征。其中绝大多数因素,或者与缺乏稳定的竞争基础或成熟的竞争规则有关,或者与行业的初期小规模和新生程度有关。

一、新兴行业的结构特征

(一) 技术上的不确定性

在一个新兴行业内,存在着大量的技术上的不确定性:什么样的产品构造将最终被证明是最佳的？哪一种生产技术将被证明是最有效的？例如，在烟雾报警器行业内，究竟是照相电子探测器还是电离子探测器更能赢得用户的青睐，这个问题在该行业形成初期一直存在着不确定性，使生产企业大伤脑筋。

（二）企业战略的不确定性

与技术不确定性有关，但在原因上更为复杂的不确定性来自行业参与者正在试用的各种各样的战略。没有什么"正确的"战略曾被明确地加以识别过，各企业都在探索在这个陌生的行业内如何进行产品或市场定位、市场销售、服务，以及其他与战略相关的问题，并且正在对不同的产品构造或生产技术支付学习成本。例如，太阳能供暖厂商们正在就有关零部件供应、市场分割化以及分配渠道等方面采取各种各样的竞争姿态。问题在于，在新兴行业中，这些战略探索具有很大的盲目性。企业往往在有关竞争对手、客户特点以及处在新兴阶段的行业条件等方面缺乏足够的信息。例如，无人知道全部竞争对手是哪些人，而且也无法获得有关行业销售额及市场占有率等方面的可靠资料。

（三）初始成本高，下降速度快

相对于一般行业的成本而言，低产量及新生程度通常会在新兴行业内产生很高的成本。即使有关技术的学习曲线不久将趋于平稳，也通常会有一条急剧升降的学习曲线在起作用。在改进工艺、工厂布局以及其他方面会迅速形成种种设想，以及随着对工作熟悉程度的增加，工人们的劳动生产率会迅速提高。不断增长的销售也会大大增加生产规模和生产总量。一般来说，如果处于行业新兴阶段的技术要比最终形成的技术具有更多劳动密集型特点的话，则这些因素就会显得更为突出。

二、新兴行业中的企业战略

新兴行业的战略制定必须与该行业在这一时期内的特点相适应。在新兴行业中，竞争规则还基本上没有明确，行业结构动荡不定而且随时可能发生变化，竞争者也很难加以识别。然而，所有这些因素使新兴行业具有了另一方面的特征：这可能是企业战略自由度最大的时期，并且也是通过良好的战略选择在企业业绩改善方面产生杠杆作用最明显的时期。

在新兴行业中，行业竞争规则还未形成，因此，企业的一个战略取向就是：通过其战略选择能够尽力在产品政策、销售方法以及定价等方面确定有利于本企业的竞争规则。从长期来看，行业内的竞争规则的形成往往受到本行业中经济实力及财力格局的约束，处于行业中最强有力地位的企业往往具有更多的话语权。

正确处理行业整体发展与企业自身利益之间的矛盾，是企业制定战略的又一个基本点。在某个新兴行业内，一个重要的战略问题就是企业如何在行业整体宣传和追求本身利益两者之间寻求平衡。在新兴阶段，行业形象、信誉需要树立，销售网络需要建立，市场需要培育,所有这一切的成功,都依赖于行业内所有企业的共同努力,这其中也不乏"搭便车"者。在这个阶段,企业战略的制定应有助于促进行业产品的标准化,有助于提高整个行业的产品质量,有助于清除和挤压无信用的生产商,因为这样做是符合行业和企业的根本利益的。有时企业在制定战略的时候,还可以考虑促成共同面向供应商、客户、政府以及金融界的战略同盟。

何时进入某一新兴行业,是一个极其重要的战略问题。换言之,进入时机的选择,对任何有意在新兴行业内进行竞争的企业来说,都是一种至关重要的战略选择。早期进入(或作为先驱者)包含有高度风险,但也可能包含较低的进入障碍并有可能率先在行业中获得先机。一般说来,当下列情况存在时,早期进入是合适的。

(1)厂商的形象及声誉对买主来说是重要的,该厂商能够作为一名先驱者使自己的市场声誉得以明显提高。

(2)在该行业内,学习曲线的作用将是十分明显的,早期进入能够率先在一个业务领域内启动学习过程,由此可以取得某种成本优势。

(3)客户具有"先入为主"的思维定式,因此,首先对客户出售产品的企业可能获得客户的信任和"忠诚"。

(4)原材料供应、销售和分配渠道等相对稀缺,早期进入有可能取得对上述渠道的控制权。

但在下述情况下,早期进入则可能是不利的。

(1)产品标准的建立、生产工艺的成熟、市场的细分化等是在行业发展后期实现的,因此,最早进入的企业只能使用错误的生产设施和工艺,从而面临高额的更改成本。

(2)"市场教育"成本很高,包括诸如客户培训、规章制度的批准以及技术开发之类的费用等,但是开辟市场的好处不能为早期企业所独占。

(3)与那些小型的、新开办的厂商进行早期竞争耗资巨大,但即使竭尽全力将它们排挤出去之后,企业面对的可能是更加难以对付的竞争者。

(4)技术变革将使早期投资的技术、设备过时,使那些后期进入的、具备最新产品及工艺的厂商拥有某种优势。

在一个新兴行业内,制定正确的竞争战略是重要的,特别是对那些已作为先驱者的企业和已具有高的市场占有率的企业来说,尤其如此。它们常犯的一个战略错误是:先驱者花费过多的财力来保卫其高的市场占有率,并对那些从长期来看几乎没有什么机会能形成威胁的竞争对手做出过于激烈的反应。这些激烈的反应可能更多的是出于感情,而不是出于理智的思考。虽然有时在新兴阶段对竞争对手做出严厉的反应是必要的,但是,企业的努力最好还是放在发展自身实力以及发展行业方面。在有些情况下,通过"行业许可"或其他手段来鼓励某些竞争者的进入可能更有利于行业的整体发展,而且每一个企业都可从中受益。合适的战略是难以概括的,但是对大多数企业来说,随着行业的迅速发展,在战略上要防范任何一家企业取得接近于垄断状态的市场占有率。保护竞争,对新兴行业来说尤其重要。

第三节 成熟行业中的企业战略

许多行业从迅速增长时期过渡到较为适度增长的时期,这一时期作为其演化过程的一个重要阶段,一般称作行业成熟时期。20世纪70年代中期和末期,履带式雪上汽车、手摇计算机、网球场地设备以及集成电路等就是一些正在经历这种过程的行业。行业成熟在行业发展过程中并没有一个固定的时间表,并且在一定条件下,通过种种技术和产品的创新以及其他保持销售增长的手段,可以推迟行业成熟期的到来。此外,在行业内各企业间的战略博弈中,成熟的行业可能恢复迅速的增长,并由此经历不止一次的反复,最后才达到成熟。当行业逐步步入成熟阶段时,对这个行业内的所有企业来说,这是一个至关重要的战略时期。因为这是一个在竞争环境方面常常会发生种种根本性变化的时期,也是需要企业做出各种艰苦的战略选择的时期。但有时企业很难清晰地觉察到这些环境的变化;有时虽然这些变化被觉察,企业却不愿改变过去的战略。这两种情况对企业都是不利的。

一、成熟行业的环境信号

行业成熟过渡时期常常会发出有关某个行业竞争环境的一系列重要变化的信号。其中一些可能的变化趋势如下。

(一)产品销售额的增长日趋缓慢,企业间对市场占有率的竞争更加激烈

由于各企业仅能保持其市场占有率而无法维持较高的增长率,竞争的注意力就会转向其他企业的市场占有率。1996年在我国电视机行业内就发生过这种情况,当长虹公司和海信公司都开始运用低价策略在市场内向其他企业发起进攻时,这种竞争变得越来越激烈。加剧的市场占有率竞争需要对一家企业的前景从根本上重新加以定向,并且需要对竞争对手将如何行动和反应提出一整套全新的设想。过去所获得的有关竞争对手的特点和反应的情况如果不予抛弃,就必须重新加以评估。不仅竞争对手有可能越来越具有"侵略性",而且错误的战略理念和"不合理"报复的可能性也很大。在行业成熟过渡时期,在价格、服务和推销方面爆发冲突是很普遍的事。

(二)促销活动日益增多,已成为企业的一项最为重要的活动

虽然产品不再是新的,但它是一种已立足市场多时的、成熟的产品。由于已购买过该产品,甚至重复地购买过多次,所以买主们也往往越来越有见识和经验。买主们已从是否

要购买该产品转向在不同品牌之间做出选择。企业与这些富有购买经验的、苛刻的买主们打交道时,就需要不断地在促销上有所创新,并不断地增加投入。

(三) 竞争重点转向更注重成本和服务

由于较缓慢的增长、更为苛刻的买主以及更高的技术成熟度的综合作用,竞争就会趋向于变得越来越具有成本导向和服务导向。这种变化经常会改变在行业内取得成功的必要条件,并且可能要求以往在其他方面具有竞争优势的企业对其战略优势进行根本性的重新定位。来自降低成本方面的压力还可能迫使厂商为获得最现代化的设施和装备而增加对资金的大量需求。

(四) 行业生产能力和生产人员出现过剩

当行业处于较缓慢的增长,而行业内生产能力增加的速度却很难慢下来时,生产能力就会出现过剩。销售量持续增长之类的变化很少在成熟的行业内发生,相反,相对于需求的行业生产能力的过剩则是很普遍的。生产能力过剩,使成熟行业中价格冲突的倾向更为突出。行业内生产规模越大,这个非常突出问题的解决就越是困难。如果过剩人员在被迫转向其他行业时还需要具有新的技能,需要花很长时间去培训,那么,企业在生产规模方面的弹性就越小。

(五) 原来的生产、营销策略时常失效

这些变化是由于市场占有率竞争的加剧、生产技术的日趋成熟以及买主的日益老练所致。企业面临着两种选择:要么从根本上对其生产营销方法重新定位,要么坐视市场被竞争对手夺去。如果企业必须重新制定生产营销策略的话,那么资金来源和新的技能就总是需要的。新的生产方法可能会使上面讨论过的那些生产能力过剩问题更加突出。

(六) 产品创新变得更加困难

由于产品的成长阶段本来就一直是一种致力于发现产品新功能、新用途的阶段,因此一般说来,到成熟阶段后继续进行产品创新的空间会日益缩小,产品创新的余地也越来越小,而且随着行业的日趋成熟,产品创新的成本和风险会日益增大。

(七) 国际性竞争加剧

在世界经济一体化的今天,技术的成熟往往伴随着世界范围内产品标准化和竞争白热化,因此,行业的成熟常常以重大的国际性竞争的出现为标志。国际性竞争者常常具有与国内厂商不同的成本结构和战略目标,并且具有一个赖以经营的国内市场基础。像美国、法国、日本这些先进国家,其行业成熟期往往早于我国。

(八) 行业利润出现持续下降的趋势

缓慢的增长、更老练的买主、越来越激烈的市场竞争以及其他种种不确定因素和种种困难,意味着成熟行业的利润将从过去成长阶段的水平上明显下降。生产成本高的企业要比其他企业受到更大的影响,具有较小市场占有率的企业通常受到的影响最大。在极其需要现金流转的时期内,逐步减少的利润会使企业的现金流转变得更加困难。对于上市企业来说,下降的利润还会使股票价格随之下跌,并且会增加筹资还债的困难。

(九) 经销商的利润下降,其讨价还价能力却在增长

出于上述种种原因,行业利润常常降低,经销商的利润空间也会受到压缩,以致许多经销商会退出对该行业产品的经销,这对生产商来说更是雪上加霜。前些年,在我国电视机、洗衣机、DVD机的经销商中经常可以看到这一现象。这种现象加剧了行业参加者之间对经销商的竞争,这些经销商在增长阶段可能易于找到并易于控制,而在成熟阶段则未必如此。因此,经销商的讨价还价能力会显著增长。

二、成熟行业中的企业战略要点

(一) 周密的成本分析

在行业成熟过程中,成本分析十分重要。主要表现为以下两点。

1. 使产品组合合理化

虽然在成长期企业生产经营着种类繁多的产品,并且频繁推出新品种和进行产品的更新换代,这在当时对行业发展常常是必须的和可取的,但是这种情况在成熟的行业环境中可能会变得越来越少。成本竞争和市场份额的争夺是极其激烈的。因此,必须通过精确的成本预算,在产品种类中削减那些无利可图的项目,把企业有限的财力集中在那些具有某些特色的产品上,或集中在那些市场需求相对强烈的产品项目上。那种平均计算各类产品成本的方法,或者为了计算简单而在各类产品之间平均摊派一般管理费用的方法,显然不足以客观评价各产品种类的真实成本。

2. 正确定价

在行业成熟过程中,价格策略的正确使用十分关键。这一点与产品种类的合理化密切相关。企业惯常使用的平均成本定价法,即从总体上对所有产品而不是对个别产品项目定价的方法,在成长时期可能是可行的,但是在成熟期需要精确分析个别产品项目的成本并相应地制定价格。由平均成本定价法产生的、在产品种类内部隐含的相互补贴,往往遮掩着、保护着市场无法支持其真实成本的产品。企业内部各类产品之间的相互补贴还会引起竞争对手通过价格战来打击本企业那些得到价格补贴的产品项目。总之,我们可以说,在研发、采购、生产、储存、销售各方面提高成本核算的水平,在行业成熟时期往往是必不可少的。

(二) 工艺创新和生产设计

在成熟行业中,客户对老工艺所生产的产品已经感觉麻木,产生了"审美疲劳",这是成熟行业中产品销售困难的主要原因之一。因此,工艺创新的相对重要性在成熟过渡时期往往有所增加。日本的行业极其重视这一因素,把其在诸如汽车、家用电器等许多行业内的成功归因于此。生产工艺设计也曾是大娘水饺餐饮集团有限公司在成熟的食品服务行业中改善其地位的关键因素。该公司已从让地方厨师自由准备膳食转变为在全国范围

共同配制标准化食品。这种变化提高了膳食质量上的一致性,使得在各个销售地点之间更换厨师更为容易,更易于管理,并导致在其他方面成本的节省和生产率的提高。

（三）扩大经营范围

通过扩大企业的经营范围来满足现有客户更多的需要,也许要比寻求新的客户更为合算。对现有客户的增量销售有时可以通过供应外围设备及服务、提高产品档次、扩大产品种类等方法来实现。这样一种战略可把厂商从某一行业带进其他有关行业。该战略常常比寻找一些新客户要少花钱。在一个成熟的行业内,争取新客户往往意味着与竞争对手争夺市场占有率,从而耗资颇巨。

诸如贸易、家政服务之类的企业已经或者正在成功地实施该战略。南方贸易企业正在其开办的商店中增加快餐食品、无人充气装置、弹球游戏机及其他品种,以便从其顾客身上捞取更多的钱,这不但刺激了客户的购买欲望,而且还避免了支出设立新网点的费用。同样,家政服务企业也在增加新的服务,诸如代算税款、增加贷款金额,甚至开展银行业务,以扩大其经营范围,以便向更多的客户出售。"好孩子"公司的"为每个孩子多花点钱"的战略是上述方法的另一种变体。"好孩子"公司已在其所垄断的儿童玩具领域内又增添了儿童服装和其他儿童用品的经营。

（四）购买廉价资产

有时,成熟行业中的激烈竞争导致大批企业亏本乃全破产,资产就会变得非常廉价。如果技术变革的速度并不很快的话,那么兼并亏本企业或购买清算资产的战略就能提高公司的利润并产生一种低成本效应。在酿酒行业内广为人知的青岛啤酒公司曾成功地使用过这种战略。尽管酿酒行业的市场份额不断集中于几家大企业之手,但青岛啤酒公司通过兼并地区性的啤酒生产企业,并且廉价购进其资产,使公司销售额快速增长。青岛海尔公司也使用过该战略的一种变体。它以远低于实际价值的价格购进一些亏本的企业（俗称"休克鱼"），然后输入其先进的管理模式和企业文化,使之迅速形成市场竞争能力。

（五）培养并维持基础客户的忠诚度

在行业成熟过程中,随着客户们越来越理智,加以竞争压力日益增强,培养并维持老客户、目标客户的忠诚度就成为企业持续获利的一个关键。那些过去还没有运用讨价还价能力的客户们,或者由于其购买力有限而使其讨价还价能力较低的客户们在行业成熟过程中会一反常态,在运用其讨价还价能力时毫不手软。这时,识别"良好的""有潜力的"客户,并采取一系列战略措施紧紧地抓住它们不放乃是至关紧要的。

（六）判别不同的成本曲线

在一个行业内常常存在着不止一条成本曲线。在一个成熟的市场内,并不是全面成本领导者的厂商能够时时找到一些新的成本曲线,这些成本曲线实际上可能使其成为某种产品或某种订货规模下的较低成本的生产供应商。那些为灵活性、装配迅速和小批量生产而设计其工艺的厂商完全有可能比为小批量订货而大批量生产的生产商享受更大的成本优势。成本曲线差别使这样一种战略有可能建立在少量订货、标准订货、生产特殊的产量小的产品和其他非标准品种的基础上。

（七）向国际市场输出产品

在企业产品具有较强竞争力的条件下，通过参与国际市场上的竞争，企业有可能逃避国内该行业的成熟阶段。日本松下公司、索尼公司在电冰箱行业内，美国福特公司、通用汽车公司在轿车行业内都曾实施过这种战略。有时，某种在国内市场上过时了的设备却能够在国际市场上畅销一时，这样就大大降低了其生产者在国内该行业中所承受的压力。有时候，因为某成熟行业在国际上苛刻而有经验的买主较少，竞争对手也较少，企业在这种情况进入国际市场可能会得利更多。该战略的局限是：国际竞争风险更大；只能使企业在一定程度上回避行业成熟阶段而最终还必须面对它。

（八）适时改变战略

在一个正在成熟的行业内，对竞争所需要的战略做出调整和改变往往是必要的。但这种战略改变不仅取决于企业的经济实力，而且还取决于该行业内有继续竞争潜力的其他企业的数量，取决于对做出战略调整后在行业内引发的报复性行动的预期，以及对行业利润的未来前景的判断。对某些企业来说，非投资性的战略也许要比那些盈利不能肯定的再投资战略更好。这是光明食品公司在乳制品行业所采取的做法。光明食品公司的战略重点是放在成本削减和对降低成本的设备进行高度选择上面，而不是放在扩大生产规模、增强市场地位上面。

三、成熟行业中的战略隐患

除了没有认识到上述成熟行业的战略要点之外，在很多成熟行业中，还存在着种种使企业遭受某些损害的战略隐患。

（一）企业的自我感觉及其对行业的感觉

在其自身的发展过程中，各企业都会逐渐形成对其自身及其相应潜力的感觉或印象，如"我们是胜任的市场领导者""我们能提供优良的客户服务"等，这些感觉和印象会在形成其战略基础的明确假设中反映出来。随着行业成熟期的到来，随着客户讨价还价能力的增强，以及竞争对手对新的行业状况的反应，这些自我感觉也许会使企业患上"战略近视症"，陷于一个自我封闭的世界里。然而，要改变这些建立在长期实际经验基础上的感觉和假设，是一个困难的过程。

（二）现金流的枯竭

一般情况下，应把现金只投入有望在以后能够撤出现金的某个战略业务单位上。在一个成熟的、增长缓慢的行业内，一些投入新现金能扩大市场占有率的假设常常是带有冒险性的。对于一个企业来说，一定时期内，其在一个业务单位现金投入量的多少，是以另一个业务单位现金流出量的多少为保证的，因此，在一个成熟行业中，由于销售增长缓慢，甚至是负增长,所以试图以期望中增加的利润去维持一种投资的做法往往是行不通的。因此,投资处于成熟阶段的战略业务单位可能成为现金流的泥沼,尤其是当一家厂商并未处于强有力的市场地位却试图在成熟的市场上扩大其市场占有率时,来自现金流方面的风险就更大。

（三）为了短期利润而轻易放弃市场份额

成熟行业中的利润率很低。在此压力下,对有些企业来说,似乎存在着一种试图维持过去利润率的冲动,如增加新的投资以扩大规模,制定较高的价格,克扣经销商利润,减少售后服务等——这些都是损害市场占有率的做法,这些做法会反过来损害企业未来的市场地位。在成熟的行业内,如果规模经济具有重大意义的话,那么,接受较低的利润率就可能是必然的选择。当行业竞争处于均衡点时,必然会出现一段较低利润的时期,在这一时期,要避免做出过分的反应,要随时保持冷静的头脑。

（四）对价格竞争的误解

对处于成熟行业的各企业来说,在经过了价格竞争相对缓和的成长期之后,往往很难接受价格竞争的残酷性,从而不自觉地对价格竞争产生某种回避心理。有些企业的战略决策者甚至把价格竞争看作一种低级的竞争,认为这种竞争是不体面的或有损其大企业尊严的。这种看法是不对的。品牌竞争、质量竞争、渠道竞争、服务竞争、价格竞争等,都是企业战略竞争不可或缺的手段,它们并无高低贵贱之分,都服从于某一时期企业战略目标的需要。价格竞争是企业在成熟行业中必须使用的手段。

（五）对行业惯例变化的不解

行业惯例的变化,诸如营销技术、生产方法以及经销合同性质之类的变化,往往是行业步入成熟期后的一种不可避免的变化,就像人进入中年之后必然在生理、心理等方面发生变化一样。这些变化对于维持成熟行业中企业的发展潜力来说是重要的,是企业对环境变化的一种保护性反应。但在企业中往往会存在阻止这些变化的力量,譬如人们经常会说:"我们过去可不是这样……"在适应新的竞争环境方面,这种阻力会把一家企业远远地抛在后面。

（六）过分强调"创造性的""新的"产品而不去改进并积极地销售现有产品

尽管过去在行业初期和增长阶段取得成功可能是建立在研究新产品的基础之上的,但成熟阶段往往意味着新产品和新应用较难获得。改变创造性活动的目标集中点、重视标准化而不重视创新程度以及进行细微的调整往往是适当的。然而,这种务实的观点并不被某些企业接受。

（七）把坚持"更高质量"作为不参与价格竞争的借口

高质量能够成为一种至关重要的企业实力,但是随着行业的日趋成熟,质量差异具有一种逐步缩小的趋势。即使质量差异依然存在,但那些精明的买主们往往发现,质量差异可能小于价格差异,这时他们宁肯以较小的质量差异换取较大的价格优惠。然而,对于许多企业来说,它们好像很难接受上述事实,其实它们往往并不拥有最高质量的产品,真正原因还是在于对价格竞争的恐惧。

(八) 留恋过剩生产能力

在成熟的行业内进行竞争所需的现代化不可避免地会导致生产能力的快速增长。当生产能力超过需求的时候,某些企业就具有了一些过剩的生产能力。只要过剩生产能力存在,就会对企业的战略决策者造成一些微妙而又敏感的压力,以至于可能以种种会削弱企业战略优势的方式来使用这些剩余的生产能力。生产能力过剩会迫使一家企业在市场中处于两难地位,甚至危及企业在这一时期的战略目标。在很多情况下,过剩的生产能力会导致企业成本的上升,使企业遭受现金流中断的威胁。廉价出清存货或出让过剩的生产能力,往往是合乎逻辑的选择。然而,很明显,应尽量不把这种生产能力出售给任何一家将要在同一行业内使用它的企业。

第四节 衰退行业中的企业战略

出于战略分析的目的,这里将把衰退中的行业看作那些在产品销售量方面已经历了一段持久的衰减时期,而且已经成为一种变化趋势的行业。因此,这里所说的衰退不是由于某种区域性的商业循环,也不是由于其他诸如罢工、材料短缺等原因造成的短期行业萧条,而是代表着该行业的一种无可挽回的趋势。

虽然衰退行业是一种必然的客观存在,但人们并没有对其进行过充分的研究。在寿命周期模式中,一个衰退行业的特点被归纳为:产品持续滞销、利润萎缩甚至出现亏损、产品种类削减、研发及广告活动减少以及竞争对手逐渐退出等。针对衰退所开的战略处方乃是一种"收割"战略,即停止投资,并从业务单位中获取最大限度的现金流量,从而导致最终放弃营业。在战略规划方面普遍使用业务组合模式的企业应注意:不要在那些增长缓慢或负增长及不利的市场内投资,而是尽快把资金撤出这些市场。然而,对范围广泛的各种衰退中行业的深入研究表明,衰退期间的竞争性质及企业可用来对付衰退的战略方法是极其复杂的。各企业在竞争中对衰退做出反应的方式也显著不同:有些企业显得成熟老练、通达稳健,最后全身而退;而有些企业则先是麻木不仁,继而惊慌失措,最后以遭受重大经营损失而告结束。成功的战略也是多种多样的,并不像上面说的那么简单。下面逐次加以分析。

一、衰退行业中企业的战略种类

虽然对衰退过程的战略所进行的讨论通常围绕着"抽资"或"收割"展开,但是仍存在着一系列战略方法——尽管这些方法未必在任何特定行业内都是可行的。在衰退过程中进行竞争的一系列战略能够用四种基本方法方便地加以表达(表 11-2、表 11-3),企业可以个别地或在某种情况下依次采用这些方法。事实上,这些战略之间的差别往往很难分清,但是对这些战略的目的和含义分别进行讨论是有益的。这些战略不仅在目标方面,而且在投资方面都有极大的差异。在"收割及放弃"战略中,衰退战略的典型目标是设法使企业抽回投资。然而,在某些特定的情况下,企业甚至也可能进行投资,以便加强其在衰退中行业内所处的地位。

表 11-2 衰退行业的战略选择

	具有与竞争对手争取剩余利益的实力	缺乏与竞争对手争取剩余利益的实力
行业尚有一定潜力	领导地位或合适地位	收割或迅速放弃
行业已无潜力	合适地位或收割	迅速放弃

表 11-3 衰退行业可供选择的战略

领导地位战略	合适地位战略	收割战略	迅速放弃战略
在市场占有率方面寻求领导地位	在某个特定的市场面内造成或保护某种强有力的地位	利用实力来安排一种可控制的抽回投资	在衰退过程中尽早清理收回投资

(一) 领导地位战略

当企业的生产经营规模很大,退出障碍较高,收割非常困难,而行业的衰退过程又能维持很长时间时,可考虑采用这一"以进为退"的战略。

领导地位战略的目标是在漫长的衰退过程中成为留存在行业内的唯一一家企业或少数几家企业之一。一旦获得这种地位,企业将根据随后的行业销售模式转向实施控制性收割战略。这种战略的根本前提是:比起采用其他战略来,这种获取领导地位的方式能使企业处于更优越的地位来保证顺利有效地收割。

有助于实施领导地位战略的战术步骤如下。

(1) 在定价、促销、服务等方面采取积极的竞争行动。

(2) 以较优惠的价格来兼并竞争对手,这种战术有利于降低竞争对手的退出障碍。

(3) 引导竞争对手的生产能力向其他行业转移。

(4) 用其他方式降低竞争对手们的退出障碍。

(5) 通过公开声明及行动来明确要继续留在行业内的强烈信念。

(6) 通过竞争行动来表明其具有明显优势的实力,这种战术的目的在于消除竞争对手想与其进行较量的企图。

(7) 发掘并透露有关行业未来衰退的信息,这种战术会减少竞争对手由于过高估计行业前景而留存在行业内的可能性。

（二）合适地位战略

当在衰退的行业中还存在若干有一定潜力的需求，而企业又恰好具备满足这种需求的能力时，可考虑采用这种"在总体不利中寻找局部有利"的战略。这种战略的目标是要识别衰退中的行业内的某个市场局部，这个市场局部不仅足以保持稳定的需求以延缓衰败，而且具有能获得高收益的可能性。然后，企业为在这一市场局部建立某种优势地位而进行一系列活动。在经过一个较长时期后，直至该市场局部也无利可图时，企业才有计划地转向收割战略，或转向放弃战略。

（三）收割战略

收割战略的要点是，企业尽最大努力增加衰退行业中现有业务单位的现金流入量，最大限度地减少在衰退行业中的现金投入。常采取的战略措施有：消除或严格地削减新投资，减少设施的维修，停止一切广告宣传和促销活动等。即充分利用企业在衰退行业中所有的一些残留实力，充分利用企业以往持续销售的信誉，使企业在衰退行业中能获得尽可能多的"最后收益"。除上述措施外，其他一些收割战术还有：减少产品的规格和型号；缩减所使用的销售分配渠道；排除零散客户；在交货时间、修理速度或销售补助方面降低服务水准。

并不是所有的业务都容易进行收割。收割战略的前提是：企业具备一定的可赖以生存的真正的实力和市场影响力，同时衰退中行业的环境尚未恶化到足以引起剧烈冲突的地步。若没有一定的实力和市场影响力，停止投资、降低服务水平、中止广告活动，或其他收割战术将会使企业的销售额急剧下降。值得注意的是，行业在衰退阶段具有极大的反复性和多变性，竞争者有可能会抓住该行业缺少投资的时机来掠夺市场占有率或压低价格，从而消除或抵消本企业实施收割战略降低费用的效果。此外，有些企业之所以难以收割，是因为其大量的成本费用无法减少。一个最明显的例子是处于这种地位的工厂设备老化，如不加以维护的话，很快就会无法生产下去。

采取收割战略可以选择不同的战术行动，有些行动是有形的、能看得见的，如提价、减少广告、缩减经销网点等；有些行动是无形的、客户看不见的，如推迟的维修、减少的服务、赊销交易量的下降等。不论哪种行动，只要能有效地增加现金流量，能有效地控制和减少成本费用，就是可取的。但具体的行动取舍还取决于业务的性质，取决于企业的特点。

（四）迅速放弃战略

这种战略的特点是，企业在行业衰退的初期就把其业务及相关设施出售，最大限度地回收其投资。在行业才显出颓势之时，抢在竞争者之前尽早地出售营业单位通常能最大限度地增加企业从出售中获得的现金量。因为营业单位出售得越早，出售者越少，相对需求也就越大，于是在资产市场上卖个好价钱的可能性也就越大。某些情况下，在衰退之前或在成熟阶段末期就放弃营业可能是有利的。一旦衰退明朗化，行业内外的资产的买主将处于更强有力的讨价还价的地位。但尽早地出售营业单位也会使企业承担这样一种风险,即企业对行业未来的预测是不正确的。迅速放弃战略会迫使企业面临诸如企业形象、专用资产、员工安置之类的退出障碍,早期退出通常在某种程度上会使这些困难解决起来相对容易一些。

二、衰退行业中企业的战略选择

在衰退行业中,选择某种战略的过程,其实是一种使企业在该行业的留存度与该企业的实力地位相匹配的过程。企业在行业发展较早时期所拥有的长处及弱点,到衰退时期早已发生了变化,有些甚至可能发展到相反的方向去了。有时,这些长处及弱点却同剩余的市场或需求相关,并且在竞争抗衡的性质方面又同衰退阶段的特定条件相关。对于"领导地位战略"和"合适地位战略"而言,重要的是企业必须具有那种足以促使竞争对手尽早退出的可信性。"迅速放弃战略"则恰恰相反。"收割战略"则在衰退行业的大多数情况下风险较小。总之,处境不同的企业可以选择不同的衰退期战略。

当衰退行业的不确定性低、退出障碍也低、行业尚具有一定潜力时,具有种种实力的企业既可寻求领导地位又可寻求合适地位。这二者的取舍在于是在大多数剩余的市场内进行竞争合适,还是去选择一两个特定市场对企业更合适。具备种种实力的企业一旦取得这种领导地位,那么,只要该行业还有一定潜力,即使是在衰退行业中也会使企业产生不菲的收益。但当企业不具备什么特殊的实力时,即使在衰退的行业中,要夺取全面的领导地位或处于合适地位也几乎是不太可能的,但是这些企业可以采用收割战略,通过寻找其他有利行业的办法来取得丰厚的收益。当然,这些企业也可以选择尽早放弃的战略,这取决于收割战略的可行性及出售业务单位的机会。如果行业存在高度的不确定性或存在高度退出障碍,衰退行业已没有多少生存空间,那么企业为获取领导地位而进行投资已不可能产生什么收益。如果企业相对实力较为强大,则可采取收缩的做法,以寻求某种相对安全的合适地位,这样往往可以更好地获取行业的剩余利益。如果企业没有什么特殊的实力,则还是尽快退出为好。

在很多情况下,企业在衰退行业中的去留,取决于企业当时条件下的实际需要。例如,对现金流的迫切需要可能使企业的战略决策偏向于收割或早期出售,即使其他因素都有利于领导地位战略。从业务角度来看,企业必须对其战略需要的性质加以评价,并在确定正确的战略时充分考虑到衰退行业的其他条件。

对这种或那种衰退战略尽早做出决策是有益的。一项对领导地位的及早决策有可能发出一些对鼓励竞争对手退出很有必要的信号,并对获取领导地位提供必要的有利时机。对放弃战略的尽早决策则会产生前文已提及的种种效益。总之,在战略上未雨绸缪,先行一步,抢得先机,对企业总是有利的。

衰退行业中战略的运用,有时是混合的。如领导地位战略选择的关键,是要找到一些鼓励特定的竞争对手退出行业的办法,而要使某个拥有高市场占有率的竞争对手真正退出是需要耐心和时间的。在这种情况下，企业则可以通过采用收割战略来等待时机，直至这个主要的竞争对手做出退出决策为止。衰退行业中企业战略的选择，还要考虑行业中其他竞争者的战略取向。作为该行业中的一般性企业，在决定自己战略的时候，必须观察作为当时行业领导者的企业的动向。如果领导者有退出的意向，则企业可考虑"领导者地位战略"和"合适地位战略"，而如果领导者决定要留下，则企业就可考虑采取"收割战略"或"放弃战略"。

本章内容小结

由于受多种因素的制约和影响，任何行业都处于发展变化之中。这种有规律的行业发展变化，我们一般称之为行业演化。行业演化对企业制定战略而言极其重要。从总体上来看，在每一行业内都存在着这样一些因素，这些因素以种种方式影响、制约、推动着各个行业演化的动态过程。行业大致可分为新兴行业、成熟行业、衰退行业等。这些行业各具特点，企业应分别采取不同的战略。

复习思考题

1. 企业在进入一个新兴行业时应考虑哪些问题？
2. 在成熟行业中，企业战略的运用要注意哪些因素？
3. 企业在衰退行业中如何进行战略选择？

【本章案例】

我国中小型企业的困境

中小企业是国民经济和社会发展的重要力量，经过改革开放40多年来的快速发展，我国中小企业已经站在一个新的起点上，发展总体上是正常的、健康的，正处于发展的重要阶段和重要战略机遇期。但当前中小企业发展仍面临许多问题和困难，既有原材料价格上涨、劳动力成本上升、人民币升值、外需下降、资金成本上升等短期因素，也有市场准入、税收制度、公平待遇等经营环境问题。促进中小企业发展，不但要出台针对目前短期问题的政策措施，降低中小企业经营成本，也要加大改革创新力度，解决一些深层次的体制机制问题，进一步改进和提升中小企业经营环境。

统筹研究解决中小企业经营面临的困难，既要看到近期直接导致企业利润下降的短期因素,更要深入分析影响中小企业长远发展的经营环境因素。为了给世界各国了解和改善全球监管环境提供客观依据,鼓励各国在提高监管效率方面进行竞争,世界银行和国际金融公司每年发布《经营环境报告》(Doing Business),从创办企业、办理施工许可、电力供应、财产登记、获得信贷、投资者保护、税负、跨境贸易、合同执行、办理破产和雇佣员工等11个指标综合分析各国中小企业的经营环境,并对各国总体情况和其中10项指标进行分析和排名。

第一,我国中小企业总体经营环境处于中等偏下水平,但获得信贷指标排名靠前。根据世界银行和国际金融公司2019年发布的报告(以下简称"世界银行报告"),在中小企业经营环境总排名中,新加坡位居榜首,中国香港名列第二。中国在全球183个经济体中排第91位,在东亚地区24个经济体中排名第13位,不仅与发达经济体相比存在较大差距,而且与新兴经济体相比也处于中等偏下水平。在获得信贷方面排名第67位,高于我国的综合排名,说明信贷因素并不是影响我国中小企业经营环境的主要问题。

第二,行业准入、企业登记注册、税收负担以及电力供应等一些非金融因素也是影响我国中小企业经营环境的重要因素。世界银行报告显示,我国中小企业经营环境在合同执行、财产登记、跨境贸易、获得信贷等方面排名比较靠前,分别排名第16、40、60、67位,高于我国中小企业经营环境综合排名第91位的水平,但在办理施工许可、创办企业、税负、电力供应等方面还相对薄弱,分别排名第179、151、122、115位。在办理施工许可、创办企业方面,位居全球较低水平,如有的地方在法律规定的设立企业条件之外又附加了各种条件,有些部门受旧观念的束缚,对非公经济仍存在偏见,在制定行业准入时,设"所有制围墙"等。

第三,近年来我国中小企业经营环境排名总体呈现小幅下降趋势,值得重视。从世界银行2018—2019年报告的年度排名变化情况看,我国中小企业总体经营环境的排名有所下降,这说明我国中小企业的经营环境虽有改善,但在国际比较中呈现下降趋势。与此同时,根据世界银行报告,经营环境改善最大的12个经济体中三分之二为低收入或中低收入经济体,我国中小企业经营环境排名的相比下降应该引起重视。

第四,非金融因素的制约也是影响我国中小企业获得金融服务的重要方面。根据国际金融公司报告,中小企业发展面临的阻碍,不仅有金融制约因素,也有大量的非金融制约因素,两者往往是互相关联的。其中中低收入国家的非金融制约因素的影响更为明显,而五个被认为是中小企业最主要的非金融制约因素包括电力紧缺、政府管制、高税负、地下经济的竞争和腐败。

总体看,影响中小企业经营环境的因素是多方面的,中小企业经营难并不完全等于中小企业融资难。世界银行报告显示,制约我国中小企业经营环境的其他重要因素还包括市场准入、税负、行政干预等非金融因素。因此,促进中小企业健康发展,在已有改革的基础上,还可考虑加强对市场准入、税负等领域的改革创新,进而有利于我国中小企业金融服务水平的改善。

大力发展中小企业,是我国的一项长期战略任务。统筹研究解决中小企业经营面临的困难,既要看到近期直接导致企业利润下降的短期因素,也要深入分析影响中小企业长远发展的经营环境因素,找准制约我国中小企业发展的一些重要环节和瓶颈领域,加大体制机制的改革力度,改进和提升我国中小企业的经营环境。同时,针对金融服务领域存在的体制机制和融资结构不合理等问题,加大改革创新力度,大力发展多层次资本市场。在加强监管的前提下,积极培育和发展多层次融资服务体系和具有竞争性的信贷市场。

第一,应大力推进重要环节和瓶颈领域改革,放宽对小企业和民营资本的市场准入。我国的中小企业绝大部分是私营企业,近年来,我国陆续出台了一系列支持私营企业发展的法规政策,对于改善小企业发展环境起到了积极作用,但还需要进一步创造条件加以落实。比如在市场准入方面,按照目前市场准入格局,在全社会80多个行业中,允许国有资本进入的有72个,允许外资进入的62个,而允许私营资本进入的只有41个。利润较高的石油、电力、通信等行业,小企业的发展相对困难。应在深入贯彻落实《国务院关于鼓励支持和引导个体私营等非公有制经济发展的若干意见》《国务院关于进一步促进中小企业发展的若干意见》《国务院关于鼓励和引导民间投资健康发展的若干意见》等国家扶持中小企业发展重要政策措施的基础上,继续推进市场准入、行政审批等瓶颈领域的改革,进一步简化小企业的注册、登记等程序,切实放宽对小企业的市场准入。

第二,加快改进和完善中小企业发展的法律环境。长期以来,我国制度法规中还没有充分考虑中小企业的特点,扶持中小企业的法律制度建设还有待加强。一是在中小企业财产保护方面,目前的《中小企业促进法》第6条规定"国家保护中小企业及其出资人的合法投资,及因投资取得的合法收益"。但由于《中小企业促进法》对此只有原则表述,在现实中还不容易落实到位,中小企业财产有效保护程度还有待提高。二是在拓宽小企业抵押担保范围方面,很多国家的小企业抵押品在融资方面起了很大作用。我国目前小企业抵押品主要是房产和土地,而城镇的土地属于国家,其所有权是不能抵押的。在县域和农村地区,不仅土地的所有权是集体的,不能抵押,就是农房和土地经营权,在目前的法律框架下,也是不能抵押的,这在一定程度上影响了县域小企业的融资。

第三,继续推进中小企业税费制度改革,有效降低中小企业税收负担。近年来,我国税费制度改革取得了明显进展,对于促进小企业发展起到了积极作用,但也存在一些问题。例如,小企业往往是个人或家族所有,个人所得和企业所得很难厘清,目前的所得税体制还不容易完全避免对以私营为主的小企业重复征税问题。另外,以所得税为主的扶持中小企业税收优惠政策落实过程中也容易产生障碍,因为一些初创小企业在开始的2~3年往往没有所得,还无法享受所得税优惠。同时,由于大部分中小企业受收入规模限制,不具备一般纳税人资格,不能开具增值税专用发票,因而增加了税收负担。因此,应进一步研究针对中小企业,尤其是小微企业实际特点的税收体系,确保税收优惠政策落到实处。

第四,金融部门要统筹改革发展大局,针对中小企业融资需求特点,大力发展多层次融资服务体系,强化小企业金融服务,建立健全与小企业发展相适应的体制机制。一是要在完善监管和建立存款保险机制的前提下,加快建立适合小微企业融资需求特点的多层次融资服务体系。鼓励风险投资和私募股权基金等风险资本投资初创企业,逐步建立以政府资金为引导、民间资本为主体的风险资本筹集机制和市场化的风险资本运作机制。二是积极发展中小金融机构。要突破现有的框架,推进机构组织创新。在强化资本约束条件下允许民间资本、外资参股。同时监管部门要制定具体监管办法,防止关联交易,鼓励中小金融机构立足当地,更多地支持小微企业发展。三是大力发展多层次资本市场体系。目前我国资本市场还不发达,大企业还主要依赖银行融资。应大力发展多层次资本市场,支持大企业主要通过资本市场融资,继续推进信贷资产证券化试点,从而促使银行加大为中小企业和低端客户服务的内在动力。四是在不允许吸收公众存款和加强监管的前提下,允许和规范民间融资,积极培育有竞争性的信贷市场体系。五是加强企业信用体系建设,推动以技术为基础的金融服务创新。依靠信息技术的创新,发展网络银行、手机银行等金融服务。依靠信用系统,改进对中小企业贷款项目的分析和管理,提升对中小企业进行金融服务的水平。

案例思考题

1. 我国中小型企业面临哪些困境?
2. 你认为此案例的分析是否正确?说出理由。
3. 面对这些困难,我国中小型企业应采取什么战略?

第十二章 企业战略的评估与选择

战略选择是企业战略管理的核心。根据企业在一定时期的任务、目标与内外部情况分析,战略制定者通常可以提出多个备选战略方案,战略选择则旨在通过对各备选战略方案的评估与比较,选定使企业能够最好地实现任务与目标的行动方案。传统战略选择框架如图12-1所示。

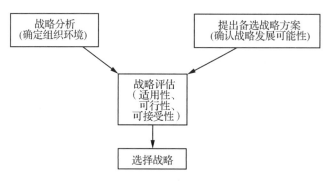

图 12-1 传统战略选择框架图

企业面临的环境是多样化的,虽然有些条件相对稳定,但总体而言企业环境正在变得越来越不确定。因此,战略选择作为一种不确定性条件下的决策活动,既需要规范的分析又需要良好的直觉为其提供重要基础,因此可将其概括为基于客观信息的主观决策过程。

第一节 企业战略的评估标准

战略选择理论认为,通过对企业外部环境和内部资源的分析及企业目标和任务的确认,战略制定者通常可以提出多个备选战略方案,然后根据一系列标准、利用多种工具对各备选战略方案进行优劣比较,最终选定企业要实施的战略方案。

企业的战略选择是基于这样一种假设:如果能掌握充分的信息,能有一系列强有力的分析工具可以运用,战略制定者就可以精确地预测企业的前景,从而选择正确的战略。我们认为战略选择过程虽然可以包括提出备选战略方案,但主要的内容应是战略评估和最终选择将要被实施的战略。战略评估与选择的前提则是必须制定出企业用来判断特定备选战略方案优缺点的标准。事实上,由于企业有不同的目标和任务,可以有各种不同的标准,而这些标准之间往往是相互矛盾的,所以评估与选择方案时常常要对这些标准赋予不同的权重。

战略评估标准一般可以分成三类:适用性标准、可行性标准和可接受性标准。

一、适用性标准

战略分析的一个主要目的是清楚地了解企业自身及其所处的环境,可以用企业面临的重要机会和威胁,它拥有的特定优势和劣势,以及一系列影响企业战略选择的期望来对其进行概括。

适用性(suitability)作为一种战略评估标准,用来评估备选战略方案对在战略分析中所确定的企业内部和外部情况的适应程度,以及不同的备选战略方案将如何保持或改进企业的竞争地位。

在进行战略适用性评估时,主要应提出下列三方面的问题。

(1) 该战略方案完全利用企业的优势或环境提供的机会了吗?
(2) 该战略方案将企业的资源劣势和环境威胁解决到什么程度?
(3) 该战略方案与企业的使命、宗旨一致吗?

适用性作为一个定性评估标准,对战略的筛选过程非常有用。通常也把适用性作为对战略方案的第一轮评估,它所涉及的许多问题还要在评估战略方案的可行性和可接受性时进行更详细的讨论。

二、可行性标准

可行性(feasibility)评估标准用来分析该战略方案能否被成功实施。战略被实施的现实可行性是进行战略选择的一个重要约束,即一个战略方案所提出的变化范围应是企业资源所能够承受的。虽然对战略方案可行性的评估在提出备选战略方案时就已经开始,并且要一直延伸到战略实施细节的计划过程之中,但是在战略评估阶段,必须提出下列重要的问题。

(1) 该战略方案有足够的资金支持吗?
(2) 企业具有该战略所需的技术和设施吗?
(3) 企业能获得该战略所必需的相关材料和服务吗?
(4) 企业是否具有该战略所要求的管理能力和经营能力?
(5) 企业有能力达到该战略所要求的经营水平(如质量水平和服务水平)吗?
(6) 企业具有该战略所必需的市场地位和相应的营销技巧吗?
(7) 企业能应对该战略所要求的竞争强度吗?

在进行可行性检验时,对上述问题的回答尤其要注意联系变化所要求的时限。要注意的是,可行性评估的主要目的在于确认企业目前资源状况与战略所要求的资源状况之间的差异以及在确定的时限内能否通过某些举措弥补这种差异。

三、可接受性标准

可接受性(acceptability)是战略评估的第三个标准。这是一个相当困难的领域,因为可接受性与利益相关者(所有者、经营者、员工、政府、客户等)的期望密切相关。不同的利益相关者都有不同的期望,他们各自偏爱并愿意接受的战略方案通常是不相同的。企业所选定的战略能否被顺利实施与该战略方案能否满足谁的期望有相当大的关系。因此,往往一种战略方案将只被某些利益相关者接受,而不被另一些利益相关者接受。通过对下列问题的讨论,战略制定者将会发现所寻求的可能答案。

(1) 从利润率的角度看,企业的财务状况将会如何发生变化?
(2) 财务风险(如流动性)将会因该战略发生什么变化?
(3) 该战略方案将对资本结构产生什么影响?
(4) 该战略符合企业内的一般期望(如对风险变化的态度)吗?
(5) 该战略对内部各部门、团体或个人的职能和利益影响大吗?
(6) 企业与外部利益相关者(如顾客、供应商、联盟、政府)的关系需要因战略而改变吗?
(7) 企业的外部环境接受这个战略吗?

显然,一个新战略不可能是所有利益相关者共同的理想选择,因此在对他们的期望进行评估之前必须对其进行定位或者说"排座次"。利益相关者的座次并不是固定不变的,这取决于企业在制定战略时的具体情况。这里要强调的是,分析所有利益相关者的期望并不仅仅是为了选择一个最佳战略,更重要的是战略制定者必须在此基础上对利益相关者的期望进行协调,以便在战略实施中能得到他们最大程度的支持。

第二节 企业战略的评估方法

战略评估常常被视为一门精确的科学,或者说它是一个客观的分析过程。战略评估对提高战略决策的质量起着重要的保证作用。战略适用性的评估方法帮助战略制定者分析战略方案背后的逻辑或基本理论,而不去详细地评价备选战略方案,战略可行性和可接受性的评估方法则通常更详细和更具体化。

一、战略适用性的评估

适用性是对备选战略方案进行筛选的重要标准。现代战略评估理论已经确认:应该用多种互补的方法来评估每个备选战略方案可能的适用性,以便使战略的适用性能够完整而清晰。适用性评估主要应包括三方面的内容:战略逻辑评估、文化的适应性评估和经营状况评估。下面对这三方面内容的评估方法分别进行论述。

(一) 战略逻辑评估

从20世纪50年代起,战略逻辑的理性评估就一直占据战略评估的中心地位。这种分析主要是将特定的战略方案与企业的市场情况及它的核心竞争力或相对战略能力相匹配,从而评估该战略方案是否会提高企业的竞争优势及其提高的程度。业务组合分析法、生命周期分析法和价值系统分析法是战略逻辑理性评估的三种主要方法。

1. 业务组合分析法

组合分析法(portfolio analysis)主要评价新战略会怎样改善企业业务活动的均衡。因为现代大企业通常都拥有多个战略业务单位,所以在企业战略层次的主要问题是如何实现战略业务单位的组合均衡。在进行组合分析时,波士顿公司的份额成长矩阵是一种有用的方法。该矩阵可以表示出企业未来的战略选择,而且也可显示出企业的长期发展方向。组合分析中主要应考虑以下一些问题。

(1) 采用哪种战略能保证将问号类产品转化为明星类产品,并最终转化为现金牛类产品。简言之,战略是否会使企业逐步在市场中占据统治地位。

(2) 企业是否有了过多的明星类产品,对每一个明星类产品是否都应该进行投资。因为明星类产品的快速增长要求大量投资,如果企业没有足够的现金牛类产品来提供所需的资金,这可能会导致企业的破产。

(3) 在企业内,维持各战略业务单位以及部门之间活动的均衡非常重要,如果失去这种均衡,就会使一些部门严重地超额工作,而另外一些部门却没有被充分利用,工作量不足。同样,各战略业务单位和部门所掌握的设备和其他资源也将产生紧缺或闲置状况,结果会大大降低企业的整体效益。

(4) 矩阵还可以帮助识别收购对象和选择合适的收购策略。当通过收购来实现多样化成长时,由于收购的真实成本和现实困难,明星和现金牛类产品通常不是理想的收购目标,而问题类产品和瘦狗类产品只要有企业资源的匹配则往往是更现实的收购对象。

(5) 当企业通过纵向一体化或垂直多样化成长时,维持上、下游产品之间的组合均衡也很重要,它是维持各部分生产均衡的一个有力保证。

2. 生命周期分析法

生命周期分析法,主要评价战略是否适应产品生命周期的特定阶段和企业在市场中的相对竞争地位。生命周期分析法是产品组合理论的一个特殊的发展分支,阿瑟·D.利特尔(Arthur D. Little)提出的生命周期组合矩阵是其最主要的工具。表12-1概括了该组合矩阵,它含有两个维度:行业的生命周期阶段和企业的竞争地位。行业的生命周期主要包括萌芽、增长、成熟和老化四个阶段。企业的竞争地位可从弱到强分成五类,分别是统治地位、强大地位、受欢迎地位、可维持地位和弱地位。

表12-1 市场地位、行业生命周期组合矩阵

地位	阶段			
	萌芽阶段	增长阶段	成熟阶段	老化阶段
统治地位	快速增长 急剧上升	快速增长 保持成本领先 注入新产品或市场	保持地位 保持成本领先 注入新产品或市场	保持地位 集中 保持成本领先 与行业一起增长
强大地位	急速上升 差别化 快速增长	快速增长 追赶 保持成本领先 差别化	保持成本领先 注入新产品或市场 集中 与行业一起增长 差别化	寻找小分区 保持小细分市场 与行业一起增长 收获
受欢迎地位	急剧上升 差别化 集中 快速增长	差别化、集中 追赶 与行业一起增长	收获 寻找小分区、转产 差别化、集中 与行业一起增长	缩减产品 业务转产
可维持地位	快速增长 与行业一起增长 集中	收获、追赶 寻找小分区、转产 集中保持小分区 不定	收获 转产 寻找小分区 缩减产品或业务	取消 缩减产品或业务
弱地位	寻找小分区 追赶 与行业一起增长	转产 缩减产品或业务	退产 消失、取消	退出

要用该组合矩阵来为企业的发展方向提供一个战略逻辑,最重要的问题就是确定企业当前在矩阵中的位置,包括行业所处的生命周期位置和企业所处的竞争地位。行业的生命周期位置由8个要素决定,即市场增长率、增长的可能性、产品线的宽度、竞争者数目、有关竞争者的市场占有率的分布、顾客忠诚度、进入障碍和技术状况。例如,处于萌芽期的行业的特点是快速的增长、技术变化、市场份额分散,并且不断吸引新顾客;相反,老化行业的特点是需求下降、竞争者数目减少,并且产品种类很少。企业在行业中的竞争地位也可以通过矩阵中每类项目的特点来确定。居于统治地位的企业一般都源于垄断,竞争性行业中这类企业较少;处于强大地位的企业能够遵循自己所选择的战略而不必过多地关注竞争对手;居于受欢迎地位的企业是指市场上没有哪个竞争者特别突出,但各领先者都处于很好的位置;可维持地位指该企业通过专门化或某项专项业务仍然可以留在市场中;处于弱地位的企业将不能长久独立地在市场中生存。对于各种战略类型,生命周期组合矩阵的主要作用是分析其在行业发展的各个阶段和企业的各个竞争位置的适用性。这

里很重要的一点是要认识到,一些战略类型在矩阵中的不同位置会表现出不同的形式。例如,占统治地位的企业的市场开发战略可能通过对新的需求的推动就可以实现;而对于更成熟市场内处于较弱竞争地位的企业来说,则需要通过寻找和进入新的细分市场,或者转入其他新的地区市场等才能实现其市场开发战略。下面分别论述处于不同竞争地位的企业在行业发展的不同阶段应该采取的战略。

(1) 市场统治者的战略任务主要是巩固其现有的有利地位,因此其战略通常是利用现有的有利地位来获得竞争优势。如果市场处于萌芽期,此种企业很容易通过密集型战略,即寻找其产品的新用户或说服现有顾客更多地使用其产品来实现自然增长。如果市场处于发展期或成熟期,领先者可以通过制定具有竞争力的价格来充分发挥其成本结构的优势,或者通过较高的营销支出和地区扩张(如全球化)来阻塞竞争对手接近分销渠道或供应商的各种途径,甚至通过政府制定政策等方式来提高进入壁垒。有时统治者通过威胁来进行报复,或设法使其发现要动摇这些统治者的地位或与它们抢夺市场并没有什么吸引力或风险太大。如果市场处于下降期,特别是当其生命力受到威胁时,统治者经常通过收购竞争者或关闭自己的生产能力来渡过难关,在某些情况下甚至要重构其价值链。

(2) "强大者"的市场地位虽不如统治者,但它往往有特定的优势,因此可以通过灵活的战略去进攻市场统治者来扩大自己的市场份额。进攻方式可分三种。第一种是正面进攻,指集中兵力向对手的实力而非弱点发起攻击。当强大者具有比对手更强的竞争实力或对手没有明确的防御战略时,就可以针对对手的产品、价格、促销或渠道等发动攻击。例如,在1996年到1997年上半年,针对我国计算机市场上外国品牌价格过高而众多小的"装配商"产品质量差的格局,联想企业连续六次大幅度降价,从而大大提高了其市场占有率。长虹集团在对付国外品牌时,也采取过类似的战略。第二种是侧翼进攻,指"集中优势兵力打击对手弱点"的战略。强大者采用该战略时首先要对市场进行细分,然后再根据对手的目标市场去组织自己的生产和销售,如通过市场开发去占领一些领先者无暇顾及或力量薄弱的地理区域,或通过产品创新,寻找未被领先者所覆盖的市场需求。第三种是绕道进攻,指避开对手已占有的地位比较稳固的产品市场,而用某种方式开发一个自己具有某种优势的市场,其目的在于当实力不如对手时避免与其发生正面冲突,通过间接的方式积蓄力量,等待时机成熟再进攻。该战略可用不同的方式来实现,如通过多样化来经营无关联产品,向统治者发起不被其注意和警觉的攻击,或者通过开发新的技术或工艺的办法而获得竞争优势。

(3) "受欢迎"者是指处于防守地位或在进攻成功机会没有把握的情况下采用仿效市场统治者、强大者为顾客提供相似产品和服务的企业。它们因为不必冒产品开发的风险而成本较低,所以在市场份额较低的情况下往往会有较高的盈利。其战略有三类:第一是在尽可能多的细分市场中模仿市场统治者,它要做的仅仅是模仿统治者的产品或服务,而不进行积极的产品创新或保证促销去刺激市场需求,这一方式在行业处于增长期时特别有效;第二是不在所有细分市场上效仿统治者,而只是在某些主要市场、价格和分销上追随统治者;第三是在某些产品上紧跟统治者,但在另外一些方面又有自己的特点和创新。事实上,在成熟期或下降期的行业内,追随者能采取的最佳战略是差异化战略,用以避开统治者、强大者的竞争,而且采用此战略的企业往往能成长为未来的强大者。

(4) 市场补缺战略是处于"可维持"和弱势地位的企业为维持生存或在撤出市场前为避免更大损失而经常采取的一种战略。所谓市场补缺是通过专业化,为那些可能被大企业忽略或放弃的狭小市场提供产品或服务。而专业化可以通过多种方式来实现,如将目标集中在特定种类的产品、特定的顾客群体或特定的地理区域。如果通过市场补缺战略还不能生存,处于这一地位的企业(尤其是当市场处于成熟期时)则可能需要采取放弃战略或收割战略。

3. 价值系统分析法

价值系统分析法(value system analysis)主要是分析战略如何改善整个价值系统的状况。

战略在一定程度上会改变价值系统进而改变企业能够保持的竞争地位和竞争优势。在价值创造过程中,价值活动之间的联系与价值活动本身一样重要,甚至是企业维持成功的关键。例如,一家企业通过内部纵向联合战略可能获得诸多优势:生产过程更具有连续性,更容易和更快地提高质量,而且整个价值生成过程都直接由企业控制。

协同作用理论主要评价从价值系统活动的当前联系中能获得多少额外的"好处",这些活动以前可能是无关的,也可能存在某种其他联系。协同作用可能起因于许多不同的联系或相互关系:如在市场中可以共享品牌名,共享分店,或联合销售;在企业生产过程中可以联合购买设备和实行质量控制等;在产品/工艺开发过程中可以共享信息和专有技术等。例如,对百货零售商店而言,可以通过分析不同战略对当前活动的协同程度的影响来寻找一些优势,如市场开发战略(购买更多的商店)可以利用原有企业的良好形象,减少市场进入成本,可以获得批量购买优惠或更有效地利用存货等,这些都会改善价值系统的业绩;产品开发战略(如经营酒类饮料)可以充分利用关键的资源(如楼层空间);后向一体化战略(如联合批发业务)可以在批发商和零售商之间进行很好的存货规划,从而获得成本优势。协同作用是企业追求多元化的主要动因之一。有观点认为:以其核心业务为基础进行多元化的企业,会比以不相关的方法进行多元化的企业做得好些。但在实际上,对此很难做出定论,原因有三:一是核心业务的概念应该用产品、市场或技术哪个来定义并不清楚,企业经常根据历史来定义核心业务,但可能会产生误导;二是核心能力是与技术能力和知识有关并且可以转移的,还是以文化(经营的日常惯例和隐性知识)为基础并且很难从一种环境转移到另一种环境,这也不清楚;三是协同作用可能源于价值系统内的水平联系,但也可能源于企业或业务单位之间的战略逻辑共享,如在一家大企业集团内,总部并不是通过调整其业务间的内部关系来增加价值,而是它的企业系统和管理能力能保证改善若干在战略上相似的子企业的经营状况。

寻求协同作用的战略需要满足一些条件,如图 12-2 所示。这实际上也在协同作用的逻辑(改进的机会和协同作用的适当性)和采纳这种战略的现实性(确定性、可接受性以及与企业文化和组织系统的兼容性)之间建立了联系。

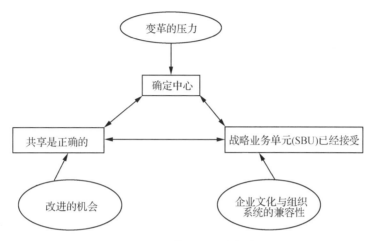

图 12-2　协同作用的条件

用价值系统分析法评价战略适用性的另一领域是帮助跨国企业选择投资地。按照管理单个价值活动以获得竞争优势的逻辑,设计、零部件生产、组装、营销等独立的活动最好分布在不同的国家。例如,在电子消费品行业,设计和零部件生产倾向于在更发达、更先进的国家投资,而组装则由低工资的国家和地区来完成。但也要根据这些活动之间联系的重要性进行均衡,这些独立活动变得越分散、越国际化,均衡就越困难。最成功的跨国企业是那些在很好地管理这些联系的同时,能为充分利用专门化和分散化的优势而制定和发展相关战略计划的跨国公司。

(二) 企业文化的适应性

战略评估必须考虑到它的文化适应程度。文化适应程度的实质是该战略方案被企业主流价值观认可的程度。但这并不说明企业文化是战略制定的先决条件。实际上,企业领导者的一个很重要的任务就是使企业文化与其所选定的战略二者相适应。现实中的企业总是倾向于采纳那些适应原有企业文化的战略,因为领导者总是发现这样的战略最易于被理解和实施。但是由于环境的快速变化,企业文化本身要求随之变化,此时对战略方案的文化适应性评估就显得相当困难。

美国学者斯凯恩(Skein)认为,企业文化与企业自身的发展阶段有着密切的联系。在企业不同的发展阶段上,企业文化都有着不同的特征。因此,他认为,企业在其生命周期中已经到达的阶段是决定文化怎样影响战略方案选择的一个主要因素。企业发展阶段、企业文化和企业战略三者之间的关系可大致表述如下(表 12-2)。

表 12-2 企业文化、企业发展阶段和战略选择

生命周期	主要文化特点	对战略选择的要求
创建阶段	内聚的文化 以创建者的信仰为主 不主张外部援助	试图不断地成功 喜欢相关的开发
快速发展阶段	文化内聚性减少 产生不匹配性和关系 紧张	多样化常常是可能的 容易被兼并或接管 新发展要求结构性的变革 新发展需要保护
成熟阶段	文化习俗化 产生文化惯性 战略逻辑可能遭到排挤	喜欢相关的开发 渐进主义受到欢迎
衰退阶段	文化变成一种保护工具	有必要重新修正但很难修正 证明有必要取消部分或全部产品/市场/业务

1. 企业创建阶段及其文化特征对战略的影响

处于创建阶段的组织文化是由创建者形成的。企业一旦开始存活,创建者的个人信仰就深深地融入组织之中并决定了企业的发展类型。这些核心信仰将组织凝聚在一起,并成为其核心能力的重要组成部分。企业通常会去寻找符合这一文化的发展道路。例如,为充分利用某项技术或专门知识所创建的企业倾向于寻找有助于保持其技术驱动组织形象的战略,甚至当经济逻辑表明它们最好去寻找新的市场,以充分利用目前的优势时,它们仍会偏爱产品或工艺开发。对萌芽期的企业来说,组织文化的内聚力和强度还会使其反对外部机构的援助。

2. 快速成长阶段及其文化特征对战略的影响

组织文化在企业的快速成长阶段因环境不同会发生不同的变化,但是也有一些共同的情况,它们说明文化的发展怎样决定了战略选择:首先是文化的内聚性减少,出现多种分散的亚文化,每一种亚文化都偏爱选择适于自己的不同的发展方式和类型,战略选择受企业传统文化的指导作用减弱,多样化战略成为可能;其次,企业在此阶段按逻辑应跟随市场自然增长,否则,一旦停止增长,风险就会很大。增长战略往往要触犯企业原有的信仰,如希望保持一种家庭式的环境,或与追求低风险的官僚文化不相适应;随着许多新人员进入企业并开始出现中级管理人员,这又会促进对某个占统治地位的文化的扩散,形成对某类战略的偏好。

3. 成熟阶段及其文化特征对战略的影响

在企业成熟阶段,其文化已经根深蒂固到人们意识不到它的存在的程度,或者很难用一种方法将其概念化。作为一种共同规律,成熟期的企业可能更喜欢那些对当前的状况变动最少的发展方式。虽然逐步发展的战略容易被采纳和实施,但这种战略往往不能适应环境的快速变化。当然,文化的习俗性在推进当前的战略时会是企业的一个优势。

4. 衰退阶段及其文化特征对战略的影响

在衰退阶段,内聚的文化可能是企业应付不利环境的一个主要工具。在这种环境下,企业面临的是减少生产、放弃产品/市场还是从产品/市场中退出的选择,而这些产品/市场已深深地嵌入组织文化之中。有时候这种调整需要许多年才能完成,或者更常见的是企业的所有者将其出售给其他企业,然后进行快速彻底的改革。

(三)战略与经营状况的适应性

前面通过建立战略背后的逻辑基础或者通过分析其对文化的适应性评估了战略的适用性。但大多数企业进行战略调整的主要目的是要保持或改进经营状况,因此分析战略选择与组织经营状况的关系就成为其适用性评估的重要内容。这里通过对相关研究结论的总结来分析某些战略选择将可能对经营业绩的影响。

1. 市场占有率是研究企业经营状况的重要指标

今天的管理者应该认识到市场能力的战略重要性,而且在面临各种未来的选择时,也应该认真分析各种战略选择可能会增强或减弱市场能力的程度。一般来说,我们用市场份额来衡量市场能力,许多研究表明:市场份额与利润率是相关的,投资收益随相对市场份额上升而稳定地增长。市场份额与投资收益相关的主要原因在于不同的市场份额带来不同的成本收益。高市场占有率和低市场占有率的企业购/销比率差别很大,前者的购买更具有竞争力,或者能够在组织内非常经济地生产其零部件。市场占有率高的企业也能从规模经济中获益,因为随着市场份额的增加,经营成本占销售额的百分比呈下降趋势。同时,与市场占有率低的企业相比,市场占有率高的企业更愿意采用高质高价战略。这将形成一种循环:市场占有率高的企业趋向于获得更高的利润,这可以为其提供更多的资金改进产品,从而提高其市场地位和将价格调整到更高水平,进一步增加利润。这里应该注意的是,市场占有率高与规模大并不总是一回事,有些大企业并没有在其所处的市场中占统治地位,而一些小企业却占领了一些细分市场。

2. 稳定型战略对经营状况的影响

稳定型战略是一种常见的战略,如提高产品质量、强化市场营销活动、增加资本投入等。各种努力巩固企业现有竞争地位的战略对经营状况的影响可概括如下。

(1)产品质量对改善企业的利润状况非常重要。最好的情况是市场占有率高并且产品质量好,如果企业产品具有非常高的质量,那么即使市场占有率很低也能获得很高的利润,在这个意义上讲,产品质量在维持企业的优势方面可以替代一部分市场份额的作用。

(2)依靠增加营销费用来巩固企业在市场中的地位,并不是改善经营状况的令人满意的方法,即企业企图"购买"市场份额往往是不能成功的。过多的营销支出实际上会降低市场占有率低的企业的投资收益率。现实中许多企业面临的难题是,如何权衡通过增加营销费用来保持或改善其地位与导致获利能力的降低之间的矛盾。

(3)通过在原有生产领域中增加投资来提高生产力是另一重要的战略,但研究表明,增加资本密集度可能会降低投资回报率,对那些市场占有率低的企业尤其如此。管理者可能希望通过机械化来减少成本和劳动力的使用,并假设收入还会保持不变或提高。但是在资本密集型行业内,企业特别要保证生产能力全部被充分利用,可能的结果是为了保持销售量而去降低价格、提高营销费用、进行不经济的生产运作,这些都可能导致总收入的下降。因此,有些企业更喜欢用分包经营的方式作为提高生产力的办法。事实上,通过提高资本密集度来改善利润只对在市场中已有很强竞争地位的企业来说才最有可能成功,因为它们最不会遇到激烈的价格竞争,并且能够真正减少生产成本和设计成本。

3. 发展战略对经营状况的影响

发展战略是又一种企业经常采用的战略。市场份额高对企业来说经常是一个战略优势,但企业通过市场渗透或市场开发等方法获得市场份额的过程是有成本和代价的,尤其是现有市场份额很低时,往往要企业牺牲短期利润。类似的是,新的产品和服务对企业的未来至关重要,但产品开发需要大量投资并且在短期内无利可图。这就是为什么均衡的产品组合对企业很重要:现金牛能为这些发展提供资金,避免不必要地增加企业的资本投资密度。研究表明,市场占有率高的企业会从相对较高的研发支出中获得利润收益,而在市场中竞争地位较弱的企业若有较高的研发费用则会承受很大压力。这一结论使得许多企业用技术转让或收购小型企业等方式来替代自己的研究开发力量。20 世纪 50 年代后期以来,许多日本企业就是通过这个方法获得成功的。

另外,过快地引入新产品也会降低企业的获利能力,这是由于企业的试生产、人员培训、顾客培养、销售渠道建立等都需要成本和费用,都要增加支出。特别是对于市场追随者而言,这更是一个重要的问题。

4. 多元化战略对经营状况的影响

大型企业几乎都对多元化战略情有独钟。但应该说明的是,目前关于多元化对经营状况的影响的各种说明都不是最终结论。早期研究认为,相关多元化企业能比专业化企业或无关多元化企业带来更好的经营业绩,但后来"在实际中很难成功地实现多元化"的事实使人们对多元化形式与财务业绩之间的关系产生了更多的疑问。下面对这方面的最新研究结果进行概括。

(1)企业的获利能力通常随多元化而提高,但多元化应控制在一定限度内,超过这一限度,获利能力将随之下降。

(2)在理论上,企业可以从多元化协同作用中获益,但实际要做到这一点有很大困难,特别是通过收购进行的多元化情况尤其如此。波特的结论是:已发生的收购中,失去的比得到的要多,其净结果是所有者权益的消失和浪费,企业更易受到攻击。

(3)多元化到底有什么好处,目前还没有统一的一般性描述,多元化能否成功很大程度上取决于企业的情况,如行业增长水平、市场结构、企业规模和所处生命周期的阶段。例如,当在增长的经济环境下有扩张机会时,相关多元化更适用;而当经济增长很慢或没有增长时,采用集中于主要产品或寻找更多市场的战略就显得更为明智。

(4)另外有研究表明,多元化与经营状况之间关系的一个主要依赖因素是企业的资源状况,尤其是未被充分利用的现有资源。有形资源或无形资源(商标、品牌、核心技能等)的不足可能会鼓励采用相关多元化,而财务资源过剩会刺激无关多元化,尤其是其他资源难以很快增长时更是如此。

二、战略可接受性的评估

我们应该注意的是,许多方法都同时用于讨论战略的可接受性和可行性。战略可接受性将根据以下三个指标来进行评估:投资收益、风险和利益相关者的反应。

(一)投资收益分析

对特定战略可能产生的收益进行评估是衡量其可接受性的一个重要方法。在投资收益的多种分析方法中,获利能力分析(profitability analysis)对任何企业来说都是十分重要的。原因在于:财务收益状况往往是企业生存与发展的基础;所有者价值分析(shareholder value analysis,简称 SVA)对传统的财务评价提出了许多批评,强调更仔细、更深入地分析真正的价值如何产生及在什么地方产生,对现行战略进行重新鉴定和评价,并评估新战略;另外,成本收益分析(cost/benefit analysis)对于主要依靠改进供应质量而不是提高财务收益来调整战略的企业是一个重要的货币价值衡量方法,同时适用于许多投资收益十分复杂的公共投资部门。这里将不对这些财务分析方法进行具体描述(如要深入了解,请参考与财务管理相关的资料),而主要研究获利能力分析和所有者价值分析两种方法对战略评估的作用。

1. 获利能力分析

获利能力分析最常用的投资评估工具包括已用资本收益(return on capital employed,简称 ROCE)、回收期(payback period)和折现现金流(discounted cash flow,简称 DCF)等。总体上说,战略选择过程中应该使用这些财务分析工具,以便确定各种战略方案的财务吸引力;但我们也要认识到这些财务分析工具的隐含假设具有很大的不确定性,并可能出现误导,具体而言,这些财务分析工具的产生是为了进行资本投资评估,因此这些工具都将注意力集中在那些成本和现金流容易预测的新增加的独立投资项目上。但成本和现金流容易预测这一假设在许多战略活动中不一定能成立。另外,在进行成本和专项收入的评估过程中,也很难将战略发展活动从企业正在继续的业务活动中独立出来。事实上,成本和收入流随着特定战略的进一步实施而逐渐变得清晰。因为在费用和收入之间往往存在着很大的时间延迟,所以将财务分析限定于资本项目是不对的。

这些传统的财务评估可能只关心有形的成本和收益,并不考虑战略所带来的其他成本和收益。例如,开发出一种新产品投放市场后,作为一个独立的项目可能看起来并没有什么利润可赚,但是它对于企业的整体产品组合的市场可接受性可能具有真正的战略意义。相反,企业也可能会忽视一个能快速带来明显收益的新项目在战略意义上存在的潜在无形成本。管理者应该注意到不要被这些分析工具的简洁性所误导。

这些分析方法的一个关键因素是资本成本问题,因为它会影响战略分析的正确性,进而影响战略的可接受性。就财务而言,资本成本的确定有多种方法,但从战略的角度来说,关键要认识到:不同的战略选择将代表对不同的资本成本的重视程度。对于那些持续时间很长的战略投资来说,资本成本十分重要;对于短期投资,资本成本的重要性显然要小得多。同样,一些管理者可能错误地假定在分析过程中确定某些粗略的财务指标是"安全"的,实际上这是将企业与那些显然是低风险的战略联系在一起了,致使企业只倾向于风险小的战略,从而错过了一些重要的发展机会。

2. 所有者价值分析

所有者价值分析的出现源于20世纪80年代的三个条件:一是源于学者在迈克尔·波特的价值产生过程分析的基础上对传统财务分析进行的批评;二是源于对企业主要法定责任的重新关注,即为所有者创造价值;三是源于同期的兼并浪潮使企业转而思考什么样的企业发展战略才能为所有者创造价值。虽然所有者价值分析并没有消除战略评估中固有的不确定性,但其很好地弥补了传统财务分析的一些缺点和不足,在战略评估中具有重要作用。

所有者价值分析强调传统的财务分析应集中在战略上而不是仅仅对投资项目进行评估。理想的情况是,分析应该适用于单个的战略业务单元(SBU),这就解决了精确评估增量现金流的困难。在评估单个项目时,如果将其作为战略投资动力,即将那些相关的项目"捆"在一起共同进行评估,就可以取得更好的效果,尤其是在项目之间存在紧密联系时更应如此。

所有者价值分析强调进行财务分析一定要了解价值生成过程,以及企业在这个过程中获得的竞争优势。特别是,确定和找到企业的主要现金来源——价值驱动因素和成本驱动因素非常重要,因为这很大程度上决定了战略的吸引力和可接受性。

管理者还要注意的是,成本驱动因素和价值驱动因素可能经常一起发挥作用。因此,管理者要分析判断这些相互依赖是怎样产生和怎样进行的,而不应该仅仅期望从准确的财务指标中得到简单的答案。同时,管理者还要了解这一竞争优势是否能一直得以维持,如果能够维持,其维持成本是多少,即要以企业系统中进行什么样的投资为代价。

总而言之,预测未来所有者价值的假设经常与未来的竞争相矛盾,这就要求管理者具有良好的权变观点,并根据实际情况进行判断和决策。

(二) 风险分析

某项战略能否被接受,风险的大小是一个重要因素。企业在选择实施某个战略时总是面临着环境变化而带来的不确定性,即风险永远存在。因此,风险是衡量战略可接受性的一个重要指标。风险分析的具体方法主要有:财务比率预测、敏感性分析、决策矩阵、模型模拟、尝试搜索模型等。

1. 财务指标预测

财务比率预测是很常用的分析方法,它可以衡量和估计企业实施各种战略时所面临的风险。各种不同战略方案的实施会使企业的资本结构发生不同的变化,而对这些变化的评估实际上就是很好的风险评估。例如,要求扩大长期贷款的战略方案会提高企业的杠杆作用,增加企业的财务风险。因此,此时企业战略风险的评估要点是计算企业的盈亏平衡点以及估测当产量低于盈亏平衡点时而要继续支付利息所产生的后果。特别在资金紧张时期,许多企业都会减少贷款项目,减少利息支付,通过改善财务结构来降低风险。此外,在评估战略选择时,也需要考虑其对企业的资产流动性的可能影响。例如,一个极力希望快速发展的小零售店可能会通过推迟支付时间、增加银行透支额等来筹集商店所需要的资金,这将降低流动性和增加企业的财务风险。这种风险是否威胁企业的生存取决于债权人或银行对企业是否有紧急支付的要求,而在评估企业进行国际性交易的风险时越来越重要的一个因素是企业必须交往的债权人是否能够或愿意投保出口保险以降低这一风险。

2. 敏感性分析

敏感性分析是评估某战略的成功对这个战略的主要假设条件依赖程度的一种十分有用的分析技术。这种方法的原理是:对特定战略方案的每一个重要的假设条件进行提问并让其变动,然后分析变动后的情况,尤其要分析期望的经营结果与产出对每一个假设条件具有怎样的敏感程度,即要考察每一项假设条件的微小变化引起企业期望的经营结果或产出相应有多大程度的变化。例如,如果假设市场需求每年会增长5%,或者企业的某些贵重机器只发挥了90%的工作能力,那么,对第一个假设的敏感性分析的问题是:如果市场需求只增长1%或者增长10%,会对经营状况如利润有什么影响?其中哪一个会使企业改变所采用的战略?对其他假设,同样需要重复这一过程。上述过程能帮助管理者认清选择特定战略方案的风险情况,从而做出正确的决策。从理论上讲,在评估过程中,可以给各主要变量周围的不确定性因素赋予概率分布,然后利用统计分析将这些不确定性因素综合在某一战略的整体风险之中。这种方法虽然比敏感性分析简洁,但在管理实践中不如敏感性分析受欢迎。首先是因为很难为许多变量进行概率分配,而且统计分析的简洁性往往会掩盖其不精确性;其次是因为敏感性分析直接将不确定性的信息传送给决策者,允许他们在战略选择时使用个人的直觉判断能力;最后是因为实际中管理者利用分析工具经常不是为了找出机会,而是去分析和减少他们所喜欢的战略方案周围环境的不确定性。

3. 决策矩阵

战略选择问题在许多情况下都可以被简化和限定在几个清楚的活动过程中。这种方法首先要做的是确定不同选择的成本和收益,以及可能的市场情境(比如市场需求情况）。在进行战略选择的过程中，关键要明确是用哪种决策准则来衡量各种选择。常用的决策准则有以下四种。

（1）乐观决策准则是在最好的结果中选择最好的，即最大最大值法。

（2）悲观决策准则是在最坏的结果中选择最好的，即最大最小值法。

（3）遗憾决策准则是选择损失最小的方案，即最小后悔值法。

（4）期望值决策准则是给每种情境根据其出现的概率赋予一个权重，并以此为基础对不同战略方案进行比较。

虽然决策矩阵对分析战略选择很有帮助，但只要选定一种决策准则，实际上意味着战略决策者对企业面临的不确定性进行了简化，而一般说来，越简化风险也就越大。

4. 模型模拟

模型模拟是试图在一个企业及其环境的定量化的模拟模型中，纳入各种分析方法所考虑的各种因素，然后根据各变量之间的关系来确定理想的战略方案的方法。在模拟模型中，某些变量可以不断调整和变化，借此可以反映市场的真实情况，而且这些变量对目标变量的影响程度还可以通过赋予其不同权重来加以调整。因此，模拟模型是一种动态评估模型。由于战略决策过程的复杂性，要想建立一种包含所有影响因素的通用模型几乎是不可能的，这使得它在实际应用上受到很大限制；另外，有些战略模拟模型因为过于简化而不能包含一些重要的风险和不确定性因素，这使得它可能还不如一些简单的分析技术。尽管存在不足，但模拟模型方法在战略评估，尤其是定量评估方面仍不失为一种有用的方法，随着人们对战略选择过程认识的深化和计算机方法的改进，它会获得越来越广泛的应用。

5. 尝试搜索模型

在管理实践中，一条很重要的原则是寻找满意的解决方案而不是理论上的最优解决方案。尝试搜索模型是通过计算机用系统的方法去寻找"满意解决方案"的一种途径。在企业中有许多备选战略方案，在满足许多不同的要求或标准的复杂情况下，这个方法最有价值。

在做这类分析时，首先要列出所有的决策标准，然后查找各种选择直到发现满足所有这些标准的方案为止。第一次选出的方案不一定是最佳方案，此后还可以继续查找，从而建立一个符合这些标准的选择清单，最后再利用这种方法进行方案的筛选。当然，并不排除所有的方案都不能同时满足这些标准的可能性，尤其是在一些标准和要求相互矛盾的情况下，此时最好选择那些能符合主要标准同时又能让主要利益相关者满意的方案。

（三）利益相关者的反应分析

利益相关者是指那些对企业投资或者对企业的经营有各种期望和要求的团体与个人，包括雇员、管理者、股东、供应商、顾客和众多的社团等。利益相关者都会通过特定的权力机制影响企业的战略。因此，管理者要评估利益相关者对某一特定战略方案的可能反应并确定企业管理这些反应的能力，从而对该战略的可接受性进行准确判断。这时，利益相关者定位图是一个非常有用的工具。

在很多情况下,利益相关者对战略的反应都是管理者要慎重考虑的方面。例如,采取某个战略方案可能会要求发行大量的新股票,这可能会不被现在的具有相当支配权的所有者团体接受,因为这将削弱它们的表决权和支配权;涉及从某一产品/市场上退出、企业整体或部分出售或者与其他企业合并的战略往往对于工会、管理人员和一些顾客,甚至政府机构来说是不可接受的;市场开发战略可能要求削减销售渠道,因而承担着被批发商或分销商反击的风险,这可能会使企业所选择战略的成功变得十分艰难;在静态市场或紧俏产品的市场内,竞争战略的某些变化可能会扰乱市场中各家企业的地位,这种扰乱迫使竞争者以某种方式对本企业进行报复,甚至采取一种危害市场中所有企业的方式,价格战就是最常见的例子。

由于企业的战略选择和利益相关者反应之间的相互冲突、相互敌对、相互欺骗、相互竞争、相互合作、相互交易等所有互动行为都可以看作一个博弈过程,所以博弈论在此大有用处,特别是对于竞争者之间的战略竞争行为分析,从最初古诺模型的提出到现在已经取得了相当多的理论成果。虽然现实过程中战略形势的复杂性限制了博弈论的应用,通常管理者只能以定性的方法来运用它,但是博弈论的思想方法对管理者进行战略选择依然意义重大。

三、战略可行性评估

评估战略方案可行性的方法,主要是分析企业现有的状态或根据战略要求变化的状态能否保证战略的实施。

1. 资金流分析

资金流分析是进行战略的财务可行性评估的一个重要方面,它要确定战略所要求的资金及其资金的可能来源。例如,某公司在2020年可按以下步骤对某战略进行评估。

(1)评估所需的资本投资,如新的建筑、设备等,估计总数为1 325万元。

(2)预测2021年至2023年所赚得的累积收益。通过估计未来收益加上所有非资本项目的回收,可以算出经营所得资金1 500万元,其中非资本项目回收中有折旧,折旧代表了这个时期预期投入到企业中的实际资金流。

(3)估计战略要求的必要的运营资本增加额。这里既可以对运营资本的每个要素如库存增加额或债务增加额等进行单独估计,也可以通过与销售收入的预期增加额进行对比来调整计算。这里估计为55万元。

(4)估计应缴税和红利支付,这里分别是120万元和50万元。

(5)到目前为止短缺资金为50万元。

然后要分析筹集这些短缺资金的方法,这也是财务可行性评估的关键所在。在这个例子中,可考虑通过90万元的短期贷款来补充这一短缺,但这一贷款按14.8%的利率将在三年内发生40万元的利息支付。

2. 盈亏平衡分析

盈亏平衡分析(break-even analysis)是一个简单但又被广泛使用的技术,它对分析可行性的一些重要方面很有帮助,经常被用来评估收益或利润目标的可行性。同时,它还能评估各种战略的风险,尤其是当不同的战略要求不同的成本结构的时候。对盈亏平衡分析的介绍很多,这里不再细述。

但我们认为应该对盈亏平衡分析通常要考察的重点内容加以强调。对于一家正在考虑将一种新产品投放到市场中去的制造企业而言,主要应该考察的内容包括:一是企业实现生存所需的市场占有水平的可能性;二是竞争者是否允许企业进入市场盈利;三是在实际中能否满足成本和质量方面的要求;四是是否有资金来保证所要求的生产能力和相应技能的劳动力。

3. 资源配置分析

资源配置分析(resource deployment analysis)根据与某特定战略相关的组织内的资源能力来评估其可行性。这种分析方法是将各种战略方案进行互相比较,对各种战略方案对资源的要求,特别是对每个战略的关键资源加以明确。例如,国内市场的拓展极大地依赖于营销技术,以及筹得为增加存货所需的现金的能力。企业的资源能力应该与某特定战略方案的资源要求相匹配。企业的现有资源通常是适应当前的市场/产品战略的,也会对当前战略变化产生约束。

表 12-3 资源配置分析

所需资源		目前状况	战略需要		
			战略 A	战略 B	战略 C
财务	现金	2	3(1)	4(2)	4(2)
	存货	3	2(1)	4(1)	4(1)
实物	设备	5	5(0)	3(2)	3(2)
	销售网点	0	1(1)	5(5)	5(5)
人力	技术人员	5	5(0)	1(4)	2(3)
	营销专家	0	2(2)	5(5)	5(5)
其他	质量信誉	5	5(0)	5(0)	5(0)
	海外订单	0	0(0)	0(0)	4(4)
不匹配程度			(5)	(19)	(22)

注:将企业中各种资源的目前状况及各战略对不同资源的需要分为 1~5 个等级。表中括号内的数字表示实际与需要的差额,以此显示不匹配的程度。

资源配置分析可能存在的危险是驱使企业简单地选择那些匹配程度最高的战略。但我们应该明确的是,资源配置分析的真正优点在于它能确定企业资源该做哪些变化才能符合战略的要求;并进一步思考这种资源变化在规模、质量或变动的时间范围上的可行性。

第三节 企业战略的选择

战略适用性、可行性和可接受性的评估是为战略决策制定者提供决策所需的信息和依据的分析过程,它们本身并不能决定哪些战略方案应该是要实施的战略方案。因此,在战略方案评价之后还必须对战略方案进行选择,从而确定企业真正将要实施的行动方案。

决策者应根据企业的目标,理性地选择未来的战略。定量战略计划矩阵就是符合这种要求的一个客观分析工具。但是,我们在使用这一决策工具时应清醒地认识到,现实的企业战略决策过程中,总有很多因素是难以量化的,总是要受到诸如文化、权术、时间等因素的深刻影响,而绝不是一个纯粹的客观理性过程。

一、定量战略计划矩阵

定量战略计划矩阵(quantitative strategic planning matrix,简称 QSPM)是目前文献中仅有的一种用于确定各种战略方案的相对吸引力,而不只是得到一个按重要程度排序的战略清单的分析技术。定量战略计划矩阵是战略制定者基于事先确认的内部和外部关键因素客观地评价备选战略,从而客观地表明哪一种备选战略是最佳战略的工具(表 12-4)。

表 12-4 定量战略计划矩阵(QSPM)

关键因素	权重	备选战略方案		
		战略 1	战略 2	战略 3
关键外部因素				
经济				
政治/法律/政府				
社会/文化/人口/环境				
技术				
竞争				
关键内部因素				

续表

		备选战略方案		
关键因素	权重	战略1	战略2	战略3
管理				
市场营销				
财务会计				
生产作业				
研究与开发				
计算机信息系统				

从理论上讲,QSPM根据对关键外部因素和内部因素的利用与改进程度来确定各战略的相对吸引力。QSPM中包括的备选战略的数量和战略组合的数量均不限,但只有在同一组(同一决策目标)内的各种战略才可被相互比较评价。例如,第一组战略可能会包括集中化、横向和混合多元经营,而另一组战略则可能包括发行股票和售出分部以筹集资金等内容,这两组战略分别具有不同的决策目标,因而是完全不同的两组战略。

表12-5提供了一个经营良好的企业的QSPM。表中显示了QSPM的所有要素:关键因素、备选战略、权重、吸引力评分、吸引力总分和吸引力总分和。下面简要论述建立QSPM的六个步骤:

(1)在QSPM的左栏列出企业的关键外部机会与威胁和内部优势与劣势。这些信息可从战略分析中得到。QSPM中至少应包括10个外部关键因素和10个内部关键因素。

(2)给每个外部和内部因素赋予权重,这些权重应与战略匹配过程中的赋值相同。权重标在紧靠外部和内部因素的纵栏中。

(3)将战略评估获得的考虑实施的备选战略方案标在QSPM的顶部横行中,如可能的话将各战略分为互不相容的若干组。

(4)确定吸引力分数,即用数值表示各组中每个战略方案的相对吸引力。吸引力分数(attractiveness scores,简称AS)的确定方法为依次考察各关键因素,对其提出这样的问题:"这一因素是否影响战略的选择?"如果回答"是",便应就这一因素对各战略方案进行比较,即就特定的因素给各战略方案相对于其他战略方案的吸引力评分。吸引力的评分范围及含义为:1——没有吸引力;2——有一些吸引力;3——有相当吸引力;4——很有吸引力。如果上述问题的回答是否定的,说明该因素对该战略组没有影响,则不给该组战略方案以吸引力分数,用短横线表示。

(5)计算吸引力总分。吸引力总分(total attractiveness scores,简称TAS)等于各横行的权重乘以吸引力分数。吸引力总分表示对某一关键因素而言,各备选战略方案的相对吸引力。

(6)计算吸引力总分和。吸引力总分和(sum total attractiveness scores,简称STAS)由

各战略纵栏中的吸引力分加总而得出。它表明了在综合考察所有影响战略决策的相关的内部和外部因素之后,在各组备选战略方案中哪种战略方案最具吸引力。分数越高说明越具有吸引力。备选战略方案组中各战略方案吸引力总分和之差表明了各战略方案相对于其他战略方案的可取性。

在运用 QSPM 进行战略选择时,应注意每个吸引力分数都应有其理论根据。如表 12-5,第一行中吸引力分数的理论根据为:伊拉克战争的结束为中亚提供更为稳定的商务环境。这一因素使在中亚建立合资企业的吸引力分数为 4,而在东南亚建立合资企业的吸引力分数为 2,这表明前者是最可取的。吸引力分数绝不仅仅是猜测,它应当是理性的、合理的和经得起推敲的。要避免给各种战略以同样的评分。

表 12-5　克宁集团投资战略的 QSPM

关键因素	备选战略				
		在中亚建立企业		在东南亚建立企业	
	权重	AS	TAS	AS	TAS
机会:					
伊拉克战争结束	0.10	4	0.40	2	0.20
消费者选购商品时更加注重健康因素	0.15	4	0.60	3	0.45
东南亚市场经济自由程度的上升	0.10	2	0.20	4	0.40
对汤料的需求每年增长 10%	0.15	3	0.45	4	0.60
非洲自由贸易协定的签署	0.05	—	—	—	—
威胁:					
对食品的需求每年仅增长 1%	0.10	3	0.30	4	0.40
A 企业的电视食品以 27.4% 的市场份额领先	0.05	—	—	—	—
新加坡、马来西亚政局不稳	0.10	4	0.40	1	0.10
罐头盒不能被生物降解	0.05	—	—	—	—
美元的贬值	0.15	4	0.60	2	0.30
优势:					
对穆斯林的销售增长 30%	0.10	4	0.40	2	0.20
新的北美分企业	0.10	—	—	—	—
成功的新健康汤料	0.10	4	0.40	2	0.20
企业电视食品市场份额已增长至 25.1%	0.05	4	0.20	3	0.15
所有管理者奖金的 1/5 基于企业整体业绩	0.05	—	—	—	—
生产能力利用率从 60% 提高到 80%	0.15	3	0.45	4	0.60

续表

关键因素		备选战略			
		在中亚建立企业		在东南亚建立企业	
	权重	AS	TAS	AS	TAS
劣势：					
企业的一个农场的销售额下降了7%	0.05	—	—	—	—
企业重组花去了302亿美元	0.05	—	—	—	—
企业在欧洲的经营正在亏损	0.15	2	0.30	3	0.45
企业国际化经营进展缓慢	0.15	4	0.60	3	0.45
税前盈利率84%，仅为产业平均水平的一半	0.05	—	—	—	—
总　　计	1.0		5.30		4.65

注：AS——吸引力分数；TAS——吸引力总分数。吸引力分数：1——没有吸引力；2——有一些吸引力；3——有相当吸引力；4——很有吸引力。

QSPM的优点之一是可以同时或相继考察一组战略。它的另一个优点是要求管理者在决策过程中将关键的外部和内部因素结合在一起考虑，这样可以避免某些关键因素不适当地被忽视或偏重。在建立QSPM矩阵过程中需要进行一些主观性决策，这些次要的决策可能使最终战略决策质量更佳。实践证明，QSPM在任何类型的企业都有成功运用的案例。QSPM的局限性首先在于它总是要求做出直觉性判断和经验性假设，如权重和吸引力分数的确定都要依靠判断性决策，尽管这些判断的依据是客观信息；另外，其分析结果的科学性取决于它所基于的信息和匹配分析的质量。

二、战略选择中的其他影响因素

战略分析与战略选择从来都不是企业领导在短期内就能完成的一件事。虽然现实中企业有时会需要在一个特定时间内进行这项活动，但研究表明，重大的战略决策通常不是在短期内经过分析，然后迅速做出的决策，而是一个经过长期考察、深思熟虑，正确的战略构架才逐渐显现的过程。典型的情况是，企业高层领导人每经过一段时间的调查研究就向重大的决策更靠近一步，这常常始自宽泛的、直觉的概念，然后随着收集的信息量的增加，正规的分析进一步肯定或修正了对形势的判断，并且随着对下一步战略行动建立起信心和共识，逐渐对最初思路进行完善、调整和修正，最后才将注意力和资源集中于几项能决定企业方向、目标的关键战略决策上来。

在现实的战略选择过程中，如果离开客观的信息和分析，个人偏见、政治观点、情绪化、个性偏执则可能主导战略决策，这正是一些企业决策失误的主要原因。但我们也必须认识到，由于在计划分析过程中人们越来越重视定量分析，因此往往导致战略选择过程中决策集团内部对话、讨论和争论减少，而这些活动都是促进理解和论证战略计划未来可能状况的重要手段。这实际上也是目前一些重视定量分析、分析技术良好的企业发生战略决策失误的重要原因。战略决策者必须意识和警惕这种可能性,必须认识到,数学模型的结论永远不能代替决策集团内部的争论和相互沟通。因为,对战略决策负责的永远都是战略决策者自己,而不是各种分析和评价方法。

企业战略选择的实践过程的复杂性除了表现在上述客观分析与直觉判断的混合外,更多地表现在该过程总是要受到诸如文化、政治权术、竞争对手、时间等因素的深刻影响。因为文化、竞争对手及时间等影响因素前面已有论及,所以下面主要论述政治权术活动对企业战略选择的实际影响。任何企业内部都存在的政治权术活动对企业的战略选择具有重大影响。企业中的管理等级、各种人员职业发展的渴望和对有限资源的分配与控制,足以形成一些权势利益集团。这些权势可以表现为对特定关键环境成分的影响力,也可以表现为对某些特定资源的控制力,企业的战略制定者经常要在战略决策是基于客观分析还是基于权势考虑之间进行权衡。一旦离开了客观性,这些权势集团会将自己的私利放在第一位,而将企业的利益放在第二位,它们对战略选择的影响可能会误导战略发展方向,从而使企业的目标落空。据此,战略制定者一方面要改进和运用客观的战略制定工具,如 QSPM,使权术活动空间被尽量压缩;另一方面要引导权势集团,培育企业整体观念,努力获得关键人员和集团的支持。

詹姆斯·奎恩(James Brian Quinn)的一项战略管理经典研究考察了九个大企业中成功与不成功的战略制定者的政治策略。该项研究发现了很多有趣的现象:

有些成功的战略制定者往往通过不采取行动而使那些错误的想法或建议自然消亡,或对那些本不可接受却受到某些利益集团强烈支持的想法设置附加障碍或进行审查,而不是公开予以反对以免激化矛盾。

有些聪明的战略制定者对不能接受的建议不轻易表态,而是巧妙地通过下属或集体决定予以否决,以便将自己的否决权留待解决更重要的问题时使用。

有些精明的战略制定者善于通过大量的交谈和非正式沟通来了解事件的进程并确定应当在何时进行干预,主要靠引导而非命令来实施战略。他们很少发号施令,很少宣布决策,而主要依靠非正式的询问、探讨来搞清问题,达成共识。

还有些成功的战略制定者将企业内所有重大问题的决策权力都集中在最高管理层,或者尽可能接近最高管理层。他们在战略选择中善于吸收新的人员和思想,因为新的管理者有更高的工作热情和更大的干劲,而不会做变革的绊脚石。

有的决策者将战略决策中某些重要工作交给那些最有思想和最有工作成效并将自己的未来系于工作成败的人。这些人注重自己言行的象征性影响,而不会去误导人们的行动。对于存在重大争论的问题,以及在很可能受到某些权势利益集团极力反对的情况下,成功的战略制定者一般尽力避免暴露自己的政治倾向。

上述这些发现共同构成了战略制定者成功管理企业政治权术活动的基础。最终选定的实施战略,必须要能够获得企业内部大多数人员的支持和理解。战略制定者在战略决

策过程中可以借用一些已被政治家们的实践证明有效的策略,如:

(1) 殊途同归策略。通过不同的方法或途径取得类似的结果往往是可能的。应当认识到成功的结果远比采取的方法更重要,为得到同样的结果,可能会创造出新的、可以获得更多员工支持的方法。

(2) 满意策略。用可以接受的战略实现满意的结果,远比用不受欢迎的战略而没能实现最佳结果要好得多。

(3) 一般化策略。将焦点从具体问题转向更一般性的问题。这是增加企业员工责任心的途径。

(4) 高层次化策略。把问题放到更高的层次上去看待,就会发现很多短期利益可以让位于长期利益。例如,通过强调企业的生存,企业可以说服工会在工资问题上让步。

(5) 重大问题民主化策略。对中层管理者会产生不利影响的战略将引起他们的干预。中层管理者在重大问题决策中可能没有适当机会表达他们的立场,但他们有能力成功地阻碍这一战略的实施。因此,在重大问题决策中给中层管理者提供参与权,战略制定者不仅能得到本来可能得不到的信息,还有利于对中层管理者的干预行为进行控制和管理。

最后要注意的是,传统的战略理论认为,战略制定者即企业的首席执行官(CEO)总是可以独立地进行战略决策,但现实中往往不是如此。当前,来自企业外部集团的压力正日益增大,各利益相关集团和董事会在企业的战略分析和战略选择中正发挥着更加积极的作用。作为企业所有者代表的董事会,为了防止出现"内部人控制"现象,通常会非常重视对企业战略计划的评价和对最高管理层的评价,并对管理层的变更与接替负有重要的责任。甚至有人认为,董事会的作用不只是进行战略审查,它应当为战略制定过程提供更多的想法和建议,以保证战略制定者能够重视企业的长期利益需要。

三、企业环境不确定条件下的战略选择

战略问题的传统解决方法的核心,是基于一种假设——如果能掌握充分的信息,配以一系列强有力的分析工具,战略制定者就可以精确地预测企业的前景,从而选择明晰的战略方向。但是,如果企业面临的环境高度不确定,相关信息很不充分,也无法借助什么分析工具,在这种情况下,应该如何去选择正确的战略呢?

在不确定条件下,传统的战略选择方法是十分危险的。传统方法会导致战略制定者以非白即黑的态度来看待不确定性,即要么认为环境是确定的,因而可以对未来做出精确的预测,从而选择正确的战略;要么认为环境是完全不确定的,所以对未来前景完全不可预测,战略完全不可选择。有时候,战略制定者为了推行其某项战略,甚至可以隐瞒不确定性,以使其战略听起来令人信服。低估不确定性往往导致战略既不能抵御威胁,也无法利用市场中的种种重要机会。商业史上低估不确定性的最惊人的错误之一发生在1977

年,当时任美国通用电气公司总裁的沃森居然坚信"在可以预见的未来,作为个人完全没有必要在家里拥有电脑",从而把这一极富潜力的市场拱手相让,而本来这个公司当时是最有实力开发家庭电脑市场的。

有时候,决策者会认为环境完全是不可预测的,这会导致他们完全放弃战略规划过程中的严谨分析,而主要凭直觉进行战略决策。这种纯粹赌博式的方法会使战略制定者将赌注错误地下在可能导致巨大损失的新兴产品和市场上。

在不确定的环境下,系统地进行正确的战略决策,需要避免非白即黑的观点。经济学家考特尼(Hugh Courtney)等将企业环境中经过常规性分析之后仍然存在的不确定性称为"剩余不确定性",并认为多数战略决策者遇到的剩余不确定性可分成以下四种类型。

第一种类型,剩余不确定性几乎为零,前景清晰明确,即战略制定者可以进行单一的前景预测并精确到足以进行战略选择。

第二种类型,存在几种可能的前景,尽管人们能够大致确定每种前景出现的概率,但不能确定一定会出现什么结果。

第三种类型,前景变化的范围很大,这些变化范围是由一些有限的变量确定的,而这些变量的概率一般也无法确定,实际结果可能存在于此范围中的某一点。

第四种类型,前景不明,不确定环境各部分的相互作用,使得对实际环境无法进行预测。

经验研究表明,所有战略问题中至少一半是属于第二种或第三种类型的,其余的多数属于第一种类型。

战略制定者必须对战略分析和战略选择方法进行调整以适应环境不确定性的四种类型,同时要注意在这四种类型上进行战略选择时所具有的不同特点。

在第一种类型的环境中,战略制定者可运用全部常用分析手段来进行战略分析和战略选择,传统战略规划方法主要适用于这种类型。在企业环境可预知的情况下,多数企业采取的战略方针是适应市场。此时,其战略分析的目标是预测行业的未来前景,发现未被利用的机会,并就竞争领域和手段做出定位以选择战略。第一种类型中最好的市场适应战略是通过对产品或服务进行革新,或者通过组织再造的方式创造价值,而不是从根本上改变该行业。在第一种类型的市场环境中,采取引导市场战略也是可能的,但风险很大,因为它在试图改变长期存在的行业结构和购买者行为时,在稳定的环境中为其自身和竞争对手都增加了剩余不确定性。

在第二种类型的环境中,战略制定者首先必须依据对影响剩余不确定性的各种因素的理解,设计出各种未来前景;其次要确定每个可能前景的评价模型及其出现的概率;最后采用典型的决策分析框架来评价各备选战略方案的风险和收益,并据此加以选择。这一过程经常是战略选择的关键所在。由于行业有多种可能前景,企业采取引导市场战略的目标是增加其所希望的行业未来前景出现的概率,即降低前景的不确定性。比如,可能在市场需求增长之前,就增加企业新的生产能力以先发制人,或者通过并购方式加强对该行业的控制。但即使是最好的市场引导者也必须准备去适应市场。

大量的企业战略管理案例证明,战略的选择不是一成不变的,战略选择强调在不确定条件下保持战略的灵活性。引导市场战略可能会出现失败,因此,稳健的战略决策者会预先设计一些应变方案,对其引导市场战略进行补充。

在第三种类型的环境中,需要设计几种可能的未来前景,而且其分析应集中关注那些表明市场朝向某未来前景发展的触发事件。但事实上,由于仅能设计一组未来前景以说明今后发展的大致范围,而不可能罗列和分析全部变化范围内的所有未来可能前景和相关概率,因此也就不可能计算不同战略的期望值。然而,确定未来前景范围应允许战略制定者充分运用其经验、勇气、个人智慧和对市场的直觉。在此,采取引导市场战略的企业的努力不会使某个离散的结果出现,而只能努力使市场朝着大致的方向发展。采取适应市场战略的企业会通过在企业生产能力上的投资来实现目的,在运作中,它们必须做出战略选择并予以实施,所以市场适应者需要迅速了解到市场信息,并拥有最灵活的组织结构。在这种类型的环境中,保存实力是常见的战略态度。

在第四种类型的环境中,战略制定者避免绝望地放弃尝试而仅凭直觉行事是至关重要的。他们虽不能确定大概的结果,但仍能获得有价值的战略前景。应强调的是,这种类型的企业环境一般是短暂的,经常出现在重大技术、经济和立法震荡之后。既然没有企业知道这些环境中的最好战略是什么,市场引导者的作用就是提供一个行业结构和行业标准的前景,这样就能协调其他对手的战略,并推动市场朝更稳定和更有利的方向发展。在第四种类型的环境中,保存实力的做法是很常见的,但也可能是危险的,因为保存实力往往意味着错失良机。在这种环境中也不能多方下注,因为企业没有那么多的资金。但是随着该行业逐步进入第三种或第二种不确定性类型的环境,企业很快就会做出战略决策。

总之,今天的企业往往面临着较高的不确定性环境,这要求企业在战略决策时需运用一套更复杂、更灵活的战略分析方法和战略手段。比如,未来前景规划对不确定性条件下的战略选择是极其重要的;博弈论会帮助战略制定者依据竞争者的行为去正确理解各种不确定性因素;系统动态理论以及各种激励模型有助于理解市场中各种复杂因素的相互作用;实际选择评价模型有助于正确评价企业在增强自身学习能力和应变能力方面的投资效果;等等。

本章内容小结

战略评估对提高战略决策的质量起着重要的保证作用。战略评估标准一般可以分为三类:适用性、可行性和可接受性。对这三个方面的评估都有很多方法可供选择。在对战略方案进行评价之后还必须对战略方案进行选择,从而确定企业真正将要实施的行动方案。决策者应根据企业的目标,理性地选择未来的战略。至于选择的具体方法,本章也做了较为详尽的介绍。

复习思考题

1. 对一项战略进行评估通常使用哪些标准?
2. 对一项战略进行评估通常使用哪些方法?
3. 如何正确地选择战略?

【本章案例】

战略选择的失误葬送了柯达公司

2013年1月19日,伊士曼柯达,这个拥有131年历史的老牌摄影器材企业,正式向法院递交破产保护申请。在世界进入数码时代十数年后,胶片时代的王者柯达走到"英雄末路"照理并不算新闻,但事实上,真正让柯达陷入如此境地的,并不只是影像拍摄、存储技术演进这么简单。

1888年,柯达创始人乔治·伊斯曼发明了第一台自动照相机,使照相机走入寻常百姓家,此后,"柯达"成为摄影的代名词。

到了1930年,柯达占据世界摄影器材市场75%的份额,利润占这一市场的90%。至20世纪60年代,柯达创下照相机销量的世界最高纪录,在《财富》杂志中排名第34位,纯利居第10位。

几十年来,柯达用自己的产品培养出庞大的服务对象,稳坐摄影界的第一把交椅。柯达公司曾占据过全球2/3的摄影产业市场份额。即便是诸如富士、奥林巴斯这样的市场劲敌兴起,也未能撼动柯达的老大地位。

曾经的行业巨头,今日为何步入穷途末路?主要原因有以下几点。

战略重大失误。太成功后迷失自我,忽略了危机。胶片时代,柯达依据其独特的竞争力和行业地位设计了冲洗和打印的健全经营体系,成为20世纪中国胶片市场的霸主。柯达数码转型的最大障碍或失败是因为它的胶卷太成功了,成为很难改变的东西。沉浸在成功的光环下,柯达迷失了,它没有充分重视数码时代的到来,即便是后来每年投入巨大的数码相机研发费用,但终因机体庞大、效率太低和固执的战略而将市场拱手相让于佳能和尼康。

创新缺乏战略眼光。有一种破坏叫创新,创新是双刃剑。任何企业的成功都是不可复制的,什么时候做什么事情,不是每个企业、企业家都能踏准基点,错误的时间干了正确的事或正确的时间干了错误的事都不会成功,做正确的事情比把事情做正确更重要,创新也如此。柯达在需要转型的时候却固执地干起了重复投资的事儿,没有把握准趋势,再大的创新也注定要失败。

战略方向不清。淡漠了市场需求趋势变化,导致产品更新缓慢。我们知道,只有那些成功转型的公司才能更好地体现差异化竞争,持续创造利润并锁定忠诚的顾客,而基于产品创新和顾客需求的企业经营转型才是柯达迫在眉睫的事情。

此外,在拍照从胶片时代进入数字时代之后,柯达依然满足于传统胶片市场的市场份额和垄断地位,缺乏对市场的前瞻性分析,对数字技术的冲击估计不足,反应迟钝,政策制定犹豫不决,没有及时调整公司经营重心和部门结构,产品转型不坚决,从而错失了发展良机。

柯达坠入生死绝境,给我们两层警示。

其一:企业家必须有高瞻远瞩的战略眼光。任何成熟的技术都有被另一种全新技术完全替代的可能。煤气灯曾红极一时,但在爱迪生的发明面前不堪一击;索尼随身听曾风靡一时,但在苹果iPod出现后迅速销声匿迹。对此企业应时刻保持警觉,切忌故步自封。

其二:成功的企业要从战略的高度正确判断经营产品的技术发展方向和市场形势,对技术和市场前景做出正确的战略判断,并及时对经营战略和策略进行调整。当以尼康、佳能为代表的日本企业在数码影像的狂潮中安营扎寨之时,躺在传统胶片上沉睡的柯达,仿佛一夜间被汹涌的数码潮水所包围。虽然柯达最终也步上缓慢的转型之路,然而为时已晚。

在汹涌的科技大潮之中,不进则退,科技进步的车轮从不等人,对每个企业经营者来说,当发现自己的经营领域需要做出战略调整时,要有壮士断腕的决心,不可恋战旧业务。对此,一要有必要的技术储备,着力引领科技进步的潮流;二要善于通过资本市场运作进行兼并重组,使企业能够顺利、迅速地实现经营战略的转型。

事实证明,新兴科技革命正继续用人们无法预想的速度改变着我们的生活,企业要想保持长盛不衰,必须跟上发展的潮流,必须要有一个独特而正确的战略。

案例思考题

1. 柯达公司选择错误战略的原因是什么?
2. 如何从企业战略的角度看待新技术的出现?

第十三章 企业战略的实施

企业战略管理的根本任务不在于制定适宜、优秀的战略,而在于如何通过实施战略将其转化为企业的经营效益。企业的战略思想只有转化为实际行动才能发挥作用,这也是制定战略的价值所在。如果一个企业投入大量的时间、人力和资源用于战略的制定和选择,而忽略战略实施的条件、方法、成本和效益,这样做的结果只能是大量浪费资源。

第一节 战略实施概述

一、战略实施的内容

战略实施(strategic implementation)又称为战略执行,安索夫认为,战略实施就是管理层为贯彻战略计划所采取的具体行动。企业战略实施的过程就是实现其战略目标的过程。无论企业战略制定得如何正确,在尚未实施之前只是纸面上或大脑中的东西,只有付诸实施并取得成功才能真正实现战略目标。

为保证战略的有效实施,必须使组织的各种资源和各项职能有机协调和相互匹配。这就需要在以下方面进行调整或变革,为战略的顺利实施创造必要的条件。

(一) 编制战略实施计划

战略实施计划是将战略分解为方案和项目,最终将其转化为具体预算和行动。在企业运营过程中,下一级管理层次要根据上一层制定的计划制定好自身的计划,同时该层的计划也决定着下一个层次计划的制定。这就要求企业必须根据本企业的使命进一步明确企业的战略目标,按照自上而下的原则对战略目标进行分解,从而在组织的高层、中层和基层形成详细的战略计划。战略实施计划的制定是组织内各个层面管理人员的一项基本职能,管理人员必须具备制定和实施战略计划的能力,对于不同层级的管理要求有所不同。战略实施过程是将企业战略分解成若干阶段,根据不同的战略阶段设置不同的目标。企业必须根据不同的目标设置不同的时间表,同时根据不同的部门设置不同的目标,根据时间表检查战略实施情况。战略实施的最终目标是不同阶段分目标的完成。

(二) 合理配置企业资源

从资源配置的角度,可以把企业资源划分为外部资源和内部资源。外部资源包括公共关系资源、政策资源等;内部资源包括财务资源、人力资源以及物力资源等。资源配置是战略实施的重要内容,外部资源配置是指通过对外部资源的有效利用来保证战略实施的顺利进行。内部资源配置包括两个部分:一是在企业内部的不同业务部门之间进行资源的配置与调整,包括事业部之间以及分公司、子公司之间的资源合理分配,它直接对企业的总体战略产生影响;二是在某一业务部门内部进行人力、物力、财力等资源的合理分配,它对该业务部门的效益以及市场竞争能力产生直接影响。

(三) 调整组织结构

钱德勒(1962)指出:战略决定组织结构,组织结构必须符合战略的要求。在实施战略活动的过程中,组织结构是战略实施过程中最重要、最关键的因素之一,再好的企业战略也要通过与其相匹配的组织结构去执行才能发挥作用。有效的组织结构不仅能够为经营资源的使用或生产要素的运行提供充分的条件,而且可以在一定程度上弥补经营资源以及生产要素方面的缺陷。因此,战略实施阶段需要按照战略的要求选择合适的组织结构,以保证战略的顺利实施。另外,如果在实施过程中企业战略发生了变化,还必须对组织结构进行相应的调整。

(四) 制定良好的管理制度

好的管理制度能助力企业高效实施企业战略,同时好的管理制度也有利于员工发挥个人积极性,为企业战略的实现提供必要的支持。企业管理制度主要涉及以下两个方面。

1. 转变领导观念,发挥领导的主导作用

组织的领导者不仅是战略的制定者,多数情况下也是战略实施的总负责人,因此,领导是战略实施的决定性因素之一。领导工作的重要性在于调动员工的积极性,更好更高效地完成工作,同时保障员工心情愉悦,为组织做出更大贡献。领导者是战略是否正常实施的关键,应把战略实施的实际效果纳入对领导者的考核范围,作为其工作是否合格的检验标准。

2. 塑造促进战略实施的企业文化

企业文化是一个企业在长期经营实践中形成的价值观念、行为规范以及工作方式的总和。战略实施必须依托良好的企业文化,如果组织原有的文化难以适应战略的改变,那么战略实施也不可能实现。只有通过对企业文化的适当变革,才能为企业战略实施提供帮助。这就要求企业在实施新战略的同时要注意塑造有利于促进战略实施的企业文化,适度调整企业文化是战略实施的必然选择。

二、战略实施的基本原则

制定企业战略是在对现实情况加以判断的基础上,对未来情况的一种预测。企业在战略实施过程中会遇到各种问题,这些问题在战略制定之初往往未能估计或者不能完全估计到,这就需要在战略实施过程中遵循以下基本原则。

(一) 适度合理性原则

"适度合理性"包含以下两层含义。

一是对战略制定和战略实施效果的评价不追求绝对的最优。在战略制定阶段,由于受到信息准确性、决策时限以及认知能力等因素的限制,所制定的战略不一定为最优。加之,在战略实施过程中,外部经营环境和企业内部环境都存有很大变数,因此只要在主要的战略目标上基本达到战略预定目标,就应当认为这一战略的制定及实施是成功的。

二是对各种解决问题的方式不追求绝对的合理性。战略实施的过程必然会涉及组织结构的调整、管理制度的修订,甚至企业文化的变革,这些都可能会在部门之间、部门与企业整体之间产生利益上的冲突。而企业高层管理者要做的工作就是解决这些矛盾和冲突,协同部门之间的工作,找到使各方面都能接受的解决办法。但由于客观条件的存在,管理者往往很难做到绝对公平与合理,只要不损害总体目标和战略的实现,就是可以接受的,这就是战略实施的合理性原则。

(二) 统一领导与统一指挥原则

统一领导、统一指挥是管理的基本原则,它们同样适用于战略实施的过程。按照统一指挥的原则,战略实施活动应由企业最高管理层统一指挥。这是因为,相对于普通员工,企业的高层管理者对企业战略的理解更为深刻,掌握的信息较为详细和丰富,对企业战略各个方面的要求以及相互联系了解得更全面,对战略意图体会更深。因此,战略的实施应当在高层领导的统一领导、统一指挥下进行。只有这样,战略实施过程中资源的配置、组织机构的调整、企业文化的建设、信息的沟通及控制、激励制度的建立等各项任务才有可能实现相互协调。

另外,按照统一指挥原则,企业内部每个部门原则上只接受一个上级部门的命令和指挥。多头指挥必然造成下级部门工作效率的降低,为协调来自不同上级部门的命令也要花费较多时间和精力。即使是出于战略实施的需要,组织结构必须采用矩阵制结构,各个上级部门也要按照专业化分工的原则明确各自的权力和责任范围,避免多头指挥的产生。

(三) 权变原则

战略的制定总是基于一定的环境条件。战略实施过程本身就是解决问题的过程,在此过程中,企业需要根据环境的变化对战略进行适当的调整。尤其是在企业内外环境发生重大变化,原定的战略已经不可能实现时,对战略进行重大调整甚至重新制定新的战略都是十分必要的,这就是战略实施中的权变原则。

权变的关键在于把握好战略对环境变化的反应程度。反应过度容易造成消极后果,但在环境发生较大变化时反应不足、仍然坚持既定的战略,同样会给企业带来重大损失。为此,企业需要识别战略实施中的关键变量,并确定这些关键变量的正常变化范围。当变化超过正常范围时,企业须对原定战略进行调整,及时拿出具体调整方案。这就要求企业对可能发生的环境变化及其可能造成的后果都要有足够的认识和充分的准备,使战略的实施保持充分的应变能力。

三、战略实施的模式

战略实施模式是指已经确定的战略如何实施以及由谁来执行。根据企业高层管理者对战略实施问题的认识,战略实施的模式主要有以下五种。

(一) 指挥型

在指挥型战略实施模式中,企业高层管理者一般亲自参与战略的制定以及计划的实施,提出各种具体的要求和标准,或者指示战略规划人员去具体组织战略的实施工作。这种实施模式的特点是,企业高层管理者重点考虑战略制定问题,但一般不介入战略的具体实施过程。

这种模式的运用有一些约束条件:

(1) 高层管理人员要有较高的权威,能够通过发布命令来推动战略的实施。

(2) 适合在战略比较容易实施的条件下采用。要求战略制定者与战略执行者的目标较为一致;新的战略对现行运营系统不会构成威胁;企业组织结构偏向高度集权;企业经营环境较为稳定,多元化经营程度较低;企业处于强有力的市场竞争地位,资源较为丰富;等等。

(3) 要求企业能够有效收集信息,并能及时传递到高层管理者。因此,该模式仅限于稳定的环境,并需要高效运作的信息系统相配合。

(4) 需要规划人员具有客观判断能力,能够站在全局的立场协调各事业部的战略规划。一旦企业权力下放到各部门,各事业部就会因为只顾自身利益而忽略企业总体战略。为此,需要规划人员具有客观判断能力,能很好地协调各事业部利益,使其更符合企业总体要求。

这一模式的特点在于将战略制定者和战略执行者分开,高层管理者只管制定战略,并且强制中下层管理者被动接受并执行。因此,中下层管理者在执行战略时会缺乏动力和创造精神,甚至会产生抵触心理。

(二) 变革型

在变革型战略实施模式中,企业高层管理人员对战略的制定已经考虑成熟,重点转向如何建立新的组织结构、新的信息管理系统,以及考虑扩大或缩小经营范围等,以增加战略实施成功的机会,为战略实施创造良好的环境。

为增大战略决策的成功概率,企业决策人员一般会采取如下三种方法以适应变革的需要。

(1) 运用更新后的组织形式和人事参谋向整个企业宣传企业战略核心部分,并主导企业员工的工作重心集中于战略核心领域不偏离。

（2）建立、健全完善的规划体系和评价机制，采用多种刺激员工积极性的政策，确保战略的有效实施。

（3）充分调动员工积极性，争取大部分员工的支持。

相比指挥型模式，变革型模式在企业实际运行中更为有效。但它仍然没有解决如何提高获取信息准确性以及如何保证战略稳步实施的有效动力问题。同时，还会产生一些新的难题，例如随着组织机构和控制系统的更新，企业的战略灵活性会逐步丧失、企业在应对市场环境变化时反应滞后等。因此，这种模式对于环境多变行业中的企业是不适用的，只适用于环境较为稳定行业中的中小型企业。

（三）合作型

在合作型战略实施模式中，负责制定战略的高层管理人员重视引导中下层管理者考虑战略的制定与实施问题，鼓励他们发表自己的意见，提出不同的方案。高层管理人员的角色是协调员，确保所有好的想法和方案都能受到充分的重视。在这种形式下，集体智慧得到进一步发挥，制定出的战略会得到整个公司的认可和实施。

合作型战略将以往指挥型和变革型战略的局限性一并解决，总经理可以近距离地与管理人员交流讨论，获得实时资料信息。另外，由于中高层管理人员在企业战略制定和实施的全过程中都能发挥自己的一分力量，因此大大提高了战略实施的成功率。

值得注意的是，合作型战略会因各方观点和目的不同成为协商折中的平台，降低了战略的理性成分。另外，由于合作方（谋略者和执行者）角度和利益不同，需要极大地调动中高层管理者的参与热情。

（四）文化型

在文化型战略实施模式中，高层管理者主要考虑的是如何在合作型战略基础上进一步扩大参与战略制定和实施的人员范围，让企业的基层员工也参加进来。采用这种战略实施模式，高层管理人员需要不断向企业员工传递企业战略核心思想，建立共同的利益链、价值观和行为准则，使全体员工都能在同一个文化思想基础上实施企业战略活动。

这种战略形式的优点在于彻底模糊了战略制定者和战略执行者的界限，力求全体员工都加入企业战略的制定和实施，因而使企业各个机构的人员能在同一个目标下为企业战略服务，从而加快战略的实施速度，降低战略实施风险，加速企业发展。

文化型战略也存在一些局限性：

（1）文化型战略实施模式必须保证员工具有一定文化水平，而现实中这一点很难满足。受文化修养影响，基层员工（尤其是小型手工业企业中的员工）文化修养较低，这在很大程度上限制了其战略制定的参与效果。

（2）企业中存在的某些问题会因为企业文化而被忽视，以至于积少成多，积小成大，严重影响企业的发展。

（3）由于参与人数增多，人员和时间成本增加，加上企业高层权力的争夺，使文化型战略实施模式在企业实践中易流于形式。

（五）增长型

在增长型战略实施模式中，高层管理者主要考虑的是怎样才能进一步提高战略管理者和实施者的积极性与创造力，为扩大企业的整体利益服务。为此，高层管理者需要认真评估下层人员提出的所有有益于企业发展的方案，只要具有可行性，符合整体发展战略，在完善内部问题解决方案后，即可批准该方案，以此激励员工的创新精神。这种模式一反以往企业战略自上而下推行的特点，采用自下而上推行，所以高层管理者应该意识到：

（1）高层管理者不再可能掌控全部环节，需要营造更加宽松的企业环境，以鼓励下层管理者提出更有利于企业发展的建议。

（2）高层管理者的权利受到限制，难以在各个方面都把自己的意志施加于其他成员。

（3）要保证战略的正确制定和实施，高层管理者就必须充分考量每个员工的积极性是否被激发出来，一个能被全体支持的"不完善"战略，总是比不被接受的"完美"战略执行起来更有价值。

（4）企业战略是全体人员智慧的总和，不是单一个体能够制定的。因而高层管理者必须坚持发挥集体智慧，尽力排除不利于集体智慧发挥的外界因素。

总体而言，这种模式的主要特点是充分放权，优点是给中层管理人员一定的战略决策权，鼓励他们发挥智慧与创造力，从而有效调动他们的积极性。在这种模式下，中下层管理者直接制定和实施本部门战略，从而有利于及时把握时机，自主调整并顺利执行战略。这种模式适用于环境变化较大的行业中的大型企业。

从上述五种模式的演变与发展来看，在20世纪60年代以前，业界对管理权威无比推崇，因而指挥型是主要形式。60年代钱德勒指出，要想使企业战略行之有效，必须升级企业组织人事结构，变革型战略由此产生。其他三种（合作型、文化型、增长型）模式较晚才问世。从战略实施过程可以发现，战略实施本身就充满矛盾和问题，因而在战略实施中要利用一切可以利用的积极因素，以保证战略的成功实施。以上五种战略形式在制定和实施中各有侧重，指挥型战略和合作型战略侧重于制定战略，而将实施战略看作后续行为；文化型战略和增长型战略更多考量战略的实施细则。在实际操作中，企业往往将多种形式交互使用，以求各自互补。

第二节　战略实施与组织结构

企业的组织结构以及领导作用的发挥是企业战略实施所必不可少的物质与精神条件。

组织结构涉及企业正式的报告关系机制、程序机制、监督和治理机制以及授权和决策的过程,其目的在于帮助管理者实现组织目标,而组织的目标产生于组织的总战略。只有让其结构与战略紧密结合,组织才能顺利运行。

最早对战略和结构关系进行研究的是美国管理学家阿尔弗雷德·钱德勒。钱德勒于1962年出版了《战略与结构》一书,书中他描绘了美国工业企业在不同的历史发展阶段所产生的战略,以及伴随这些战略而形成的组织结构,从而最终提出公司战略变化先于结构的变化,即结构追随于战略的观点。这一结论包括以下几个要点。

一、战略具有前导性,组织结构具有滞后性

组织结构的功能在于分工、协调,这是保证战略实施的必要手段。企业总是在一定的战略思想指导下,通过组织结构的设计,将企业的目标和战略转化成一定的体系或制度,融入企业的日常生产经营活动中,发挥指导和协调的作用,以保证企业战略的完成。

企业战略与组织结构的关系基本上是由外部环境和企业自身发展阶段制约的,在不同的环境和发展阶段,企业有不同的战略,企业的组织结构也要做相应的调整。应该指出,企业最先对经济环境做出反应的是战略,而不是组织结构,即在反应变化的过程中存在着战略的前导性和结构的滞后性。

(一) 企业战略的前导性

战略的前导性即企业战略的变化先于企业组织结构的变化。企业一旦意识到外部环境和内部条件的变化为其提供了新的机会和需求时,首先会在战略上做出反应,以此谋求经济效益的增长。当企业自身积累了大量的资源(知识、信息、资金、技术、关系等)后,也应该据此提出新的发展战略。当然,一个新的战略需要新的组织结构来支持,至少在一定程度上要调整原有的组织结构。如果没有新的组织结构或组织变革作为支持,企业所实施的新战略就难以取得预期的绩效。

(二) 组织结构的滞后性

企业组织结构的变化往往滞后于战略的变化,这就是组织结构变化的滞后性。尤其是在经济快速发展的条件下,这一点表现得特别明显。结构的滞后性会使组织内部各部门和机构的职责在战略变革过程中出现盲目性。

从战略的前导性和结构的滞后性可以看出,在经济快速发展的环境中,企业切不可错失良机,要及时制定与发展氛围相适应的经营与发展战略,而一旦制定出新的战略,还要正确认识组织结构滞后性的特征,不可操之过急。企业要努力做到的是,缩短结构滞后的时间,促使组织结构尽快变革,使之尽早适应新的战略。

二、与组织战略相匹配的组织结构

自20世纪70年代以来,环境冲击日益加剧,在能源危机、技术革新、竞争的全球化等因素驱使下,市场经济中某些原有的游戏规则发生了巨大的变化。游戏规则的改变,迫使管理者的战略思路也随之改变,他们逐步认识到需要重新分析环境,重新评价自身的优势及劣势,看看企业是否有在新的形势下重建竞争优势的机会。此时,战略的重要性逐渐显现。由此看来,企业战略的一个重要特性就是适应性。战略强调企业组织要运用已有的资源,以及可能占有的资源去适应企业组织外部环境、内部条件的变化。实际上,这种适应是一个复杂的、动态的调整过程,要求企业在加强内部管理的同时,不断推出适应环境的、有效的组织结构。根据成功企业的经验,企业在适应环境进行战略选择、战略实施的过程中,最常用的有防御型、开拓型、模仿型和随机型四种组织结构。

(一)防御型战略组织结构

防御型战略寻求维护自己那个狭窄的细分市场,努力防止竞争者进入。防御型战略追求一种稳定的环境,要解决的一个关键性问题就是"稳定性",它要以价格、质量或服务作为竞争手段,通过对细分市场的渗透和有限开发得以成长。

在组织结构上,采用防御型战略的企业的组织管理注重效率,为此,企业往往采用"机械式"组织结构。机械式组织结构有着由生产与成本控制专家形成的高层管理,注重成本和其他效率问题的集约式计划,有广泛分工的职能结构,集中控制,有正式的沟通渠道等,最终形成明显的稳定性。

(二)开拓型战略组织结构

开拓型战略追求创新,在更为动态的环境中运用自己的实力发现、发掘新产品和新的市场机会。该战略要解决的关键问题是组织"灵活性"问题,即在寻求新机会的过程中必须具有一种从整体上把握环境变化的能力。

(三)模仿型战略组织结构

模仿型战略靠模仿生存,这一战略的特点就是"复制"开拓型组织的思想和产品。模仿型战略拙于创新,只是在竞争对手已经将某种新产品推入市场并得到市场认可之后,才加以模仿,竭力推出性能更优越的相似产品。所以,模仿型战略要解决的关键问题是"准确判断、快速响应",即总是对各种比自己强大的竞争者进行理智的选择和追随,试图以最小的风险、最大的机会来获得利润。

(四)随机型战略组织结构

随机型战略是一种相当被动的战略,当一家企业实施上述三种战略均不能取得成效时只好"随波逐流"。随机型战略对环境和竞争所做出的反应总是"慢一拍",而且在具体实施战略时又困难重重。

第三节 战略实施与企业文化

企业文化是指在企业长期发展过程中逐步形成的共同的价值观、根深蒂固的市场态度以及行为规范和运营风格。每家公司都有自己的企业文化,不同公司的企业文化差异很大。例如,沃尔玛的企业文化体现在:追求低成本的经营活动;强烈的职业道德观念;每周六早上定期举行的交换想法和回顾问题的高层会议;经理必须视察店铺、倾听消费者意见和向员工征询建议。通用电气的企业文化体现在:创造努力工作和成果导向的氛围(在通用电气,各个业务单元都要求在其行业内处于数一数二的地位,而不仅仅是获得好的业绩);广泛地跨部门分享好的想法、最佳实践,依靠"工作会话"识别、讨论、解决重大问题;六西格玛质量管理的承诺;公司的全球化经营。但在真正意义上,企业文化定义了"我们公司是如何做事的",它是公司的灵魂或者基因,影响着组织经营业务的行为和方法。

事实上,企业文化与战略实施之间有着重要的联系,明确而适配的企业文化是战略规划得以顺利实施的重要保证。美国著名管理学家彼得斯和沃特曼在《追求卓越》一书中指出,在经营得最成功的公司里,居第一位的并不是严格的规章制度或利润指标,更不是计算机或任何一种管理工具、方法、手段,甚至也不是科学技术,而是企业文化。卓越的公司能创造出一种内容丰富、道德高尚且为员工接受的文化准则,使员工情绪饱满,互相适应和协调一致;使员工热爱企业产品,产生提高服务质量的愿望以及对企业高度的责任感和归属感,从而为战略的有效实施提供保证。

一、企业战略实施与企业文化的相互关系

(一)企业文化是企业战略制定与实施的精神动力

企业战略是在一定的观念指导下和在一定的文化氛围中实施的,它不仅取决于领导者及领导层的观念和作用,而且还取决于整个企业的精神面貌和文化基础。在越来越激烈的市场竞争中,不良的、一成不变的企业文化对企业发展的危害是致命的,企业战略应该建立在顺应现代市场经济发展和企业自身要求的企业文化基础上。正确的战略使企业能在既定的环境中保持正确方向,获得健康发展的目标和策略抉择。当企业环境处于复杂多变的状况时,如果企业领导者和其他成员不能确立和保持正确的价值观和信念,就难以制定出正确的战略。所以,积极而健康的企业文化,对于正确制定决策是绝对必要的,甚至可以说,企业文化决定着企业战略,乃至企业的兴衰成败。张瑞敏指出:"海尔过去的

成功是观念和思维方式的成功。企业发展的灵魂是企业文化,而企业文化最核心的内容应该是价值观。"

(二) 企业文化是企业战略成功实施的关键

企业文化中的共有价值观念一旦发育成长到习俗化的程度,就会像其他任何文化形式一样,产生强制性的规范作用。它会把企业的各种规则,通过价值体系、共同信仰和道德规范的建立,以非正式的形式变成全体成员自愿遵从的规范和自觉的行动。这样就会减少摩擦,减轻内耗,形成一种和谐的氛围,保证群体成员精神愉快。企业文化还可以为员工提供一个共同的环境,这种环境包含了价值观、规范、风格、精神等,都是经全体员工一致认同的,它能驱动员工的使命感和荣誉感,激发员工的热情,统一员工的意志,鞭策员工创造性地工作。

(三) 企业文化是企业战略实施的"润滑剂"

企业进行战略控制当然可以通过规章制度、计划要求等"刚性连接件"实现,但不如共同的价值观、信念、行为规范等这些"润滑剂"更为有效。企业文化一旦形成,员工就会在共同价值观的基础上,产生共同的理想、目标和规范,与企业建立起一种良好的情感联系,这时,企业文化就会使企业产生出极大的凝聚力和向心力。这会使得员工把企业的价值观、信念及行为规范当作自我协调、自我控制的行动目标,自动调整其个人的目标和行为,使之符合企业的目标。这种将员工的自我控制、员工之间的非正式监督与不涉及具体细节的组织准则结合在一起的"混合原则",往往比正式制度更容易被员工接受,对员工行为的控制也比正式控制制度更为有效。可见,企业文化对员工的控制不是靠权力或监督,而是基于员工对企业的情感联系和依附。一旦把遵守这种"混合原则"变为一种自觉的行动,员工就会主动"修正"自己的行为,使之符合企业的战略目标,稍有违背就会感到内疚、不安、自责,那么企业战略目标的实现就是顺理成章的事情了。

二、企业文化是维持企业战略优势的必要条件

企业文化是一种无形的经营资源,它通过企业的优质产品、优良信誉、真诚服务和员工的精神风貌,以及企业家和员工的外表举止、企业的建筑风格等,在社会上造成一定的影响,从而提高企业的知名度,为企业赢得并维持竞争优势。但是,优秀的企业文化必须体现出该企业的历史积累,必须是特有的而且不易被模仿的。如果一个企业的文化与其他企业的文化相同或相似的话,这种文化带给企业的战略优势很快就会消失。美国的理查德·帕斯卡尔在比较了日本和美国的企业文化之后指出,两国企业最主要的区别不在于它们的整体战略上,因为它们的战略非常相似;也不在于企业的组织结构上,因为它们的组织结构几乎也是完全相同的;更不在于它们的制度,因为两国企业都有非常详细的计划和财务报表;真正的区别在于管理作风、人事政策以及最重要的精神或价值观等因素。可以认为,日本企业的崛起、制胜之道在于企业文化。

美国管理大师托马斯·彼得在《成功之路》一书中也认为,日本企业的高效率,是因为优秀的日本企业领导人在企业中培养了一种良好的文化品质,树立了共同遵循的正确价值观,并且能够把它保持下去。企业文化的"个性化"可向深层追溯到企业理念。不同的企业有不同的理念和风格,随着企业的发展,企业理念和风格也会得到进一步强化,成为企业独有的文化核心。企业应充分挖掘并重新催生企业文化,赋予其时代特色和个性,使其成为推动企业发展、击败或避开竞争对手、继而获取并维持企业竞争优势的强大内部驱动力。

三、企业文化与战略的适应与协调

英国《经济学人》杂志曾报道,企业并购比美国好莱坞明星婚姻的失败率还高。究其原因,最关键的问题就是企业文化的融合,即企业文化与战略的适应协调问题。

随着经济的发展,企业组织规模越来越大,新的成员增加进来,新成员无疑给企业带来新的文化元素,尤其是价值观念的冲突,必然会使企业承担融合文化元素形成一种新文化的任务。事实上,如果有新的成员加入企业,就意味着战略必然有所变更,这时制定的新战略,要求企业文化在原来的基础上有改变与发展,以便与新的战略配合、协调。但这并不像更新设备、转换产品那么容易,企业文化的培育和变迁往往具有滞后性,因为企业文化作为一种意识形态,具有较强的历史延续性和变迁的迟缓性。所以,企业文化既可以成为实施战略的动力,也可能成为阻力。

许多成功的企业都十分注重维护和完善企业文化体系中适应市场环境的内容,即注重创新和尊重企业要素,并设法利用企业的规章制度来保持和强化企业文化的适应性。我们往往看到,一些企业在发展初期红红火火,甚至凭借其竞争优势建立了准垄断地位,在较长一段时期内迅速发展,如日中天。但随着企业规模的扩大,市场环境的变化,原有的企业文化中适应市场的优势因素慢慢弱化或失去,越来越不能很好地适应组织的变化,尤其是长期处于缺乏竞争状态下的企业文化体系忽视创新与适应性的弱点逐渐暴露出来,结果在企业中形成了力量雄厚但缺乏适应性的"病态"文化,而这种状况不是一朝一夕能够改变的。在国有企业的改革过程中,有些企业"换汤不换药",实际上就是这种病态的企业文化在起作用——企业改制了,企业战略、组织结构、运营方式都改变了,但员工包括管理层头脑中固有的观念很难改变,改革的力量相对弱小,没有形成足够的力量去改变"企业之车"原有的"运行惯性",企业只能像一列包着新外壳的火车沿着原来的轨道前行。

第四节 战略实施与领导

企业战略是一个以行动为导向的、做正确事情的任务,要想以真正娴熟的方式和卓越运营的方法实施战略,企业的高层管理者就必须领导战略实施,亲自推动战略不断前行。他们必须在现场,亲自观察运营是如何进行的,收集第一手资料,衡量所取得的进步。娴熟的战略实施需要勤奋和敏锐的管理者,他们要识别问题,找出战略实施的阻碍因素,然后为战略前进的道路扫清障碍,目标必须是更快、更有效率地产生更好的结果。

多数情况下,战略实施的过程要从上到下进行,授权下属来实施,使事情在正确的轨道上进行并展示最好的结果。只有在理解了实施战略的要求后,才能开始实施战略和获得预期的结果。之后,需要调查分析组织实施战略的准备工作,并确定该如何推进,如何完成目标。一般情况下,为了领导战略实施并实现卓越运营,高层管理者必须注意做好以下三个方面的工作。

一、宏观把握战略实施进展,密切监控进展

为了宏观把握战略实施的进展过程,管理者需要利用广泛的信息。除了与主要下属交谈最新的经营报告、注意对手企业的反应、拜访关键顾客和供应商以获得他们的观点以外,还要走访公司的工厂,与企业各个层级的员工进行交谈——这是一种常被称为"走动式管理"(managing by walking around, MBWA)的管理方法。大部分管理者都很重视和工厂员工的交流,询问问题,倾听他们的观点,关注、收集关于战略实施进度的第一手资料。拜访工厂和与运营层员工进行面对面交流能够使管理者把握战略进展情况、战略实施遇到的问题及是否需要额外的资源等。此外,走动式管理还能激励员工,振作员工精神,将员工注意力从旧的战略重点转向新的战略重点,并创造新的兴奋点,所有这些都有助于战略的实施。

杰夫·贝佐斯是亚马孙的首席执行官,他以走动式管理而出名。他在参观工厂时总是发出一连串提问,并要求亚马孙的管理者必须花时间和员工相处,不能脱离现实。沃尔玛的高级主管一直保持着每星期花两三天到沃尔玛的商场,与商场经理和员工进行交流的习惯。沃尔玛的创始人山姆·沃尔顿强调:"关键是走到商场,倾听员工的心声。"在通用电气实施高效率管理的首席执行官杰克·韦尔奇,不仅每个月都要到通用电气经营部门进行个人拜访、与主要顾客交谈,而且他还要专门安排时间与从世界各地赶来公司总部参加领导发展中心培训课程的经理们交流信息和观点。许多制造主管重视亲临工厂与工人交谈,并与工会领导进行定期会晤。一些管理者在开放的工作区工作,这样他们可以很

容易与同事频繁交流。有些公司的分公司每个星期都会集中开会(经常是在星期五下午)。这样就创造了底层员工和高级主管自由交流信息的机会,是高层管理者宏观把握战略实施进展、密切监控进展常用的手段。

二、为战略实施进行动员

管理者须站在前线,动员组织的所有力量来促进战略的成功实施和卓越运营。部分领导者需要培养一种以结果为导向的工作氛围,这种氛围具有高绩效标准,渗透着成就感。要成功地引导员工的努力以形成结果导向和高绩效的文化,需要进行以下领导行动和管理实践。

(一) 将员工视为宝贵的合作伙伴

一些公司通过把员工看作演员(迪士尼)、乘务员(麦当劳)、合作者(Kinko's and CDW Computer Centers)、工作的所有者(Craniterock)、合伙人(星巴克)或同事(沃尔玛和万豪国际集团),来评价员工的价值和贡献。尽管角色有所不同,但大多将员工视为宝贵的合作伙伴,并对员工提供了有吸引力的报酬与就业机会、内部晋升机会和职业安全感,以及其他使员工感到被很好对待和重视的方法与举措。

(二) 培养激励公司成员的团队精神

管理者需要熟练地进行人员管理,鼓舞员工士气,培养其正确做事的荣誉感,促进团队工作,营造员工强烈的参与感,赢得他们的情感承诺并鼓励他们做到最好。

(三) 使用授权建立一个充分激励的员工队伍

包括高层管理者在内的整个管理团队,必须懂得使用授权建立一个充分激励的员工队伍,以保障全公司员工都能参与到战略实施过程中来。在一个充分激励的员工队伍中,员工将拥有坚定的承诺,能使他们在日常工作中尽最大努力,这对打造高绩效团队是必需的。为建立一个充分激励的员工队伍,高层管理者能够做的两件最好的事是:①将权力下放给中层和中层以下的管理者,使战略实施不断向前推进;②授权普通员工在战略实施中发挥其主动性。卓越的战略实施需要每个人贡献各自的想法,在各自工作中发挥主动性和创造性,以最好的方式进行工作。

(四) 设定高目标并清楚地传达

管理者需要设定并清楚传达员工尽最大努力后能实现的绩效目标。高目标能够鞭策员工,使他们加倍努力以准确无误地实施战略,最终实现高目标。当员工实现高目标时,取得成就的满意感和激发的员工士气将产生更大的组织驱动力。

(五) 集中精力于持续改善

管理者可以尝试使用最佳实践标杆比较、业务流程再造、全面质量管理和六西格玛等管理工具,这些工具已被证明能够取得更好的运营结果并能够促进战略实施。管理者不能简单通过劝勉员工"有创造性"地工作来获得创新性改善,也不能通过指示员工"努力工作"来获得卓越运营的持续进步,而应该培养勇于提出创新性想法和勇于尝试新的做事方式的企业文化。

(六)庆祝个人、团队和公司的成功

高层管理者不要错过任何对员工表示尊重和对特别的个人或团队努力表示欣赏的机会。例如玫琳凯、特百惠和麦当劳等公司,都在积极寻找给表现好的人以奖章、徽章、奖牌的理由和机会,通用电气和3M公司甚至表彰那些强烈相信自己的点子的人。

三、采取纠正措施,以改善战略实施过程并完成目标绩效任务

每个公司总有那么一个时候,管理者需要微调甚至是彻底检查战略实施方法,因为没有哪个行动计划能够预料到战略实施过程中遇到的所有问题。很明显,当战略实施无法带来好的结果时,企业领导者就有责任站出来,进行战略调整。

成功地进行战略调整依赖于:①对环境进行全面的分析;②敏锐的商业判断以决定该采取什么行动;③执行发起的战略调整方案。成功的管理者善于迅速使组织回到正轨,他们善于辨别需要采取哪些行动,如何保障组织获得成功。

本章内容小结

战略实施是为了贯彻战略计划而采取的行动。战略实施的内容包括编制战略计划、合理配置资源、调整组织结构、制定良好的管理制度等方面。战略实施的基本原则包括适度合理性、统一领导与统一指挥和权变三大原则。战略实施的模式分为指挥型、变革型、合作型、文化型和增长型五种类型。

战略决定了组织结构,组织结构必须与战略相匹配。

战略实施与企业文化之间具有相互制约、相互影响和相互促进的关系。企业战略的制定应尽可能地利用原有企业文化的导向价值,维持其稳定性和连续性。但是,当现存的企业文化明显阻碍企业的成长和发展时,就应对其进行调整、变革甚至进行重新提炼。

为了领导战略实施并实现卓越运营,管理者必须注意以下三个方面:宏观把握战略实施的进行,密切监控进展;为战略实施进行动员;采取纠正措施,以改善战略实施过程并完成目标绩效任务。

复习思考题

1. 简述战略实施的主要内容。

2. 简述战略实施与企业组织结构的相互关系。
3. 简述战略实施与企业文化的相互关系。
4. 管理者应如何动员组织所有力量来促进战略的成功实施?

【本章案例】

通用电气公司的组织革命

20世纪80—90年代,西方国家的工业组织进入了新旧交替时代。100多年的工业发展使西方工业国家出现了一批体积庞大的公司,如美国的埃克森美孚、通用汽车、福特、杜邦,英国的皇家壳牌、帝国化学,荷兰的菲利普,法国的雷诺、圣戈班,德国的西门子、大众汽车,意大利的菲亚特,日本的三井和三菱,等等。就是这么一批经济巨人,进入20世纪80年代之后突然"患病"了,它们有的"浑身浮肿""动脉硬化",有的"行动迟缓"。

巨人们老了,昔日显赫的"庞然大物"正面临一场生命更新和管理变革,如果不对老朽的躯体进行一番大手术,这些大企业便有覆灭的危险。但这场企业管理革命的旗手是谁?这次大手术的执刀人是谁?又是谁首先拉开了西方这场脱胎换骨的管理革命的序幕?

如果说100年前通用电气公司刚成型时只有照明、铁路运输、发电和供电四个产业,那么,100年后的公司已拥有从飞机发动机到工业自动化,从发电机到新兴工业材料,从家用电器到医疗设备,从银行到广播电视等几十个产业,在将近30个国家设有130多家制造厂,雇员多达40万人。自20世纪80年代后,世界开始进入信息工业时代,电子工业和第三产业突飞猛进,而传统的制造业日趋萧条。大规模的基础设施建设年代已经过去,汽车市场已趋于饱和,通用电气公司可以说已走到了它辉煌岁月的尽头。

1981年,公司的总裁琼斯宣告退休,年仅44岁的韦尔奇坐上了通用电气公司的第一把交椅。不管怎么说,琼斯看起来还是一个充分的现实主义者,或许他已意识到这个庞大组织存在的问题。所以,在他临退休之前,他大胆地选择了韦尔奇这样一个年轻的"叛逆者"来对公司进行管理的变革。

韦尔奇面临的就是这么一副烂摊子。当时的通用电气共有350家大小工厂,40多万员工,经营的产品几乎无所不包,并且机构重叠,错综复杂。然而,韦尔奇认为这个"庞然大物"正隐藏着毁灭的迹象。350家企业,其中约有1/4正在亏损,1/3的企业正在走下坡路。韦尔奇认为,琼斯所经营的这个大家族,小企业太多,并且其中混杂了许多薄弱企业,它们不仅影响高效益的经营,也碍手碍脚影响管理者的精力。比如说,琼斯几年前购进的犹他州国际分公司,从买进那天起就一直亏本。像这样的包袱在公司里还有好多。怎么办?是守着这份让人艳羡的庞大家业,做一个40万人的"大家长",让这棵百年大树慢慢枯萎,还是给这棵老树注入新的生机,做一个真正的事业开拓者?

韦尔奇做了一个这样的比喻:"如果你把一只青蛙放进一锅水中,然后慢慢加热,青蛙将静静地躺着直到死去。但如果你把这锅水煮沸,再把青蛙扔进去,它肯定会竭力挣扎,努力跳出来,以求生存。"

提起韦尔奇,有人甚至以暴君的形象来描述他。他的一些行为确实近乎残忍,曾激起不少人的愤恨。他着手去修理人们并不认为破旧的东西,尽管这种做法在今天看来是正确的,但在当时是要惹得天怒人怨的。韦尔奇也曾因把工厂自动化装置出售给制造商们而损失了 1.2 亿美元。他在另外的两项收购中损失更大,后来事实证明这两家企业在生产计算机集成电路和辅助设计装置方面很不出色。他还不明智地买下了基德·皮博迪投资公司,结果由于一个名叫马蒂的家伙搞内部交易,使公司陷入泥坑。联邦调查局为此驱逐基德公司的管理人员,从那以后,该公司便成了一个连年亏损的大户。仅 1989 年,通用电气公司的全年统计表显示的基德公司亏损数额就达 2 300 万美元。

但韦尔奇的成就也是巨大的。由于精简机构,灵活多变,通用电气闯过了道道难关。在喷气式飞机的引擎方面,它从远远落后于联合技术集团的普拉特飞机公司到压倒后者,抢占了约 55% 的国际市场。在火车机车方面,通用电气击败了通用汽车公司,取得了中国 2 亿美元的订单。1986 年,吞并了美国无线电公司,使通用电气从 NBC(美国联合广播公司)获得滚滚财源,并使通用电气成为仅次于通用汽车休斯电器公司的世界第二大国防电子生产厂家。

从账面上看,韦尔奇管理革命的成绩更为显著。从 1981 年到 1990 年,通用电气公司的销售额从 270 亿美元上升到 540 亿美元;股东资本盈利率从 17% 上升到 20%;公司的股票也从 120 亿美元上升到 580 亿美元,超过了美国任何一家其他企业。另外,通过精简,公司以前需要 4~6 个人干的活,此时只需 3~4 人。成本生产力以每年 6% 的速度增长,与 80 年代初的 1% 或 2% 形成了鲜明对比。同时,由于投资者们竞相出价,通用电气公司的股票价格不断上涨,从 43 点升到 67 点。最后剩下来的这 13 家公司,任何一个在同行业里,无论是在国内还是国际上,都是数一数二的拔尖公司。然而,这还不行。削减机构精简人员仅仅是韦尔奇管理革命的第一步,也是硬件部分的改造。

1989 年 1 月,通用电气公司一年一度的碰头会在美国佛罗里达州的勃卡雷顿举行。韦尔奇向到会的 500 名高级总经理宣布了实施"群策群力"管理方式的计划。其基本含义是:举行企业内各阶层职员参加的讨论会。在会上,与会者要做三件事:动脑筋想办法,取消各自岗位多余的环节和程序,共同解决出现的问题。

"群策群力"管理方式起始于 1989 年 3 月,一时间,它像爆米花一样,纷纷出现于通用电气公司的各个部门。"群策群力"简直像中国当年的"大跃进",其核心宗旨就是使基层人员参与管理,发挥所有工作人员的聪明才智。起初,讨论会的形式是,由执行部门从不同阶层、不同岗位抽出 40~100 人到会议中心或某一宾馆开讨论会,会议定期为 3 天,专找管理工作中的弊病,最后找出解决方案。据 1991 年的一项统计,共有 4 万名职工参与了这种管理方式,占职工总数的1/8。

这种发动群众提意见的做法有时是很激烈的,会令某些部门管理人员下不来台。制造家用电器的工厂在肯塔基的路易斯维尔,在一次讨论会上,有一小组的任务是解决车间环境问题。这个车间制造洗衣设备,一到夏天车间就热气腾腾,闷热难耐。为说服领导,讨论小组将其带到气温高达华氏90度的停车场晒太阳,而他们自己却待在会议室里慢悠悠地进行讨论。结果,此条建议被最早优先通过。韦尔奇有一信条:实际工作中的人最了解情况。他决定实行的"群策群力"运动,其目标之一是克服管理层的官僚主义。经过两年的企业文化革命,通用电气公司的生产效率有了大幅度提高。例如,家用电器部已将16周的生产周期削减到8周,同时增加品种6%,库存成本降低了20%。韦尔奇认为,确立这种新文化并使其与现有的文化观念一样稳固,还需10年的时间。到那时,通用电气公司中的等级观念将不复存在,即使在横向结构内,虽然仍有生产经理责任分配,但其界限将变得模糊。韦尔奇心中的目标是一个无边界的境界,即企业中的上上下下一齐努力,为企业出谋策划。

案例思考题

1. 联系杰克·韦尔奇的"硬件革命"过程,分析企业组织结构变革的障碍有哪些,并分析企业战略与组织结构的关系。

2. 韦尔奇的"群策群力"方案,作为软件革命,有什么优缺点呢?

3. 组织文化对企业发展战略的影响作用是什么?作为企业的领导者要不要考虑组织文化的作用?领导者在组织文化发展中的角色是什么?在企业发展战略中,领导者的角色又是什么?结合案例说明。

第十四章　企业战略控制

在企业战略实施过程中,必须加强战略控制。有效的战略控制系统能够对各种相关信息进行适时反馈,协助管理者对环境变化进行及时决策和反应。本章主要介绍战略控制的含义、特征及其类型,战略控制的过程和方法,以及战略类型与战略控制系统。

第一节　战略控制及其类型

一、战略控制的概念与作用

（一）战略控制的概念

企业战略管理中的一个基本矛盾是既定的战略同变化着的环境之间的矛盾。企业战略的实施结果并不一定与预定的战略目标相一致。产生这种偏差的原因很多,主要有以下三个方面的原因。

（1）制定企业战略的内外环境发生了新的变化。如果在外部环境中出现了新的机会或意想不到的情况,企业内部资源条件发生了意想不到的变化,则会导致原定企业战略与新的环境条件不相配合。

（2）企业战略本身有重大的缺陷或者比较笼统,在实施过程中难以贯彻,企业需要修正、补充和完善。

（3）在战略实施过程中,受企业内部某些主客观因素变化的影响,偏离了战略计划的预期目标。如某些企业领导采取了错误的措施,致使战略实施结果与战略计划目标产生偏差等。

对以上企业活动与预定的战略目标偏离的情况如果不及时采取措施加以纠正的话,企业的战略目标就无法顺利实现。要使企业战略能够不断顺应变化着的内外环境,除了使战略决策具有应变性外,还必须加强对战略实施的控制。

战略控制是指监督战略实施进程,及时纠正偏差,使战略实施结果基本符合预期计划,是企业根据战略决策的目标标准对战略实施的过程进行的控制。广义的战略控制要求企业能够保证战略系统方向正确,并且保证这个正确的方向能够得到有效的贯彻实施。

战略实施的控制与战略实施的评价既有区别又有联系,要进行战略实施的控制就必须进行战略实施的评价,只有通过评价才能实现控制,评价本身是手段而不是目的,发现问题实现控制才是目的。战略控制着重于战略实施的过程,战略评价着重于对战略实施过程结果的评价。

(二) 战略控制的作用

企业经营战略控制在战略管理中的作用主要表现在以下几个方面。

(1) 企业经营战略实施的控制是企业战略管理的重要环节,它能保证企业战略的有效实施。战略决策仅能决定哪些事情该做,哪些事情不该做,而战略实施的控制的好坏将直接影响企业战略决策实施的效果好坏与效率高低,因此企业战略实施的控制虽然处于战略决策的执行地位,但对战略管理是十分重要的,必不可少的。

(2) 企业经营战略实施的控制能力与效率高低是战略决策的一个重要制约因素,它决定了企业战略行为能力的大小。企业战略实施的控制能力强,控制效率高,则企业高层管理者可以做出较为大胆的、风险较大的战略决策,若相反,则只能做出较为稳妥的战略决策。

(3) 企业经营战略实施的控制与评价可为战略决策提供重要的反馈,帮助战略决策者明确决策中哪些内容是正确的、符合实际的,哪些是不正确的、不符合实际的,这对于提高战略决策的适应性和水平具有重要作用。

(4) 企业经营战略实施的控制可以促进企业文化等企业基础建设,为战略决策奠定良好的基础。

二、战略控制的特征

战略控制的特征主要有以下几个方面,它是对战略控制的一些基本要求。

(一) 适宜性

判断并保证企业战略是适宜的,首先要求这个战略具有实现公司既定的财务和其他目标的良好前景。因此,适宜的战略应处于公司希望经营的领域,必须具有与公司的哲学相协调的文化,如果可能的话,必须建立在公司优势的基础上,或者以某种人们可能确认的方式弥补公司现有的缺陷。

(二) 可行性

可行性是指公司一旦选定了战略,就必须认真考虑企业能否成功地实施,公司是否有足够的财力、人力或者其他资源、技能、技术、诀窍和组织优势,换言之,企业是否有有效实施战略的核心能力。如果在可行性上存在疑问,就需要将战略研究的范围扩大,并将对能够提供企业所缺乏的资源或能力的其他公司或者金融机构的合并等方式包括在内,通过联合发展达到可行的目的。特别是管理层必须确定实施战略要采取的初始的实际步骤。

（三）可接受性

可接受性强调的问题是：与公司利害攸关的人员，是否对推荐的战略非常满意，并且给予支持。一般来说，公司越大，与公司有利害关系的人员就越多。要保证得到所有的利害相关者的支持是不可能的，但是，所推荐的战略必须经过最主要的利害相关者的同意，而在战略被采纳之前，必须充分考虑其他利害相关者的反对意见。

（四）调节整体利益和局部利益、长期利益和短期利益的不一致性

企业整体是由局部构成的。从理论上讲，整体利益和局部利益是一致的，但在具体问题上，整体利益和局部利益可能存在着一定的不一致性。企业战略控制就是要对这些不一致性的冲突进行调节，如果把战略控制仅仅看作一种单纯的技术、管理业务工作，就不可能取得预期的控制效果。

（五）适应多样性和不确定性

战略具有不确定性。企业的战略只是一个方向，其过程可能是没有规律的，因此企业战略具有多样性。同时，虽然经营战略是明确的、稳定的且具有权威的，但在实施过程中由于环境变化，战略必须适时地调整和修正，因而也必须因时因地地提出具体控制措施，这即是说战略控制具有适应多样性和不确定性的特征。

（六）保持弹性和伸缩性

战略控制中如果过度控制，频繁干预，就容易引起消极反应。因而针对各种矛盾和问题，战略控制有时需要认真处理，严格控制，有时则需要适度的、弹性的控制。在保持与战略目标一致的前提下，可以有一定的回旋余地和伸缩性。所以，战略控制中只要能保持正确的战略方向，就应尽可能地减少干预，尽可能多地授权下属在自己的范围内解决问题，对小范围、低层次的问题不要在大范围、高层次上解决，这样才能够取得有效的控制。

三、战略控制的类型

战略控制的类型有多种，可按不同的标准进行分类。

（一）按控制时间分类

1. 事前控制

在战略实施之前，要设计好正确有效的战略计划，该计划要得到企业高层领导人的批准后才能执行，其中重大的经营活动必须经过企业领导人的批准同意才能开始实施，所批准的内容往往也就成为考核经营活动绩效的控制标准。这种控制多用于重大问题的控制，如任命重要的人员、签订重大合同、购置重大设备等。

由于事前控制是在战略行动成果尚未实现之前，通过预测发现战略行动的结果可能会偏离既定的标准，因此，管理者必须对预测因素进行分析与研究。一般有三种类型的预测因素：

（1）投入因素。即战略实施投入因素的种类、数量和质量，将影响产出的结果。

（2）早期成果因素。即依据早期的成果，可预见未来的结果。

（3）外部环境和内部条件的变化因素。

2. 事后控制

这种控制方式发生在企业的经营活动之后，其工作重点是要明确战略控制的程序和标准，把日常的控制工作交由职能部门人员去做，即在战略计划部分实施之后，将实施结果与原计划标准相比较，由企业职能部门及各事业部定期将战略实施结果向高层领导汇报，由领导者决定是否有必要采取纠正措施。

事后控制方法的具体操作主要有联系行为和目标导向等形式。

（1）联系行为。即对员工的战略行为的评价与控制直接同他们的工作行为联系挂钩。这样他们比较容易接受，并能明确战略行动的努力方向，使个人的行动导向和企业经营战略导向接轨；同时，通过行动评价的反馈信息修正战略实施行动，使之更加符合战略的要求；通过行动评价，实行合理的分配，从而强化员工的战略意识。

（2）目标导向。即让员工参与战略行动目标的制定和工作业绩的评价。这既可以让员工看到个人行为对实现战略目标的作用和意义，又可以使其从工作业绩的评价中看到成绩与不足，从中得到肯定和鼓励，为战略推进增添动力。

3. 事中控制

事中控制即过程控制，企业高层领导者要控制企业战略实施中的关键性过程或全过程，随时采取控制措施，纠正实施中产生的偏差，引导企业沿着战略的方向进行经营。这种控制方式主要是对关键性的战略措施进行随时控制。

应当指出，以上三种控制方式所起的作用不同，因此在企业经营中是可以被随时采用的。

（二）按控制主体的状态分类

1. 避免型控制

避免型控制即采用适当的手段，使不适当的行为没有产生的机会，从而达到不需要控制的目的。例如，通过自动化使工作的稳定性得以保持，按照企业的目标正确地工作；通过与外部组织共担风险减少控制；转移或放弃某项活动，以此来消除有关的控制活动。

2. 开关型控制

开关型控制又称为事中控制或行与不行的控制。其原理是：在战略实施的过程中，按照既定的标准检查战略行动，确定行与不行，类似于开关的开与关。

开关控制方法的具体操作方式有多种：

（1）直接领导。管理者对战略活动进行直接领导和指挥，发现差错及时纠正，使其行为符合既定标准。

（2）自我调节。执行者通过非正式的、平等的沟通，按照既定的标准自行调节自己的行为,以便和协作者配合默契。

(3) 共同愿景。组织成员对目标、战略宗旨认识一致,在战略行动中表现出一定的方向性、使命感,从而达到殊途同归、和谐一致,实现目标。

开关控制法一般适用于实施过程标准化的战略实施控制,或某些过程标准化的战略项目的实施控制。

(三) 按控制的切入点分类

1. 财务控制

这种控制方式覆盖面广,是用途极广的非常重要的控制方式,包括预算控制和比率控制。

2. 生产控制

生产控制即对企业产品品种、数量、质量、成本、交货期及服务等方面的控制,可以分为产前控制、过程控制及产后控制等。

3. 销售规模控制

销售规模太小会影响经济效益,太大会占用较多的资金,也影响经济效益,为此要对销售规模进行控制。

4. 质量控制

质量控制包括对企业工作质量和产品质量的控制。工作质量不仅包括生产工作的质量,也包括领导工作、设计工作、信息工作等一系列非生产工作的质量,因此,质量控制的范围包括生产过程和非生产过程的其他一切控制过程。质量控制是动态的,着眼于事前和未来的质量控制,其难点在于全员质量意识的形成。

5. 成本控制

通过成本控制可使各项费用降到最低水平,达到提高经济效益的目的。成本控制不仅包括对生产、销售、设计、储备等有形费用的控制,而且还包括对会议、领导、时间等无形费用的控制。在成本控制方面重要的是建立各种费用的开支范围、开支标准并严格执行,要事先进行成本预算等工作。成本控制的难点在于企业中大多数部门和单位是非独立核算的,因此缺乏成本意识。

四、战略控制的制约因素

战略控制的制约因素一般可分为以下方面。

(一) 人员

人员既是执行战略控制的主体,又是战略控制的对象。为实现企业战略目标,使战略实施获得预期效果,企业首先要选择或培训能胜任新战略实施的领导人;其次要改变企业中所有人员的有关行为习惯,使他们适合于新战略的要求。

(二) 组织

这是指企业的人事系统、权力与控制结构、领导体制及方式等。企业战略发生变化时,其组织结构通常要进行调整,否则,企业很难实现预期的目标。

(三) 企业文化

企业文化是企业组织成员共有的价值观念、传统习惯、行为准则等的系统,影响着企业成员的态度和行为方式。这种影响根深蒂固,如何加以引导利用,使之有利于企业战略的实现,是战略控制的难点。

第二节 战略控制的过程

一、战略控制过程的步骤

战略控制的一个重要目标就是使企业的实际绩效尽量符合战略计划。为了达到这一点,可将战略控制过程分为以下步骤。

(一) 制定控制标准

战略控制面临的首要问题是控制什么,哪些是公司真正要实现的目标。控制标准代表人们期望的绩效,是测量实际绩效的依据和基础,它往往是一个企业为开展业务工作在计划阶段所制定的目标。控制标准是企业战略目标的详尽表述,是用以衡量实际业绩的依据。因此,企业在制定控制标准之前,需要评价已订的计划,找出企业目前需要努力的方向,明确实现目标所需要完成的工作任务。这种评价的重点应放在那些可以确保战略实施成功的领域里,如组织结构、企业文化和控制系统等。通过评价,企业可以找出成功的关键因素,并据此制定企业实际绩效的衡量标准。

(二) 衡量实际业绩

企业战略规划执行的实际业绩的衡量和记录必须及时进行,以便能不失时机地采取措施。管理人员需要收集和处理数据,进行具体的职能控制,并且监测环境变化所产生的信号。

环境变化的信号有两种,即外部环境信号和内部环境信号。外部环境信号比较重要,但往往难以预测,而且所产生的影响也比较难以确定。内部环境信号则比较容易控制,而且时间也较短。

此外,环境变化的信号还可以分为强信号和弱信号两种。所谓强信号是指环境变化的信息全面而且明确,企业可以做出反应的时间和选择的余地都很少。这种强信号出现时常常事先没有征兆。出现以后,企业也不太熟悉所发生的状况。在这种情况下,企业一般会突然感到有重大的战略机会或威胁。弱信号常常会在强信号之前或伴随着强信号出现。企业管理人员在判断和衡量实际业绩时,应尽可能及早而且正确地捕捉到弱信号,从而减少意外,增加对强信号的反应时间。企业一旦发现了环境变化的弱信号,则应对此进行监控,并制定采取反应措施的计划。另外,为了更好地衡量实际业绩,企业还要制定出具体的衡量方法以及衡量的范围,保证衡量的有效性。

（三）评价实际业绩

把企业战略规划执行的实际业绩与计划的控制标准加以比较,如果实际业绩低于控制标准,但仍在规定的允许范围内,则可认为是满意的而不必采取纠正措施。若实际业绩与控制标准的差异超过了允许的范围,则必须做进一步的分析,找出产生差异的原因。

对于出现的偏差,应给予确定的说明,包括:①偏差是什么性质;②偏差影响范围有多大;③偏差发生在什么地方;④偏差发生在什么时间。通过对偏差的界定,即可正确地找出差异产生的原因,为制定和采取纠正偏差措施提供必要前提。

（四）采取纠正措施

在生产经营活动中,一旦企业判断出外部环境的机会或威胁可能造成的结果,则必须采取相应的纠正或补救措施。当然,当企业的实际业绩与衡量标准出现了较大差距时也应及时采取纠正措施。

企业可采取的纠正措施有以下三种。

（1）常规模式。企业按照常规的方式去解决所出现的差距。这种模式花费的时间较多。

（2）专题解决模式。企业就目前所出现的问题进行专题重点解决。这种模式反应较快,节约时间。

（3）预先计划模式。企业事先对可能出现的问题有所计划,从而减少反应的时间,增强处理战略意外事件的能力。

二、战略控制过程的特点

（一）渐进性

一般来讲,总体战略是逐步演变而成的,是在公司内部的一系列决策和一系列外部事件逐步得到发展,最高层管理班子中主要成员有了对行动的新的共同的看法之后,才逐渐形成的。在管理得法的企业中,管理人员积极有效地把这一系列行动和事件逐步概括成思想中的战略目标。另外,管理部门基本上无法控制的一些外部或内部事件常常会影响公司未来战略的决策。从某种程度上来说,突发事件是完全不可知的。而且,一旦外部事件发生,公司也许不可能有足够的时间、资源或信息来对所有可能的选择方案及其后果进行充分的战略分析。

认识到以上这些之后,高级经理们经常有意识地采用渐进的方法来进行战略控制。他们使早期的决策处于大体上形成和带有试验性质的状态,可以在以后随时复审。大家都希望对设想进行检验,并希望有机会获悉和适应其他人的反应。

为改善战略控制过程,其逻辑要求而且实践也证明:通常最好是以谨慎的、有意识的渐进方法加以处理,以便尽可能地推迟做出战略决策,使其与新出现的必要的信息相吻合。

(二)交互性

现代企业面临的环境控制因素的多样性和相互依赖决定了企业必须与外界信息来源进行高度适应性的互相交流以及利用所获得的信息的有力刺激因素。

(三)系统性

有效的战略一般是从一系列子系统中产生的。子系统指的是为实现某一重要的战略目标而相互作用的一组活动或决策。每一子系统均有自己的、与其他子系统不同的战略要求,但又在某些重要方面依赖于其他子系统。因此,有必要采取有效的管理技巧把各个子系统整合起来。

一方面设法把总体战略规定得足够详细以避免混乱;另一方面要有意识地避免规定得过于具体,以保持利用新信息和新机会所需要的灵活性或相应的支持。子系统和整体战略保持一定的笼统性,以适应和应付未来可能出现的变化。

第三节 战略控制的方式与方法

一、控制方式的可行性

战略控制系统的设计在很大程度上依赖于各种控制的可行性。在大多数情况下,企业需要运用具体活动控制方法或成果控制方法,或者将其混合使用,共同支持人员控制。

一般来说,具体活动的控制需要管理人员对企业所期望的活动有充分的了解。

关于成果控制,最主要的问题是企业是否具备有效衡量预期成果的能力。这种评价能力包括:①正确性,即被评价的成果是企业所期望的成果。②精确性。控制时,要有科学的手段,不能只凭大概的估计评价企业的成果。③及时性,即企业要及时衡量所要评价的成果。④客观性。评价成果时要避免主观随意性。这四个方面,如果有一个方面没有做到,整个成果控制系统就会失去作用。

二、控制方式的选择

根据企业管理人员掌握的有关预期的具体活动方面的知识及评价重要效益方面成果的能力,控制方式的选择见图14-1。

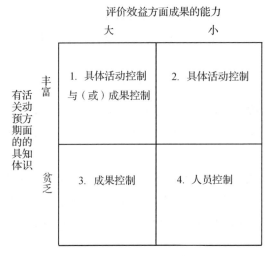

图 14-1 控制方式的选择

从图 14-1 可以看出,最难控制的情况是企业对预期的活动不了解,对重要的成果领域也不能做出很好的评价(如第 4 象限所示)。在这种情况下,企业一般只能采取人员控制或采取回避控制问题的方式。

在第 3 象限,管理人员在有关预期具体活动方面的知识比较贫乏,但有较好的评价成果的能力。这种控制适用于较高层的管理人员,使他们明确企业预期的成果以及各自的责任,从而达到控制的效果。

在管理人员对预期活动有较多的知识,但成果难以评价的地方(如第 2 象限),管理上应采取具体活动控制手段。

在第 1 象限,管理人员应考虑具体活动控制或成果控制,或二者并用。

三、战略控制设计的影响因素

影响企业战略控制系统设计的主要因素如下。

(一) 企业制定与实施的不同竞争战略

企业战略控制系统设计的根本目的在于通过发挥企业的竞争优势来保证企业的竞争战略得以成功实施。企业在不同层面实施的不同战略决定了企业不同的组织结构类型和不同的战略评价与控制系统的内容。

(二) 企业的不同组织结构类型

企业根据所实施的不同战略而选择或设计的不同组织结构类型是决定企业战略控制系统的直接因素。因为不同的组织结构显示了业务或职能部门间的相互关系或交叉合作方式,信息的反馈机制,信息、资源的共享程度以及管理者的授权程度,这在一定程度上决定了相应的控制系统、奖励系统以及组织文化的特点。

对垂直性相关的各业务部门的业绩或行为的控制更多的是通过对整个物流的集中控制并结合产出控制来实现的,另外,通过制定内部规章制度来规范组织行为。

而对水平相关的各业务部门的控制则更多的是利用组织文化和相应的激励系统来鼓励部门之间的合作行为和资源共享以获得范围经济和协同效应。矩阵式的组织结构强调产出控制与基于团队业绩的奖励方式；而对于战略事业部组织结构来说则更多地强调市场控制和战略管理控制模式。

企业对高耸式组织结构或扁平化组织结构的不同选择显示了组织对部门决策授权程度的大小，集权式和分权式的决策机制会影响组织文化不同风格的形成。集权式的组织架构强调部门间责任的明确与自上而下的决策方式，这种组织结构通常会导致部门管理者保守、缺少企业家的冒险精神；而扁平化组织结构则因分权式的授权机制，通常形成敢于冒险、创新和合作的企业文化，从而使得企业对评价与控制系统和激励系统的设计重点有所不同。

（三）企业组织结构的不同层面

企业可以在不同的组织层面同时使用不同的评价与控制系统。首先，公司层负责企业总体战略制定与实施的控制；其次，公司层的评价与控制系统还需要对各业务层战略的实施业绩进行评价和控制；再次，各业务层在设计控制系统时应根据各自选择的不同竞争战略来设计相应的组织结构，按照竞争战略对各个部门活动的不同侧重以及各个职能部门具体工作特征的差异来设计相应的评价与控制系统；最后，企业职能作业层的评价与控制系统则依据不同的职能类型更多地采用产出控制、规章制度控制和文化控制并结合战略控制中的指标等手段。

（四）企业所处行业生命周期的不同阶段

企业对战略控制系统的选择也与企业所从事行业的生命周期有关。当企业所在行业处于成长期，行业利润丰厚，环境变化较快，竞争强度不断增加时，企业战略控制的重心应主要放在对战略基础的控制方面，密切关注企业内外环境的变化，不断验证企业现行战略的有效性以及对企业战略进行变更或修订的必要性。当企业所处的行业处于成熟期和衰退期时，由于企业所处的竞争环境较为稳定，行业的边际利润较薄，产品和工艺趋于标准化，此时企业业务层和职能作业层的控制手段侧重于成本控制、质量控制、规章制度控制等方式。

（五）企业所处的不同战略实施阶段

企业在战略管理流程的不同阶段所进行的控制活动也会有所不同。在战略制定阶段，战略控制主要侧重于采取应急计划等事前控制手段对未来问题进行预测与反应，并以此阶段制定的预算为行为约束标准。在战略实施阶段，企业的控制活动主要包括战略基础评价与控制、战略实施过程中的业绩与行为控制。战略实施结束阶段则主要利用市场控制、产出控制及战略管理控制模型中的各种财务与非财务指标对企业、部门及个人的业绩进行评价与控制。

四、战略控制设计过程与反馈

战略控制是一个有关行为的问题,即通过合理的控制,使每个人尽可能保持适当有效的活动。因此,企业在设计控制系统的过程中应充分考虑组织本身的人员构成。在正常的情况下,企业对受过良好训练、得到高度激励的员工给予较高的期望,不必采取更多的控制手段。如果企业认为除了人员控制以外,还应采取其他的控制手段,则首先要审核各种可供选择的控制的可行性;然后根据可行性研究的结果,再决定采取哪种控制方式。

在设计控制系统的过程中,反馈是一个重要的因素:

(1)反馈对加强成果责任制十分必要。即使反馈不能用于调整输入量,也表明整个过程的结果受到控制。

(2)在环境变化重复发生时,反馈可以根据对成果的评价,指出创新的需要。

(3)如果要进一步保证反馈的效果,则需要有一个学习的过程。企业管理人员应认真分析不同组合的输入所产生的结果,把握输入与结果的关系。

需要指出的是,管理人员有效地使用反馈模型要有一定的先决条件,即环境变化要有重复性或至少有部分的重复性。如果环境变化只是一次性地发生,则反馈的信息在管理上用处不大。在这种情况下,管理人员即使了解成果的问题,也不可能有更大改动的可能性。此外,从成本角度来考虑,设计、实施、维护一个反馈系统,往往需要较高的代价。因此,在设计控制系统过程中,应有反馈的意识,但如何采取反馈手段,则应根据企业的具体情况决定。

第四节 战略类型与战略控制

战略控制系统要为企业创造竞争优势,还必须将它与企业所实施的竞争战略相匹配。企业战略层次分为公司层、业务层和职能作业层三个不同层面。下面就从这三个不同的层面进行具体分析。

一、职能作业层战略与企业控制系统的匹配

实施有效的职能作业层战略的目的是通过生产、研发及销售部门的不同战略活动来为企业创造领先的效率、质量以及迅速的顾客反应等方面的竞争优势。

(一)研发部门

研发部门所实施的战略通常以提高本部门的创新能力为目的,因而企业在此层面的组织结构与控制系统的选择必须能够给研发人员提供一种便于协调与合作的组织结构,

以便使新的产品或工艺技术迅速得到推广应用,而且能够通过有效的激励手段培育一种敢于创新的组织氛围。通常,研发部门的组织结构是一种典型的扁平化、分权式或以工作小组为主要形式的组织类型。

在对研发部门的评价与控制活动中,为促使研发项目团队或工作小组的工作更富有成效,对研发人员的业绩衡量与报酬确定应以他们为企业带来的利润为基础。如果研发人员不能分享他们的新产品或新型工艺给企业带来的利润,他们就有可能离开所在企业并自己组建公司与原先的企业进行竞争。因此,通过分权式的扁平化组织结构和激励机制就能建立起对研发人员有效的控制与评价系统。

(二) 生产部门

生产部门制定战略通常以提高生产效率、质量以及顾客反应速度并降低成本为目的。为使公司的经验曲线迅速下移,企业通常设计一种高耸的、集权式的组织结构来对员工的行为进行严格控制以挤出不必要的管理成本。此外,为进一步降低成本,企业通常使用产出控制和规章制度控制对员工的行为与业绩进行评价与控制。

(三) 销售部门

销售部门的组织形式类似于研发部门,适合采用扁平化的组织结构。通常许多大型公司的销售部门也只由三层构成——销售总监、地区或产品经理及销售人员。因为销售人员的工作与活动范围较为复杂和分散,企业难以通过传统层级式的组织结构对其进行直接监督与控制,而只能依赖于产出控制方式对其业绩进行衡量,或利用规章制度控制方式对其行为进行约束。

关于其他职能部门的控制活动,也同样本着为企业创造效益、改进质量以及提高对顾客的反应等方面的竞争优势为原则,根据具体情况选择相应的评价与控制方式、激励系统和组织结构与其各自的战略相适应。

二、业务层战略与企业控制系统的匹配

企业业务层战略控制活动的目的在于通过合适的组织结构将源于各职能部门的价值创造能力与竞争优势进行有效的组织与整合并最终服务于业务层战略的实施。前面介绍过企业基本竞争战略主要有成本领先战略、标歧立异或差异化战略和目标集聚战略,现就它们与战略控制系统的匹配分别加以简要介绍。

(一) 成本领先战略实施中的战略控制

企业实施成本领先战略一般适于选择较为简单的职能式组织结构以降低企业协调与控制成本。为进一步降低成本,企业可考虑采用控制成本最低的产出控制方式并结合预算控制方式来严格控制生产部门的活动;对研发部门可制定工作底线(deadline)制度并将奖励重点放在工艺改善以及节约挖潜活动上面;对销售部门制定富有挑战性的销售目标。此外,还可考虑结合奖金计划激励措施对业绩优秀的员工进行奖励。

（二）差异化战略实施中的战略控制

企业实施差异化战略一般意味着向不同的细分市场提供具有差异化的产品，这使得企业难以对各职能部门的活动进行标准化控制。因此，它所需要的组织结构相比实施成本领先战略的组织结构而言较为复杂，对部门交叉性合作与人员的要求较高。但由于团队形式或工作小组形式的组织结构特点决定了产出控制方式难以奏效，因而企业通常依靠规章制度、规范和价值观等文化控制方式。

（三）集中化战略实施中的战略控制

集中化战略由于集中向某个特定的细分市场或用户群提供某种产品，所以这会因为产品的产量有限、无法获得规模经济而造成产品成本较高。因此，在实施集中化战略过程中进行必要的成本控制是十分重要的。一般情况下，适合于实施集中化战略的组织结构类型为职能型的组织结构，而这种组织结构类型适于个人控制并具有较大的灵活性，因此可以用于培育企业产品或服务的独特性。

三、公司层战略与企业控制系统的匹配

公司层战略主要包括一体化战略和多元化战略。实施公司层战略的组织结构类型与战略控制系统的选择一般根据各业务部门间的相关程度而定。各业务部门间的相互依赖性越强，则战略实施中所需要的控制与协调机制就越复杂，协调与控制成本就越高。

（一）实施一体化战略时的战略控制

实施一体化战略所要求的多分部式组织结构（multi-divisional structure）的协调与控制成本较高，因为部门间连续的物料流动要求上下环节之间进行良好的协调与合作。所以必须通过对物流的集中控制来协调部门间的合作关系。此外，实施一体化战略时需要平衡公司运用的集中控制和各业务层的分散控制。

（二）实施多元化战略时的战略控制

企业多元化战略可归结为不相关多元化战略与相关多元化战略。

设计实施不相关多元化战略的战略控制系统主要要求它有利于公司高层管理者较为精确、容易地对业务部门的业绩进行衡量。企业一般采用竞争性的多部门制组织结构，因而市场控制手段是实施不相关多元化战略所采取的主要手段。

在战略事业部的组织结构中实施相关多元化战略可使各相关业务部门共享企业的研发、信息、顾客群体等资源，但资源的共享与部门合作使得控制系统不适合采用市场控制的方式。此时，企业可通过组织文化及合理的激励系统来进行协调和控制。

本章内容小结

战略控制是指监督战略实施进程,及时纠正偏差,使战略实施结果基本符合预期计划,是企业根据战略决策的目标标准对战略实施过程进行的控制。有效的战略控制系统能够对各种相关信息进行适时反馈,协助管理者对环境变化进行及时决策和反应。

战略控制的类型有多种,可按不同的标准进行分类。按控制时间分为事前控制、事中控制和事后控制;按控制主体的状态分为避免型控制和开关型控制;按控制的切入点分为财务控制、生产控制、销售规模控制、质量控制和成本控制。

战略控制过程可分为以下步骤:制定控制标准、衡量实际业绩、评价实际业绩、采取纠正措施。战略控制过程的特点包括渐进性、交互性和系统性。

战略控制方式的选择主要依靠企业管理人员掌握的有关预期的具体活动方面的知识及评价重要效益方面成果的能力。影响企业战略控制系统设计的主要因素有:企业制定与实施的不同竞争战略;企业的不同组织结构类型;企业组织结构的不同层面;企业所处行业生命周期的不同阶段;企业所处的不同战略实施阶段。

战略控制系统要为企业创造竞争优势,就必须将它与企业所实施的竞争战略相匹配。企业公司层战略、业务层战略和职能作业层战略都应与企业控制系统相匹配。

复习思考题

1. 什么是战略控制?它在战略管理过程中起什么作用?
2. 企业战略控制有哪些主要类型?
3. 简述战略控制过程及其特点。
4. 试分析战略控制的设计思路。
5. 如何理解反馈在设计战略控制系统过程中的作用?
6. 试分析战略控制与企业战略的匹配。

【本章案例】

恒力石化的战略控制

恒力石化股份有限公司的前身为大连橡胶塑料机械股份有限公司(简称"大橡塑"),公司成立于1999年3月9日,公司股票于2001年8月20日在上海证券交易所挂牌交易。

2015年年底,恒力石化以108亿元的价格注入大橡塑,实现了借壳上市。2016年5月27日,大橡塑变更为现有名称,股票简称"恒力股份"。2019年6月28日,证券简称变更为"恒力石化"。恒力石化公司主营业务为聚酯纤维相关产品的研发、生产及销售与热电的生产及销售。聚酯纤维的主要产品分为PET(聚对苯二甲酸乙二醇酯)和PBT(聚对苯二甲酸丁二醇酯)两大类,其中PET包括POY(预取向丝)、FDY(全拉伸丝)、DTY(拉伸变形丝)、涤纶工业长丝等。2010年,恒力石化(大连长兴岛)产业园开建,恒力集团正式进军PTA(精对苯二甲酸)产业。2012年,该产业园一期PTA项目投产。2015年,二期PTA生产线一次性投料成功。截至2018年年底,公司累计获得发明专利326件,申请PCT国际专利7件,授权国际专利1件,获中国专利奖1件。

2018年,公司全力打造全产业链一体化发展模式,打通企业成长与发展空间。公司完成了第二次重大资产重组的资产过户、新股上市与配套融资工作。本次交易标的资产之一的恒力石化目前已在大连长兴岛建成投产了660万吨/年PTA生产装置,在市场具备一流的行业竞争力,上市公司由此将产业链条由聚酯化纤向上完善至PTA环节。随着以450万吨芳烃联合装置为核心的2 000万吨大型炼化项目进入投产节奏,上市公司产业链进一步延伸至芳烃和炼化最上游领域,公司将领先行业率先打通全产业链进行一体化运作,基于整个产业链平台实施的上、中、下游深度业务整合的战略协同将会极大提升上市公司的规范独立水平、产业协作能力、持续盈利空间与经营抗风险边际。

恒力炼化已于2019年3月成功打通生产工艺全流程,顺利产出汽油、柴油、航空煤油、PX(对二甲苯)等主要产品,装置运行稳定,正朝着实现整个炼厂满负荷运行和完全达产的目标全力推进。同时,为丰富和完善公司全产业链结构模式,进一步打通"烯烃—乙二醇—聚酯—民用丝及工业丝应用"产业链条,充分利用恒力2 000万吨/年炼化一体化项目的优质化工轻油、炼厂干气、苯等原料优势,最大限度发挥炼化一体化产能的高附加值深加工能力,公司下属子公司恒力化工正在大连市长兴岛恒力石化产业园区建设150万吨/年乙烯项目。2019年5月,恒力2 000万吨/年炼化一体化项目不仅在国家七大石化产业基地中率先实现全面投产运营,恒力集团也实现了"从一滴油到一匹布"的全产业链发展模式。

实现高标准的安全生产与环保运行是推动聚酯石化企业稳定、高效、可持续经营发展的生命线、效益线和风景线。可以说,恒力一直是行业内最为重视装置环保投资、工厂建设质量、精细安全生产和生态绿色运行的企业,这种重视不是停留在口头上和纸面上,而是实实在在实践和体现在重金投资工艺装备、严格控制项目建设与生产过程质量、持续规范公司制度管理、吸引培养专业技术团队和"重典利剑"震慑违规行为等各个过程和环节中。恒力的目标是要建立"内在优、外在美"的花园式工厂基地和世界标杆级运行水平的大型炼化一体化项目。公司在建的2 000万吨/年炼化一体化项目采购引进的都是全球最好的装置材料与技术工艺,至少保证"10年不落后"。

与此同时,公司持续重金投入环保与节能设施,立足于建立绿色、生态、节能、环保的花园式炼化产业园区,一方面企业获取了实现循环经济的能耗、物耗等成本节约与可持续发展的动能,另一方面也尽责守护了大连和长兴岛的碧海蓝天,实现与周围社区和谐相处。

恒力炼化的污水处理装置采用的是全球领先的法国得利满处理技术,排放指标比国家标准还提高30%。炼厂的冷却循环利用海水,采用密闭不消耗水的循环冷却系统,替代传统炼厂的凉水塔,供各个工业装置循环冷却,年可净节约水资源1.5亿吨。同时,利用工厂余热设置3套海水淡化装置,额外生产3.8亿吨淡水,有效减少淡水消耗,并增产淡水。炼厂全部油品储罐、装卸船、陆运装车都设置油气回收设施,对所有装置和法兰螺栓均采用液压四同步力矩或定力矩扳手紧固,最大程度减少VOCs(挥发性有机化合物)排放。在炼厂投产前,恒力炼化已编制完成并发布了公司管理制度,涉及安全管理制度71项,均已印刷成册,下发各车间、各部门执行。所有车间操作规程均编制完成,覆盖炼化全部生产活动。所有岗位、所有人员安全生产责任制均已建立,全员完成安全生产培训工作,也为炼厂正式运营后的稳定安全运行打下了坚实基础。

公司时刻绷紧安全这根弦,"重典利剑"震慑违规行为,全力构筑公司生产运营与项目建设的安全护城墙。充分利用每周公司例会、车间生产例会,不断强化员工安全意识,始终绷紧安全弦,切实将安全生产放在各项工作的首要突出位置重点抓好。真正把责任落实到各岗位和个人,凡是履职尽责不到位、出现违章问题及严重隐患的,坚决对其追责。强化安全隐患排查,切实做到风险提前识别、措施提前制定,并通过严格的过程监管始终将隐患消灭在萌芽状态。增强项目建设等现场监管力量,加大对违章及隐患的查处力度。所有装置区、储罐区禁止吸烟,禁止使用手机,严格执行作业票管理。对违反禁令的给予重罚。建设项目实行"两次约谈清退(清除)"机制,发现严重违章,或隐患违章超过标准的,将对车间主任、安全负责人进行安全约谈。两次安全约谈,即予免职(清退)。

恒力石化产业园追求零污染,使厂区变景区。厂区内最显眼的一处建筑是PTA项目热电厂配套的绿色煤仓,这个投资8 000万元、占地5万平方米的条形煤仓采用全封闭设计,到港煤炭经过1千米的栈桥输送,极大减少了生产过程中的环境污染和材料损耗。热电厂对烟气进行脱硫脱硝,配有电、袋复合式双重除尘器除尘,达标烟气经180米高空排放,脱硫、脱硝、除尘效率都远高于环评要求且运行稳定。恒力石化PTA项目配套污水处理装置投资10亿元,采用了"UASB(上流式厌氧污泥床)和两段好氧"工艺,处理能力是实际污水量的两倍,处理后的水质COD(化学需氧量)平均在30 ppm左右,大大优于《辽宁省污水综合排放标准》(DB 21/1627—2008)一级A标准,且水质情况与大连市环保局联网,在线实时监测;同时建设的中水回用系统,采用反渗透膜工艺,将废水重新使用,节能环保,实现水资源的再生利用。公司采用全球最高标准的法国Degremont(得利满)污水处理技术和中水回用技术,并首次将"嵌入式污水处理场"的理念应用在石化行业中。

2017年,在《巴黎协定》签署两周年之际,恒力炼化一体化项目污水处理场获得"中法团队合作创新奖气候特别奖",该奖项特别颁发给在应对气候变暖领域最具创新力的项目。

除了废气废水的清洁净化排放,恒力石化投资建设了世界PTA行业中首套残渣回收系统R2R装置,成功攻克了PTA残渣回收处理的世界难题,实现了石化行业的生态化发展。自建厂以来,恒力石化通过在全球选择最好的环保工艺包,为恒力注入"生态基因",寻求最好的设计院所、全球最好的环保设备、精益的管理和安全可靠的应急措施等,有力实现了高效的水资源利用、先进的固体残渣回收和清洁的废气净化排放,资源利用高效化,生产过程清洁化,以花园式工厂全面诠释了恒力石化的绿色发展内涵。2017年9月1日,国家工业和信息化部发布2017年第一批绿色制造示范名单,恒力石化获评首批国家级"绿色工厂"。

目前,恒力石化已经建立了安全标准化管理体系。ISO 9001国际质量管理体系、ISO 14001国际环境管理体系、OHSAS 18001职业健康安全管理体系三体系一次性通过瑞士通用公正行(SGS)认证。恒力石化在创建世界一流企业的同时,将"绿色、生态、环保"理念融入企业发展之中,不仅内在优,更要外在美。

(资料来源:恒力集团公司官方网站、恒力石化公司年报及相关公开资料)

案例思考题

1. 根据恒力石化的实践,其战略控制系统是如何与企业战略相匹配的?
2. 试评析恒力石化采用的战略控制方法,并提出其优化方案。

第十五章　企业战略变革

企业战略变革是环境变化的产物,战略管理本质上就是组织为应对环境变动而做出的一系列变革的过程。战略变革是企业在已存在既定战略的情况下,突破既定战略的惯性,进行战略创新,从根本上转变战略发展方向。本章主要介绍战略变革的若干重要问题,包括战略惯性、战略创新、战略变革及其过程。

第一节　企业战略惯性的内涵和动因

一、什么是战略惯性

战略是企业资源能力与外部环境相协调的重要手段。在战略分析中,使用安德鲁斯的 SWOT 分析模式就是体现这一协调关系的常用工具。SWOT 分析模式通过外部环境产生的机遇、威胁与企业资源能力的强势、劣势能否匹配来分析企业战略。既然企业战略涉及企业的资源能力与环境匹配的问题,涉及企业发展符合利益相关者的价值观和期望问题,涉及企业长远发展方向问题,那么对其进行调整和变革绝非易事。企业战略有一种惯性(momentum)趋势:一旦企业采用某种特定的战略,它就以这个战略为基础发展,而不易根本性地改变发展方向。

为了更好地理解战略惯性,需要引入战略路径概念。战略路径是考虑企业特殊的资源、能力和知识,过去的历史路径,以及未来的展望而设计的。这样,战略惯性就可以理解为对历史形成的战略发展路径(过去企业采用的特定战略)不断强化的过程,保持前期采用的特定发展战略。

二、战略惯性形成的原因

企业战略惯性的形成有三个主要原因:运营的外部环境、战略变革物理成本、组织文化。图 15-1 表示它们之间相互强化的关系。其中,组织文化包括组织变化表和文化网两方面。

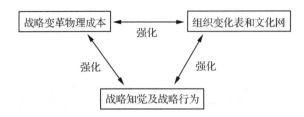

图 15-1　战略变革物理成本、组织文化、战略行为的相互强化关系

（一）运营的外部环境

企业组织总是在环境中生存和发展的,环境影响着企业的战略选择。战略惯性的存在,除了限制变革的因素使企业战略难以变革、不得不保持惯性外,还有就是外部环境比较舒适、稳定,企业没有必要变革,也无变革意图,进而保持惯性。当然,这种状态不可能延续太长时间。

（二）战略变革物理成本

变革物理成本对变革有较强的制约作用,使企业战略不得不维持惯性。战略变革物理成本特指战略变革需要耗费的人力、财力、物力。它仅涉及资源转换成本,不涉及资源之间的联系机制。战略变革是企业资源的重新配置,同时也是资源联系协调机制的重新调整。战略变革物理成本具体包括财物资产减少时的损失（如折价损失）和增添时的费用（如财物增添、改建投资）,人员调整时减员、增员的损失和投入（如解雇费、招聘费、培训费）。支付战略变革物理成本是战略变革的前提条件。

（三）组织文化

一个组织的文化,尤其是强文化,会制约一个管理者的涉及所有管理职能的决策选择。组织文化涉及两个主要方面:组织变化表和文化网。组织文化的核心包含在组织变化表中,组织的变化表是组织在长期的工作中建立起来的价值观、信仰和假设。根深蒂固的假设在战略的发展中经常发挥着重要的作用。而且,组成这个变化表的信仰和假设还可能受组织文化的各个不同方面的保护。它们位于组织的文化网之中,这个文化网将变化表与组织的日常活动连在一起。

组织变化表和文化网相互联系,相互强化,铸造了组织文化框架。组织文化框架的基本构架和组织成员特别是高级管理人员已经相融,该框架铭记在他们的心中,对他们的认识产生着深刻的影响。企业经营管理行为（包括战略）是以组织对环境现实的知觉为基础的,而不是以环境现实本身为基础的。这样,战略决策和实施的主要元素都受组织知觉的影响:战略分析可能偏重于过去的经验,战略选择可能隐含偏爱,偏爱有过去经验的方案。战略实施可能不愿改变过去的企业资源分配管理系统。所以,由此做出的战略决策经组织文化及知觉的"筛选"和按"惯例"的执行,与原战略相差无几,从而呈现惯性势态。

三、战略惯性的影响

企业战略惯性有大有小。一般而言,企业战略惯性大,对企业发展的影响力大、时间长。从影响来看,战略惯性对企业战略发展既有积极方面,也有消极方面。

(一)战略惯性的大小

战略惯性的大小没有准确的衡量方法,一般是经验和逻辑的推论。在推论中,战略惯性与牛顿力学体系中的动量定理极为相似,尽管战略惯性涉及的是人类组织,而动量定理涉及的是物理体系。

在战略惯性中,如果把组织规模看作物体质量 M,把组织发展速度比作 V,把组织知觉感受的环境压力比作 F,那么,通过战略惯性改变的时间就可以近似得到惯性公式:

$$战略惯性改变的时间 = \frac{组织规模 \times 组织发展速度}{组织知觉感受的环境压力}$$

战略惯性改变的时间长短与组织规模、组织发展速度成正比,与组织知觉感受的环境压力成反比。战略惯性改变时间长,说明保持原有状态能力强度大,惯性也就越大。

(二)战略惯性的影响

在战略的演变和发展中,战略惯性是普遍存在的,它对战略既有积极的影响,又有消极的影响。

1. 战略惯性的积极影响

如前所述,战略是一套协调机制,是组织外部环境与内部资源、能力的协调机制,一旦这套协调机制建成,它就呈现出惯性,不会轻易改变。惯性不断强化,以保证既定战略的顺利执行。如果既定战略是与环境匹配的,战略惯性就会发生积极的影响。如 IBM 在 20 世纪 50 年代建立起以发展计算机为方向的战略(早在 20 世纪 50 年代就投资 400 亿美元,每年从销售收入中提取 10% 的研究与开发费用),保证了 IBM 后来成为计算机行业领头羊的角色。

2. 战略惯性的消极影响

战略惯性的消极影响主要表现在:①如果企业一开始的战略定位不准确,在外部环境普遍较佳的情况下,企业勉强维持,形成非健康的惯性;但如果环境稍微恶化,企业又难以突破原来惯性,非健康的惯性就会使企业直接进入衰落阶段。②如果企业开始战略定位准确,但随着时间的推移,环境的改变,既定战略与环境难以匹配,并且由于战略惯性的原因而难以改变既定战略从而进入衰落。正如彼得·德鲁克所说:"将明天的机遇扼杀在昨天的祭坛上。"

第二节 企业战略变革的类型和方式

一、战略创新的定义

熊彼特在 1912 年出版的《经济发展理论》一书中首先给出了创新的定义,并将创新这个概念纳入经济发展理论之中,论证创新在经济发展过程中的重大作用。熊彼特认为,创新是生产手段的新组合,"生产意味着把我们所能支配的原材料和力量组合起来"。创新就是创造一种新的生产函数,即把一种从来没有过的关于生产要素和生产条件的"新组合"引入生产体系。

熊彼特所说的创新概念包括以下五种情况:①创造一种新的产品,也就是消费者还不熟悉的产品,或者是已有产品的一种新的特性;②采用一种新的生产方法,也就是在有关的制造部门中尚未通过验证的方法,这种新的方法不一定非要建立在科学新发现的基础之上,它也可以是以新的商业方式来处理某种产品;③开辟一个新的市场,也就是有关国家的某一制造部门以前不曾进入的市场,不管这个市场以前是否存在过;④取得或控制原材料或半制成品的一种新的供应来源,不论这种来源是已经存在的还是第一次创造出来的;⑤实现任何一种新的产业组织方式或企业重组,比如造成一种垄断地位,或打破一种垄断地位。[①]

从一般意义上讲,相对企业原有的产品、技术、市场以及生产经营的思路、流程、组织设置、制度状况等,企业所做的任何改进、调整、变动,都属于企业创新的范畴;而战略创新则是指管理层发现行业战略定位空间中的空缺,并采取新的战略和策略填补这一空缺的活动。随着时间的推移,某个行业的战略定位空间会逐渐被不同的企业填满,即这些企业利用大部分可能采用的技术与分销方法,为大多数细分市场提供各种形式的产品或者服务。在这种情况下,就需要进行战略创新。战略定位空间中的空缺可以是:新出现的顾客细分市场或竞争对手忽视的现有顾客细分市场;顾客的新需要或竞争对手未能充分满足的顾客目前的需要;为目前或新出现的顾客细分市场生产、传递或分销现有或创新的产品或服务的新方法。

战略创新是企业竞争取胜的关键。小企业或新企业主动向市场领先者发起挑战,往往很难成功。但也有少数挑战者不仅没有失败,而且赢得了极大的市场份额,有些甚至发展成为新的市场领先者,这些企业能够取得巨大成功的原因在于它们敢于打破行规,进行战略创新,改变原来的竞争规则。

许多战略创新者首先找出目前被竞争对手忽视的一个细分市场,然后再根据这个市场顾客的需要,设计产品及其传递体系。由于战略创新者聚集于一个小型、适当的细分市场,几乎不会与竞争对手争夺顾客,因此最终会赢得小型细分市场。在施乐公司占据复印机市场统治地位的时期,IBM、科达等公司也曾采用过与其相同或相似的战略同施乐公司争夺市场,但都未能取得成功。一个重要的原因是它们未能发现或创造一个独特的战略地位,而是希望通过"克隆"施乐的战略来争夺施乐的市场份额。佳能公司则采用了完全不同的战略,选择了中小型企业和个人用户作为目标市场,强调不同于施乐的质量和价

---

① 约瑟夫·熊彼特. 经济发展理论[M]. 北京:商务印书馆,1990:73.

格利益,最终发展成为全球复印机销量最大的市场领先者。许多企业的成功经验表明,在不存在技术革新的情况下,任何企业要想在激烈的竞争中取胜只有打破行规,进行战略创新。

二、战略创新的机遇

战略创新并不一定会给企业带来更大的发展,但没有战略创新,企业肯定不会有更大的发展。有价值的创新战略常常与某些特定的机遇或事件相关联。虽说机遇可遇而不可求,但机遇更垂青于有所准备的人或组织。那是因为,有准备的人总是能比别人更早更快地意识到某些机遇中所蕴含的价值。正确认识和理解战略创新与种种机遇间的相互关系,有利于及早并成功地实现战略的创新。

对战略创新有特别价值的机遇主要有以下几种。

(一) 意外的机遇

当企业面临意外中的内部或外部事件时,它可能成为企业战略创新的一种机会来源。意外意味着在该事件中包含有与管理层以前的认识和理解有所不同的东西。这些不同的东西可能会为战略创新带来启示。对企业战略创新有极大价值的意外事件是企业自身或别的企业意外的成功或失败。企业未想到而获得的意外成功,比起其他各种机会来源能够带来更多的战略创新的可能,抓住这种机会进行战略创新,一般风险最小,探索的过程也最简便。问题在于大部分人总是忽视这种意外成功带来的战略创新的机会,不懂得意外成功中必然包含我们所不知道的东西,而且常常还排斥它们。同样,意外的失败常属虽经过精心计划、小心实施但依然失败的情况。这种失败常意味着趋势发生了变化,或我们的认识和理解带有根本性的错误。意想不到的失败也许是因为提供的产品或服务、设计或制定营销策略所依据的设想和思路不再符合现实的情况;也许是因为客户改变了价值观和认知;也许是因为以前的一个市场对象或一种产品的用途发生了变化;等等。这些变化都为战略创新带来了机遇。无论是意外的成功还是失败,都包含着某些征兆,往往需要人们突破自己的构想、知识和洞察力的局限性去分析其所蕴含的价值,需要对其背后的深刻原因进行分析,这样才能为有意识的战略创新行为开辟道路。

(二) 利用不协调现象

不协调是指事物的现实状况与人们认为或设想的状况之间不相符合的情形。显然,当人们感觉到某些不协调的时候,战略创新的动力就有可能产生。实际上,忧患意识、危机感之所以能成为战略创新的绝佳动力,原因就在于它是一种不协调因素。在不协调中常常存在着某种质变,是将要发生或已经发生的变化的一种重要前兆。在反复接触这种不协调因素的人中,有些人常常当局者迷,将其视为理所当然,从而放过战略创新的机遇。对战略创新有极大价值的不协调因素常常表现为:经营目标与实际经营结果之间的不协调;各项经营指标之间的不协调;设想客户群与实际客户群之间的不协调;业务流程中的不协调;用户使用过程中的不协调;等等。

(三) 产业和市场结构的变化

这种变化为战略创新提供了巨大的机会,同时也要求每个企业重新确定自己的战略。在产业结构发生变化的时候,原有的领先企业往往对于增长最快的细分市场不予关注,而外来的创新者则会乘虚而入,很快占领市场而且承担的风险相对较低。

(四) 人口结构的变化

人口结构的变化是指不同年龄段人口的数量构成、不同收入段人口的数量构成以及人口的就业水平、受教育结构等的变化。这种变化有时虽然相对缓慢,但对消费结构的影响是深远的。中国因采取计划生育而带来的独生子女以及人口老龄化现状,使得家庭的消费结构出现了重大的变化,也培育出许多知名的品牌和新产业,如娃哈哈、脑白金及私立中小学等。显然,人口结构的变化,可以为企业的战略创新带来重大的机遇。

(五) 消费观念和偏好的转变

消费可以去贷款、明天的钱不妨拿到今天来花、饮食追求绿色食品、花钱买健康、有钱去旅游、穿衣看品牌等,这些都属于消费观念和偏好的转变,也必将给许多企业的战略创新带来机遇。

(六) 新知识、新技术的诞生

新知识、新技术的出现给企业战略创新带来的震动最大,与企业战略创新之间的关系最直接,它可以改变整个企业的面貌。中国经济改革的成功首先得益于企业对新知识、新技术的大量采用。

以上所述种种机遇都是战略创新的时机。简单来说,战略创新的时机就是当企业运营进入转折点时。什么是转折点?从数学上讲,当曲线的斜率变化率开始改变,比如由正转负的时候,就遇上了转折点。企业的战略创新与此类似。在转折点上,旧的战略若被新的战略所替代,企业就可能上升到新的高度。但是如果仍然实施旧的战略,企业就会从现有的高度滑向低谷。

三、战略创新的核心

战略创新的核心问题是重新确定企业的经营方向和目标。企业以前确定的经营方向和目标会影响企业对其所从事的业务活动的看法,进而影响企业的战略决策。因此,企业重新思考目前的经营方向和目标,是最有效的战略创新方法。企业确定的经营方向和目标会决定企业如何确定自己的顾客和竞争对手,也会决定企业对关键性成功因素的看法,并最终决定企业的竞争战略,成功的战略创新者会采用与所有竞争对手完全不同的竞争战略。

企业选择经营方向和目标时,必须首先发现顾客新的或正在变化的需要,从而开发新产品、提供新服务来满足这些需要。要对企业内部的优劣势和外部环境的机会与威胁进行综合分析,据此对备选的经营目标做出系统的评价,最终选出适宜的经营目标。重大的战略创新往往是企业改变经营方向和目标的结果。

第三节 企业战略变革的过程

一、战略变革的内涵

为了适应环境的变化,企业总是或多或少、或快或慢地做出相应变化。一般来说,当企业遭受重大危机,或遇到其他特别事件时,就会发生全局性的战略变革。那么,如何理解战略变革的内涵呢？前面提到,战略是一种协调体系,是组织资源与环境协调的机制。如果原有的协调体系由于战略惯性的原因与变化了的环境不适应,而且不适应的程度很大(战略滞后),就需要打破旧的协调体系,建立新的协调体系,也就是说,突破原来的战略惯性,建立新的战略,这一过程就称为战略变革,如图15-2所示。

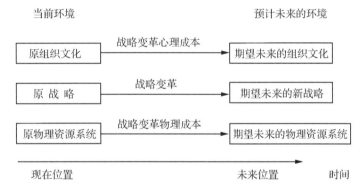

图15-2 战略变革示意图

如图15-2所示,在当前环境中,企业察觉到所执行的原战略滞后,意图从现在位置转移到未来位置,形成期望的未来战略。同时,支持原战略的组织文化、物理资源系统也应该转移形成支持期望战略的组织文化、物理资源系统。概括而言,所谓战略变革是企业组织变革的一种典型形式,它是涉及企业全局的有战略目标的一系列战略管理行动。

二、战略变革的原因

企业为什么要进行战略变革？原因是多种多样的,不同的学者有不同的概括。一般认为,战略变革并非单个原因就能发生,而是多种原因相互联系、共同作用的结果。归纳起来看,战略变革有三个同时存在、密切联系的原因,而且这三个原因缺一不可。这三个原因是:环境变化,组织知觉变化,组织权力变化,如图15-3所示。

(一) 环境变化

在变革的必要性中,环境中的劳动力性质、技术、经济冲击、竞争、社会文化、世界政治等的变化对企业组织会产生巨大影响,这要求组织战略与环境匹配。环境变化无疑给企业提供了新的机会,造成了新的威胁,客观上要求企业做出应对策略。因此,环境变化是组织变革、战略变革的外部原因。

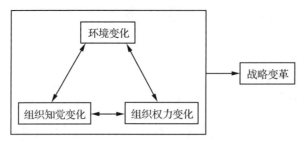

图15-3 战略变革原因链

(二) 组织知觉变化

组织渴望生存,渴望成长,这些内部因素将形成战略变革的压力。面对环境变化给组织带来的机会、威胁,如果组织察觉战略严重滞后,就可能采取全局性的、快速的变革行动,即战略变革。如果组织难以察觉战略滞后,或者虽然察觉了,却难以承受战略变革的物理成本和心理成本,则战略惯性将继续发挥作用,组织还在原来的战略路径中前行。因此,组织知觉是战略变革的重要内因之一。

(三) 组织权力变化

战略变革是涉及全局的深层次的变革,要求组织从结构到文化全面变动,这种变动无疑会影响组织中人员的既有目标、期望和利益。此时,无论是高层领导还是基层员工都可能运用自己的影响力和权力,以确保自己的利益不受损失或少受损失。

战略变革必然会影响组织的权力政治。如果战略变革能够增加主要权力政治中个人或集团的利益,战略变革就容易发生;反之,战略变革就难以发生。

环境变化、组织知觉、权力政治是与战略变革密切联系的三个环节。缺少任何一环,战略变革都难以产生。环境变化、组织知觉变化、权力政治变化又是战略变革的原因,它们相互之间是密切联系的,至于哪些原因发生在前,哪些是后续原因,则要看具体的变革情景。

三、管理战略变革

变革是普遍存在的,战略变革对组织意义重大,涉及面广,复杂程度高,影响深远。管理战略变革就是对组织中预先的战略行动进行安排,以使战略变革取得成功。

战略变革是全局性的变革,需要组织方向的根本转变,因而管理战略变革是复杂的、困难的。在战略变革中应该知道:战略变革是要脱离战略惯性的,在脱离过程中,确立新方向、新目标是一大难题;摆脱原来的战略惯性所需支付的成本,特别是由组织文化决定的心理成本又是一个难题。由此可见,管理战略变革除了需要支付战略变革的物理成本外,更重要的是关注战略变革期望达到的目标,关注组织文化的变革,采用一定的方式、技巧来达到变革的目的。

当然,在管理战略变革时,还需要关注变革机构,因为它是战略变革的发起者、参与者、监控者。它能否发挥积极作用对战略变革是否成功有重大影响。管理战略变革示意图见图15-4。

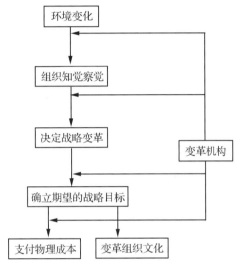

图 15-4　管理战略变革示意图

变革机构通常不是用于专指领导人员,而是指在战略变革过程中察觉战略滞后、产生变革意识并推动变革的个人、小团体等。变革机构要有成效,应注意:

(1) 变革机构能够使组织感到变革的需要,包括为此付出的代价,从而使组织"痛下决心"变革。同时,还应建立一个强有力的推动变革的领导同盟,这是变革权力政治机制的要求。这个领导同盟应包括一些高层经理人员,还应包括一些非高层经理人员,而且,领导同盟还应该是强大的直线领导群体,以拥有推动变革所需要的权力。

(2) 变革机构必须要有一个明确的方向。战略变革是战略方向的根本性转变,转型后组织要达到的目的——愿景最为重要。一个考虑到组织与环境匹配、考虑到各方利益的愿景规划,无疑会增强推动变革的力量,并使各方面的力量协调一致。

(3) 采用适当方式把期望目标传递给相关利益各方,也是变革成功必不可少的环节。这是增强战略变革推动力、减弱阻力的关键。因为良好的变革目标只有被利益各方接受、服从和遵守,才可能转化为广泛的变革的推动力。

(4) 通过建立新的协调体系,关键是建立新的组织文化,以保证新的战略的实施。

(5) 在管理战略变革过程中,支付必要的物理成本是必不可少的。通过公司的储备金,或通过出售非核心业务、购入核心业务、合并、战略联盟等形式增强核心业务,就可能减少转型中设施转换、人力转移等方面的损失,从而大幅度降低物理成本,或者为新战略获取足够的资金。

总之,在管理战略变革的过程中,变革机构发挥着重要的作用,它对变革的最终成果负责,它需要唤醒沉睡的组织,让组织充满变革的紧迫感,它需要强有力的领导同盟来推动变革,需要有明确的愿景来引导利益相关各方的力量,还需要采用合适的方式将期望目标传递给参与变革的各方,最终形成变革成果——新的战略。

四、战略变革的过程

战略变革的方式是多种多样的,包括持续的、渐进的、不断变化的、转型式的等。亨利·明茨伯格通过对组织几十年的研究表明,全局性的或者转型式的变革确实发生过,但并不经常发生。更典型的变革是渐进式的变革,即战略是逐步形成的;或者组织是"零碎"地变革,有些战略变化了,有些则保持不变;有连续期,在这期间已建立的战略保持不变;还有连续变化期,这期间战略虽然发生了变化却没有清晰的变化方向。图 15-5 说明了这些模式。

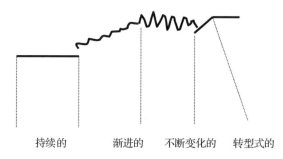

持续的　　渐进的　　不断变化的　　转型式的

图 15-5　战略变革模式

就战略变革的过程而言,目前的研究包括两种情况:一是企业战略变革过程的类型及性质;二是企业战略变革过程的具体内容。

Prahalad 和 Doz 在对 20 世纪七八十年代跨国公司战略问题的研究中区别了两种战略变革的过程:一种是公司危机引发的"迅速""剧烈"的变革过程;另一种是公司主动引发的缓慢的变革过程。后者是战略变革的基本过程,前者是后者的极端情况。他们通过考察影响战略质量的因素,认为剧烈变革过程其效果不及缓慢变革过程。英国战略管理学教授 Johnson 和 Scholes 对此问题的观点是,总体而言,组织中的战略变革是渐进式的,偶尔会出现一些转型式变革。他们之所以认为战略变革的主导过程是渐进式过程,是因为战略变革主要是基于企业已有的行事方式或惯例所形成的"影响路径"或"影响环"。沃尔贝达和巴登富勒在对大型多业务企业如何在变革力量和稳定力量之间的冲突中寻求平衡的战略更新的文献综述中提出,从时间机制而言,学术界认为,战略变革有两个过程:一个是非连续的间断性革命变化过程;另一个是缓慢进化过程。荷兰学者 Bobde Wit 和 Meyer 通过对大量直接或间接性战略变革的文献的整理发现,理论界有两个观点:一是非连续性变革视角的革命式(revolutionary)过程观点;二是连续性变革角度的演进式(evolutionary)过程观点,两派观点各执一词。

关于企业战略变革的具体过程,Prahalad 和 Doz 认为,几乎所有成功的战略转变都发端于一个关键的任命程序。然后,新任首席执行官对各级经理人员的认知过程施加影响。随后的变革过程分成三个阶段:第一阶段,对战略认知产生多样性;第二阶段,系列的决策和执行权力的微调;第三阶段,由于战略变革获得合法性地位而紧随的战略再定位。

不管对于战略变革的过程存在多少争论,有一点是肯定的,即只要进行战略变革,就必须对变革的过程做出选择。科特通过以下四个变量描述了有效战略变革的方法:①需要时间;②计划程度;③有关问题类型;④权力的运用。表 15-1 反映了战略变革过程的选择框架。

表 15-1 战略变革过程选择

变量	转型性变革	渐进性变革
需要时间	迅速变革	缓慢变革
计划程度	计划清晰	最初计划不清晰
有关问题类型	与其他部分相关性较多	与其他部分相关性较少
权力的运用	克服阻力	化解阻力

表 15-1 右侧所描述的方法的管理者,在导入战略变革时,应采取较慢的、严格控制且计划完备的方式。这是一个渐进性的方式,为了与每一个新情景相适应,应该做到十分清晰的程度,然后才能进入下一步。对于渐进性方式来说,一般需要很多人参与变革程序,要非常具有耐心,使人们能够参与并化解阻力。

表 15-1 中左侧部分所描述的变革更具有革命性。这种变革经常由少数人发起,并由同意变革或被迫变革的人员迅速实施。

总体而言,企业战略变革过程的主流观点认为,渐进式变革过程是主导过程。这一理论观点在战略管理案例中能得到相应的印证。但是,如果组织面临的外部重大事件要求组织进行大幅度变革,或者是由于组织预见到新变化、领导人员的重大更迭等原因,组织将采用转型性变革;也可能是因为战略滞后的累积效应导致经营业绩变差,迫使组织更加迅速地变革,从而采用转型式变革。

无论采用何种方式进行战略变革,其实质是管理创新,它涉及面广、复杂且结构清晰度低、非程序化决策居多,因此战略变革是极其困难的。当今时代是变革的时代,通过组织的变革应对迅猛变化的环境是企业生存的要求,是发展的前提,是企业获得和保持竞争优势的关键。

本章内容小结

战略变革是企业在已存在既定战略的情况下,突破既定战略的惯性,进行战略创新,从根本上转变战略发展方向。战略惯性是组织对历史形成的战略发展路径不断强化的过程。它的形成有三个主要原因:运营的外部环境、战略变革物理成本和组织文化。战略惯性有大有小,从影响来看,战略惯性对企业战略发展既有积极方面,也有消极方面。

战略创新是管理层发现行业战略定位空间中的空缺,并采取新的战略和策略填补这一空缺的活动。对战略创新有特别价值的情况是意外的机遇、利用不协调现象、产业和市场结构的变化、人口结构的变化、消费观念和偏好的转变、新知识和新技术的诞生。战略创新的核心问题是重新确定企业的经营方向和目标。

战略变革是企业组织变革的一种典型的形式,它是涉及企业全局的有战略目标的一系列战略管理行动。战略变革并非单个原因就能发生,而是环境变化、组织知觉变化和组织权力变化三个原因相互联系、共同作用的结果。

管理战略变革是对组织中预先的战略行动进行安排,以使战略变革取得成功,它对组织的发展意义重大。除了需要支付战略变革的物理成本外,更重要的是关注战略变革期望达到的目标,关注组织文化的变革,采用一定的方式、技巧来达到变革的目的。当然,在管理战略变革的过程中,变革机构发挥着重要作用。

战略变革的方式是多种多样的,包括持续的、渐进的、不断变化的、转型式的等。总体来看,战略变革过程的主流观点认为,渐进式变革过程是主导过程。但无论采用何种方式进行战略变革,其实质是战略管理创新。

复习思考题

1. 什么是战略惯性?战略惯性形成的原因是什么?
2. 什么是战略创新?战略创新的机遇有哪些?
3. 什么是战略变革?企业为什么要变革其战略?
4. 怎样理解变革机构在管理战略变革过程中的作用?
5. 战略变革过程主要有哪几种方式?其选择的变量因素有哪些?

【本章案例】

海尔集团的六个战略阶段

海尔集团创立于1984年,是一家全球领先的美好生活解决方案服务商,现任董事局主席、首席执行官张瑞敏是海尔的主要创始人。海尔集团始终以用户体验为中心,踏准时代的节拍,从资不抵债、濒临倒闭的集体小厂发展成为引领物联网时代的生态系统,成为BrandZ全球百强品牌中第一个且唯一一个物联网生态品牌。2018年度,海尔集团全球营业额达2 661亿元,同比增长10%;全球利税总额突破331亿元,同比增长10%;生态收入达151亿元,同比增长75%。海尔已成功孵化上市公司4家、独角兽企业2家、准独角兽及瞪羚企业12家,在全球设立10大研发中心、25个工业园、122个制造中心,拥有海尔、卡萨帝、统帅、美国GE Appliances、新西兰Fisher & Paykel、日本AQUA、意大利Candy等智能家电品牌,日日顺、盈康一生、卡奥斯COSMOPlat等服务品牌,海尔兄弟等文化创意品牌。

伴随着海尔集团规模的扩大,适应海尔集团经营领域多元化与国际化战略、全球化战略、网络化战略发展的需要,海尔集团在35年发展历程中,其发展战略也历经多次变革。在企业战略管理中,企业所面临的内外环境也是导致海尔战略变革的主要原因之一。

截至2019年,海尔的战略变革经历了五个阶段。

一、第一阶段:名牌战略阶段(1984—1991)

主要特征:只做冰箱一个产品,探索并积累了企业管理的经验,为今后的发展奠定了坚实的基础,并总结出一套可移植的管理模式。

在这一阶段的7年时间里,海尔实施的是名牌战略,通过专心于冰箱一种产品的生产、营销和服务,探索和积累了企业管理的经验。尽管当时冰箱品牌很多,但没有真正意义上的国产"名牌冰箱",于是,张瑞敏果断提出"要么不干,要么就要争第一、创名牌"。由此确立了专业化名牌发展的道路。引进当时国际最先进的德国利勃海尔公司的设备生产出"琴岛-利勃海尔"牌亚洲第一代四星级电冰箱,并以高技术、高质量赢得广大消费者的信任。著名的"砸冰箱"事件使质量第一的观念深入人心,之后在员工中开展了群众性的质量小组活动,建立"三检制"(自检、互检和专检),仿效美国通用电气公司(GE)实行"6西格玛"管理,实行严格的质量否决制度,对生产过程进行全面质量管理。而当其他企业开始抓质量时,海尔已经把战略重点转向培养服务意识和市场信誉上,成功走完了名牌战略阶段。其中,海尔的OEC管理模式(Overall Every Control and Clear,日事日毕,日清日高)发挥了重要作用。

二、第二阶段:多元化战略阶段(1991—1998)

主要特征:从一个产品向多个产品发展(1984年只有冰箱这一种产品,1998年时已有几十种产品),从白色家电领域进入黑色家电领域,再到米色家电领域。以无形资产盘活有形资产,在最短的时间内以最低的成本把规模做大,把企业做强。

1. 多元化战略的提出

1992年邓小平南方谈话掀起了改革开放、建设市场经济的热潮,同时海尔集团正式成立。通过实施品牌战略,这时的海尔已不满足于单一产品和小规模生产的局面。从1992年开始,海尔从一种产品开始向多种产品扩张,全面实施多元化战略,通过兼并、收购、合资、合作等手段,迅速由单一的冰箱产品,进入冷柜、空调、洗衣机等白色家电领域。1997年海尔开始进军以数字电视为代表的黑色家电领域。1998年,海尔又涉足国外称之为米色家电领域的电脑行业,成功地实现了高速成长和品牌扩张。

2. 有关多元化战略的讨论

从海尔的多元化实践中,张瑞敏总结道,企业多元化经营要具备两个条件:一是主体企业要具备优势,其内部的管理模式是一流的,并与世界接轨,其外部市场上的产品在同行业中名列前茅。二是目的要明确,不是为了简单地外延,而是为了实质的发展;不是为了追求形式上的大,而是为了实质上的强。张瑞敏提出了新行业选择的两大原则:一是把自己熟悉的行业做大、做好、做强,在这个前提下再进入与这个行业相关的产品领域。先是发展与相关系数接近的产品,再发展与相关系数较远的产品,甚至进入一个新行业。做到较大规模之后,一定要成为这个行业的前3名企业。张瑞敏提出的两个条件和两大原则,非常值得我国集团企业借鉴和运用。

3. 海尔多元化经营扩张战略

海尔决策者认为,如果你自己的经营模式不成功或不成熟,那么兼并别的企业将是一场灾难。因此,海尔看重的不是兼并对象现有的资产,而是潜在的市场、潜在的活力、潜在的效益。

海尔兼并重组的几十家企业分属不同的所有制、不同的地区、不同的行业,海尔根据它们各自的不同情况,探索了不同的兼并方式:一是整体兼并,依照政府的行政划拨实现企业的划拨;二是投资控股,对那些跨地区、跨行业的企业兼并就是采用这种方式;三是品牌运作,就是以无形资产盘活有形资产;四是虚拟经营,海尔认为,组织结构适当虚拟化有利于企业整合外部资源,弥补自身不足。海尔在建立和发展国际化经营组织结构时,已经借鉴了西方跨国公司组建虚拟企业的经验。通过强强联合,实现优势互补。用海尔特色的先进管理理念、管理方法盘活了被兼并企业的员工,进而盘活了企业的闲置资产,既保证了资本运营的成功率,又实现了低成本扩张,达到了在最短时间内把海尔的规模做大、把企业做强的目的。

海尔的兼并与众不同,并不去投入资金和技术,而是输入管理理念和企业文化,用无形资产盘活有形资产,以海尔文化激活"休克鱼"。海尔文化激活"休克鱼"案例在1998年被收入哈佛案例库,张瑞敏也成为第一个登上哈佛讲坛的中国企业家。

三、第三阶段:国际化战略阶段(1998—2005)

20世纪90年代末,中国申请加入WTO,很多企业响应中央号召走出去,但出去之后非常困难,又退回来继续做订牌。海尔抓住中国2001年加入WTO的机遇走出去,不只为创汇,更重要的是创中国自己的品牌。因此海尔提出"走出去、走进去、走上去"的"三步走"战略。"走出去"阶段,海尔以缝隙产品进入国外主流市场;"走进去"阶段,海尔以主流产品进入当地主流渠道;"走上去"阶段,海尔以高端产品成为当地主流品牌。以"先难后易"的思路,首先进入发达国家创名牌,再以高屋建瓴之势进入发展中国家,逐渐在海外建立起设计、制造、营销的"三位一体"本土化模式。这一阶段,海尔推行"市场链"管理,以计算机信息系统为基础,以订单信息流为中心,带动物流和资金流的运行,实现业务流程再造。这一管理创新加速了企业内部的信息流通,激励员工使其价值取向与用户需求相一致。

四、第四阶段:全球化品牌战略阶段(2005—2012)

互联网时代带来营销的碎片化,传统企业的"生产—库存—销售"模式不能满足用户个性化的需求,企业必须从"以企业为中心卖产品"转变为"以用户为中心卖服务",即用户驱动的"即需即供"模式。互联网也带来全球经济的一体化,国际化和全球化之间是逻辑递进关系。"国际化"是以企业自身的资源去创造国际品牌,而"全球化"是将全球的资源为我所用,创造本土化主流品牌。因此,海尔抓住互联网时代的机遇,整合全球的研发、制造、营销资源,创全球化品牌。这个阶段的标志性事件是:2012年,海尔收购三洋电机在日本和东南亚的洗衣机、冰箱等多项业务,成功实现了跨文化融合;之后,海尔还成功并购新西兰高端家电品牌斐雪派克(Fisher & Paykel)。

这一阶段,海尔探索的互联网时代创造顾客的商业模式就是"人单合一双赢"模式。人单合一(Ren Dan He Yi)模式是张瑞敏于2005年9月20日首创的互联网(物联网)管理模式。"人",即创客,而非仅仅是科层制下的员工。"单",即用户体验增值,而非仅仅是市场订单。"合一"即创客在为用户创造超值体验的同时实现自身价值。"人单合一"模式以"自主人"为假设,以"人的价值第一"为宗旨,以"用户乘数"为评价原则,是适应互联网和物联网时代的非线性管理模式,全面颠覆经典模式,得到哈佛商学院、诺贝尔经济学奖得主等顶级学术机构和学者的认可。

五、第五阶段:网络化战略阶段(2012—2019)

海尔经过28年的发展,企业惰性也无法避免地产生了。为了解决企业惰性,促使海尔创新效率的提高和创新范式的转变,张瑞敏此时聚焦于创新和创业来推进海尔网络化战略的实施,对企业组织进行颠覆性改革,将企业传统的封闭系统变为网络互联中的节点,打造共创共赢的创新平台。此阶段的主要目的就是将海尔从传统制造家电产品的企业转型为全社会孵化创客平台,致力于成为互联网平台企业。

海尔抓住第三次工业革命的机遇,以"没有成功的企业,只有时代的企业"的观念,适应个性化生产的需求,实施网络化战略,其基础和运行体现在网络化上,主要是两部分:网络化的市场和网络化的企业。在网络化市场里,用户网络化,营销体系也网络化,当然还有很多东西都变成网络化了,现在已经是物是人非,那企业也必须变成网络化。网络化的企业可归纳为三个"无":企业无边界,即平台型团队,按单聚散;管理无领导,即动态优化的人单自推动;供应链无尺度,即大规模定制,按需设计,按需制造,按需配送。"三无"的最终结果是去海尔化。海尔将从一个传统意义上的线性制造企业,脱胎换骨成一个围绕智慧生活解决方案支持万千创客创造价值、共创共赢的平台。在这一过程中,员工从雇佣者、执行者转变为创业者、动态合伙人,目的是要构建社群最佳体验生态圈,满足用户的个性化需求。

六、第六阶段:生态品牌战略阶段(2019—   )

从1984年创业至2019年,海尔集团经历了名牌战略发展阶段、多元化战略发展阶段、国际化战略发展阶段、全球化品牌战略发展阶段、网络化战略发展阶段五个阶段。2019年12月,海尔集团进入第六个战略发展阶段,目标是创造和引领物联网生态品牌。随着新战略主题的发布,海尔也将展开新画卷,进入物联网生态品牌新时代。

(资料来源:海尔集团官方网站及相关公开资料)

案例思考题

1. 海尔集团为何在第五个战略阶段实施网络化战略?这次战略变革是否取得了成功?其原因是什么?

2. 企业的战略变革是不是正常现象?试结合海尔集团六个阶段的战略变革阐述其战略变革的原因。

参考文献

[1] 阿奇·B. 卡罗尔,安·K. 巴克霍尔茨. 企业与社会:伦理与利益相关者管理[M]. 北京:机械工业出版社,2004.

[2] 彼得·德鲁克. 管理的实践[M]. 北京:机械工业出版社,2006.

[3] 彼得·德鲁克. 创新与企业家精神[M]. 北京:机械工业出版社,2009.

[4] 彼得·圣吉. 第五项修炼:学习型组织的艺术与实践[M]. 北京:中信出版社,2009.

[5] 亨利·明茨伯格. 战略历程:纵览战略管理学派[M]. 北京:机械工业出版社,2002.

[6] 吉姆·柯林斯,杰里·波勒斯. 基业长青[M]. 北京:中信出版社,2009.

[7] 迈克尔·波特. 竞争战略[M]. 北京:华夏出版社,1997.

[8] 迈克尔·波特. 竞争优势[M]. 北京:华夏出版社,1997.

[9] 约瑟夫·熊彼特. 经济发展理论[M]. 北京:商务印书馆,1990.

[10] 高红岩. 战略管理学[M]. 2版. 北京:清华大学出版社,2012.

[11] 和金生. 战略管理[M]. 天津:天津大学出版社,2012.

[12] 康丽,张燕. 企业战略管理[M]. 南京:东南大学出版社,2012.

[13] 李宝文. 企业发展战略[M]. 北京:北京交通大学出版社,2012.

[14] 王丽杰. 企业战略管理[M]. 厦门:厦门大学出版社,2011.

[15] 王宁. 企业战略管理[M]. 北京:北京交通大学出版社,2012.

[16] 魏文斌. 民营企业管理变革研究[M]. 吉林:吉林人民出版社,2007.

[17] 周三多,邹统钎. 战略管理思想史[M]. 上海:复旦大学出版社,2002.

[18] 李翕然. 企业社会责任问题辨析[J]. 技术经济与管理研究,2012(9):53-56.

[19] 林泉,邓朝晖,朱彩荣. 国有与民营企业使命陈述的对比研究[J]. 管理世界,2010(9):116-122.

[20] 李建中,陈宇,祝建辉. 企业实施成本领先战略的新思考[J]. 生产力研究,2011(10):193-194,208.

[21] 邵雪伟. 基于时代变迁的连锁经营机理演变解析[J]. 改革与战略,2011(6):

53-55.

[22] 苏敬勤,刘静.多元化战略影响因素的三棱锥模型:基于制造企业的多案例研究[J].科学学与科学技术管理,2012(1):148-155.

[23] 赵霞,周殿昆.零售企业连锁扩张的边界分析[J].财贸经济,2010(7):127-132.

[24] 王方华,等.战略管理[M].北京:机械工业出版社,2011.

[25] 张文松.战略管理:获取竞争优势之道[M].北京:机械工业出版社,2010.

[26] 鲁桐,等.中国企业海外市场进入模式研究[M].北京:经济管理出版社,2007.

[27] 金占明,段鸿.企业国际化战略[M].北京:高等教育出版社,2011.

[28] 金占明.战略管理:超竞争环境下的选择[M].2版.北京:清华大学出版社,2005.

[29] 黄旭.战略管理:思维与要径[M].北京:机械工业出版社,2007.

[30] 马述忠,廖红.国际企业管理[M].北京:北京大学出版社,2008.

[31] 陈向东,魏栓成.当代跨国公司管理[M].北京:机械工业出版社,2011.

[32] J.戴维·亨格,托马斯·L.惠伦.战略管理精要[M].5版.北京:中国人民大学出版社,2012.

[33] 迈克尔·A.希特,R.杜安·爱尔兰,罗伯特·E.霍斯森基.战略管理:竞争与全球化(概念)[M].9版.北京:机械工业出版社,2012.

[34] 弗雷德·卢森斯,乔纳森·P.多.国际企业管理:文化、战略与行为[M].7版.北京:机械工业出版社,2009.

[35] 蓝海林,等.企业战略管理[M].3版.北京:科学出版社,2018.

[36] 徐大勇.企业战略管理[M].2版.北京:清华大学出版社,2019.